손자병법   세상의 모든 전략과 전술

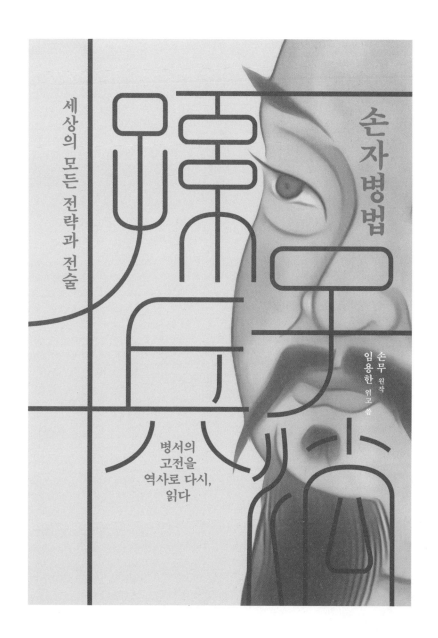

세상의 모든 전략과 전술

손자병법

손무 원작
임용한 엮고 씀

병서의
고전을
역사로 다시,
읽다

교보문고

사람은 어린 시절에 많은 꿈을 꾼다. 그러다 성장하면서 하고 싶은 일은 점점 많아지고 할 수 있는 일은 더더욱 줄어드는 기이한 경험을 하게 된다. 운이 좋은 건지 나쁜 건지 내 삶은 반대인 것 같다.

대학에서 한국사를 강의할 때 내 수업을 들었던 김지훈 군이 어느 날 사회인이 되어 나를 찾아왔다. 용건은 《손자병법孫子兵法》 주석본을 써달라는 것이었다. 《손자병법》에 한번 도전해보고 싶다는 마음은 대학에서 전쟁사를 강의할 때 문득문득 들었다. 하지만 그런 생각은 세상에 선보인 《손자병법》 해설서가 대체로 경영이나 처세서로 주목받는 것을 볼 때 드는 아쉬움과 함께, 손자의 본의와는 동떨어져 형식적이고 현학적으로 해석된 내용을 접했을 때 드는 학자로서의 불만이었지 정말로 쓰겠다는 마음은 아니었다.

그런데 막상 부탁을 받자 욕심이 생겼다. 한창 국방TV의 〈토크멘터리 전쟁사〉에 열중할 때여서 더 그랬던 듯하다. 전쟁사를 살펴보면 살펴볼수록 전쟁의 현실과 동떨어진 해석, 이런저런 사례에 그럴듯하게 가져다 붙이는 해석이 눈에 밟혔다. 그래서 손자 시대의 전쟁을 연구하고, 손자의 문제의식을 재현하고, 이것을 실제 전쟁사에 한 획을 그은 전투, 그 전투에서 활약한 명장들의 전술과 직접 비교 분석해보자는 생각이 들었다.

천재끼리는 통한다는 말이 있다. 기원전 4세기에 서양과 중동 지역에서 활약했던 알렉산드로스 대왕의 전술이나 그보다 약 200년 앞선 기원전 6세기경에 중국에서 활약한 손자의 생각이나, 알고 보면 비슷한 부분이 있다. 오랫동안 나폴레옹이 《손자병법》을 통독했다는 이야기도 전설처럼 돌았다. 이 소문은 사실이 아니지만, 나폴레옹의 전쟁을 보면 손자의 이론과 유사한 부분이 정말 많다. 한때는 아예 손자와 나폴레옹을 붙여서 해설서를 만들어보는 것도 재미있겠다는 생각까지 했을 정도다.

이런 건 우연이 아니다. 다 합리적인 이유가 있다. 천재들의 발상이어서 비슷한 것일까? 물론 그럴 수도 있겠지만, 그보다는 전쟁의 생리와 조직의 원리, 전쟁에 임하는 인간의 심리, 투지, 공포, 생존본능이 변하지 않기 때문이다.

또한 시대를 앞서가는 천재란, 전체를 보는 시각과 분석력, 통찰력, 그것을 실행하는 용기와 결단력에서 앞서며, 병사와 인간을 보는 시선이 예리하고 정확한 사람들이다. 손자도, 전쟁의 역사에서 활약한 수많은 리더들도 그런 사람들이었다. 그렇기 때문에 춘추시대 말기에 쓰인 손자의 전쟁 원론이 첨단 무기가 횡행하는 현대의 전쟁에서도 유효한 것이다.

《손자병법》은 처세서가 아니라고 했지만, 그 말은 처세술에 맞춰 끼워 넣은 해석이 옳지 않다는 뜻이다. 전쟁의 원리, 군 조직과 장수의 리더십, 분석과 통찰은 사회와 조직, 개인에게도 무수한 영감을 준다.

이런 생각을 하면서 《손자병법》의 주석에 도전해보기로 했다. 손자의 해석은 당시의 시대 상황과 전쟁 방식에 맞추어 손자의 진의를 찾고, 그것을 응용한 사례는 철저하게 전쟁사 속에서 찾아 비교한다는 방침을 세웠다.

그러나 뭐든 처음에는 만족스럽지 못하다. 부족한 게 아니라 오히려 과유불급이었다. 《손자병법》이라는 특별함으로 인해 의욕이 과했던 듯하다. 올재에서 발간한 첫 책에는 너무 많은 생각과 이야기를 담았다. 잘못 이해하고 오용되는 부분을 교정하려는 의욕도 지나치게 강했던 것 같다. 이를 깨닫고 나서 전체적으로 수정해서 개정판을 냈다. 그럼에도 여전히 아쉬운 부분이 보였다.

이번에는 정말로 집중해서 다시 손봤다. 사고를 복잡하게 하는 부분을 잘라내고, 좀 더 명확하고 직관적인 해설서가 되도록 다듬었다. 책을 내고 나서 지금까지 《손자병법》을 강의하면서 추가로 얻은 깨달음도 더했다.

세상에는 수없이 많은 《손자병법》의 해설서가 있다. 송나라 이후로 병청대에 쓰인 손자의 해설서와 응용서는 수천 권이 넘을 것이다. 그러나 손자의 본의를 역사에서 찾고, 전쟁사의 사례와 정밀하게 대조한 해설서는 극히 드물다고 자신한다. 세상에 완벽한 것은 없기에 여전히 조바심이 나지만, 그렇더라도 어느덧 10년 이상 노력을 더하고 더한 책이 되었다.

이 책의 출간을 함께해준 교보문고에 감사하고, 꼼꼼하게 검수해준 담당 편집자에게도 감사드린다. 늘 서재에 처박혀 수십 년째 좋은 남편과 아빠가 되어주지 못하는 나를 이해하고 도와주는 아내와 아들과 딸에게도 고마움을 전한다.

2024년 12월
임용한

손자병법의 편명에 대한 설명

《손자병법》은 모두 13편으로 구성되어 있다. 한나라 시대에 간행되고 1972년 중국 산둥성 임기현 은작산 고분에서 출토된 《손자병법》에는 편명의 일부가 〈계計〉 〈형形〉과 같이 한 글자로 되어 있다. 그런데 후대 사람들은 한 글자 제목이 이해가 잘 안 된다고 생각했던 것 같다. 송나라 때에 역대의 대표적인 병서를 모은 《무경칠서武經七書》가 편찬되는데, 여기 수록한 《손자병법》은 편명이 〈시계始計〉 〈군형軍形〉 〈병세兵勢〉와 같이 두 글자로 되어 있다.

두 글자 편명은 뜻을 명확하게 해주지만 손자의 심오한 사고를 제약하는 단점도 있다. 따라서 이 책에서는 본래의 편명을 사용했다.

차례

_____

제1편

계
計

'계'는 전쟁을 결정하기 전에 양측의 전력을 분석하고 승패와 승산을 예측하며, 전쟁의 목적을 구상하는 단계다. 손자는 훌륭한 리더라면 정확한 분석을 통해 "싸우기도 전에 이긴다"고 말할 수 있을 정도로 결과를 정확히 예측하고 전쟁을 시작해야 한다고 말한다.

1

전쟁[1]은 국가의 대사다.

그러므로 사지와 생지, 생존과 멸망의 원리를 고찰하지 않을 수 없다.

그간 수많은 해설서들이 손자[2]의 첫마디가 지닌 각오와 자세의 무게를 이해하지 못했다. 아니, 이 말이 내포한 치열한 현실감과 긴장감을 놓치니 거의 모든 해석이 현학玄學으로 갔다.

"전쟁은 최후의 수단이다. 함부로 일으켜서는 안 된다는 뜻이다."

"전쟁의 잔혹함을 경고하고 평화의 중요성을 상기시키려고 하신 말씀이다."

나는 손자가 전쟁광이었다고 생각하지 않는다. 하지만 이 책은 병서다. 손자가 하고 싶은 말은 애먼 평화 타령이 아니다. 전쟁을 피할 수 없는 상황을 전제로, 전쟁에서 승리하고 전쟁을 경영하는 방법을 이야기하는 중이다.

손자의 진의는 다음과 같다고 본다.

---

1 병兵은 전쟁, 병사, 군사軍事, 용병 등 다양한 의미로 사용된다. 군사, 용병도 현대의 개념과는 좀 다른 의미가 있어서 본문에서는 문맥에 따라 적절하게 번역했다.

2 손자孫子는 기원전 6세기경의 인물로, 본명은 손무孫武다. '손자'는 존칭.

첫째, 전쟁은 돌이킬 수 없는 결과를 초래한다. 패하면 멸망하거나 소멸할 수도 있다. 루이 11세Louis XI, 1423-1483는 이런 말을 남겼다.

> **"전쟁만큼 위험한 수단은 없다. … 다른 일은 잘못되어도 나중에 바로잡을 수 있다. 그러나 전투에서 패하면 그것을 보상할 방법이 없다."**

그러면 승자는 모든 것을 얻는가? 그렇지도 않다. 승자도 전쟁의 후유증을 겪는다. 유럽 국가들은 두 번의 세계대전 후유증으로 경제력에서 미국, 일본, 중국, 러시아 다음 순위로 밀려났다. 전쟁을 시작하려면 승리의 가능성, 전쟁으로 얻을 것과 잃을 것을 냉정하고 명확하게 계산하고 전쟁에 임해야 한다.

둘째, 전쟁에는 모두의 생명, 운명, 재산과 삶이 걸려 있다. 전쟁터의 법칙과 일상의 법칙은 완전히 다르다. 전쟁을 시작할 때는 이를 분명히 인식하고 각오한 뒤 시작해야 한다.

너무나 당연한 말 같지만, 의외로 수많은 장수와 경영자를 포함한 리더들이 이 단계에서 소홀하거나 실패한다. 부담감이 지나치게 큰 탓일까? 냉철한 분석보다 "하면 된다" "사람이 한번 칼을 뽑으면…" 같은 피상적인 문구로 자신을 격려하며 전장으로 뛰어든다.

계획을 세우고 실현 방법을 구상하는 작전회의 과정에서도 상대와 현장의 상황을 배제한 채, 자기만의 당위성으로 밀어붙이고 긍정의 힘으로 결과를 확신한다.

손자가 첫 줄에 이 이야기를 하는 이유를 우리는 무겁게 받아들여야 한다. 학교에 입학하는 학생은 교칙을 수긍하고 시작해야 한다. 기술자가 되려는 사람은 손에 기름 묻히는 것에 동의해야 하고, 해양학교 학생은 뱃멀미와 싸울 자세가 되어 있어야 한다. 병법은 파괴와 죽음의 현장에 뛰어드는 사람을 대상으로 한다. 병법은 전쟁을 회피하는 법, 진흙탕에 뛰어들지 않고 이기는 요령을 가르치는 요술이 아니다.

또 하나의 적 - 타성

"전쟁에는 국가와 국민의 생명과 생존이 달려 있다. 긴장하고 각성해 전쟁의 원리와 승패의 원인 및 방법을 탐구하는 데 최선을 다해야 한다."

맞는 말이지만 너무 뻔한 이야기 아닐까? 생명이 걸린 전쟁터라면 억지로 시키지 않아도 누구나 최선을 다하지 않을까? 그렇지 않다. 전쟁터에 가면 누구나 최선을 다할 것이라는 생각이 가장 흔한 오류이자 위험한 생각이다. 실상은 정반대다.

제2차 세계대전에서 활약한 로멜Erwin Rommel, 1891-1944은 이런 발언을 남겼다.

> "장병들이 전쟁터에 오면 긴장한다. 그러나 전선에서 8킬로미터만 떨어진 사령부에 근무하기 시작하면 포성이 매일같이 들려오는데도 그곳이 전쟁터라는 사실을 순식간에 잊는다. 그리고 마치 평소에 근무하듯이 정시 출근과 정시 퇴근을 시작한다."

인간은 적응의 동물이다. 자신을 바꾸는 적응은 참 힘들지만, 타성에 물들고 자신을 합리화하는 과정은 교육도 훈련도 필요 없다. 그래서 명장들에게는 병사를 가만두지 않는다는 공통점이 있다. 쓸데없이 병사를 괴롭힌다는 뜻이 아니다. 쓸 데 있는 일로 일정표를 가득 채우고, 새로운 목표와 진일보한 능력을 요구한다.

인간은 대부분 현실에 대해 불평하거나 안주하고 싶어 한다. 승부사가 된다는 것은 결코 쉬운 일이 아니다. 그것은 극소수의 인간에게만 허용된 천성이거나 강하고 체계적인 교육과 훈련을 통해서만 이루어낼 수 있는 품성이다. 손자는 첫마디에서 이런 자세에 대한 각성을 요구한다.

많은 사람이 병법이라고 하면 기발한 속임수나 요령을 기대한다. 이는 세상을 쉽게 살아보려는 얄팍한 욕구의 발로일 뿐이다. 《손자병법》에 기록되지는 않았지만, 손자는 강연장에서 그런 안이한 자세로 온 사람이 있다면 당장 이 자리를 떠나라고 말했을 것이다.

병법이 가르치는 것은 이기는 법이지, 쉬운 길을 찾는 요령이 아니다. 세계 챔피언을 키워낸 어떤 복싱 관장이 이런 말을 했다. "요즘은 맞지 않고 싸우는 법을 가르쳐 달라고 부탁하는 사람들이 많다. 그런 사람은 절대 챔피언이 될 수 없다."

손자를 따라 병법과 승부의 세계로 들어가기 위해서는 이런 자세가 필요하다. 그것이 승자와 패자, 성공하는 사람과 실패하는 사람을 가르는 인류사의 절대적인 원칙이다. 손자가 던져주는 메시지와 영감이 아무리 뛰어나다고 해도, '긴장하고 헌신하고 몰두하는' 자세를 지닌 사람만이 그의 교훈을 활용하고, 성공할 수 있다.

2

전략을 고안하려면 기본적인 다섯 가지

요소五事를 통해 각 요소를 계측해서 비교함으로써 그 실상을 끄집어내야 한다. 다섯 가지 요소는 도道, 천天, 지地, 장將, 법法이다.

도는 백성으로 하여금 윗사람과 한마음이 되게 하는 것이다. 백성이 군주와 생사를 같이하고 위험을 두려워하지 않게 된다.

천은 음양의 이치기후의 변화, 추위와 더위 등 시기에 따른 적절한 대책을 말한다.

지는 거리의 원근, 지세의 험함과 평탄함, 넓고 좁음, 막다른 곳과 트인 곳 등을 말한다.

장은 장수의 조건이다. 지혜, 신의, 인仁, 용기, 위엄이다.

법은 군의 제도, 관리 규정, 재정과 군수 등이다.

이 다섯 가지는 장수라면 들어보지 않은 것이 없겠지만, 이것을 아는 자는 승리하고, 알지 못하는 자는 승리하지 못한다.

198년, 조조曹操, 155-220가 완성의 장수張繡, ?-207를 침공했다. 1년 전에 장수는 조조에게 항복했지만, 조조가 장수의 형수와 바람을 피우다가 장수의 분노를 샀다. 장수의 급습에서 조조는 구사일생으로 살아남았다. 그러나 맏

아들과 조카, 최강의 장수인 전예田豫, ?-?를 잃었다.

복수를 위해 다시 완성에 침공한 것이었지만 이번에는 패했다. 조조가 급하게 후퇴하자 장수는 흥분했다. 조조를 제거할 절호의 기회였다. 마침 형주의 유표劉表, 142-208가 지원군을 보내 조조의 퇴로를 막았다. 앞길이 막힌 조조군은 속도가 느려졌고, 그 뒤를 장수의 유목 기병대가 덮쳤다.

사지에 들어간 조조, 누가 봐도 장수의 승리가 명확했다. 이때 장수의 모사 가후賈詡, 147-223가 장수를 제지했다. "조조군을 추격하면 패합니다." 세상에 어떤 장수가 이 상황에서 공격을 포기할까? 장수는 가후의 말을 무시하고 조조를 추격했다.

곤경에 처해서도 조조는 당황하지 않고 반격을 모색했다. 육전에 약한 형주군은 조조를 적극적으로 공격하지 않고 차단 역할만 하려고 할 것이다. 장수의 기병은 강하지만 전술이 단순하다. 조조는 절대 불리한 지역, 적들이 자신을 협공하기에 가장 적합한 곳으로 생각하는 지점을 승부처로 골랐다. 장수와 형주군으로 하여금 조조가 사지로 들어갔다고 생각하게 한 뒤에 토굴을 파서 수레를 숨기고 병사를 매복시켰다. 조조군의 병사와 치중말이나 수레에 실은짐이 시야에서 갑자기 사라지자 장수는 조조군이 겁을 먹고 야반도주했다고 판단했다. 방심하고 추격에 나선 장수군을 매복했던 조조군이 습격했다. 장수의 병력을 자르고 몰아가면서 여기저기서 보병과 기병이 출몰해 장수군을 포위하고 강타했다. 기병의 역량은 장수의 부대가 한 수 위라고 해도, 보병과 기병, 궁병의 팀플레이, 여기저기 병력을 흩어놓고 연계해서 펼치는 조직력은 장수군이 조조군의 상대가 될 수 없었다.

가후는 조조의 능력과 장수의 능력, 조조가 할 수 있는 역량과 장수가 할 수 있는 전투 방식을 정확히 알았다. 여기에 소극적일 것으로 예상되는 유표군의 행동을 조합해서 조조군의 승리를 예측했던 것이다.

이것이 실상을 아는 능력이다. 병력, 피로도, 장기, 지형, 이런 것들을 기계적으로 수치화해서 상황판 위에 벌여놓는 것이 분석이 아니다. 이런 데이터를 현장이란 조건에서 조합해서 예측하는 것이 실상을 끄집어내는 행동이다.

손자가 제시한 다섯 가지 요소, 즉 오사는 지표의 사례일 뿐이다. 이런 지표는 일곱 가지가 될 수도 있고, 순서와 내용이 바뀔 수도 있다. 분석의 기준이 되는 지표를 정하는 것부터 실상을 파악할 줄 아는 능력이 바탕이 되어야 한다.

실상을 안다는 것

2023년 10월 7일, 하마스가 국경지대의 이스라엘 정착촌을 습격해서 세기의 테러를 벌였다. 이스라엘은 총동원령을 내렸고, 가자지구를 공격하면서 이스라엘-하마스 전쟁이 발발했다.

전쟁이 시작되었을 때, 이스라엘이 군사적 승리를 거두기란 쉽지 않을 것이라는 의견이 지배적이었다. 그 근거는 다음과 같았다.

＊ 이스라엘은 예비군 동원 체제라 장기전을 할 수 없다. 과거 전쟁이 속전속결로 진행된 이유가 그것이다. 가장 길었던 1973년 욤 키푸르 전쟁도 겨우 20일이었다.

＊ 하마스는 가자지구 전역에 땅굴을 거미줄처럼 파두었다. 그 길이가 500킬로미터가 넘는다. 땅굴 공략에도 엄청난 시간이 걸릴 것이다.

＊ 이스라엘 내부에서 네타냐후Benjamin Netanyaho, 1949- 정권에 대한 불만이 크다. 전쟁이 장기화되면 정권의 리더십이 약화된다.

＊ 러시아-우크라이나 전쟁으로 인해 미국을 위시해서 이스라엘 우방국의 지원 능력이 약화되어 있다. 국제 여론의 압박도 강력할 것이다.

나는 이런 예측을 부정했다. 지표는 바로 세웠지만, 실상을 이해하는 방식이 잘못되었다. 실상을 안다는 건 과거의 현상을 현재 상황에 녹여서 재조립하는 것이지, 복사해서 붙이는 것이 아니다. 과거 중동전쟁의 경험, 이스라엘과 팔레스타인, 유대인 사회와 이슬람 사회의 발전과 변화, 국제사회의 생리를 고려하는 예측이 실상을 이해하는 예측이다.

＊ 이스라엘이 예비군을 총동원하면 전쟁 수행 기간은 3개월 정도가 한계일 것이다. 그러나 하마스는 정규군이 아니다. 욤 키푸르 전쟁, 즉 4차 중동전쟁 때처럼 이스라엘이 총력을 기울여야 할 정도로 강하지 않다. 이스라엘은 초반에 대병력을 동원하겠지만, 어느 정도 군사적 기반을 닦은 후에는 압도적인 공군과 첨단무기, 특수부대와 부분 동원한 예비군을 교대로 이용하면 장기전을 충분히 지속할 수 있다.

＊ 이스라엘-하마스 전쟁은 대부분의 전투가 시가전, 특수전 형태로 진행될 것이다. 정규군은 보조적인 역할만 하면 된다. 이스라엘은 다양한 상황에 투입할 특수부대를 무수히 만들었고, 이 대원들은 세계 최고의 장비와 실력을 갖추고 있다. 이것도 이스라엘이 장기전을 수행할 수 있는 기반이 된다. (다만, 나중에 전쟁이 진행되는 과정을 보니 공군의 정밀타격 능력과 지하터널 파괴 능력이 상상 이상이어서 특수부대의 활약도 예상처럼 크지 않았다. 폭격이란 방식으로 인해 민간인 희생도 컸지만 정밀타격 능력은 세간의 예상을 뛰어넘는 무시무시한 것이었다.)

＊ 지하로 파둔 땅굴은 일일이 들어가서 파괴해야 하는 것이 아니다. 땅굴은 환기, 붕괴 등, 장점만큼이나 단점도 많다. 그동안에 보여준 이스라엘의 정보력, 가자지구와의 오랜 갈등 과정과 이스라엘의 행동 방식을 볼 때, 땅굴에 대해 상당한 정보를 축적했을 것으로 보인다. 땅굴 파괴를 위한 특수부대나 파괴, 공략법을 개발해놓았을 가능성이 크다. (실제로 이 점은 전쟁 과정에서 증명되었다.)

＊ 네 차례에 걸친 중동전쟁 때의 이스라엘과 지금 이스라엘의 경제력,

생존력은 비교할 수 없다. 그때는 우방국 원조 없이는 전쟁물자를 조달할 수 없었고, 경제적 자립도도 약했다. 지금의 이스라엘의 생존력은 그때와 비교할 수 없다. 아무리 국제여론이 악화되어도 전 세계 유대인 사회는 상당한 내구력이 있으며, 이스라엘 경제도 그렇다. 하마스 역시 이슬람 사회가 단합해서 지지하는 듯 보이지만, 실질적인 지원은 거의 없다. 인접국인 이집트, 시리아, 요르단은 1차 중동전쟁 때부터 팔레스타인을 이용만 했지 지원을 한 적이 없다. 아이러니하게도 하마스의 자금원은 유엔 지원금이다. 서구 국가들이 이스라엘을 지원하지 않는 것과는 별개로 하마스에 대한 유엔의 지원도 반대할 것이다.

　＊ 네타냐후 정권에 대한 시위가 발생할 정도로 이스라엘의 국내정치가 유례없던 대립으로 치닫고 있다. 하마스가 테러를 저지른 데는 이스라엘의 내분 상황도 원인이 되었다. 그러나 이스라엘은 위기의식으로 가득한 나라다. 아무리 내적인 불만이 크더라도 외적인 압력에는 단합한다. 불만은 전쟁 후에 터트린다. 세계의 국가에는 두 종류가 있다. 외적 압력이 발생하면 더 분열하는 국가와 단합하는 국가다. 이 판단은 모든 전쟁에서 중요하다. 역사와 문화, 현실의 국제 상황을 통해 상대가 어디에 해당하는지를 정확히 판단해야 한다. 그것이 실상을 파악하는 능력이다.

실제로 전쟁은 2024년 12월 기준으로 아직까지 진행되고 있다. 이것이 손자가 실상을 파악하라는 지적의 의미이자 위력이다.

실상을 끄집어내는 법

실상을 끄집어낸다고 하면 우리는 당장 숫자를 떠올린다. 숫자로 표현할 수 있어야 실상이다. 오사와 같은 추상적인 요소를 계수화할 수 있을까? 어쩌면 할 수 있을지도 모른다. 요즘 컴퓨터 게임을 보면 장군의 지휘력, 지력, 용기, 전차의 장갑, 파괴력, 기동력 등을 모두 숫자로 제시한다.

그런데 지피지기知彼知己: 적을 알고 나를 안다를 하기 위해 가장 먼저 해야 할 일이 숫자 의존증에서 벗어나는 것이다. 전쟁사를 보면 수많은 지휘관을 파멸시킨 운명의 무기가 숫자다. 전쟁사에 등장하는 명장과 역사적인 전투의 리스트를 뽑아보면 그중에 숫자로 이길 수 있었던 전쟁은 하나도 없다. 살수대첩, 알렉산드로스Alexander the Great, BC356-BC323와 카이사르Julius Caear, BC100-BC44의 모든 전투, 나폴레옹Napoléon Bonaparte, 1769-1821의 승리와 패배, 역사를 바꾼 전투는 거의 숫자가 제시하는 전황을 역행한 전투다.

반대로 말하면 상대편 지휘관들은 숫자를 믿고 승리를 자신하다가 이들을 전쟁사의 영웅으로 만들어주었다.

그런데도 전쟁과 기업에서 숫자 의존증은 여전히 사라질 줄 모른다. 여기에는 이유가 있다. 조직이 가장 두려워하는 것이 불확실성이다. 계획을 세우고 검토할 때, 계수화할 수 없는 것은 제외하거나 불리한 계수는 무시해버린다. 태평양전쟁 당시의 일본군처럼 경직된 조직일수록 이런 행동을 잘한다. 미드웨이 해전 때 사전에 행한 워게임에서 일본 항공모함이 치명적인 피해를 입을 수 있다는 결과가 나왔다. 이 상황에 대안을 찾을 수 없었던 참모들은 이 결과를 빼버렸다. 전투가 벌어지자 일본군의 워게임이 정확했음이 밝혀졌지만 이미 엎질러진 물이었다.

숫자 의존증은 또 하나의 심각한 결과를 초래한다. 숫자에 의존하다 보니 만만한 상대, 쉽게 압도할 수 있는 상대만 찾게 된다. 그러다가 알렉산드로스나 로멜처럼 계수화할 수 없는 항목으로 전투를 계측하고 불확실성에 도전하는 상대를 만나면 허무하게 무너진다. 그러므로 숫자라는 제한에서 먼저 벗어나야 손자의 계측법, 손자가 그렸던 고도한 병법의 세계로 들어설 수 있다.

손자의 계측법

손자는 "실상을 파악하라"고 말하지 않고 "실상을 끄집어내라"고 말했다. 사소해 보이지만 두 말의 의미는 크게 다르다. 실상을 파악하는 것은 오사를 계량화해서 측정, 비교하는 방식이다. 하지만 이런 측정은 불가능하다고 앞서 말했다. 리더는 계수화 불가능한 변수, 어쩌면 예측과 통제가 불가능한 변수까지도 포함해서 전투의 양상과 결과를 예측해야 한다. 말이 안 되는 이야기 같지만, 진짜 명장들은 그렇게 했다. 실상을 끄집어내는 이 과정을 이해하지 못하는 사람들은 이것을 천재성, 직관, 전투감각이라고 표현한다. 그러나 알고 보면 직관과 천재성도 꾸준한 데이터와 경험의 분석, 자기 훈련을 통해 축적되는 것이다. 천재성과 직관이 불꽃이라면 데이터는 장작이다. 계수화할 수 없는 젖은 장작까지 늘 분석하고, 태우는 법을 찾아 불꽃을 만드는 능력 자체를 키운다.

실상을 끄집어내는 능력이 전쟁을 승패를 좌우하는 만큼, 그 능력을 배양하려는 노력 역시 무척이나 중요한 것이어서 한 천재의 사례를 들어보고자 한다.

1805년 울름 전투에서 나폴레옹과 맞섰던 오스트리아 사령관 카를 마크Karl Mack von Leiberich, 1752-1828는 나폴레옹의 미스터리로 고민하다가 정신이상이 되어 사망했다는 설이 있다. 나폴레옹의 미스터리란, 나폴레옹군의 불가사의한 이동 능력이었다. 아니, 출몰이라는 표현이 옳겠다. 그전까지의 전쟁은 전투 지역에 투입할 군대를 미리 모아놓고 벌이는 것이 정석이었다. 불확실한 지도, 좁은 도로, 뒤처지는 병참 능력과 보병 중심의 군대라는 특성으로 인해 당시의 지휘관들은 전투 예상 지역에 병력을 모아놓고 전투를 시작했다. 뒤에 숨겨놓은 군대가 있다고 해도 멀리 떨어트려 놓을 수는 없었다. 이런 뻔한 속임수를 탐지하기 위해 양측은 서로 기병을 동원해 보병의 하루 이동 범위를 정찰했다. 그 안에 적군이 없다면 이 전장에 있는 군대가 전부라는 의미였다.

그런데 나폴레옹은 이 범주를 넘어서 심하면 수백 킬로미터 밖에 있는 군단을 서로 다른 경로로 이동시켜, 정해진 시간에 전투지에 도착하게 했다. 눈앞에 있는 나폴레옹군의 규모만 보고 전투에 돌입한 상대는 전투 중에 갑자기 등장하는 프랑스군에 기겁하고 패전하는 일이 다반사였다. 아우스터리츠 전투는 지금의 체코에서 벌어졌는데, 다부Louis-Nicolas Davout, 1770-1823 원수가 110킬로미터의 거리를 이틀 만에 강행군으로 돌파해서 전장에 도착했다.

그 누구도 이런 식의 대담한 이동과 타이밍을 전투에 도입해본 적이 없었다. 나폴레옹은 기동의 속도와 안정성, 표준화를 위해 군 장비와 숙영 방법을 경량화 및 표준화하고, 지휘관과 참모진을 교육함으로써 병사들의 잠재력을 최대한 끌어냈다. 이런 노력이 뒷받침되기는 했지만, 그래도 불완전한 변수가 너무나 많았기 때문에 장거리 이동은 위험하다 못해 불가능한 것이었다. 앞서 말한 문제 외에도 예측 불가능한 기후, 만약의 사고 같은 변수를 어떻게 고려하고 정확한 시간에 군대가 도착하게 할 수 있느냐는 말이다.

카를 마르크가 이 불가사의를 이해하려다가 미쳐버렸다고 했지만, 나폴레옹의 부하 장군들도 이런 식의 터무니 없는 작전을 기안하지는 못했다. 이런 작전 계획은 오직 나폴레옹만이 계산하고 세울 수 있었다. 나폴레옹은 야전에도 전용 책상을 가지고 다녔는데, 텐트에서 홀로 이동을 계산하고 계획을 세웠다. 나폴레옹의 참모 앙리 조미니Antoine-Henri Jomini, 1779-1869는 나폴레옹의 이런 능력을 다음과 같이 설명했다.

> "나폴레옹은 광범위하게 분산된 지점에서 각자 출발한 자신의 부대들을 작전 지역의 결정적 지점에 놀라울 정도로 정확하게 집결시킬 수 있는 능력을 갖고 있었다. … 오직 나폴레옹만이 너무나 복잡한 각 부대의 이동이 최종적으로 목표하는 바를 이해할 수 있었다."[3]

---

3 앙리 조미니 지음, 이내주 옮김, 《전쟁술》 책세상, 1999, 322쪽.

나폴레옹은 어디에서 이런 능력을 얻었을까? 그가 수학의 천재이기는 했지만 그 능력이 계산만으로 얻을 수 있는 것은 아니다. 이 비결을 이해한 유일한 사람이 나폴레옹과 같은 천재형 재능을 가진 앙리 조미니였다. 조미니가 목격한 바에 따르면 나폴레옹은 늘 컴퍼스를 가지고 행군 중에도 직접 10(30킬로미터)의 거리를 측정하고, 지도상에 자기 군단과 적의 예상 위치를 핀으로 표시하곤 했다고 한다. 다른 측근들은 나폴레옹의 이런 행동을 보고도 이해하지 못했던 것 같지만, 조미니는 천재답게 천재의 행동을 간파했다. 나폴레옹은 평소 끊임없는 관찰과 분석을 통해 지도의 정확성, 지도와 실제 지형과의 차이, 병사들의 행군 속도, 오차 범위 등을 체크했고, 이런 데이터를 조합해 지도만 보고도 병사들의 이동 가능 거리와 속도를 도출해냈던 것이다. 이것이 신의 능력이라고 불리던 나폴레옹의 비결이었다. 바로 이런 노력이 데이터를 관측하고 분석해서 실상을 끄집어내는 능력이다.

손자는 오사, 즉 '도천지장법'은 장수라면 모두 아는 것이라고 했다. 그럼에도 굳이 제시하고 설명하는 이유는 무엇일까? 시대가 요구하는 다른 의미가 있기 때문이다.

플루타르코스Ploutarchos, 46?-120?는 《영웅전》에서 영웅이란 불확실성에 도전하는 사람이라고 말했다. 카이사르, 한니발Hannibal Barca, BC247-BC183, 나폴레옹, 세기의 명장들이 《영웅전》을 읽고 추종했던 리더의 길이 이것이었다. 손자가 말한 리더의 길, 오사의 의미를 구체적으로 살펴보자.

도道 : 윗사람과 백성이 한마음이 되어 생사를 같이한다

먼저 첫 번째 요소인 '도'를 살펴보면, 상하가 하나 되는 것이다. 너무 뻔한 교훈 아닐까? 전선에 처음 도착한 한 개 분대의 병사가 참호에 배치되었다. 분대장 이하 상하가 서로 의지하고 한마음이 되어 싸워야 한다는 사실을 모르는 병사가 있을까?

손자의 말에는 그 이상의 의미가 있다. 춘추시대의 패자는 연맹체의 장이었다. 연맹은 자기 국가와 체제를 보존한 채 패자를 대장으로 받든다. 반면 전국시대의 승자는 진시황始皇帝, BC259-BC210 같은 정복자, 통합자다. 이웃한 소국을 정복하면 그들을 융합해서 하나로 만들고 더 큰 나라의 정복에 도전해야 한다. 상하 단합의 필요성은 춘추시대나 전국시대나 같지만, 방식이 다르다. 춘추시대가 물리적 결합이라면 전국시대는 화학적 결합이다.

로마가 성공했던 이유는 시민권 제도를 통해 피정복자들을 로마 제국의 시민으로 끊임없이 흡수한 덕이었다. 중국도 진, 한, 송을 거치면서 분열되어 있던 중국을 하나의 민족, 하나의 제국으로 만드는 노력을 지속했다. 대표적인 노력이 한자다. 한자는 표의문자다. 표음문자와 달리 어렵고, 글자는 너무 많다. 중국 근대화를 추구하던 인사들은 한자를 중국이 서구에 뒤처지게 한 원흉으로 지목했다. 그러나 어느 저명한 중국 사학자는 이렇게 주장한다. 한자가 표음문자였다면 중국은 여러 개의 나라로 영속적으로 분열되었을 것이다. 중국이 근대화는 뒤처졌고 현재는 백화문을 사용하지만, 오늘날 세계 인구의 약 17퍼센트를 차지하는 세계의 큰손이 된 데는 한자가 만들어놓은 '한족'이라는 단일화가 엄청난 역할을 했다.

손자는 이런 화학적 결합을 예측하고 그 시대에 걸맞는 상하 화합의 방법을 찾아내라고 지적한 것이다. 더욱이 전쟁은 분열된 집단에게 공동의 목표와 적을 만들어 이들을 하나로 결합하는 좋은 수단이 된다. 수백 개의 지역으로 분열되어 있던 독일이 통일국가와 강력한 국가, 민족주의를 이룬 데는 참혹한 내전이었던 30년 전쟁과 전 유럽을 상대로 싸운 7년 전쟁, 유럽 전체만큼 강했던 나폴레옹 전쟁이 큰 역할을 했다. 세 전쟁이 없었다면 우리가 아는 오늘날의 독일은 없었다.

상하의 단결, 정복민의 흡수는 국가의 병력을 키우고 더 큰 집단을 정복하는 수단인 동시에 전쟁과 승리의 훌륭한 결과물이기도 하다. 손자는 전쟁과 단합의 이런 메커니즘을 이해하고, 다가오는 정복 전쟁의 시대를 대비했던 것이다.

목적과 목표의 공유

상하가 하나가 되려면 집단이 목적과 목표를 공유해야 한다. 그런데 목적의 공유가 상하 모두 같은 목적을 가져야 한다는 의미는 아니다. 많은 조직이 이런 실수를 한다. 하나의 목적을 공유하려니 거창하고 그럴듯하고 추상적인 목적을 내세운다. '성전' '1등 기업' '세계 평화' 이렇게 너무 숭고하거나 보편적인 목적을 내세울수록 수면 밑의 다양한 생태계를 보지 못하고, 착오를 저지르게 된다.

상하를 하나로 뭉치게 하는 가장 좋은 방법은, 목적은 다르더라도 목표와 방법을 공유하는 것이다. 프랑스 혁명은 시민 징집군이란 새로운 형태의 군대를 탄생시켰다. 시민군은 유럽의 해방자, 혁명의 전도자란 명칭을 얻었지만, 실상은 침공군에 약탈자였다. 용병부대에 비해 정직하고 선량한 시민병사가 다수 섞여 있었다고 해도, 병력의 규모 자체가 크기 때문에 약탈자, 범죄자의 수 역시 과거 용병군대의 약탈자 수보다 많으면 많았지, 적지 않았다. 갑자기 늘어난 병력으로 보급과 보수도 형편없었다.

새로 부임한 젊은 사령관 나폴레옹은 병사들의 보수와 장비부터 해결했다. 그리고 병사들을 이탈리아로 데려가 "유럽에서 가장 부유하고 풍요한 도시가 너의 발밑에 있다"고 말했다. 이때부터 나폴레옹의 병사들은 기동과 행군에서 초인적인 능력을 발휘했고, 험한 알프스 지형에서도 상대보다 더 많이, 더 빨리 뛰는 방식으로 대군을 격파했다.

도덕적 관점에서 볼 때 그다지 건전한 사례는 아니지만, 이 단합은 나폴레옹의 야심과 병사들의 다양한 욕구와 욕심이 합쳐서 목적의 공유를 이룬 것이다. 나폴레옹은 자신이 병사들의 욕망을 이해하고 실현해줄 능력이 있다는 신뢰를 얻음으로써 목적의 공유를 이루고, 이를 에너지화해서 전에 볼 수 없었던 군대를 만들어냈다.

알렉산드로스와 한니발의 전설적인 업적도 이런 방법으로 통합된 군대를 통해 가능했다. 그리고 이 목표와 방법의 공유가 깨졌을 때, 병사들은 인도에서 전투를 거부하고 대왕 알렉산드로스에게 철군을 요구했다. 그 병사들이 알렉산드로스를 향한 존경심, 애정, 그의 능력에 대한 경외감을 버린 것은 절대 아니었다. 알렉산드로스는 아직 목적을 이루지 못했지만, 병사들은 목적을 초과 달성했고, 이제 얻은 땅과 재산으로 안락한 생활을 즐기고 싶었다. 리더의 목표와 병사들의 목표가 달라진 것이다.

한니발의 군대도 마찬가지다. 이탈리아를 포기하고 북아프리카로 돌아온 순간, 그의 군대는 목표를 잃었고, 단지 생존을 위해, 혹은 남 좋은 일을 하기 위해 싸워야 하는 상황이 되었다. 자마 전투는 극적이고 아슬아슬한 승부였지만, 병사들의 에너지가 떨어지면서 마지막 1부 능선을 넘지 못하고 패배하고 말았다.

상황의 공유

카메룬은 원래 멕시코에 있는 작은 마을의 이름이었다. 1863년 4월 30일, 당주Jean Danjou, 1828-1863 대위가 지휘하는 제1외인부대 3중대, 65명이 베라크루즈 기지를 떠났다. 이들의 임무는 푸에블로 지역에 있는 프랑스군에게 전달할 보급품 수송이었다. 이들의 짐 속에는 장병의 보수로 지급할 금괴도 포함되어 있었다.

금괴를 운송하는 수송대에 관한 첩보는 즉시 새어나갔다. 2,000명의 멕시코군이 이들을 추격했다. 당주 중대가 노상에서 아침식사를 준비할 때 돌연 멕시코군이 나타났다. 당주 중대는 카메룬 마을로 후퇴해서 한 농가로 들어갔다.

탄약은 1인당 60발, 급하게 후퇴하느라 물과 식량도 버렸다. 농가까지 살아서 들어온 사람은 42명뿐이었다. 당주 대위는 역전의 용사로 한쪽 팔이 의

수였다. 그는 항복을 거부하고 병사들 한 명 한 명에게 끝까지 싸우겠다는 맹세를 받아냈다.

이날 3중대는 저녁까지 버텼다. 탄약이 떨어지자 최후의 생존자 여섯 명은 농가에서 튀어나와 적군을 향해 돌격했다. 마지막 돌격에서 모두가 죽거나 다쳤다. 이들의 감투정신에 감동한 멕시코군 지휘관 밀란 대령은 생존한 부상자 세 명을 살려주었다.

외인부대는 매년 4월 30일을 카메룬 데이로 지정하고 행사를 벌인다. 당주 대위의 의수는 나중에 돈을 주고 회수했는데, 이 행사의 하이라이트에 이 의수가 등장해 사열을 받는다.

당주 중대의 전투는 외인부대원의 투지와 불굴의 전투 의지를 상징적으로 보여준다. 이를 폄하할 마음은 없지만, 고귀한 투지만이 전부는 아니다. 과거의 전쟁은 거칠었고, 병사들은 잔혹 행위를 일삼았다. 비단 용병이나 제국주의 군대만 그랬던 것도 아니다. 항복했을 때 더 참혹한 고통을 당하는 경우도 많았다.

아주 위험한 겉보기 단합

임진왜란이 발발하고 왜군이 한양을 향해 쾌속 진군하자 선조宣祖, 1552-1608는 한양을 버리고 피난했다. 마침 전라도 장수현에 머물던 한양 명문가의 선비 오희문吳希文 1539-1613은 이 소식을 듣자 분노하며 일기에 이렇게 썼다.

> '임금이 매일같이 도성 성벽에 나와 병사들과 동고동락하며 격려했더라면 병사들이 감격해서 죽기로 싸웠을 것이다.'

정말 그랬을까? 이런 순진한 생각을 하는 선비가 조선 천지에 가득했다. 참혹한 전쟁을 겪고, 다시 병자호란을 겪을 때도 이런 생각을 버리지 못했다.

의외로 많은 리더가 회식, 단합대회, 복장 통일, 슬로건 등 형식적 단합에 집착하고 그 효과를 과신한다. 물론 이런 노력이 전혀 의미가 없다는 말은 아니다. 병자호란 때 남한산성에서 농성하던 인조仁祖, 1595-1649는 자주 성벽에 나가 한겨울에 경사가 심하고 오르막과 내리막이 계속 이어지는 성벽을 걸으며 병사들을 위로했다. 이런 행동이 결사항전을 끌어낼 수 있었을까? 포위가 지속되고 청군의 대공세가 코앞에 다가오자 병사들은 강화를 요구하며 반란 직전까지 갔다.

인조의 행동이 오희문의 상상처럼 병사들을 하나로 만들어 돌격하게 할 수는 없었다. 하지만 인조의 이런 노력이 없었다면 병사들이 더 빨리 반란을 일으켰을 수도 있다. 적어도 "우리는 차디찬 성벽에서 고생하는데 높은 분들은 따뜻한 곳에서 쉬고 있구나"라는 불만은 최대한 누그러뜨릴 수 있었다.

나폴레옹이 러시아 정복에 도전할 때 그가 거느린 군대는 프랑스 군대가 아니라 현재의 북대서양조약기구North Atlantic Treaty Organization, NATO에 필적하는 유럽 연합군이었다. 나폴레옹은 군복과 휘장을 정비하고, 무기를 표준화해서 세상이 본 적이 없는 통합된 유럽 연합군을 창설했다. 그러나 이 통합은 겉보기에 불과했다. 러시아에 대한 적개심, 정복욕은 나라와 집단마다 달랐다. 나폴레옹이 선두에 세웠던 부대는 폴란드군이었다. 오늘날에도 대러시아 전선에서 NATO군의 선두에 서 있는 폴란드군은 러시아와는 오랜 앙숙이었고, 정복욕도 대단했다. 하지만 다른 나라 군대는 그렇지 않았다.

러시아 원정에 대한 의욕은 물론이고, 나폴레옹에 대한 충성심은 프랑스군 내부에서도 흔들렸다. 정신적 부분에서만 아니라 물리적 부분에서도 외형과 달리 급조한 대군은 수준 차이가 심했다.

단합도 여러 종류가 있고, 단합으로 이룰 수 있는 일은 목적과 상황, 방법에 따라 달라진다. 리더는 겉보기 단합에 취해서는 안 된다. 언제나 냉철하게 목표를 정하고 집단의 상태를 분석하고 취할 수 있는 방법과 그 방법으로 이룰 수 있는 일과 한계를 정확히 측정해야 한다. 천하의 나폴레옹도 이 부분에서 착오를 일으키자 파멸을 피할 수 없었다.

조직이 하나가 되는 법

지금까지 언급한 내용과 교훈을 정리해보자.

조직이 하나가 되려면 첫째, 궁극적인 목적, 모든 조직원이 자랑스럽게 여기고 헌신할 수 있는 목표가 있어야 한다. 모든 전쟁이 적이 먼저 침략했다고 말한다. 우리의 전쟁은 적의 침략에서 우리의 가족과 재산을 지키기 위한 전쟁이라고 선전하는 이유가 이 때문이다.

구성원들의 참여와 헌신이 남다른 위대한 기업은 대개 그런 목표나 목표 수준의 자부심이 있다. '1등을 하자' '최고의 제품을 만들자'는 막연한 구호나 '한 가족이 되자'는 식의 가식적인 목표가 아니라 자신의 일생을 걸고 도전할 만한 가치 있는 목표가 있어야 한다. '우리는 이런 기업'이라고 자랑스럽게 말할 수 있는 자부심을 바탕으로 창의력을 발휘하고 자발적 실천이 가능한 그런 목표를 가져야 한다.

두 번째, 그 목표를 달성하기 위해 서로에게 의지하고 신뢰하는 구조가 있어야 한다. 신뢰는 말이 아니라 경험으로 축적된다. 리더는 그런 신뢰 구조가 더 효율적이고 충분하고 건전하게 축적되도록 조직을 설계하고 운영하며, 특별한 이벤트를 구상해야 한다. 노련한 지휘관들은 소규모 기동부대를 운영해 적을 습격하고, 승리를 과장하는 작전을 자주 사용했다. 작은 승리가 동료와 리더에 대한 자신감과 신뢰를 주기 때문이다.

세 번째는 거룩한 명분에 속지 않아야 한다. 리더는 하나가 되는 상황을 감정적이고 추상적으로 설정해서는 안 된다. 어떤 전투에서 병사들이 초인적인 용기로 감동적인 전투를 보여주었다. 그러자 지휘관이 이렇게 말한다. "내 생전에 이렇게 훌륭한 병사들은 본 적이 없다. 오늘처럼 싸운다면 무슨 일이든 못하겠는가." 장군의 격려 연설로는 훌륭하지만, 스스로 속아서는 안 된다. 구성원이 하나가 되는 데는 다양한 이유가 있다. 상황이 달라지고 이유가 달라지면 병사들의 행동은 바로 변한다. 리더는 항상 행동의 이유를 과학적으로 파악하고, 단합으로 가능한 행동과 할 수 있는 일을 명확히 조준해야 한다.

마지막으로 리더는 항상 냉철하게 목적과 방법, 단합의 성격, 단합으로 할 수 있는 일과 한계를 정확히 측정해야 한다. 겉보기 기준을 만들고 스스로 감격하는 건 자신을 속이는 일이다.

천天 : 날씨를 운으로 여겨서는 안 된다

천, 즉 하늘이라고 하면 대부분 천운을 연상한다. 손자가 말한 하늘은 천운이 아니라 기후와 날씨다. 단, 과학적 일기예보가 없었던 시대에는 일기예보도 절반은 천운에 속했다. 수많은 전쟁에서 예상치 못한 날씨가 국가와 장군들의 운명을 바꾸었다. 결국 운일까? 아니다. 손자는 운을 거부한다. 날씨 예측이 어렵다고 해도, 세상에 운이 존재한다고 해도, 천운에 전투를 맡겨서는 안 된다.

전쟁사를 강의하다 보면 이런 결론을 내리는 사람들을 곧잘 만난다. "세상사 결국은 운이군요." 이건 자기 위안이고 회피다. 미래를 예측할 때, 내가 통제할 수 없는 변수(운)가 90퍼센트고 내가 통제할 수 있는 부분이 10퍼센트라고 해도 리더는 결과를 하늘에 맡겨서는 안 된다. 예측이나 통제 불가한 변수는 다른 사람에게도 똑같이 작용한다. 그러므로 10퍼센트는 절대 적지 않은 변수다. 자기 운명에 끝까지 책임을 지고, 변화에 최대한 근접하고, 통제하려고 노력해야 한다.

운은 잊고 현실로 돌아오자. 손자가 기후와 날씨를 언급한 이유는 운과 무관한 지극히 현실적인 이유에서다. 중국처럼 거대한 대륙에서 천하통일을 이루려면 수천 킬로미터의 장거리 원정을 해야 한다. 요동의 기병이 양쯔강을 건너면 물과 진창이 발목을 잡지만 그것만이 아니다. 기후도 한대에서 아열대 기후로 변한다. 이는 단순히 기온이 올라가는 문제를 넘어선다. 조조가 적벽대전에서 실패한 이유는 황개黃蓋, ?-?의 고육계와 제갈량諸葛亮, 181-234이 불러온 동남풍 때문이 아니라 기후와 풍토, 병균, 새로운 지형 적응에 실패한 탓이었다.

옛날 사람들에게도 날씨는 중요했기에 끊임없이 관측하고 예측했다. 그러나 먼 지역에 도착하면 하늘의 별자리도 달라지고, 주변의 동물과 식물, 생태계도 바뀐다. 지금까지 경험적으로 축적한 기후 예측 방식과 데이터가 달라진다. 더 위험한 건 규모와 양의 차이다. 먹구름이 피어오르고, 비가 올 듯한 징조는 어느 지역에서도 똑같이 보일 수 있다. 하지만 순간적으로 퍼붓는 비의 양, 함께 오는 강풍, 급락하는 기온은 고향에서는 듣도 보도 못하던 것이다. 소나기의 징조는 예측할 수 있지만, '봄비 정도야' 하고 행군을 강행하다가 군이 전투력을 상실할 수도 있다. 손자가 하고 싶었던 말이 이것이다. 과거의 경험과 데이터는 모두 시간과 공간의 제약이 있다. 유통기한과 범주를 넘어서면 새로 데이터를 축적하든지 응용해야 한다. 나를 파멸시키는 것은 천운이 아니라 과거의 나 자신이다.

더 어리석은 행동은 작전 계획을 짤 때 날씨라는 요소를 배제해버리는 것이다. 기후의 중요성은 알지만, 내 지식이 이 땅에서는 쓸모가 없다. 자신의 지식과 판단을 믿을 수 없으니 불안해진다. 불안하니까 배제한다. 이것은 잘못된 예측보다 더 위험하다.

유일한 방법은 이전의 데이터와 현지 상황을 조합해 현장에 응용하는 도전적이고 창의적인 노력을 하는 것이다. 앞에서도 강조했지만 이런 능력이 중요한 이유가 경험해보지 못한 미래, 낯선 환경에서 결과에 엄청난 차이를 초래하기 때문이다. 이런 용기와 지혜를 지닌 군대만이 원정과 정복 전쟁에서 승리할 수 있다.

상륙작전과 기상장교

1942년 11월, 10만 명의 미군을 태운 함대가 대서양을 가로지르고 있었다. 이들이 목적지는 '사막의 여우' 로멜 장군이 엄청난 활약을 펼치고 있는 북아프리카의 알제리 해안이었다. 미군이 드디어 유럽 전쟁에 참전하는 길이었다. 그런데 미군은 이런 대규모 상륙 작전 경험이 전혀 없었다. 10월에 사전 연습을 해보았지만 결과는 실망스러웠다. 그러나 훈련할 시간이 더는 없었다. 사령부가 예측한 성공확률은 반반이었다.

막말과 허풍으로 악명 높았던 사령관 조지 S. 패튼George Smith Patton Jr., 1885-1945 장군은 상륙하면 부대원의 4분의 3이 죽더라도 끝까지 싸울 것이라고 큰소리를 쳤지만, 그 말을 들은 장교들은 더 불안해졌다.

모두가 손 놓은 채 터무니없는 운명을 향해 나아가고 있을 때, 한 명의 젊은 중위만이 바쁘게 뛰어다니고 있었다. 그는 정보팀에 속한 기상학자였다. 지금과 달리 위성도 없던 시절이었다. 완전히 낯선 지역에서 그는 매일매일 위도와 자신의 위치, 날씨 기준선을 측정하고, 현지에서 관측한 모든 숫자를 동원해 기상을 파악하기 위해 노력했다.

상륙부대의 총사령관 드와이트 아이젠하워Dwight David Eisenhower, 1890-1969가 제일 걱정하던 요소가 날씨였다. 기상이 조금만 악화되어도 파도가 상륙정을 모두 뒤집어버릴 수도 있었다. 알제리 상륙 전날 기상학자 중위는 해안 파도가 잠잠해질 것이라는 대담한 예보를 제출했다. 이 용감한 기상학자를 믿고, 아이젠하워는 운명적인 결정을 내렸다. 날씨는 중위의 예언대로였고, 작전은 성공했다.[4]

2년 후 아이젠하워는 다시 한번 하늘에 도전해야 하는 상황을 맞이했다. 지상 최대의 작전이라는 오버로드 작전노르망디 상륙 작전은 날씨로 번번이 연기되었다. 6월 5일 함대와 병력을 만재한 수송선이 바다로 나아갔지만, 날씨가 급속히 악화되었다. 이때 연합군에는 두 개의 기상팀이 있었다. 영국과 미국 팀이다. 그날 두 팀은 격론은 벌였다. 미국팀은 긍정적인 징후를 포착했고, 영국팀은 반대했다. 영국 기상팀은 화가 났다. 이곳은 영국 땅이다. 홈그라운드

---

4 스탠리 P. 허쉬슨 지음, 전경화 옮김, 《제네럴 패튼 1》 2002, 이룸, 423쪽.

의 데이터 분석을 대서양 건너편의 '양키'에게 양보할 이유가 없었다. 영국 책임자 제임스 스태그James Martin Stagg, 1900-1975 대령은 아이젠하워에게 상륙을 미뤄야 한다는 비관적인 보고를 했다.

그러나 조금 뒤에 그는 대서양의 두꺼운 구름 사이로 칼로 짼 듯한 가느다란 틈이 생겼다는 보고를 받았다. 이 작은 징조에 스태그 대령은 자신의 결론을 바꿨다. 물론 확신은 못 하는 작은 가능성이었다. 아이젠하워는 이 작은 가능성에 전군의 운명을 걸었다. 그는 포커의 대가였다. 도박사 기질이 이런 결단을 유도했을까? 최종 보고자는 스태그 대령이었지만, 알제리에서 미군 기상팀의 경험, 아이젠하워의 기상 도박 경험이 이런 불가능한 결정을 가능하게 한 배경이었다.

이 도박이 디데이의 성공에 결정적 요인이 된다. 독일군 사령부는 폭풍 경보를 믿고 침공 징후를 알리는 보고들을 무시했다. 노르망디 방어 사령관 로멜은 부인의 생일을 축하하기 위해 자리를 비우고 고향집으로 갔다. 이 두 사건이 겹치지 않았더라면 상륙 작전은 실패했을 수도 있었다.

지地: 지형에 빨리 적응하는 것이 승패를 가른다

지형, 거리와 관련한 전술 운용에 관해서는 제8편 '구변' 등에서 구체적으로 다룰 것이다. 여기서 강조하고 싶은 내용은 누군가의 경험, 누군가의 전술, 누군가의 성공과 패배 경험담은 모두 당시의 지형과 환경, 또는 홈그라운드에서 유용한 방법이었다는 사실을 명심해야 한다는 것이다.

그렇다고 낯선 땅에서 전투를 포기하거나 새로운 땅에서 충분한 경험을 축적할 때까지 마냥 기다리라는 의미는 아니다. 노르망디에서 로멜은 상대의 대담한 기후 예측에 당했지만, 북아프리카에서는 반대로 놀라운 지형 적응력으로 승리했다.

로멜이 북아프리카로 파견되었을 때, 그는 모래폭풍이 무엇인지 몰랐을 정도로 사막의 기후와 지형에 관해 아는 것이 없었다. 사막전에는 보통 6개월의 적응 기간이 필요했다. 운전만 예로 들어도 현대의 한 특수부대원은 사막에서 운전하는 건 그 자체로 '아트art'라고 했다.

로멜은 현지 장교, 특히 오랫동안 북아프리카에서 싸워온 이탈리아 장교들의 충고도 싹 무시하고 독일 병사들이 상륙하자마자 그들을 전선으로 밀어넣었다. 그의 계획은 사하라 사막으로 깊이 들어가 영국군 방어선 바깥으로 우회해서 후방으로 침투하는 것이었다. 모두가 이 교만한 결정에 놀랐고, 현지 경험자의 의견을 존중해야 한다, 적응 기간이 필요하다고 말했지만 로멜은 밀어붙였다. 로멜을 전설로 만든 이 판단력은 맹목적인 고집도 교만도 아니었다.

로멜은 초급장교로 제1차 세계대전에 참전했을 때부터 지형 데이터를 철저하게 수집했다. 난공불락으로 불리는 요새를 만나도 밤마다 직접 포복으로 적진 앞까지 기어가서 지형을 파악하고, 약점을 찾았다.

그렇다고 이 데이터에만 의존하지 않았다. 로멜은 광범위한 데이터를 컴퓨터처럼 분석하고, 새로운 환경에 대담하게 응용하는 메커니즘의 달인이었다. 그래서 그는 방어자들보다 늘 앞서고 그들이 생각도 못 한 약점을 찾아내고, 경험해보지 못한 전술로 상대를 압도했다.

그런 경험이 누적된 햇수만 30년이었다. 북아프리카에서는 자신의 적응력만이 아니라 일반적인 독일군 병사들의 적응력까지 예측하고 믿었다.

"사막에 처음 도착한 병사들이 곤경을 겪겠지만, 달려가면서 체득할 것이다. 우리 병사들은 그런 능력이 있다." 로멜은 이렇게 판단했고 그의 판단은 정확했다. 독일 병사들은 로멜의 막무가내식 밀어붙이기에 당황했지만, 막상 사막에 들어서자 자신들도 몰랐던 능력을 발휘해서 사막의 생존 요령을 찾아냈다.

반면 막 도착한 독일군이 공세로 나오려면 6개월은 걸릴 것이라고 판단하고 있던 영국군은 갑자기 후방에서 출현한 독일군에 당황했고, 무참하게 무너졌다. 사막의 여우 로멜의 전설이 이렇게 시작되었다.

장將 : 지혜, 신의, 인, 용기, 위엄

오사 중 네 번째 항목인 장수의 능력으로 손자는 지혜, 신의, 인, 용기, 위엄을 꼽았다. 이 덕목들은 재능이라기보다는 인품에 가깝다. 이런 기준을 이해할 때, 우리는 모든 덕목은 항상 상대적이며, 상황 속에서 이해해야 한다는 점을 명심해야 한다. 이것은 현대적인 재해석이 아니다. 손자가 말한 원래 의미가 그렇다.

예를 들어 인은 동양사상에서 원칙을 지키고, 비겁하고 비열한 수단을 쓰지 않으면서 상황에 가장 적절한 행동과 마음가짐을 말한다. 이렇게만 보면 성인군자의 마음가짐인데, 과연 전쟁을 치를 수나 있을까?

그래서 인의 개념에는 한가지 단서가 추가된다. 그 상황에서 '가장 적절한 만큼의 인'이란 개념이다. 신의, 용기, 위엄도 마찬가지다. 새로운 땅, 언어와 풍속이 다른 정복지, 낯선 사람들도 지혜, 신뢰, 용기 등의 가치는 공유한다. 하지만 내용과 표현 방법, 양이 다르다. 산악지대에서는 고지에 올라가는 용기가 필요하지만, 해양에서는 검은 파도에 뛰어드는 용기가 필요하다. 용기의 내용이 달라지면 리더가 자신의 덕목을 표현하는 방법, 신뢰를 얻는 방법도 달라진다.

명장들의 팔색조 리더십

단일하고 목표가 분명한 조직이라면 리더의 덕목도 선명한 것이 좋을 것이다. 복잡하고 다면적이고 심지어는 다문화적이기도 한 조직이라면 어떤 미덕, 어떤 장점도 다른 편에서는 단점이 되고 비난의 대상이 된다. 그러면 상황에 따라 그때그때 말과 행동을 바꾸어야 할까? 그렇게 하면 리더는 당장 신뢰를 잃는다. 상황에 따른 적절성과 융통성을 발휘하면서도 신뢰를 잃지 않는 지혜가 필요하다.

거대한 군대를 인솔하고 세계를 발밑에 두었던 사람은 엄청나게 다양한 환경에 대처해야 했다. 세계사에 기억되는 명장들에게 손자의 덕목인 지혜와 신의와 인, 용기, 위엄이라는 항목을 적용해보면, 각각의 항목들이 마치 프리즘처럼 여러 가지 내용으로 분화해 발휘되는 것을 볼 수 있다. 그것이 비법이다.

이런 프리즘의 리더십이 팔색조 리더십이다. 이는 상황에 따라 모습을 바꾸는 리더십이 아니다. 원칙과 이미지는 고수하되, 그것이 장소마다 다양한 색으로 나타나는 리더십이다.

프리즘의 마법을 가장 멋지게 사용한 사람이 맥아더Douglas MacArthur, 1880~1964와 조지 패튼 장군이다. 이 두 장군에 대해 선입견이 있는 사람은 당혹스러울 것이다. 두 장군은 프리즘이나 팔색조라는 단어와는 전혀 어울리지 않는 경직된 리더십의 대표자로 알려져 있다. 두 사람은 모두 개성이 너무 강하고 오만하며, 독선적이고 제멋대로인 리더로 유명하다. 맥아더의 상징은 귀족적인 오만과 안하무인이고, 패튼은 자화자찬에 거칠고 막가는 욕쟁이 장군으로 수많은 일화를 뿌렸다.

그러나 이 두 사람의 리더십은 정말로 영악했다. 신의와 지조를 지키는 리더가 다양한 사람의 욕구를 어떻게 다 받아줄 수 있겠는가? 두 사람의 방법은 강력한 단순함으로 다양함을 커버하는 것이었다. 물론 어느 정도의 피해는 감수해야 했지만, 외부에서 보는 만큼 내부의 사기나 분위기가 억압적이지 않았다.

맥아더는 어마어마한 엘리트에 오만하고 접근하기 힘든 사람이라는 이미지를 평소에도 휘광처럼 풍기고 다녔다. 덕분에 그는 부하를 다그치거나 힘든 일을 시킬 때 목소리를 높이거나 과격한 행동을 할 필요가 없었다. 그냥 가만히 서서 잠시 쳐다보는 것만으로도 충분했다.

이런 날 선 위엄은 신의와 용기를 조장하는 데는 유용하지만, 강한 거부감을 유발하고 마음으로의 복종과는 멀어질 우려가 있다. 하지만 맥아더가 정말로 바란 효과는 따로 있었다. 날 선 위엄 덕에 그의 부하들에게는 맥아더가 소리를 지르거나 막말을 하거나 부하를 모욕하는 행동을 한 기억이 거의 없다. 맥아더와 직접 접촉했던 사람들이 기억하는 맥아더의 인상은 항상 간결하고 따뜻한 말투, 자상함, 부하에 대한 배려, 자신에 대한 엄격함이었다. 그는 다른 자상한 리더들보다 10분의 1, 50분의 1의 말과 행동을 소모해서 이런 감동을 만들어냈다.

거부감도 훌륭한 무기로 활용했다. 그의 적들, 이유 없이 맥아더나 맥아더의 이미지가 싫었던 사람들, 그래서 잔뜩 긴장한 채 혐오감을 품고 그를 만났던 사람들은 그의 친절하고 따뜻한 말 한마디에 순식간에 그의 추종자로 바뀌곤 했다. 맥아더를 만나보기 전에 그에게 아주 좋지 않은 감정을 지니고 있던 어떤 장군은 "맥아더가 나를 단 15분 만에 자신의 호주머니에 넣었다"고 솔직하게 고백했다.

패튼은 상대방을 화가 나게 하거나 짜증 나게 하는데 일가견이 있었다. 패튼의 어이없는 행동은 그를 좋아했던 사람들에게도 늘 버거웠다. 패튼은 전혀 다른 노림수를 가지고 있었다. 무식하고 상대방을 전혀 배려하지 않는 무례한 인물처럼 보이지만, 패튼은 뒤에서 엄청나게 공부하고 준비하는 사람이었다. 북아프리카에 상륙하면서 그는 이슬람 사람들의 생각을 알기 위해 코란을 공부했고, 머리맡에는 적장인 로멜의 자서전을 두고 밤마다 읽었다.

손자의 말처럼 용병은 적을 속이는 것이고, 전술이 상대가 예상하지 못하는 방법으로 치고 적이 나를 예측하지 못하도록 행동하는 것이라면, 패튼은 이 부분에서 완벽했다. 그의 허세와 제멋대로의 언행 덕에 패튼이 상대를 철저히 파악하고 이용하는 사람이라는 사실을 알아채는 사람이 없었다. 병사들은 패튼의 노림수가 무엇인지 모르는 채 투덜거리면서 그의 의도대로 변해갔고, 작전의 결과를 보고는 욕과 감탄을 반반씩 섞어서 존경심을 나타내곤 했다.

법法 : 군의 제도와 규정, 병참

손자가 말한 '법'은 조직이 주어진 목표를 실천하는 능력, 또는 실천을 지원하는 능력이다. 인프라, 조직의 효율성, 연구개발research & development, R&D 능력, 조직 간의 협력 등이 모두 포함된다.

보통 전쟁사라고 하면 전투부대의 활약과 작전에만 관심을 두는 경향이 있다. 전쟁의 승패를 좌우하면서도 잘 주목받지 못하는 사람들이 군수, 병참, 회계, 수송, 의료, 행정 분야의 인재들이다. 이들의 활약이 없으면 전투부대원은 제대로 싸울 수조차 없다. 야전에서 10만 대군과 1,000대의 탱크가 있다고 해도 연료가 100대분밖에 보급되지 않는다거나 수송팀이 하루에 조달할 수 있는 양이 10킬로미터 분량이라면 탱크의 작전 반경과 전술도 여기에 제한될 수밖에 없다.

《삼국지연의》에서 신의 지혜를 가진 것처럼 묘사된 제갈량은 사실 군사 전략가가 아니었다. 제갈량 스스로 자신은 군사를 모른다고 했다. 《정사 삼국지》의 저자 진수陳壽, 233-297는 제갈량이 군사 부분에서도 탁월한 능력을 보이기는 했지만, 본질적으로는 민정 전문가였다고 평가했다. 제갈량은 유비劉備, 161-223, 관우關羽, ?-219, 장비張飛, ?-221가 살아 있던 시절에는 소설과 달리 전쟁과 작전에 별로 개입하지 않았다. 촉나라가 2세대 인재의 조달에 실패하고, 유비와 1세대 인재들이 죽거나 늙어가자 할 수 없이 제갈량이 북벌에 나섰다.

현재의 쓰촨성에 자리 잡은 촉의 장점이자 약점은 쓰촨 분지를 형성하는 험한 촉산이었다. 촉산은 적의 침공을 어렵게 했지만, 안에서 밖으로 치고 나가기도 쉽지 않았다. 제갈량은 탁월한 조직력과 행정력으로 군의 보급 체제를 해결하고, 군의 제도와 관리, 이동, 행군, 숙영에 발군의 능력을 보였다. 제갈량이 군수물자의 수송을 위해 목우유마木牛流馬: 식량을 운반하기 위해 말과 소 모양으로 만든 수레로, 기계장치로 움직였다고 한다를 만들었다는 전설은 촉군의 군수와 병참제도의 위력을 신비화한 것이다. 제갈량이 설계한 촉의 진영을 본 적장 사마의가 제갈량은 천재라고 감탄했다는 이야기도 제갈량의 마법 같은 전술이 아니라 그의 조직력과 행정 능력에 대한 감탄이었다.

전투력에서 압도적 우세인 군대를 보유했는데도 위나라는 제갈량과의 정면 대결을 피하고 가능한 한 방어전으로 일관했다. 촉군의 사령관은 백면 서생 출신이고 촉에는 이제 관우나 장비 같은 명장도 없었지만, 촉나라의 무기는 손자가 말한 '법', 즉 누구보다 탄탄한 군의 운영과 지원 능력이었다.

3

실상을 끄집어내는 능력이 이처럼 중요하므로

우리는 오사를 정확하게 계산하고 비교해서 그 정황을 끌어내야 한다. 말하자면 우리와 적국 중 누가 바른 도를 지니고 있는가, 장수는 어느 쪽이 더 유능한가, 자연과 지형은 어느 쪽이 유리한가, 법령은 어느 쪽이 공정하게 시행되고 있는가, 병사들은 어느 쪽이 더 강한가, 장교와 병사는 어느 쪽이 더 잘 훈련되어 있는가, 상벌은 어느 쪽이 더 명확한가 등이다.

오사를 비교하고 판단할 때는 절대 평가가 아닌 상대 평가로 비교해야 한다. '어떤 장수가 더 유능한가'라는 질문을 예로 들어보자. 장수를 비교하라고 하면 사람들은 사관학교 성적, 과거의 전적, 인간성, 가정생활 등의 항목을 늘어세운다. 이것이 객관적인 평가일까? 아니다. 이런 기계적인 분석이 오히려 실패를 낳을 수 있다. 장수의 유능함을 판정할 지표는 무수히 많다. 주어진 상황과 과제에 적합한 항목을 선정하고, 적과의 상대 비교를 통해 결론을 도출해야 한다.

미국의 남북전쟁 당시 남군 사령관 로버트 E. 리Robert Edward Lee, 1807-1870 장군과 북군 사령관 율리시스 S. 그랜트Ulysses Simpson Grant, 1822-1885장군을 비

교해보자.

리와 그랜트, 누가 더 뛰어난 지휘관일까

사관학교 시절 성적부터 장교 경력, 전술가적 자질로 보면 그랜트는 리의 상대가 되지 않는다. 리는 패전한 남부의 총사령관이었지만, PC주의political correctness, 정치적 올바름가 유행하기 전까지만 해도 미 육군 사관생도가 선정하는 최고의 장군에 한 해도 빠짐없이 선정되었던, 명실공히 미 역사상 최고의 장군이다.

리는 사관학교 시절부터 최고의 생도였다. 리의 성적은 웨스트포인트West Point, 미 육군사관학교 역사상 최고 기록이었고, 이 기록은 지금까지도 유지되고 있다. 장교 시절에는 판단력, 전술, 인격, 리더십, 포용력, 용기와 고집, 모든 것을 갖춘 지휘관이었다. 멕시코전쟁 때 리는 소령으로 참전해 정찰장교의 임무를 맡았다. 이때 리 소령은 사령관보다 뛰어난 통찰력과 전술감각, 열정과 실천력을 보여주었다. 미군은 리가 선정한 장소에서 싸우고 그가 발굴한 산악로로 진격해 멕시코군의 뒤를 쳤다. 그의 활약에 반한 사령관 스콧Winfield Scott, 1786-1866 장군은 일개 소령이었던 리를 일찌감치 자신의 뒤를 이을 미군 총사령관으로 낙점했다.

그랜트도 멕시코전쟁에 중위로 참전했다. 그랜트는 전투에서 특유의 뚝심을 한번 보여주기는 했지만 일회성 공로가 전부였다. 그 뒤 그랜트의 인생역정은 리의 빛나는 길과는 정반대였다. 군인으로 두각을 나타내지 못했고, 무료한 군생활에 지쳐 우울증과 알코올 중독에 빠졌다. 결국 반강제로 퇴역했다. 제대 후에는 손대는 사업마다 실패해서 빚더미에 앉았다. 매사에 의욕이 없고 게으르며 무뚝뚝하고 비사교적인 인간성에 생도 시절 성적표까지 더하면 리와는 비교 불가 수준으로 추락한다.

그랬던 그랜트가 북군 사령관이 되어 리와 대결하게 되었다. 북군은 병력, 무기, 보급 등 객관적인 전력에서 모두 남군보다 우세했다. 그들에게 부족한 것은 북군의 장점을 살려 과감하게 소모전을 벌일 수 있는 뚝심과 추진력이었다. 그랜트가 리를 앞서거나, 적어도 맞먹을 수 있는 장점은 이것 딱 하나였는데, 북군에게 필요한 것도 그것뿐이었다. 그랜트는 대담한 소모전으로 밀어붙이며, 리가 숨을 돌리고 자신의 전술 능력을 발휘할 여유를 주지 않았다. 끔찍한 전술이었지만 북군은 승리를 거두었다.

　　백지상태에서 리와 그랜트를 두고 어느 장군이 더 유능하냐고 물으면 분명 리가 더 유능하다고 할 수 있다. 그러나 남북전쟁의 전장에 던져놓고 누가 승리할 것인가라고 물었을 때, 역사는 그랜트의 손을 들어주었다.

4

나는 이 분석을 통해 승부의 결과를 안다.

나의 계획을 듣고 따라서 사용하면 반드시 승리할 것이니, 나는 머무를 것이다. 내 말을 듣지 않으면 반드시 패배할 것이며, 나는 떠나갈 것이다.

'계' 편의 마지막 구절은 손자의 대담한 자기 자랑으로 끝난다. 손자의 본래 의도는 '계'의 단계, 손자식 분석의 중요성을 강조하려는 의도였다. 많은 군대와 조직이 이 단계를 경시하거나 입맛대로 짜 맞추고 전쟁에 나섰다가 패망했다. 인간은 모든 것을 알 수는 없지만 자신이 가진 모든 것을 정직하고 정확하게 정렬할 수는 있다.

이 구절에는 손자의 자기 홍보와 각오도 있다. 춘추전국시대는 철륜鐵輪천하였다. 많은 인재가 자신을 등용해줄 제후를 찾아 쇠바퀴를 단 수레가 필요할 정도로 무수히 돌아다녔다. 그들의 채용 시험은 대개 면접으로 이루어졌는데, 이 면접에서 강렬한 인상을 주기 위해서는 자기 밑천을 다 드러내지 않으면서도 충분히 과시하고 제후가 흥미를 느낄 만한 심오한 인상을 주어야 했다.

많은 사람이 이런 순간에 흥분해서 너무 많은 이야기를 풀어놓으며 과장하거나, 지나치게 겸손을 보이다가 실패한다. 가장 좋은 방법은 손자처럼 촌철살인의 모습을 보이는 것이다. 능력 못지않게 본인의 확고한 자신감을 과시할 필요도 있다. 그러기 위해서는 자기 능력과 방법론에 대한 확신이 필요하다. 이것은 논리로 전달할 수 있는 것이 아니다. 상대가 느끼도록 해야 한다. 그런데 상대를 두려워하고, 긴장하고, 흥분해서는 자신감을 전달할 수 없다. 그래서 남을 설득하려는 사람은 먼저 자신부터 충분히 설득해야 한다.

이 면접은 쌍방 면접이다. 손자 입장에서는 상대가 신뢰할 수 있는 제후인지, 인재를 이용하다가 버리는 제후인지도 판단해야 했다. 어떤 경우든 인간관계는 일방적인 계약이 아니다. 부하, 피고용인의 입장에서 리더를 만날 때는 상대방의 목적, 의도, 도량, 자신과 삶을 공유할 수 있는 부분, 자신이 양보할 수 있는 한계를 명확히 파악하고 설정해야 한다. 불길한 예감을 느끼면서도 당장의 필요나 유혹에 의해 판단을 보류하고 나머지는 천운과 낙관에 맡기는 사람이 많다.

손자는 자기 말을 듣지 않으면 떠나겠다고 했다. 춘추전국시대에 주군을 잘못 만나 이용만 당하거나 마지막에 배신당하는 인재는 수도 없이 많았다. 그렇다고 세상에 존재하지 않는 선한 리더를 찾아 무한정 방황할 수도 없다. 전략적으로 접근하고 항상 깨어 있어야 한다. 손자는 전술가였고, 자신을 표현하고 관리하는 전술에서도 결코 소홀하지 않았다.

5

전쟁의 분석이 유리하다고 판단되어
실행하기로 하면

그것을 세勢로 만들어서 현실에서 그 계획을 이루도록 도와야 한다. 세라는
것은 내게 유리한 조건을 상황에 맞춰 임기응변하는 것이다.

기원전 48년 8월 9일, 그리스의 파르살루스 평원은 로마 군단으로 뒤
덮였다. 지난 세기 동안 로마가 배출한 최고의 명장 그나이우스 폼페이우스
Gnaeus Pompeius, BC106-BC48와 율리우스 카이사르가 마주쳤다. 한니발과 스키
피오 Publius Cornelius Scipio Africanus, BC236-BC184의 자마 전투 이후 이 정도의 명장
이 이런 대병력을 거느리고 맞붙은 빅매치는 없었다.

객관적인 전력은 폼페이우스의 승리를 가리키고 있었다. 폼페이우스의
병력은 중장보병 4만 5,000명과 기병 7,000명, 카이사르의 전력은 중장보병
2만 2,000명과 기병 1,000명이었다. 장비와 훈련 수준은 양측 모두가 로마의
정예 군단이라 우열을 가릴 수 없었다. 단지 카이사르의 군단은 얼마 전까지
갈리아에서 치열한 격전을 치르다가 돌아온 역전의 용사들이 대부분이라는
장점이 있었다. 하지만 폼페이우스도 갈리아 군단을 보유하고 있었다. 갈리아

•그림 1• **로마의 기병. 기병 전력에서는 카이사르보다 폼페이우스가 유리했다.**

원정에 참전했던 카이사르의 두 개 군단(1군단, 3군단)이 폼페이우스 편에 가세했다. 기병 전력은 수치상으로도 7배인 데다가 기병 사령관은 갈리아 전역 내내 카이사르의 부사령관이었던 라비에누스Titus Labienus, BC100?~BC45였다. 폼페이우스를 찾아온 라비에누스는 기병 지휘관 자리를 자청했다.

폼페이우스의 전술은 로마군 양측에 익숙한 방식이었다. 압도적인 기병이 카이사르의 우익을 강타하고 보병의 뒤로 돌아간다. 그러면 보병이 전진해서 적을 밀어붙인다. 전형적인 이중 포위, 망치와 모루 전술이었다. 폼페이우스는 승리를 확신했다. 피차간에 뻔한 전술이지만, 7배의 기병 전력, 2배의 보병 전력이 승리를 보장하고 있었다. 기적이 일어나 대등한 전투를 한다고 해도 카이사르군은 보급품이 바닥나기 직전이었다. 그동안 카이사르는 폼페이우스와 결전을 회피하며 지구전으로 버티고 있었는데, 보급품이 바닥나는 바람에 싸우지 않을 수 없게 된 것이었다.

폼페이우스의 안주와 몰락

전투 며칠 전, 폼페이우스는 작전회의에서 승리를 확신했다. "2열의 병사들이 맞붙기도 전에 카이사르는 패주한다." 로마군은 3열 횡대로 포진하는데, 1열의 병사들이 싸우는 중에 카이사르군이 패주한다는 말이다.

폼페이우스는 손자의 말처럼 나와 상대의 전력을 분석하고 승리를 확신했다. 양측 전력에 관한 계산은 정확했고, 전술은 모두에게 익숙한 방법이었다. 정석대로 움직일 때 폼페이우스는 절대 패할 일이 없었다.

그러나 이 전투의 결과는 카이사르의 승리였다. 패전의 원인을 폼페이우스 쪽에서 찾아보면 폼페이우스의 안주와 임기응변의 부재였다. 폼페이우스는 카이사르 못지않은 명장이었다. 그의 병사들의 충성도는 카이사르 병사들의 충성도보다도 훨씬 높았다. 카이사르의 갈리아 군단 장교와 병사 3분의 1이 폼페이우스에게 가담했을 정도였다.

그런데 오래전 폼페이우스가 인기 절정이었던 시절, 그는 집정관이 되자 자기 군단을 해산시키고 병사들을 집으로 돌려보냈다. 그 뒤에도 폼페이우스에 대한 예비역들의 충성도는 여전히 높았지만, 폼페이우스는 그 사실에 만족하고 병사들이 고향에서 편히 지내도록 배려했다. 자기 자신도 편안한 생활에 안주하면서 여행으로 소일했다. 아이러니하게도 폼페이우스의 이런 생활을 부추긴 사람은 그의 아내이자 카이사르의 딸인 율리아였다. 카이사르가 갈리아에서 갖은 고생을 하며 전투를 벌이고, 이제 그 강철 군단을 이탈리아로 돌리려고 할 때도 폼페이우스는 머뭇거리며 소집령을 내리지 않았다.

카이사르가 루비콘강을 건너 로마로 입성한 뒤에 폼페이우스에게 몰려든 병력을 보면 자신의 명성과 인기에 대한 폼페이우스의 판단이 옳았음을 보여준다. 그는 카이사르의 2배가 넘는 병력을 모았다. 파르살루스에 오지 않은 해군 병력까지 합하면 3배가 넘는다. 그가 좀 더 일찍 병사들을 모으고 대비했더라면, 카이사르는 루비콘강을 건너지 못했을 수도 있다. 하지만 이런 압도적인 잠재력을 폼페이우스는 제때 사용하지 못했다.

뒤늦게 병사들을 모아 대회전을 펼치게 되었지만, 이날 전투에서도 폼페이우스는 내내 안전제일주의로 나갔다. 기병과 보병을 동시에 진격시키지 않고, 승리가 확실하다고 생각한 기병이 먼저 출진하도록 기다렸다. 이 꾸물거림으로 기세를 놓쳤다.

전투 신호가 떨어지자 폼페이우스군 우익의 기병이 돌진했다. 놀랍게도 카이사르의 고참병들로 구성된 보병진이 기병의 돌진에 정면으로 저항했다. 말은 겁이 많아 보병이 창과 방패의 숲을 치면 주춤하게 된다. 이론적으로는 다 아는 사실이지만 기병의 돌진 앞에 버틸 줄 아는 보병도 없다. 기병과 보병의 관계는 창과 방패의 모순과 같은 전쟁사의 오랜 격언이었는데, 카이사르의 고참병들이 버틸 수 있다는 사실을 증명해 보였다. 카이사르의 기병은 뒤에 투석병을 태우는 절묘한 아이디어로 무장하고 폼페이우스의 기병을 습격했다. 폼페이우스의 기병은 혼란에 빠졌고, 전장에서 탈락했다.

카이사르는 상대의 기병이 빠진 공간에 자신의 보병을 진격시켰다. 보병전에서도 폼페이우스는 기세를 놓치고 선공을 양보하는 큰 실수를 했다. 병력에서 자신이 절대 유리하고 우익의 승리를 자신했으므로 그냥 기다렸다. 카이사르군이 먼저 치고 나왔지만 반응하지 않았다. 카이사르군은 걸어오는 동안 체력을 소모한다. 그러면 기다리는 우리가 더 유리해진다.

하지만 전투로 단련된 부대, 결사적인 의지로 무장한 부대는 그 정도 기동으로 체력도, 사기도 저하되지 않았다. 카이사르의 정예병이 움직이지 않는 폼페이우스 보병진의 약한 곳을 골라서 쳤다. 폼페이우스의 기병이 패하면서 보병전의 주도권도 카이사르가 쥐었다. 비록 병력은 절반이지만 카이사르의 보병이 정면과 폼페이우스의 좌측면을 동시에 공격하는 양상이 되었다.

이때까지도 보병 전력이 충분했지만 폼페이우스는 예비대를 동원해 카이사르군을 역포위하려는 시도를 하지 않았고, 무너지는 전선을 방치했다. 폼페이우스는 전황을 보고 우울해하면서도 아직 보병 전력이 충분했기 때문에,

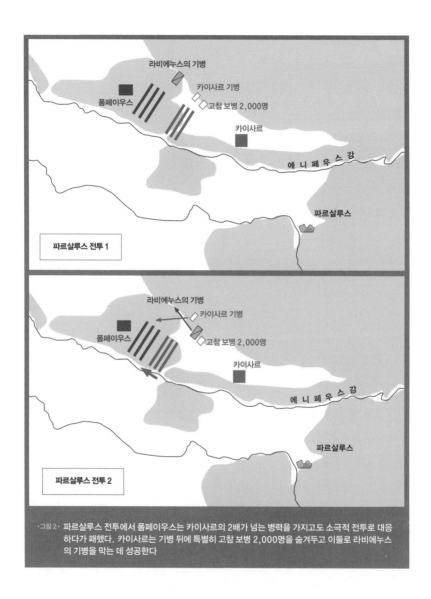

라비에누스의 기병

카이사르 기병

고참 보병 2,000명

폼페이우스

카이사르

에 니 페 우 스 강

파르살루스

파르살루스 전투 1

라비에누스의 기병

카이사르 기병

고참 보병 2,000명

폼페이우스

카이사르

에 니 페 우 스 강

파르살루스

파르살루스 전투 2

•그림 2• 파르살루스 전투에서 폼페이우스는 카이사르의 2배가 넘는 병력을 가지고도 소극적 전투로 대응하다가 패했다. 카이사르는 기병 뒤에 특별히 고참 보병 2,000명을 숨겨두고 이들로 라비에누스의 기병을 막는 데 성공한다

쉽게 붕괴될 것이라고는 생각하지 않았던 것 같다.

그러나 카이사르군이 정면과 좌측에서 압박해 오자 폼페이우스 군단은 공황에 빠졌다. 먼저 움직였더라면 카이사르군을 절단하고, 공격부대를 포위할 수도 있었다. 하지만 수동적으로 기다리는 바람에 여기저기 구멍이 생겼고, 균열이 확대되었다. 마침내 카이사르군이 폼페이우스의 사령부 막사까지 밀려 들었다.

갈리아 전역의 참전용사들인 1, 3군단도 이 순간에 힘을 쓰지 못했다. 폼페이우스는 병력 우위를 믿고 정예병을 집중 운영하지 않았다. 병사들이 공황에 빠지자 정예병들도 휩쓸려 나갔다. 전투는 카이사르의 일방적 승리로 끝났다. 카이사르군의 전사자는 200명 미만, 폼페이우스군은 6,000에서 1만 5,000여 명이 전사하고 2만 4,000명이 항복했다. 로마 군단과 로마 군단의 전투라고는 믿어지지 않는, 카이사르가 갈리아 부족민들을 상대로 거둔 승리 못지않은 일방적인 승리였다.

분석의 실행과 임기응변

사전 분석, 객관적 분석과는 전혀 다른 결과였다. 폼페이우스는 분석 과정에서도 실수했고, 결과를 '세'로 옮기는 과정에서 더 큰 실수를 했다.

손자는 분석 결과를 자신에게 유리한 조건에 적용해서 현실에서 계획이 이루어지도록 해야 한다고 강조했다. 하지만 폼페이우스의 작전에는 내게 유리한 조건을 상황에 맞춰 더 유리하게 만드는 임기응변의 과정이 없었다. 분석도 잘못되었다. 카이사르의 생각과 능력, 구상을 분석 과정에서 빼버리고, 정형화된 틀 속에서 전력을 계산하고 그대로 병사를 밀어 넣었다.

폼페이우스 편에도 라비에누스와 1, 3군단의 백부장로마 군대 중 100명으로 조직된 단위의 우두머리, 베테랑 병사들이 있었다. 하지만 손자의 말처럼 상황을 읽고 대처할 수 있는 지모를 갖춘 인재가 있어도 이미 나태해진 조직에서는 힘을 발휘할 수가 없었다.

반면 카이사르는 열세인 상황에서 적은 보병 전력으로 적의 기병 돌진을 막는 법, 약한 기병 전력으로 적의 전선을 돌파하는 법을 구상했다. 카이사르는 정석대로 병력을 운용하는 뻔한 수를 두지 않았다. 백부장과 정예를 뽑아 적의 예상을 깨고 먼저 공격하고, 적의 약한 곳을 찌르고, 기세를 몰아 적을 밀어붙이고 절단했다.

결론적으로 말하면 폼페이우스는 전력 분석을 현장에 적용해 '세'로 옮기는 과정이 잘못되었거나 아예 없었다. 수치상으로는 내가 이길 수밖에 없는 상황이라는 것만 믿고, 카이사르라는 변수를 제외한 채 표준 전술대로 강행했다.

반대로 카이사르는 분석을 토대로 '세'를 만들었다. 절대 열세의 상황이었지만, 상대의 약점을 찾고, 자신의 약점을 극복할 대담한 방법을 시도했다. 이것이 두 사람의 운명을 갈랐다. 폼페이우스는 패했고, 이집트로 도주했다가 살해되었다.

6

용병은 적을 속이는 일이다.

그러므로 능력이 있어도 없는 것처럼 보이고, 사용하면서도 사용하지 않는 것처럼 보여야 한다. 가까운 곳에 있으면서도 멀리 있는 것처럼 보이고, 멀리 있으면서도 가까이 있는 것처럼 보여야 한다. 적에게 이익이 되는 듯 보이는 것으로 유인하고, 적을 혼란하게 만들어 격파한다.

적이 견실하면 대비하고, 적이 강하면 회피한다. 적을 화나게 해서 교란하고, 비굴하게 보여 적이 아군을 깔보게 한다. 적이 편안하면 피곤하게 만들고, 적이 잘 단합되어 있으면 이간한다. 적의 대비가 없는 곳을 공격하고, 적이 예비하지 못한 곳으로 나아간다. 이것이 전쟁에서 승리하는 비결이다. 적이 미리 알게 해서는 안 된다.

'용병(병법)은 적을 속이는 것이다.' 《손자병법》에서 가장 유명한 구절 중 하나다. 역사가의 입장에서 보면 참 매력적이고 사용할 곳이 많은 말이다.

"전쟁은 거짓말과 도둑질이 칭찬을 받는 유일한 분야다." 이런 말을 하면 냉소적인 지성인이거나 도덕적인 반전론자처럼 보인다. 이런 발언은 카타르시스를 주기도 한다. 거룩한 권유와 도덕적인 설교에 지쳐 있는 사람들에게 이런 가식 없는 말이 힘이 되어준다. 하지만 역설의 카타르시스를 너무 즐기면 그 자체가 샛길로 빠지는 함정이 된다. "속여도 된다"가 결론이 되어버리는 것이다.

손자의 본의를 이해하려면 손자가 살았던 시대의 국가와 전쟁을 이해해야 한다. 그 시대는 청동기 시대였다. 철기가 등장하고는 있었지만, 강철 제조법을 잘 몰라서 무기로 쓰기에는 아직 약했다. 무쇠나 석기로 짓는 농사는 한계가 분명해서 생산력이 현저하게 낮았다. 생산력이 낮으니 인구에 비해 땅은 넓었다. 기병도 없어서 전차가 기병을 대신했다. 물자 부족, 이동력 부족, 인구 부족으로 전쟁에 동원할 물자와 인구가 적으니, 전쟁은 가능하면 빨리 끝내야 했다.

정복에 겨우 성공했다고 해도 병력이 적으니 다른 나라를 정복하면 국내를 수비할 병력이 부족해졌다. 침공을 당한 나라는 이웃 나라에 부탁해 텅 빈 적국을 침공하도록 유도했다. 그런 부탁을 하지 않아도 이웃에 야심가 국왕이 있다면 거저 떨어진 기회를 놓칠 리 없었다.

상황이 이렇다 보니 정복과 통합이 쉽지 않았다. 정복에 성공하더라도 아군 병력 손실이 크거나 원정으로 국내가 비어 있으면, 다른 나라가 빈틈을 노리고 쳐들어온다.

승자는 승리의 과실을 수확하지도 못하고 철수한다. 손자의 오나라도 초나라와 월나라 사이에서 이런 경험을 했다.

무엇을 위해 속일 것인가

《손자병법》은 바로 이런 시대의 한계와 전쟁의 고민 속에서 탄생한 것이다. 따라서 이 편만이 아니라 다른 많은 편에서도 손자는 제한된 병력과 물자로 어떻게 하면 신속하게 목적을 달성할 수 있을까, 한나라의 군대로 어떻게 두 나라를 정복하고 유지할 수 있을까를 강구했다. 이것이 《손자병법》을 일관하는 문제의식이다.

오늘날로 치면 동일한 자금과 물자를 주고, 성과는 2배로 올리라고 요구하는 격이다. 결국 손자는 최소의 투자와 희생으로 2배의 성과를 올리는 전술을 연구하게 되었다. 그래서 부각된 방법이 속임수다.

손자는 속임수를 사용해 적을 혼란하게 만들어 격파하고, 적의 방비가 없는 곳을 치고, 적을 지치게 만들거나 분열시켜서 조직력과 사기를 떨어트린 뒤에 공격하라고 말한다. 제한된 병력으로 최대 효율을 얻기 위해 속임수를 사용해야 한다는 말이다.

그러면 몇 개 나라는 정복할 수 있을 정도로 물자와 전력이 풍부한 국가라면 전쟁에서 굳이 속임수는 필요 없을까? 아니다. 전투는 병사들의 생명과 국가 자산의 손실을 요구한다. 기업의 목표가 최대 이윤이듯, 어떤 경우에도 전쟁은 최대 효율을 추구해야 한다.

속임수와 계략이 최고의 효율을 추구하는 자세라고 이해하면 전쟁에서만 통용하는 교훈이 아니라는 사실도 깨닫게 된다. 사회 모든 분야에 얼마든지 응용할 수 있기 때문이다. 리더라면 언제나 최고의 효율을 추구하는 자세를 유지해야 한다.

리더가 항상 효율을 추구하는 자세를 지니고, 노력을 계속해야 자신이 지닌 힘을 최대한 발휘할 수 있으며, 궁극적으로는 10 대 1의 싸움에도 도전하고 승리할 수 있게 된다. 소수로 다수를 제압한 명장들의 일대기를 보면 그들이 이런 노력을 잠시도 게을리하지 않았다는 사실을 알게 될 것이다.

그런데 속임수라는 것은 아무래도 그 자체에 범죄적인 요소가 있어서 그런지 부작용이 있다. 몰래 먹는 빵이 맛있다고, 거짓말로 얻은 수익은 양심의 가책 못지않게 더 짜릿한 쾌감을 함께 던져준다. 악마의 유혹, 악마의 쾌감이다. 이런 유혹에 넘어가고, 용병은 속임수라는 말에 현혹되면 속임수를 위한 속임수가 탄생한다.

속임수를 위한 속임수 : 일본 해군의 알류샨 침공

미드웨이 해전은 태평양전쟁의 향방을 바꾼 전환점이 되었다. 일본으로서는 통한의 패배였다. 객관적 지표로 보면 미군이 승리하기 어려운 상황이었기 때문이다. 미군에게는 제2의 진주만, 아니 진주만보다 더 충격적인 참패가 될 해전이었다. 이 해전의 승패가 바뀐 것은 미군의 암호 해독이 결정적이었다고 알려져 있다. 그러나 이것은 미군 측의 해석이다. 미군이야 상대의 실수 덕분에 이겼다고 하기보다는 자신들의 주체적인 노력이 승리의 요인이라고 강조하고 싶을 것이다.

일본군이 패하게 만든 결정타는 일본군의 쓸데없는 양동 작전이었다. 일본군의 항공모함은 아홉 척, 미군은 두 척뿐이었다. 미군은 심하게 파괴된 요크타운 호를 급하게 수리해서 세 척이 되었지만 그래도 9 대 3의 열세였다. 일본군은 미드웨이 해전에 일곱 척을 투입했는데, 미군의 전력을 분산시킨다고 쓸데없이 양동 작전을 펼쳐 항모 두 척을 알류샨 열도로 보냈다. 미드웨이 공격함대도 둘로 나누어서 전력을 또 분산시켰다. 반면 미군은 일본군의 주력 함대에 전력을 집중했다. 7 대 3이었어야 마땅했을 전투가 4 대 3의 전투가 되었다. 양동 작전의 목적은 미군의 전력을 분산시킨다는 것이었는데, 자신들의 전력만 분산시킨 결과가 되었다.

전력 분산이 없었다면 미군이 일본군의 암호를 해독했어도 절대 승리하지 못했다. 일본 항공모함 다섯 척이 침몰하고, 미군 항공모함 세 척이 침몰했더라도 일본군의 승리가 되었을 것이다. 그러나 결과는 참혹했다. 일본 항공모함 세 척이 침몰하고 미군은 한 척이 침몰했다.

일본군의 양동 작전이야말로 전력이 유리하더라도 최대 효율을 추구하라는 《손자병법》의 교훈을 따른 것이 아닐까 싶은 생각이 들 수도 있다. 최선을 다해 최대 효율을 추구하는 태도는 옳지만, 속임수가 최대 효율을 달성하는 유일한 방법은 아니다. 일본군은 속임수가 주는 쾌감, 악마의 유혹에 넘어갔다.

미드웨이 해전뿐 아니라 태평양전쟁 내내 일본군의 작전은 쓸데없이 복잡했으며, 기만 행동과 양동을 너무 좋아하고, 여기에 많은 체력과 시간을 소모하는 경향을 보였다. 이에 관해서도 여러 가지 해석이 있다. 미국의 압도적 산업력에 대한 잠재적 공포감이 최소의 노력으로 최대의 효과를 이루자는 강박증을 낳았고, 이것이 속임수와 복잡한 작전을 습관처럼 반복하게 했다는 해석도 있다. 탁상에서 완벽을 추구하는 관료주의적 속성, 참모진의 능력에 대한 과신, 일본 특유의 매뉴얼 문화 등을 지적하기도 한다. 그러나 어떤 지적이 옳든 우리는 한가지 교훈을 명심해야 한다. 속임수 그 자체가 목적이 되고, 속임수를 위한 속임수가 되어서는 안 된다는 것이다.

전쟁에서 속임수는 '최대 효율'이라는 명제에 종속한다. 적군에게 아군의 공격지점을 속이고, 텅 빈 방어선을 돌파한다면 이보다 멋진 승리, 이보다 효율적인 승리는 없을 것이다. 그러나 이 쾌감에 너무 집착하다 보면 전투를 회피하는 수단이 되기 쉽다.

전쟁은 기본적으로 소모전이고 전투는 희생과 용기를 필요로 한다. 여기에 속임수와 효율을 잘못 적용하면 온갖 소심하고 비겁한 행위를 효율이라는 명분으로 포장할 것이다. 인간은 강한 듯하면서도 나약하고, 진취적인 듯하지만 보수적이다. 특히 미지의 세계, 해보지 않은 일, 새로운 도전 앞에서는 극도로 수동적인 반응을 보인다. 전쟁터는 목숨이 왔다 갔다 하는 곳이다 보니 이런 태도가 10배 이상 증폭된다. 손자가 말한 속임수의 본의를 놓치고, '두려움'과 '희생'을 피하기 위해 속임수에 의존하다 보면 용기와 진취성을 상실할 수가 있다.

7

싸움을 시작하기 전에 적군과 아군의 전력을

비교 계산해야 한다. 승리하는 자는 승산이 많은 쪽이다. 사전에 비교 계산해서 승리할 수 없다고 나오면 승산이 적은 것이다. 승산이 많은 자는 승리하고 승산이 적은 자는 승리하지 못한다. 하물며 승산이 전혀 없는 자야 말할 것도 없다. 나는 이런 계산을 통해 전쟁의 승부를 미리 알 수 있다.

손자를 알든 모르든, 세기의 명장들은 이길 수 있는 환경을 먼저 조성하고, 전투를 벌였다. 이순신李舜臣, 1545-1598 장군이 일본 수군에 대해 절대적인 승률을 가져갔던 이유는 이길 수 있는 환경에서 싸운다는 원칙을 고수했던 덕분이다.

하지만 때때로 이 말이 기회주의적으로 해석되곤 한다. 명장과 패장, 졸장의 차이는 바로 이 '이길 수 있는 상황'에 대한 판단의 차이이자, 이길 수 있는 환경을 조성하는 능력의 차이다.

기원전 327년 혹은 328년에 알렉산드로스는 아프가니스탄에서 고전 중이었다. 현지의 유력 지도자인 옥시아르테스Oxyartes는 아프가니스탄의 자랑인 요새화된 높은 바위산 위에 웅거해 있었다. 그는 '이 도시를 함락하려면 날개 달린 병사들이 있어야 할 것'이라고 큰소리를 쳤다.

알렉산드로스는 '날개 달린 병사' 대신 '암벽 등반을 할 수 있는 병사'를 찾았다. 그들의 도전을 자극하기 위해 거액의 보상을 내걸었다. 그는 도시 위에 솟아 있는 바위산 정상으로 오르는 자에게 12달란톤(1등)에서 300다릭(꼴찌)다릭은 페르시아의 금화로, 1다릭은 약 8. 4g에 해당한다. 300다릭이면 대략 0. 1달란톤 정도의 포상을 주겠다고 했다. 300명의 병사가 자원했고 살아서 정상에 오른 자는 270명이었다. 겨우 한 개 중대 병력이었지만, 알렉산드로스군이 날개 없이도 산 위에 올라 아래로 공격할 수 있다는 충격에 수비대는 항복했다.

이기는 상황을 만들다

로마의 스키피오가 카르타고의 한니발을 꺾은 자마 전투는 객관적인 상황에서 보면 스키피오의 절대 우세였다. 전략적 상황과 병력에서 우위였고, 지금껏 늘 한니발의 우세를 만들어주던 누미디아 기병이 한니발을 배신하고 로마 편에 붙었다.

그럼에도 승부는 박빙이었다. 로마군의 마지막 3열까지 투입했을 때 스키피오는 패배 직전의 상황이었다. 예비대가 전혀 없었다. 그때 패주하는 한니발 기병—어쩌면 유인책이었던—을 추격해갔던 누미디아 기병이 극적으로 돌아와 카르타고군을 친 덕에 승리할 수 있었다.

이 박빙의 승부가 벌어지기 전에 스키피오는 이탈리아에서 한니발과 싸우는 대신, 한니발의 본국 카르타고를 침공하는 대담한 계획을 세우고 원로원의 허락을 얻었다. 그런데 스키피오는 북아프리카의 카르타고로 직진하지 않은 채 먼저 시칠리아로 건너갔고, 이곳에서 실전 및 실전 같은 강훈련을 치르며 1년을 소비했다. 원로원은 그가 꾸물거린다고 비판했다. 후대의 군사 연구자들 중에도 이 비난에 동참한 사람들이 있다.

하지만 자마 전투의 양상을 보면 스키피오가 옳았다. 한 줌의 예비대도 없이 전력을 투입하는 전투는 아무 군대나 해낼 수 있는 전투가 아니다. 완벽하게 조직되고 훈련되고 일체감과 자신감이 왕성한 최상급의 부대만이 가능한 전투였고, 정말로 아슬아슬한 승부였다. 로마군의 훈련과 자신감이 조금만 부족했어도 자마 전투는 한니발의 승리였다.

'나는 전쟁의 승부를 미리 알 수 있다'는 말이 객관적 상황에 체념적으로 순응한다는 의미가 아니다. 이것은 그런 상황을 만드는 능력, 창조와 도전의 기준이다.

제2편

작전
作戰

'작전'은 전쟁을 실행한다는 뜻이다. 1편의 계획 단계에서 이제 실행 단계로 접어든다. 실행 단계에서도 먼저 전반적인 밑그림이 필요하다. 이것이 작전이다. 아주 구체적인 실행 계획을 의미하는 현대 군사학의 작전과는 의미가 다르다. 계획 단계가 끝나면 이제 당장 실용적이고 구체적인 계획으로 넘어가면 좋겠는데, 손자는 또다시 기초 단계부터 큰 그림을 그려야 한다고 말한다. 성급한 사람은 짜증이 날 수도 있는 상황이다. 그런데 여기에는 아주 중요한 이유가 있다. 첫 장을 읽고 나서 이 '작전' 편을 이해하지 못하면 실패한 지휘관들이 걸었던 파멸의 길을 가야 한다.

1

대체로 전쟁을 하려면 그 규모는

전차 1,000대와 전차를 끌 말 4,000필, 수송용 전차 1,000대, 갑옷 입은 병사가 10만 명은 되어야 한다. 1,000리[400킬로미터]나 되는 먼 거리에 군량을 공급해야 하며, 안팎으로 드는 비용, 접대비, 기계 수리용 자재, 군 장비의 조달 등 날마다 천금의 거액을 소비해야 한다. 그만한 능력이 있어야만 10만 군대를 일으킬 수 있다.

1982년 4월에 영국과 아르헨티나가 벌인 포클랜드 전쟁은 약 두 달 만에 끝났다. 영국은 452명이 전사하고, 전투기 25대, 함정 13척을 잃었다. 1, 2차 세계대전의 규모와 비교하면 1회 전투 수준의 전쟁이었지만, 여기에 든 비용이 무려 15억 달러였다. 2020년대 가치로 환산하면 45억 달러 이상이다.

현대전은 고가의 장비를 운용하는 탓에 전쟁 비용이 천문학적으로 든다. 과거에는 돈이 이 정도로 들지는 않았을 것이라고 생각할 수도 있지만, 이 또한 사실과 다르다. 옛날에는 옛날대로 현대와 달리 많은 비용이 드는 일들이 있었다. 예를 들어 트럭 한 대로 수송할 물자를 과거에는 수십 명의 사람과 말, 수레를 이용해야 했다. 트럭이 반나절에 갈 길을 한 달을 소비할 수도 있다.

도로를 닦을 때도 불도저와 포클레인 한 대가 할 일을 수백, 수천 명을 동원해야 한다. 범선과 유조선의 차이는 또 어떤가?

9세기경 프랑크족 기사 한 명이 완전무장을 갖추는 데 들어가는 비용은 상상을 초월한다.

> 투구: 암소 6마리
>
> 쇠미늘 갑옷: 암소 12마리
>
> 칼과 칼집: 암소 7마리
>
> 다리 보호대: 암소 6마리
>
> 창과 방패: 암소 2마리
>
> 군마: 암소 12마리
>
> 총계: 암소 45마리[5]

9세기의 암소 가격을 현재 시세로 정확히 측정하기는 어렵지만, 45마리의 암소라면 웬만한 마을에 있는 암소 전체에 해당했다. 전쟁에는 전투용, 수송용으로 많은 말과 소가 필요한데, 전쟁에 동원한 말과 소는 1년이면 거의 죽는다. 조선이 3만 명의 군대를 동원해 두 달 정도 기한으로 요동을 공격하려고 비용을 모으는 데 3년이 걸렸다. 말과 장비, 군량 중 최소한 절반은 사병 개인에게 부담시켰는데도 이 정도였다.

이런 끔찍한 비용 때문에 회계 담당과 보급 담당 장교들은 종종 지휘관들에게 비관적인 대답을 하거나 불평을 늘어놓게 된다. 신속한 기동과 돌파를 강조하는 로멜과 패튼은 특히 회계, 보급 담당 장교들의 비관적인 답변을 못마땅해했다. 이들의 품성을 적극적인 성품으로 변화시켜야 한다고 투덜거렸다. 재무 담당자들의 애꿎은 희생도 무색하게 전쟁 계획은 종종 낙관적으

---

5 한스 델브뤼크 지음, 민경길 옮김, 《병법사 3》 한국학술정보, 2009, 3쪽. 저자는 게르만 법령 중 하나인 리부리아 법Lex Ribuaria에서 인용한 것이다.

로 짜인다. 비관적인 자세로 시작했다가도 사용할 수 있는 금액과 목표 달성 비용이 맞지 않으면 돌발 상황 비용을 배제해버린다.

아군 부대의 이동은 정확하고, 집결지에는 정시에 도착한다. 적의 방해 공작과 기후는 우리가 예상한 수준으로 작동한다. 적의 포격은 아군이 소지한 장비와 부품으로 수리 가능한 수준의 피해만 입힌다. 이동선상에 있는 모든 도로와 다리는 수백 대의 탱크와 적재용량을 무시한 채 과적한 트럭을 버텨낼 것이다. 또 무전병은 모든 암호를 정확하게 판독하며, 연락병의 오토바이와 자전거의 타이어는 펑크가 나지 않을 것이다. 결국 이런 엉터리 시나리오를 만든다.

이런 계획은 성공할 리가 없다. 세상에서 가장 무모한 계획이 돌발 상황을 최소화하는 계획이다. 어떤 군사 전문가가 이런 말을 했다. "전쟁과 작전은 악보를 들고 시작하지만, 첫 번째 총성이 울리는 순간부터 즉흥곡이다." 낙관적으로 짜인 수많은 전쟁과 작전이 돌발 상황과 부대비용의 덫에 걸려 파산했다.

이 단락의 보편적인 교훈은 전쟁이든 경영이든 부대비용과 운전자금, 돌발 상황에 대한 부수비용을 충분히 고려해야 한다는 것이다. 경험 많은 경영자에겐 당연하게 들리겠지만, 초보 사업자들은 너무나 자주 이 수렁에 빠진다.

그렇다고 초보자만 당하는 것도 아니다. 신사업이나 투자를 유도하는 사람들은 항상 이 부분을 최소화한다. 경영 사례들을 보면 자신들도 잘 모르고 도전하는 경우가 다반사다.

수많은 조직, 특히 초보자들을 좌절시키는 중요한 원인이 감당할 수 없는 돌발 상황과 부대비용이다. 아무리 철저한 계획을 세워도 부대비용은 사전 조사만으로는 산정이 어렵다. 돌발 상황과 부대비용에 대한 가장 확실한 대처법은 일어날 사건을 하나하나 예측하는 것이 아니라, 대응 가능한 범주를 최대한 근사치로 설정하는 것이다. 이 능력을 높이는 방법은 경험 외에는 없다. 그러므로 초보자일수록, 또는 처음 진입하는 영역일수록 자신의 능력에 관해 겸손하게 접근하고, 재정 계획과 자금 운영 계획을 최대한 보수적으로 세우면서 배운다는 자세로 접근할 필요가 있다. 기꺼이 배움의 대가를 지불할 자세가 되어 있다고 생각할 수도 있지만, 과도한 학습비용만으로도 조직은 충분히 파국을 맞을 수 있기 때문이다.

돌발 상황에 대처하는 능력에 관해서 리더도 명심해야 할 교훈이 있다. 거리와 비용에 따른 물량 계산은 수치로 표현할 수 있다. 하지만 돌발 상황에 대처하는 능력과 비상적인 물자 확보 능력은 수치로 표현이 불가능하다. 이처럼 비가시적인 요소를 결정하는 것은 리더의 몫이다. 페이퍼에 적힌 문자와 숫자를 갑주로 삼는 사람, 그것으로 자신의 책임을 회피하려는 사람은 절대로 승리하는 리더가 될 수 없다.

2

전쟁할 때 승리하더라도 전쟁을 오래 끌면

병기는 소모되고 군대의 사기는 저하된다. 공성을 하면 전력이 약화된다. 군대가 오랫동안 외국에 주둔하면 국가 재정이 부족해진다. 무기가 소모되고, 사기가 피폐하고, 전력이 약화되고, 재정이 고갈되면 이웃 나라 제후가 이 틈을 타서 침공할 것이다. 그렇게 되면 비록 지모가 뛰어난 사람이라도 뒷감당을 할 수 없다.

그러므로 전쟁은 불비한 점이 있더라도 빨리 결말지어야 한다는 말은 들었으나, 교묘한 술책으로 오래 끌어야 한다는 말을 들은 적은 없다. 전쟁을 장기간 끌어서 국가에 이로울 것은 없다. 그러므로 용병의 해害를 충분히 알지 못하는 자는 용병의 이利를 깊이 알지 못한다.

이 구절은 《손자병법》을 해석하고 공부하는 사람들을 정말 고통스럽게 했다. 전쟁비용 때문에 속공이 지구전보다 낫다는 말은 지나친 일반화 아닌가? 속공이 최고라면 난공불락의 요새 앞이라도 병사들을 돌격시켜야 하는가? 요새는 지구전으로 항복을 받아내야 한다. 속공이 좋다고 서두르다가 패한 전투는 또 얼마나 많은가? 손자도 전쟁은 신중해야 한다고 말하지 않았는가? 끔찍한 전쟁비용은 항상 염두에 두어야 하지만, 최악의 비용을 초래하는 건 전사자의 수와 패전이다. 승전해도 죽은 자는 있기 마련이고, 이들의 유가족에게 보상 비용이 들어간다. 하지만 패전하면 승자의 보상 비용까지 갈취당한다.

그러면 이 구절을 어떻게 해석해야 할까? 보편적인 타협안은 이렇다.

손자가 설마 지구전의 필요를 몰랐겠는가? 리더는 전쟁비용의 무서움, 전쟁으로 인한 백성의 고통을 늘 염두에 두어야 한다는 경고의 의미에서 이런 말을 남겼다는 것이다.

이런 해석이 《손자병법》을 현학적인 철학서로 바꾸어버린다. 손자는 책상 앞의 선비처럼 전쟁에 접근하지 않았다.

사마천司馬遷, BC145?-BC86?의 《사기史記》에 의하면 손자는 오나라 왕 합려闔閭, ?-BC496에게 등용되어 기원전 506년 초나라의 수도 영을 함락하는 데 공을 세웠다. 하지만 다음 해에 오나라군 주력이 초나라에 주둔한 틈을 타서 월나라가 침공해 들어왔다. 손자가 평소에 걱정하고 경고한 대로 전쟁이 1년을 끌자 강대국이 쳐들어온 것이다. 급거 귀국한 오나라 군대는 월나라의 침공군을 격퇴하는 데는 성공하지만, 수도를 함락시키고도 초나라 정복에는 실패하고 만다.

비극은 여기서 끝나지 않았다. 10년 뒤 합려는 월나라를 공격하다 부상을 입어 전사한다. 그는 아들 부차夫差, ?-BC473에게 복수를 부탁했다. 부차는 장작 위에서 자며 월나라 왕 구천句踐, ?-BC465에 대한 복수를 꿈꾸었다고 해서 와신상담臥薪嘗膽의 고사가 생겨났다. 다만 손자가 이때까지 생존했는지는 확실하지 않다. 아무튼 아래 구절은 손자가 경험으로 체득한 진리였다.

'군대가 오랫동안 외국에 주둔하면 국가 재정이 부족해진다. 무기가 소모되고, 사기가 피폐하고, 전력이 약화되고, 재정이 고갈되면 이웃 나라 제후가 이 틈을 타서 침공할 것이다.'

손자가 이 구절을 초나라 정복 전쟁 전에 썼을 수도 있다. 오-초 전쟁이 아니라도 춘추시대에는 이런 사례가 비일비재하게 일어나고 있었다. 이처럼 늘 양면전쟁, 3자 개입의 가능성이 있는 정글 같은 상황에서 전쟁은 비용과 시간의 싸움이다. 항상 비용과 시간, 최대 효율을 염두에 두고 전략과 전술을 구상하라. 용병에서 속임수(최대 효율)를 아끼지 말라고 한 말과 마찬가지로, 이것이 손자가 말한 속공의 목적이자 용도다.

그러면 지구전은 어떻게 이해해야 할까? 전략·전술적 목표를 달성하는 데 지구전이 가장 효율적이고 시간이 절약되며, 상대국의 간섭도 이겨낼 수 있는 방법이라면 지구전이 최고의 속공이다. 궤변처럼 들리지만, 손자가 경고하는 지구전은 지구전을 모두 망라하는 게 아니라 '교묘한 지구전'만을 가리킨다.

교묘한 지구전이란 당장의 편안함, 모험과 용기의 부재로 선택하는 지구전을 말한다. 불비한 속공을 감행하려면 탁월한 용기가 필요하다. 용기가 부족한 리더들이 늘 준비 부족을 핑계로 전투를 미루고, 온갖 위험을 다 상정한 다음 만전의 대책을 세운다고 힘과 시간을 낭비한다. 손자가 말한 '교묘한 지구전'은 이런 태도를 비판한 것이다.

시간은 항상 내 편이 아니다

기원전 421년 아테네는 시칠리아를 정복하기 위해 대함대를 결성하고 2만 명에 가까운 병력을 파견했다. 시민들은 원정 사령관으로 알키비아데스 Alkibiades, BC450?-404와 니키아스Nicias, BC470-BC413, 라마코스Lamachus, ?-? 를 선출했다. 알키비아데스는 그리스 최고의 전략가, 니키아스는 보급과 군수를 책임질 수 있는 최고의 정치가이자 경영자, 라마코스는 장비나 조자룡趙子龍, ?-229 스타일의 맹장이었다.

이 인선은 대단히 훌륭해 보였다. 그러나 알키비아데스가 정치적 음모에 말려 스파르타로 망명했다. 라마코스는 너무 용맹하게 앞장서다가 어이없게 전사했다. 사령관은 경영, 정치, 외교 전문가인 니키아스만 남았다. 당시 아테네군은 시라쿠사를 공략하는 중이었다. 알키비아데스와 라마코스가 빠졌어도 과감하게 움직였으면 도시를 함락시킬 충분한 기회가 있었다. 그렇지만 소심했던 니키아스는 공세를 중단하고 가장 안전한 방법을 택했다. 방벽을 쌓아 도시를 고립시켜 항복하게 하는 방법이었다. 시라쿠사는 항복하는 대신 안쪽으로 아테네군 방벽에 대항하는 방벽을 쌓아 저항했다. 성 쌓기 경쟁은 간발의 차이로 시라쿠사가 승리했다. 당연한 일이었다. 노동력은 시라쿠사가 풍부했고, 시라쿠사 주민은 거주지에, 그리스군은 야영 텐트에 거주했다. 결과적으로 처음에는 아무것도 없던 산비탈에 이중성벽이 세워졌다. 물리적 공격은 더 어려워졌고, 아테네군은 도시를 공략할 기회를 완전히 놓친다.

어이없는 지구전에 아테네 병사들은 지쳐갔고, 바다 건너 장기 주둔으로 군수비용은 급증했다. 아테네군이 지지부진한 사이에 시칠리아 도시들이 결집했다. 마지막으로 손자가 지적한 최악의 상황, 이웃 나라가 아테네가 지친 틈을 노리는 상황이 발생했다. 그 이웃 나라는 숙명의 라이벌인 스파르타와 코린토스였다.

스파르타와 코린토스는 연합 함대를 결성해 시라쿠사로 파견했다. 무적을 자랑하는 아테네 해군이었지만, 지친 군대는 스파르타와 코린토스 함대에 패했다. 고립된 아테네 육군은 전멸하고 니키아스는 살해되었다. 아테네는 회복 불가능한 타격을 입었고, 이길 수 있었던 펠로폰네소스 전쟁에서 스파르타에 패하고 말았다.

이것이 손자가 지적하는 교묘한 지구전이다. 위험 회피, 현실 도피의 속성이 전쟁의 속성을 망각시킨다. 명확해야 하고, 편하고 쉬운 것을 추구하며, 불확실하고 이해하기 힘든 것을 배제하고 싶어 하는 인간의 속성이 교묘한 지구전을 선택하게 한다.

즉, 강한 군대가 쉽고 편안한 승부라는 교묘한 유혹에 빠져 채택하는 전술이 지구전이다. '우리는 강하다' '우리가 유리하다' '시간은 우리 편이다'라고 말하는 순간부터 위에서 아래까지 조직 전체가 안주하게 된다. 사람을 성장시키는 속도는 오르막길을 오르는 것 같지만 타락시키는 속도는 내리막길을 구르는 것과 같다. 역사적으로 보면 나태한 소모전은 승리를 보장하지도 않으며, 전쟁비용과 자원 낭비 이상의 심각한 피해를 양산한다.

사람들은 유형의 손실에만 주의를 기울이는데, 진짜 위험은 무형의 영역에서 나타난다. 물량 작전으로 이기면 이길수록 조직은 경직되고, 모험을 회피하고, 편한 승부에 안주하면서 전략적 능력이 괴사되어 간다. 이런 식으로 한두 번 승리하면 이제는 전염병처럼 기질 속까지 파고들어서 명의가 와도 고칠 수 없는 병이 된다. 이런 군대나 기업은 혁신적이고 도전적인 상대를 만나면 허무하게 무너진다.

군이든 기업이든 조직을 운영하고, 승부해야 하는 집단이라면 "시간은 어떤 경우에도 내 편이 아니다"라는 말을 명심하고 살아야 한다. 시간은 어떤 일도, 아무리 쉬운 일이라도 저절로 해결해주지 않는다.

인간은 무언가가 부족하거나 약간 위험하다고 느낄 때 자신을 채찍질하고, 창의적이고 도전적으로 변한다. 불확실성 속에 뛰어드는 용기도 만들어낸다. 이것이 손자가 말한 불비한 속공이다. 그럴 때마다 주저앉는 사람도 있지만, 그 덕분에 조직에 필요한 인재, 우수한 인력과 그렇지 못한 인력도 구분할 수 있다. 조직이 승리하고 성장하는 비결은 이 긴장감을 유지하는 것이다. 그리고 이런 긴장감과 능력은 실전을 경험할 때마다 성장한다. 지구전은 비용은 막대하게 소비하면서 이 소중한 학습 기회, 자기계발의 시간을 박탈하고, 조직을 나태로 밀어 넣는다.

마지막에 손자가 한 말, '이런 상황이 되면 아무리 지모가 뛰어난 사람이라도 뒷감당을 할 수 없다'를 기억하자. 지구전을 벌일 수 있을 정도로 재력과 자산을 갖춘 조직이라면 뛰어난 인재는 어디서든 구해올 수 있다. 하지만 제갈량이 아무리 뛰어난 전술을 가르쳐주었다고 해도 구성원이 그것을 실행할 능력이 안 된다면 무용지물이다.

모든 속공은 졸공이다

《손자병법》의 '계' 편만을 읽으면 손자는 완벽한 계획을 짜고, 완벽하게 상황을 예측하고, 통제하는 제갈량식 전쟁을 추구하는 것으로 오해하기 쉽다. 그런 오해를 예견하고 '작전' 편에 속공론을 배치한 것 같다. 전쟁은 승부다. 승부의 세계에서는 위험을 감내할 줄 아는 사람만이 승자가 될 수 있다.

전술이나 작전에 최단 시간이라는 요소를 대입하면 불확실성이 늘어나고, 예상치 못한 위험과 대응능력이 필요하다. 이 부분은 계수화되지 않기에 현장에서의 대응 능력과 운에 맡겨야 한다. 그래서 모든 속공은 졸공이고 엉성한 공격이 된다. 대부분의 사람들은 이런 불확실한 상황, 전장의 안개를 두려워한다. 전투에서 이겨도 중간에 사고가 있고, 전투 과정이 투박하면 행정 관리와 아마추어 평론가들이 책임 추궁을 해댄다. 이런저런 위험을 피하기 위해 모든 변수에 대비하는 정교한 책략이 줄줄이 달라붙으면서 속공이 지구전으로 늘어진다.

그렇다고 위험 분석 없이 눈을 감고 무모하게 달려들라는 말은 아니다. '계' 편의 충고처럼 사전에는 충분한 검토와 준비를 해야 한다. 그러나 달리기 시작할 때는 몸을 최대한 가볍게 하고 달려야 한다.

손자가 말한 졸속은 진짜로 졸렬한 속공이 아니다. '위험을 감수하는 모험적인 속공'이다. 알고 보면 이것이 모든 전술의 본질이자 숙명이다. 전쟁사의 위대한 승부사들은 전술의 본질이 엉성한 속공임을 알고 있었다. 알렉산드로스로부터 시작해서 칭기즈칸Chingiz Khan, 1167?~1227, 현대의 전격전blitzkrieg까지 위대한 명장들은 완벽한 지구전에 의지하는 대신 돌발 상황에 대처하는 병사들의 용기와 임기응변 능력을 배양해서 승리를 거두었다.

전격전이라는 명칭은 언론의 작품이다. 전격전의 창시자들은 특별한 명칭을 고안하지 않았다. 독일군 장교들이 배낭에 넣고 다녔다는 클라우제비츠 Carl von Clausewitz, 1780-1831의 《전쟁론》만큼 《손자병법》도 애독했거나 약간의 유머가 있었더라면 자신들끼리 '전차를 이용한 졸렬한 속공 전술'이라고 불렀을 수도 있지 않았을까?

대포와 총이 등장하면서 기병은 전장의 주도권을 잃었다. 보병들의 승부가 된 17세기 이후의 전투는 지루하고 파멸적인 형태로 변했다. 양측이 길게 늘어서서 한쪽이 궤멸할 때까지 소모전을 벌이는 것이다. 그래도 양측이 벌판에서 싸울 때까지는 괜찮았다.

19세기가 되자 수비 측이 강력한 요새와 방어선을 구축하고, 대포와 기관총으로 방어선 전면을 엄호하기 시작했다. 강철과 콘크리트를 향해 진격하는 전선형 공격은 재앙이 되었다. 제1차 세계대전은 한 나라의 군대와 남자, 모든 것이 동날 때까지 싸우는 파멸적인 소모전이었다.

제1차 세계대전 말기에 탱크가 등장하자 아주 소수의 장교들이 칭기즈칸의 몽골 기병 이후로 자취를 감춘 돌파 전술을 구상하기 시작했다. 이들의 구상은 강력한 반대와 조롱을 받았다.

독일군 장교 구데리안Heinz Guderian, 1888-1954은 이런 소모전에서 살아남은 생존자였다. 그는 엔진과 바퀴를 이용한 새로운 기동 전술을 구상한다. 전격전은 선이 아닌 점을 타격하는 것이다. 한 점에 화력을 집중해 돌파한다. 아군의 기갑부대가 측면 방어를 무시한 채 종심으로 적진 깊숙이 들어가 적을 혼란에 빠트리고 사령부를 습격하며 보급로를 차단한다. 적의 전선은 공황 상태에 빠져 붕괴한다.

사령부의 테이블 위에서 이 계획을 펼쳐 보이면 이 개념이 얼마나 엉성한지 당장 드러난다. 프레젠테이션을 본 장군들은 어이가 없어서 헛웃음을 터트리거나 황당해서 얼굴이 벌게진다. 한 장군이 참지 못해 소리친다. "이거야말

·그림 3· 전격전의 창시자 하인츠 구데리안 장군. 현대전에서 탱크가 등장한 뒤 몽골 기병의 돌파 전술도 되살아났다.

로 하나만 알고 둘은 모르는 탁상공론이 아닌가? 우리가 화살처럼 고속 전진해서 적의 보급로를 끊는다고? 그동안 적은 보고만 있겠나? 측면을 무시하고 종대로 전진하는 우리 기동부대의 후방을 적도 간단히 끊어놓을 수 있다. 전격전은 무모한 치킨게임에 불과하다."

이론적으로 보면 전격전은 확실히 치킨게임이다. 구데리안은 이런 비판에 굴하지 않고 대위 시절부터 전격전을 구상하며 병사들을 훈련시켰다. 그러나 그도 속으로는 치킨게임론에 대한 고민이 있었던 것 같다. 사실 적이 프랑스와 같이 전통 있는 강국이라면 전격전의 약점을 알고 효과적으로 대응할

수도 있었다. 실제로 프랑스의 기갑부대 장교 중에도 기동을 중시하고, 전격
전과 같은 전술을 구상하는 장교들이 있었다. 그러나 구데리안의 표현을 빌리
면, 다행스럽게도 프랑스는 기동부대의 현대화 및 강화를 주장한 드골Charles
de Gaulle, 1890-1970이나 달라디에Édouard Daladier, 1884-1970 같은 선각자들의 제안
을 무시해버렸다.[6]

그러던 어느 날 구데리안은 프랑스군의 전시 대응 체제에 관한 첩보를 입
수했다. 그것을 읽은 구데리안은 '전차를 이용한 졸렬한 속공'의 승리를 확신
했다.

구데리안이 본 프랑스군의 대응 체제는 '현장 보고 → 검증 → 회의 → 전
략 수립 → 점검과 확인 → 전달 → 실행 → 현장 보고'라는 무한 반복 루프로
구성되어 있었다. 독일군의 출현을 전선의 초병이 보고하면 사령부에서 정보
를 수합해서 회의하고 적절한 대응책, 타격지점, 반격지점을 예하 부대로 하
달한다. 그러고는 다시 실행 결과를 사령부에 보고하는 이 궤적을 반복하는
것이다.

구데리안은 자신이 받은 비난을 그대로 돌려주었다. "이것이야말로 훈련
할 때나 가능한 탁상 전술이다."

프랑스군의 대응 방식은 행정적 사고, 탁상 위의 전술로 보면 완벽하다.
상황 파악, 통제, 적절한 대책과 실행이라는 합리적 메커니즘으로 구성되어
있다. 아마도 지금 이 글을 읽으면서 "이 절차가 뭐가 잘못되었다는 거야?"라
고 말할 독자도 있을지 모르겠다. 올바른 지적이다. 다만 프랑스군의 이 계획
에는 독일군의 속도가 빠져 있었다. 현장과 사령부에서 보고가 오가고 타격
지점을 지시하는 사이에 독일군은 타격지점을 지나쳤다. 다시 보고와 회의가
반복되었고, 최후의 대응 전략을 실행하려고 할 때쯤이면, 독일군 탱크가 사
령부 앞마당까지 도달했다.

6   구데리안 지음, 김정오 옮김, 《기계화부대장》 도서출판 글밭, 1994, 165쪽.

독일군의 공격에 수많은 약점이 있고 프랑스군에게 기회가 무수히 있었지만, 프랑스군은 혼란과 충격 속에 무너졌다. 프랑스 장병들의 용기와 투지가 부족했던 것은 절대 아니었다. 상황이 정리되자 프랑스군은 놀랄 만한 전투력과 투지를 보여주었다. 그러나 이미 늦은 뒤였다.

'프랑스군의 완벽한 계획'이 패전의 원흉이었다. 지구전으로 일관했던 제1차 세계대전에서 프랑스와 독일은 4년간 참호전을 펼쳤고, 각각 800만 명에 가까운 희생을 치렀다. 1940년 구데리안의 기갑부대는 단 보름 만에 영국과 프랑스 연합군을 섬멸하고 승부를 결정지었다. 프랑스가 정식으로 항복하기까지는 6주가 걸렸지만, 6주도 너무나 짧은 충격적인 시간이었다. 당시 영국의 국방장관이었던 처칠Winston Churchill, 1874~1965은 야밤에 프랑스 대통령으로부터 프랑스가 항복한다는 전갈을 받고 이렇게 중얼거렸다.

"이 큰 나라가 어떻게 이렇게 빨리 무너질 수가 있는가?"

졸렬한 속공이 만전의 방어 계획을 완벽하게 뚫었다.

패튼의 말처럼 죽을힘을 다해 전진하고 최상의 속력과 전투력으로 나아가야 한다.

3

용병을 잘하는 자는 두 번 징병하지 않고

군량은 세 번 거듭 싣지 않는다. 무기 등의 군용품은 나라에서 가져가고 군량은 적의 것을 빼앗아 쓴다. 그래야 군량을 충분히 조달할 수 있다. 전쟁으로 나라가 가난해지는 이유는 군량과 군수를 멀리 수송해야 하기 때문이다. 먼 거리로 수송하면 비용이 과도하게 들어서 백성들이 빈곤해진다. 군대가 주둔한 인근에는 물가가 치솟는다. 물가가 오르면 백성들의 재산이 고갈된다. 재산이 고갈되면 부역도 곤란해진다. 국력이 약화하고 재물이 고갈되면 나라의 들판에 빈집이 늘어난다. 국민의 재산은 열에 일곱은 없어지고, 국가의 재정도 파괴된 수레, 못쓰게 된 말, 갑옷과 투구, 활과 살, 창과 방패, 소가 끄는 큰 보급용 수레 등을 수리하는 데 열에 여섯이 들어간다.

오늘날의 경영 환경에서 가장 큰 고민이 돌발 상황일 것이다. 세계화 시대, 글로벌 경제와 자금, 인력의 이동이 유례없이 연결되고 변화무쌍한 시대가 되면서 수많은 돌발변수가 전 세계에서 명멸하고 있다. 어느덧 돌발 상황은 변수가 아닌 상수가 된 세상이다.

전쟁사로 보면 돌발 상황은 2,500년 전에도 고민거리였다. 수많은 장군들이 "작전 계획대로 되는 전쟁은 없다"고 말한다. 사전에 계획을 아무리 잘 세워도 예상치 못한 전개로 전쟁비용도 예상을 초과하게 된다. 돌발 변수에 대해서도 손자는 엄격하다. 군량을 두 번 더 추가로 징발하는 것까지는 용납했던 것 같다. 하지만 거기까지다. 징병은 두 번 해서는 안 되고, 군량은 세 번 징발해서는 안 된다고 했다. '계' 편에서 싸우기 전에 이미 승부가 결정되어 있을 정도로 전쟁의 준비 계획이 철저해야 한다고 말했던 손자로서는 당연한 결론일 수도 있다. 돌발 상황이 발생해도 징병 1회, 군량 징발 2회라는 가용횟수 안에서 대처하고 해결해야 한다는 의미다.

그런데 손자 시대의 기준을 우리 세기에 적용해도 될까? 현대 세계가 풍랑이 이는 바다라면 2,500년 전은 고요한 호수였다. 오늘날의 하루는 손자 시대의 100년보다도 더 변화무쌍할 것이다. 게다가 이미 징병제도나 군수품 조달 시스템이 손자의 시대와는 전혀 달라져서 이 숫자를 적용할 분야도 마땅치 않다. 《손자병법》이 도그마가 되어서는 안 된다. 따라서 숫자에 집착할 필요는 없다고 생각된다. 하지만 인간의 심리는 변함이 없다. 손자가 지적한 숫자는 인간의 이해와 관용의 한계다. 무시해서는 절대로 안 된다.

원칙과 약속을 어디까지 준수해야 할까

계획대로 진행될 수가 없는 전쟁에서 원칙과 약속을 지킨다는 것은 쉽지 않은 일이다. 원칙을 지키지 못하면 승리를 거두어도 존경을 얻지 못한다. 원칙에 매이면 승리를 얻지 못한다. 그러다 보니 리더의 입장에서는 추가적인 징발에 대한 경각심이 약화되기 쉽다. 전쟁은 국가와 국민의 생명과 재산이 모두 달린 투기다. 이 비장한 정의 덕분에 리더가 전쟁을 수행하기 위해서는 지나치게 부당한 요구만 아니라면, 얼마든지 추가적인 요구를 해도 국민이 수용할 수밖에 없다고 생각하기 쉽다. 전쟁을 수행하는 동안에 리더와 정책이 우왕좌왕하는 갈지자 행보를 보였다고 해도, 그것이 전쟁 아닌가? 결과만 좋다면 리더는 신뢰와 존경을 얻을 것이다. 손자는 이런 해이함을 경고한다. 임기응변을 핑계로 원칙과 약속을 경시해서는 안 된다.

증세, 고통 분담 같은 국가의 요구에 국민이 저항하지 않는다고 해도 체념이 늘어나는 것이지, 관용이 증가하는 것은 아니다. 풍선이 부풀어 오르는 것은 폭발 한도에 가까워지는 것이지, 풍선의 내구성이 늘어나는 것이 아니다. 풍선의 팽창 한도는 처음부터 정해져 있다.

인간의 심리와 이기주의는 풍선보다도 더 위험하다. 전쟁은 사람들에게 인내와 고통 분담을 강요하지만, 그 고통 덕분에 인간의 심성을 더 냉정하고 이해에 더 예민하게 만든다. 전쟁이 끝나면 체념의 시기도 끝나고, 대중은 더 예리해지고 냉철해진 심장으로 보상을 얻으려고 할 것이다.

그러므로 전쟁 수행 중에 리더가 우왕좌왕하는 모습을 보였다면 구성원들은 리더의 판단력과 능력에 불안감을 느낀다. 승리해도 만족은 줄어들고, 비판이 거세진다. 무엇보다도 리더의 결정이 바뀔 수 있다고 예상하면 다음 전쟁, 다음 전투에서 전력을 다하지 않고 엉거주춤하게 된다. 다음 '구지' 편에서 보겠지만, 적을 이기려면 당면한 순간에 리더와 병사들이 전술의 목적과 방법에 전적으로 몰입해서 최대 역량을 발휘해야 한다. 그러나 우왕좌왕하는 리더는 신뢰를 잃고, 신뢰를 잃은 리더는 결정적인 순간에 조직의 최대 역량을 뽑아낼 수 없다.

그런데 아무리 옳은 말, 정당한 원칙이라고 해도 현실성이 없으면 무의미하다. 전쟁에서 초심과 계획을 준수하는 것은 불가능하고, 융통성이 없으면 파멸한다. 그러니 손자의 말처럼 원칙을 지키는 것이 가능하겠는가 하는 의문은 여전히 남는다.

여기에 손자의 묘수가 있다. 손자는 원칙을 맹목적으로 고수하라고 말하지 않는다. 이 단락의 본의는 징병과 군량 징발의 원칙을 고수하는 것은 불가능하니 적의 군량과 물자를 탈취해서 사용하는 임기응변을 사용할 수밖에 없다는 것이다. 물자 탈취는 잔인한 임기응변이고 후유증도 크지만, 전쟁 자체가 잔혹한 것이다.

돌발 상황은 예측할 수 없고, 처음의 계획을 유지하기 힘들다. 하지만 절대 파기해서는 안 되는 계획도 있다. 이것을 해결하는 방법이 임기응변의 능력이다. 원칙을 최대한 지키며 승리를 거두는 리더로 존경받고 싶다면 임기응변의 능력을 키워야 한다. 그 능력이 조직 전체로 확산된다면 상승의 군대가 될 것이다.

4

그러므로 지략이 뛰어난 장수는

적의 것을 빼앗아 먹기에 힘쓰는 것이다. 적의 식량 한 종種은 아군의 20종과 맞먹고, 적의 말먹이 한 석石은 아군의 20석과 맞먹는다.

부산에서 서울이 1000리(400킬로미터) 길이다. 임진왜란 때 부산에서 서울까지 육로로 군량을 수송하면 서울까지 도착하는 군량은 10분의 1밖에 되지 않았다. 중도에 수송부대의 식량으로 소모되기 때문이다. 운임을 지불하면 비용이 더 들었다. 나선 정벌에 참전했던 조선군은 8-9일 일정으로 300석의 군량을 운반했는데, 운반비용으로 5,000석이 들었다.

1000리 원정을 떠났다고 할 때, 현지의 식량 한 석은 본국의 식량 10석에 맞먹는다. 그래서 손자는 군용품은 자신의 것을 쓰고 군량은 적의 것을 빼앗아 사용하라고 말한다. 군용품은 자기 것을 쓰라는 말도 인도주의적 배려가 아니다. 규격과 품질이 맞지 않는 장비는 전투력을 떨어트린다.

적의 군량을 빼앗는다고 하면 으레 약탈을 연상하는데 반드시 그렇지는 않다. 적군이 확보한 군량을 탈취하고 백성의 곳간은 건드리지 않는 방법이 있다. 다음 방법으로는 도망친 적국의 관리를 대신해 조세를 걷는다. 당연히 세율이 높고 원성이 올라가지만, 군대와 저항 세력을 조직하는 적의 능력을 제거한다는 의미도 있다.

옛날 사람이라고 현대인보다 무자비하지도 않았고, 생명을 파리 목숨 취급하지 않았다. 현실적인 이유도 있다. 주민은 죽이는 것보다 노예로 파는 것이 이익이었다. 정복 전쟁에서 한도 끝도 없는 약탈은 통치와 정복을 불가능하게 한다. 항우項羽, BC232-BC202가 유방劉邦, BC247-BC195을 몰아내고 관중 지방을 장악했음에도 최종 승자가 되지 못한 이유가 생포한 관중의 청년 40만 명을 학살했기 때문이다. 관중에 들어서서는 무자비하게 약탈해서 민심을 이중으로 잃었다. 학살당한 40만 명 중 20만 명이 다시 적군이 되어 공격해 온다고 하더라도, 천하를 잃는 것보다는 나았다.

약탈의 경제학

정복 전쟁과 상하 단합을 요구하는 손자의 철학적 관점에서 볼 때, 손자가 약탈의 경제학을 언급하고는 있지만, 무제한적 약탈을 용인하지는 않았다고 생각된다. 그러나 아무리 손자라고 해도 이런 합리적인(?) 약탈만을 주장할 수도 없었다.

아무리 양심적이고 군율을 엄하게 운용하는 리더라고 하더라도 전쟁에서 약탈을 배제할 수는 없었다. 아무런 보수 없이 병사들에게 수천 리의 행군과 목숨을 건 전투를 강요할 수 없었다. 특히 요새화된 부유한 도시를 공격할 때, 사령관들은 곧잘 약탈을 허용했다. 허용하지 않는다고 해도 병사들의 광기를 제대로 통제하기란 불가능했다.

황금궁전과 보석으로 치장한 성전이 있는 도시, 화려한 조각과 동상, 상인과 부호로 가득한 도시일수록 제대로 보존되기 힘들었다. 로마는 여러 번 약탈당했는데, 그중에서도 1527년 신성 로마 제국군의 입성은 재앙적 파괴를 남겼다. 1258년 바그다드에 진입한 몽골군 또한 도시의 화려함에 입이 떡 벌어졌고, 이것은 그들의 약탈 본능을 최대치로 끌어올렸다.

콘스탄티노플(현 이스탄불)은 1203년 4차 십자군과 1453년 오스만튀르크군에 의해 폐허가 되었다. 술탄 메메트 2세Mehmet II, 1432-1481는 관례에 따라 사흘간의 약탈을 허용했다. 난공불락의 테오도시우스 성벽을 돌파하느라 너무나 힘든 전투를 치렀기에 병사들에게 약탈을 허용하지 않았다면 폭동이 일어났을 것이다. 그러나 메메트는 단 하루 만에 남은 이틀간의 약탈 명령을 철회했다. 인도주의가 동한 것은 아니었다. 약탈할 물건이 더는 남아 있지 않았기 때문이었다. 도시 주민 전부가 죽거나 겁탈당하고 노예로 팔려 갔다. 그나마 궁전과 성 소피아 사원이 보존된 건, 그곳은 술탄의 것이니 건드리지 말라는 엄명 때문이었다.

단순히 군량 조달이라는 건전한(?) 목표만 있다고 해서 약탈의 위험이 해소되지 않는다. 기원전 52년 카이사르는 군량 조달을 담당했던 하이두이족

·그림 4· 콘스탄티노플의 테오도시우스 성벽. 해자, 흉벽, 높이 5미터 성벽, 12미터 성벽의 3중 벽을 갖추어 난공불락의 대명사가 되었다.

의 배신과 베르킨게토릭스Vercingetorix, BC82-BC46의 청야 전술초토화라는 뜻으로, 주변에 적이 사용할 만한 모든 물자와 식량 등을 없애는 전술로 군량이 떨어져 전멸 위기에 몰렸다. 로마군은 극적으로 아바리쿰이란 부유한 도시를 점령해 위기를 모면할 수 있었다. 이때 아바리쿰에 입성한 로마군은 노예 수입을 포기하고 주민을 학살했다. 군량을 최대한 확보하기 위해서는 한 명의 입이라도 줄여야 했기 때문이다.

이처럼 약탈은 불가피한 것이었지만, 동시에 거대한 딜레마이기도 했다. 약탈을 엄격하게 금지하면 군사들의 사기가 오르지 않아 전쟁을 치르기 힘들어진다. 약탈을 허용하면 적의 결사항전 의지를 불태우고, 피정복민을 자신의 병사와 백성으로 만들기 어려워 정복한 땅의 통치가 힘들어진다.

약탈이 자기 군대의 효율을 반드시 올려주지도 않는다는 점도 심각한 딜레마였다. 약탈은 군인정신과 군기를 잠식한다. 어제까지 건전했던 군대를 도둑 떼로 바꾸어버린다. 약탈이 감행되면 양심적인 병사들은 회의를 느끼고, 포로들은 복종을 거부할 것이다. 전투 중에 약탈품에 눈독을 들이면 명령을 따르지 않고 전투를 엉망으로 만들어버린다.

타락한 병사들은 전투의 승리보다 잿밥에 맛을 들이게 된다. 약탈을 바라는 범죄자와 무뢰배들이 군대로 들어온다. 이들은 전투에서도 자기희생과 헌신을 꺼리고, 선량한 병사를 희생시키려고 한다. 팀워크는 망가지고 누구도 신뢰할 수 없게 된다. 이런 분위기가 10-30퍼센트만 되어도 군대는 승리를 포기해야 한다.

이 곤란한 딜레마를 해결하는 방법은 결국 통제뿐이었다. 아시리아는 고대사에서 악명 높은 군대다. 고대 아시리아의 전쟁화에는 학살과 약탈의 장면이 빠짐없이 묘사되어 있다.

그러나 아시리아의 약탈은 교묘하게 통제되었다. 무시무시한 소문은 본보기로 시행한 것이거나 과장한 것이었다. 런던 대영박물관에 있는 아시리아의 전쟁화 부조에는 병사들이 — 적의 머리를 포함해서 — 모든 전리품을 관리 앞에 바치고, 관리는 이를 기록하는 장면이 있다. 관리 뒤에는 완전무장한

·그림 5· 약탈한 전리품을 쌓아놓는 아시리아군. 니네베 출토. 대영박물관.

군대가 이를 지켜보고 있다.

병사들은 전리품을 신고하고 합당한 보상을 받았다. 칭기즈칸도 몽골의 약탈꾼 부족을 군대로 바꾸기 위해 약탈 금지를 시행했다. 전투 중에 말에서 뛰어내려 전리품을 챙기는 병사는 처벌받았다. 전투에 집중하고 전리품은 전투 후에 공적에 따라 포상했다.

모든 성과 도시를 무조건 약탈하지도 않았다. 저항하는 도시는 약탈하고 대단히 가시적인 잔혹 행위를 했다. 그리고 이를 널리 선전했다. 덕분에 엄청난 악명을 얻기는 했지만, 그들 나름으로는 저항과 파괴를 줄이기 위한 행동이었다. 이런 공포 전술은 몽골군을 포함해 정복 전쟁에 나서는 세상의 모든 군대가 써먹었다.

교통 수단, 기술, 민주주의의 발달로 현대 전쟁에서 약탈과 범죄는 이전보다는 자제되고 있다. 하지만 더 정의롭고 덜 파괴적으로 변했다고 말하기도 어렵다. 아마 앞으로도 전쟁이 도덕과 공존하기는 영원히 어려울 것이다.

군수와 보급의 중요성-기술과 임기응변

손자의 현지 조달론은 현지 조달의 불가피성과 현지 조달을 하기 위해서도 체계적인 준비가 필요함을 말한 것이지, 현지 조달에 철저하게 의존하라는 의미는 절대 아니었을 것이다. 현지 조달에만 의존하는 군대는 적에게 자신의 치명적 약점을 노출하게 된다.

군대가 현지에서 군량을 찾으러 돌아다니면 병력이 분산되고 시간이 소모되며, 전술 목표가 뒤흔들린다. 식량이 있는 도시를 제일의 목표로 정하게 되면 적에게 아군의 전술 행동을 예고하는 셈이 된다. 적은 청야 전술로 아군을 괴롭히고 군량창고로 아군을 유인할 수 있다.

'작전' 편의 교훈은 기업 경영에도 중요한 시사점을 준다. 경영 현장은 늘 정글이나 전쟁에 비유되곤 한다. 기업의 목적은 최대 수익을 올리는 것이고, 수익을 올리려면 일차적으로 경쟁사와 하청 기업의 수익을 최대한 낮추거나 흡수해야 한다. 우리 사회에서 논의가 되고 있는 갑질, 횡포가 여기서 발생한다.

이런 주제가 사회적 이슈가 될 때마다 정당한 경쟁, 이익 환원, 약자에 대한 배려 등 도덕적 논제가 이슈를 장악한다. 반면에 기업적, 경제적 관점에서의 지적은 드문 것 같다. 약탈이 불가피하듯이 약탈적인 수익도 불가피할 수 있다.

그러나 약탈적 수익 구조는 결과적으로 군대의 질을 떨어트리고, 적국의 저항 의지를 드높여, 종국에는 패배를 불러온다. 약탈적 수익도 마찬가지다. 기업이 편안하고 즐거운 수익, 타인과 약자의 이윤을 낮추는 방식으로 이익을 얻는 데 안주하기 시작하면 직원들은 생산성과 발전적 개선을 방치하고 손쉽고 확실한 성과만 추구하게 될 것이다.

5

병사가 적병을 죽이도록 만드는 것은 분노다.

적의 이기를 탈취하는 것은 적의 물자가 돈이 되기 때문이다. 그러므로 전차전에서 적의 전차 10승 이상을 노획했으면 가장 먼저 그것을 노획한 자에게 상을 준다. 그리고 그 차량에 달렸던 적의 깃발을 아군의 기로 바꿔 달고 아군의 전차로 사용한다. 포로는 우대해 아군으로 양성한다. 이것이 적에게 승전하면 아군은 더욱 강성해진다고 하는 것이다. 그러므로 전쟁에는 승리가 소중하지, 지구전이 소중한 것은 아니다. 고로 군을 맡은 사령관은 국민의 생명을 지키는 자이며 국가 안위의 주재자인 것이다.

분노, 즉 적개심은 병사들의 전의를 불태우는 도구였다. 포로를 학살한다거나 민간인에게 저지르는 만행은 상대편의 적개심을 불러일으켰다. 전장에서 살포되는 팸플릿에는 적군을 살인마, 범죄자로 묘사하고, 잔혹 행위를 과장해서 선전함으로써 자국 병사의 분노를 부채질했다.

전쟁의 냉혹함, 악마적 본성을 잘못 받아들이면 '전쟁에서 승부하기 위해서는 수단과 방법을 가리지 말아야 한다' '인간의 본성을 최대한 이용해야 한다'는 논리로 받아들이기 쉽다. 실제로 전쟁터에서는 이런 사고가 지휘관부터 말단 병사까지 지배하는 경우도 종종 있다.

그러나 전쟁이 아무리 냉혹하다고 해도 훌륭한 지휘관은 전쟁에 감상적으로 접근해도, 너무 건조하거나 속물적으로 접근해서도 안 된다. 손자의 본의는 인간 행동의 동기와 감정을 올바르게 파악하고 적절히 대응하라는 의미일 것이다. 인간의 행동을 너무 고상하게 포장해도 안 되지만, 가지고 놀려고 해서도 안 된다.

인간에 대한 존중심을 가지고, 사실적으로 접근하는 자세가 필요하다. 이젠 전쟁터에서의 성공 사례와 오용 사례를 살펴보겠다.

인간의 본성과 감정을 파악한다

인간경영이라는 관점에서 손자의 장점은 유가儒家와 도가道家에 만연한 성선설을 취하지 않았다는 것이다. 법가法家와 병학가들의 인간관은 성악설이다. 성악설은 감정적인 불쾌감을 주기 때문에 거부감을 유발한다.

손자는 성선, 성악이란 주제를 철학적으로 논한 적이 없다. 그는 어디까지나 현실주의자다. 굳이 따지면 성악설을 지지할 것이다. 그러나 이런 철학적 정체성은 무시해도 상관없다. 그가 관심을 두는 인간은 전쟁터의 병사들이다. 전쟁터에서 인간은 악마같이 사악한 존재도 되고, 천사같이 순진한 존재도 된다. 정의와 명분을 위해 목숨을 버리기도 하지만, 이익을 위해 정의와 은혜뿐 아니라 혈연까지 배신하는 경우도 허다하다. 문제는 이런 극단적 차이가 한 인간에게도 공존한다는 것이다.

손자는 인간의 이런 양면성에도 쉽게 접근한다. 개인이 아니라 집단의 행동 원리를 보는 것이다. 군대는 집단이고, 전투는 집단행동이다. 인간은 집단이 되면 단순해지고 반응이 선명해진다. 개인적으로는 수많은 예외 사례가 있을지 모른다. 그러나 집단으로 보면 이기심과 욕망의 논리를 이겨내는 경우가 없다.

초나라의 항우가 진나라를 향해 진군할 때의 일이다. 양쯔강을 건넌 그는 타고 온 배와 함께 솥을 부순 다음, 달랑 사흘 치 군량만 나눠주었다. 초나라 병사들은 결사적으로 싸워 속전속결로 승부를 낼 수밖에 없었다. 맹렬하게 진격한 그들은 아홉 번 싸워 아홉 번 승리하며 진나라 군대를 궤멸시켰다.

여기서 나온 고사가 '파부침주破釜沈舟'다. 그런데 파부침주만 하면 병사들이 이렇게 싸워줄까? 당시 초나라 군대는 사기도 높고, 항우에 대한 신뢰도 높았다. 이런 바탕에서 파부침주가 성공한다.

항우가 연패하고 절망적 상황에 놓였을 때, 초군을 포위한 한나라 진영에서 초나라 노랫소리가 울렸다. 포위 상황은 곧 파부침주의 상황, 결사항전 외에는 살아날 수가 없는 상황이었지만, 항우를 포함해 초나라 병사들은 이미 많은 병사들이 한나라 진영으로 탈주해서 항복했다고 생각하고 사기가 꺾였다. 이것이 사면초가의 고사다.

파부침주와 사면초가의 바탕이 되는 것은 인간의 성공 욕구와 생존 욕구다. 똑같은 욕구가 상황에 따라 병사를 더 용맹하게도 만들고, 비겁하게도 만든다. 장수라면 파부침주, 배수진, 사면초가와 같은 방법에 경도되지 말고, 그 배경에 있는 상황, 그 상황에 반응하는 병사의 심리와 본성을 먼저 파악해야 한다.

펠로폰네소스 전쟁 당시 아테네군은 시칠리아 원정을 떠났다가 시라쿠사 공략에 끝내 실패했다. 원정을 포기하고 고향으로 회군하려고 할 때, 스파르타와 코린토스 연합 함대가 나타나 바다를 봉쇄했다.

위험한 상황이었지만, 이때까지 아테네 해군은 무적이었다. 더욱이 이 봉쇄를 뚫어야 살아서 집으로 돌아갈 수 있다는 결사적인 의지도 강력했다. 출전의 순간, 사령관 니키아스는 이 결사적인 의지가 유일한 생존 수단이라고 판단했다.

자신이 할 일은 병사들의 결사 의지를 최대한 불러일으키는 것이라고 생각한 니키아스는 부두에 도열한 병사들 한 명 한 명의 손을 붙잡고 격려의 말을 했다. 작은 도시 국가인 아테네다. 니키아스가 아는 병사들이 많았다. 니키아스는 그들의 이름을 부르고, 과거에 무용을 날린 그의 할아버지, 아버지의 이야기를 하며 가문과 이름에 부끄럽지 않게 싸우라는 식의 격려의 말을 했다. 이 비장한 한마디 한마디로 너무 시간을 끄는 통에 아테네군은 정오가 다 되어서야 출전할 수 있었다. 병사들은 지칠 대로 지쳐버렸고, 전함들은 적절한 공격 위치를 확보하지 못했다.

그 결과 무적의 아테네 해군이 무참하게 패배했다. 물론 다른 이유도 있었지만 니키아스의 격려는 정말 불필요한 것이었다. 모든 병사가 이미 충분히 비장했다. 절망하고 공포에 굴복한 병사들이 있다고 하더라도, 명백한 상황에서 짧고 간결하게 사기를 고양할 방법을 사용할 수 있었다. 오히려 그 시간에 현실적인 작전이나 해전에 유리한 위치 선점을 시도했어야 했다.

인간의 본성에 관해 오판하거나 낭만과 환상에 빠지면 전략과 전술이 방황하고, 인력을 낭비하게 된다. 인간을 바로 이해하고, 인간 본성을 선용하는 사람만이 진정한 승리를 얻을 수 있다.

의지할 수 있는 명분과 이념을 제공하라

인간의 욕망 중에는 고상한 욕망도 있다. 아니, 자신의 욕망을 고상하게 포장하고 싶어 하는 욕망이야말로 인간의 본성일 것이다. 그래서 전쟁에는 대의명분이 필요하고, 조직에는 공익적 목표와 양심이 필요하다.

제1차 세계대전 동안 황량한 아라비아 사막에서 아랍 혁명군과 고초를 나누었던 토머스 에드워드 로런스Thomas Edward Lawrence, 1888-1935는 전쟁이 주는 고통과 그에 얽힌 자신과 동료들의 심정을 이렇게 표현했다.

시간이 흘러감에 따라 숭고한 이상을 위해 싸우겠다는 우리의 욕망은 점차 맹목적인 집착으로 변질되었다. 우리는 마음속에 떠오르는 모든 의혹을 억누르면서 무조건 박차를 가해 앞으로 달려갈 뿐이었다. 이제는 싫든 좋든 어쩔 수 없다는 생각이 유일한 신념이 되었다. 우리는 스스로를 노예로 팔았고, 끊을 수 없는 쇠사슬로 서로에게 족쇄를 채웠다. 그리고 우리가 지니고 있던 선한 것과 악한 것을 다 바쳐서 성스러운 대의에 헌신했다…. 우리는 육신뿐만 아니라 영혼까지도 승리라고 하는 광적인 욕망에 내어주고 말았다.[7]

그래서 인류 최초의 전쟁부터 모든 전쟁이 진실이든 조작이든 분명한 대의명분을 가지고 시작했다. 《서경書經》은 4,000년 전에 인간이 석기를 사용하고, 국가를 처음 만들어 정복 전쟁을 시작할 때의 기록이다. 이때부터 벌써 포악한 군주와 독재자를 처단하고, 고통에 빠진 주민을 구원한다는 내용이 전쟁의 명분으로 사용되었다.

전쟁은 국가 간 이해관계의 충돌이어서 나라마다 이기적 입장과 이유가 있다. 제3자가 보기에 선한 자가 없어 보일 수도 있고 한쪽이 너무 뻔뻔해 보일 수도 있다. 하지만 국가는 집단이며 거대한 조직이다. 전쟁이 벌어지면 대다수의 국민은 애국자가 되며 자기 전쟁의 지지자가 된다.

기업이라면 좀 더 당당하고 객관적으로 공감을 얻을 수 있는 명분이 필요하다. 기업의 목표는 이윤이다. 그것은 당당한 이념이고, 우리 사회는 좀 더 솔직하게 이런 이념을 수용할 필요가 있다. 그러나 그것이 전부여서는 안 된다. 사업보국事業報國과 같은 공익적인 이념만 계속 보충하라는 의미도 아니다. 직원 입장에서 보면 기업과 직장은 자신의 일생을 투자하고 의지하는 곳이다. 공익적 이념은 훌륭하지만, 근본적으로 개인적이고 이기적인 인간에게 모두 숭고한 공헌자가 되라고 요구하는 것은 억지다.

---

7 T. E. 로런스 지음, 최인자 옮김, 《지혜의 일곱 기둥》 뿔, 2006, 28쪽.

이들에게 필요한 대의명분이란 사막에서 행군하는 로런스 일행처럼, 피곤하고 힘들고 긴장과 두려움 속에서 살아가는 보통의 직장인들에게 자기 행동의 지침이 되고 위로가 되는 현실적인 숭고함이다. 예를 들면 '우리 기업의 목표는 가난한 국민에게 맛있고 영양가 높은 빵을 값싸게 제공하는 것이다'와 같은 이념이다. 우리 사회는 이런 이념을 못 살던 시대의 추억으로 간주하거나 심하면 기업의 자기 미화 정도로 보는 경향이 강하다. 그나마 우리 사회가 좀 부유해지면서 기업부터 이런 이념을 쑥스러워해 한때의 추억이 되어버렸고, 새로운 이념을 개발하려고 하지도 않게 되었다.

그 자리는 '1등이 되자' '○○만 대 달성'과 같은 사업목표들로 대체되고 있다. 숭고함을 잊어버리고 현실적 목표, 즉 탐욕에만 집착하는 조직은 끝내 위험한 순간을 맞이한다. 군대로 비유하면 이런 군대는 승리할 때는 야수처럼 싸우게 할 수 있겠지만, 결정적 위기의 순간이나 고귀한 희생과 진정한 용기가 필요한 시점에는 사령관조차 헌신짝처럼 버리고 도망칠 것이다. 손자의 후손이었던 명장 손빈孫臏, ?-?은 이렇게 말했다.

> "무력을 함부로 앞세우는 자는 멸망을 자초한다. 승리를 탐내는 자는 굴욕을 당하게 된다. … 병졸의 수가 대단치 않아도 무적의 전투력을 보이는 군대가 있다. 이는 그들이 싸울 가치가 있는 대의명분을 가지고 있기 때문이다."[8]

개성적인 포상이 가장 공정한 포상이다

무기와 군량은 파괴하기보다 노획하면 더 큰 이익이 된다. 적의 전차를 파괴하면 적 전차 한 대의 손실이지만 노획해서 아군이 사용하면 적 한 대 손

---

8 손빈 지음, 김진호 옮김, 《손빈병법》 상편 〈위왕을 만나다〉 명문당, 1994. 60쪽.

실, 아군 한 대 증가여서 적의 전차 두 대를 파괴한 것과 같은 효과가 난다. 다만 전차를 파괴하는 것도 어렵지만, 노획하기란 더 어렵다. 전투 중에 적 전차에 손상을 주지 않고 탈취하려면 병사들에게 몇 배의 위험과 희생을 감수할 것을 요구해야 한다. 병사들에게 생명을 건 모험을 요구하려면 그만한 보상이 있어야 한다. 포상만 해서는 안 되고 널리 선전해야 한다. 손자는 효과적인 선전 방식까지 제시했다.

그런데 손자가 제시한 포상의 방법이 영 이상하다. 손자는 적의 전차 10대를 노획하면 먼저 탈취한 병사 한 명에게 포상으로 전차 한 대를 주라고 한다. 그러면 나머지 아홉 대를 탈취한 병사에게는 포상이 아예 없다는 의미일까? 전차에는 보통 서너 명의 병사가 탄다. 이들을 해치우고 전차를 노획하려면 한 명의 힘으로는 어렵다. 한 대당 5-10명이 달려들었다고 했을 때 10대면 100명이 협력한 것이다.

이런 불공평한 포상은 동기부여는커녕 불평과 사기 저하를 낳지 않을

·그림 6· 중국 고대 전차 모형. 전차 한 대는 말 네 마리가 끌었다. 시안 한양릉박물관.

까?

　손자 시대에 보병과 전차의 비율은 100 대 1이었다. 보병 1만 명이면 전차 100대이고 전차 한 대당 말 네 필이 달려 있다. 고대 메소포타미아에서 보병과 전차의 비율도 100 대 1이었다. 이건 우연이 아니라 고대의 생산력이 지닌 한계수치였던 것 같다.

　전차도 고가의 제품이었지만, 전차를 끄는 말 역시 평범한 말이 아니다. 전차를 끌고 전쟁터를 달리는 말은 3 대 1 에서 5 대 1의 선발을 거쳐 특별한 훈련과 관리를 받은 말이다. 이 시험에서 탈락한 말은 짐수레를 끄는 말이 되고, 여기서도 탈락하면 제대해서 농사를 짓거나 식용으로 소비된다. 전차 한 대가 이 정도로 귀한 장비였다. 이를 재사용할 수 있도록 노획하려면 병사들이 생명을 걸고 탈취해야 하는데, 10대당 한 명만 포상한다는 것은 말이 되지 않는다. 전차 한 대만 탈취해도 승진이나 물질적 포상이 따라야 한다.

　그러므로 손자의 말은 단 한 명만 포상한다는 의미가 아니다. 손자가 제시하는 방법은 선전을 통해 포상의 효과를 극대화하는 방안이다. 노획한 전차 한 대를 병사에게 통으로 주고, 포상으로 주었다는 표식을 충분히 달고 퍼레이드를 시킨다. 이보다 더 좋은 홍보 방법이 있을까?

　제2차 세계대전 때 미군은 전쟁영웅을 귀환시켜 전시 채권 모집 행사에 출연시켰다. 어떤 병사는 응당한 보상이라고 여겨 유흥에 빠져들었고, 어떤 병사는 동료들에 대한 죄책감에 빠져 삶을 망쳤지만, 정부는 원하는 것을 얻었다.

　M60을 든 영화 〈람보〉 포스터의 원형은 과달카날의 전쟁영웅 존 바실론John Basilone, 1916-1945 하사의 포스터였다. 바실론은 영웅이 되어 도시를 순회했고, 여자들과 향락에 빠졌다. 그러나 자괴감을 견디지 못한 그는 간절하게 전선으로 복귀하길 원했다. 이오지마 상륙 작전에 투입된 그는 기관총 분대원을 이끌고 적의 참호와 토치카를 부수며 눈부신 전진을 했다. 그리고 전군의 가장 앞선 지점에서 박격포에 산화했다. 아마도 전우들이 죽어가는 동

안 후방에서 홀로 영웅 대접을 받았다는 죄책감에 더 흥분해서 싸웠던 것 같다.

바실론 하사는 그렇게 죽었지만, 그의 영웅담은 영화 포스터로도 남고 미군 함정의 이름으로도 남았다.

동기 유발을 위한 포상은 과감할 정도로 탐구하고 투자해야만 한다. 전차 한 대면 롤스로이스를 포상하는 것보다 큰 보상이다. 대부분 너무 과한 것 아니냐고 눈살을 찌푸릴 것이다. 그러나 손자는 전쟁에서 이기려면 해야 한다고 말한다.

더 힘들고 중요한 결단이 있다. 개성적인 맞춤형 포상이다. 리더의 입장에서 포상은 가장 큰 투자다. 효과를 막연하게 기대해서는 안 되며, 다른 곳에서 효과를 보았다고 함부로 도입해서도 안 된다.

어느 작은 기업에서 매년 우수사원 한 명을 선발해 특별 보너스를 주고 해외여행을 보내주는 이벤트를 시행했다. 우수사원도 사원들의 투표라는 민주적인 방법으로 선출하게 했다. 경영자는 업무 능률이 크게 오르고 애사심이 생길 것이라고 기대했다. 그런데 그 회사는 여직원이 대부분이었다. 당시는 결혼으로 인한 퇴직, 이직률이 높던 시대였다. 직원들은 서로를 로테이션으로 선출했다. 특히 결혼으로 퇴사하는 직원에게 투표해 해외여행이 결혼 선물이 되었다. 이직률과 퇴사율도 전혀 줄어들지 않았다. 인간에 대한 탐구가 부족하고, 감상적으로 접근했다고 말할 수밖에 없다.

포상하지 않는 이유

고대 노예라고 하면 다들 채찍을 맞으면 돌을 나르는 사람을 생각한다. 이런 참혹한 사례가 없지는 않지만, 보통 그런 방식으로는 생산성을 보장할 수 없었다. 노예들에 대한 최고의 동기 유발책은 해방이었다. 일정 기간 성실하게 일하면 땅을 주어 자영농이나 지주로 만들어주거나, 상점을 열어주었다.

로마의 해방노예 중에는 지주나 중산층은 물론, 거부가 되고 자손들이 고위층으로 신분 상승을 이룬 사람이 의외로 많다. 중세의 길드 같은 곳에서는 임금은 박했지만, 성실하게 일하면 상점을 내줘 독립시키는 방식도 사용했다. 이런 방법이 유용했던 것은 삶의 완전한 전환을 이루는 보상을 해주었기 때문이다.

동기부여를 하려면 임무와 적성에 따른 다양한 심리 분석과 포상 방식의 개발이 필요하다. 특별한 임무에는 적합한 재능과 적성이 있다. 임무마다 필요한 적성이 다르다. 적을 죽이려면 적개심이 필요하고, 육체적 피로와 고생을 요구하려면 물질적·육체적 보상이 효과적이다. 전쟁 임무치고 육체적 피로와 고생을 요구하지 않는 것이 없지만, 적의 전차를 탈취하는 것은 특별한 용기와 도전 정신이 필요하다. 앞장서서 전차 탈취에 도전하는 선도자가 필요한 것이다. 그래서 가장 먼저 전차 노획을 시도한 병사를 포상하라는 것이다.

그러니 많은 조직이 이런 맞춤형 포상제도를 운영하기를 두려워한다. 한때 손자의 전차 포상과 유사한 펭귄 어워드Penguin Award가 유명세를 탔다. 북극에 사는 황제펭귄은 알을 낳고 새끼들을 키우다가 새끼들이 물에 뛰어들어 스스로 먹이를 잡을 때가 되면 부모들이 약속이라도 한 듯이 모두 함께 떠나버린다. 정성 들여 키운 새끼들에게 수영과 사냥 교육조차 하지 않는다. 그 직전에 새끼들을 버리고 떠나는 것이다.

부모들이 떠나면 남은 새끼들은 옹기종기 물가에 모인다. 부모들이 물에 뛰어들어 사냥하는 것은 보았으니, 먹고살기 위해서는 물에 뛰어들어야 한다는 것은 알지만, 수영도 사냥도 해본 적이 없으니 물을 쳐다보며 망설이기만 한다. 때로 이 망설임은 며칠을 가고 약한 새끼는 배고픔에 쓰러진다. 새끼들이 살아남는 방법은 누군가가 물에 뛰어드는 것이다. 단 한 마리의 용기 있는 펭귄이 필요하다. 그가 물에 뛰어들면 거짓말처럼 모든 펭귄이 기다렸다는 듯이 물에 뛰어든다.

화면으로 보았지만 단 한 마리의 효과가 이렇게 크다는 것을 눈으로 보면서도 믿어지지 않을 정도였다. 이 한 마리의 펭귄에서 얻은 아이디어가 펭귄 어워드다. 모든 보상이 성과를 근거로 한다는 통념을 깨고, 성과를 불문하고 그해에 선도적으로 용기를 갖고 도전한 사원을 포상하는 제도다.

그러나 이 방식을 불편해하는 회사들이 많다. 이런 방식이 사원들의 도전적 태도를 양성하기는커녕, 좌절감을 주는 역효과가 더 큰 기업이 아마도 더 많을 것이다. 우리의 교육 환경과 문화가 이런 거부감을 키우는 데 일조하고 있다.

포상의 효과 이전에 기업문화가 있고, 그 이전에 해당 사회의 문화가 있다. 그러면 사회와 교육과 문화가 바뀔 때까지 기다려야 할까? 효과가 떨어지더라도 우리 문화에 맞는 방식을 사용하면서 기업이 세계 경쟁에 뒤처지고 매너리즘에 빠지더라도 감수해야 할까?

구성원들이 맞춤형 포상을 부담스러워하고 이해하지 못한다면 그것이 진정한 기회균등일 뿐만 아니라 개인과 조직의 발전을 촉진한다고 설득하고 이해시켜야 한다. 어떤 제도든 부작용과 반발은 있다. 부작용은 두려움의 대상이 아니라 극복의 대상이다. 목적과 방법이 정당하다면 문제를 두려워하는 것이 아니라 목표를 이루지 못하는 것을 두려워해야 한다.

기업은 이런 문제를 고민해야 하고, 필요하다면 연수든 세미나든 단계적인 변화의 방식을 모색하고 도전해야 한다.

제3편

모공
謀攻

전쟁과 경영이란 주제로 강연을 시작했을 때, 어떤 기업인이 내게 물었다.

"사람들은 기업 경영이나 스포츠의 세계도 전쟁이라고 말합니다. 그렇게 보면 전쟁이 경영에 많은 인사이트를 줄 것 같습니다. 하지만 전쟁과 경영은 근본적으로 다릅니다. 전쟁은 적을 죽여야 승리할 수 있지만, 기업은 고객을 늘려야 합니다. 기업의 원칙은 최소의 비용으로 최고의 이윤을 얻는 것입니다. 효율이 생명이지만, 전쟁은 효율보다 결과입니다. 막대한 희생을 내서라도 승리를 거두어야 합니다. 이런 점에서 전쟁과 경영은 근본적으로 다르지 않을까요?"

그런데 이런 비교는 적절하지 않다. 《손자병법》에서는 특히 그렇다. 전쟁이야말로 극도의 효율 싸움이다. 인해 전술처럼 10배의 희생을 치러서라도 승리를 추구하는 경우, 물량전, 소모전을 펼칠 때도 있다. 하지만 그런 소모전도 궁극적으로는 효율과 이익이란 대원칙 안에 있어야 한다. 기업도 장기적 전략 아래 적자경영, 물량공세를 펴는 경우는 얼마든지 있다.

전쟁이 극도의 효율 싸움이라는 가장 명확한 주장이 '모공' 편이다. 모공의 뜻은 '힘으로만 밀어붙이지 말고 머리를 써서 싸우라'는 말이다. 계략과 책략을 무조건 사랑하라는 말이 아니다. 책략, 두뇌 싸움을 지배하는 근본적 원칙이 있다. 최소의 비용으로 최대의 효과를 내는 것이다.

천하통일의 병법을 모색한 손자는 아군 전력을 최대한 온전한 채로 적을 굴복시켜 아군의 희생도 극소화하고, 패배한 적을 최대한 내 편으로 흡수하는 방법을 모색해야 한다고 말했다. 그래야 천하를 얻을 수 있다. 승리를 거듭한다고 해도 아군은 계속 소모되고 적을 흡수하지 못하면 승리할수록 전투력이 고갈되어 결국 패망할 것이다.

1

용병하는 법은 적의 나라를
온전한 상태로 두고

굴복시키는 것이 최상의 방법이다. 적의 나라를 파괴하는 것은 차선의 방법이다. 적의 군대를 온전한 상태로 굴복시키는 것이 최상의 방법이고, 적의 군대를 파괴하는 것은 차선의 방법이다. 적의 부대를 온전한 상태로 굴복시키는 것이 최상의 방법이고, 적의 부대를 파괴하는 것은 차선의 방법이다. 적의 오伍를 온전한 상태로 굴복시키는 것이 최상의 방법이고, 적의 오를 깨뜨려 굴복시키는 것은 차선의 방법이다. 이런 까닭에 100번 싸워 100번 승전하는 것이 최선의 방법이 아니다. 싸우지 않고 적군을 굴복시키는 용병술이 최선 중에서도 최선이다.

사람들은 싸우지 않고 이긴다는 말을 참 좋아한다. 단 한 명의 병사도 희생시키지 않고, 단 한 푼의 비용도 들이지 않고 승리한다. 얼마나 멋진가? 그런데 이것은 아주 위험한 해석이다. 이런 얌체 같은 자세로 전쟁이나 사업에 임하면 조직 내부에 보신주의나 양성하다가 몰락한다.

손자가 적도 보존하고 아군도 보존하자고 한 것은 최소의 희생으로 최대의 성과를 얻기 위해서다. 항우가 적군 병사 40만 명을 학살하고 얻은 승리는 그만큼 적대감을 낳았다. 승전국이 승자의 열매를 누리려면 전쟁의 승리로 더 많은 것을 얻고, 다음 전쟁을 감당할 수 있는 병력과 물자, 지원의 기반을 마련해야 한다. 그런 계산 없이 승리에만 도전하면 그 군대는 패망한다.

모든 전략에는 전투에서 승리하는 방법만이 아니라 적의 마음을 얻고 지지를 얻어내는 전략이 포함되어 있어야 한다. 그러면 적의 마음을 얻고 아군으로 만들 수 있는 전략은 어떤 것일까?

적의 마음을 어떻게 얻을 수 있을까

포악한 지휘관은 상대를 제압하려고만 한다. 폭력과 강압은 강제로 머리를 숙이게 하는 데는 효과가 있지만 그뿐이다. 반대로 적에게 동정, 혜택을 베푸는 지휘관도 있다. 후대의 지식인들은 칭찬하겠지만, 현실에서는 이런 호의가 배신과 실망으로 돌아오는 경우가 더 많을 것이다.

적의 마음을 얻는다는 것은 쉬운 일이 아니다. 단순한 방법이나 감상적인 접근으로는 절대 이룰 수 없다. 냉철하고 현명한 분석과 자기희생적인 포용이 필요하다.

9-10세기경, 서유럽의 국가와 도시들은 바이킹의 약탈로 골머리를 앓았다. 바이킹들은 해변이나 강에서 번개처럼 나타나서 약탈하고 사라졌다. 바이킹의 배는 유럽에서 가장 빨랐고, 흘수선이 낮아 잘 탐지되지도 않았다. 경우에 따라서는 바다에서 가시거리가 3, 4킬로미터밖에 되지 않는 때도 있다. 최대 속도가 18-24킬로미터 정도인 바이킹선의 용두가 수평선 위에 보였다 하면 벌써 해안가에 도달하고 있었다. 주민들이 무장을 갖추고 요새로 들어갈 시간도 없고, 수비대가 도달할 시간도 없었다.

그렇다고 해서 유럽 군대가 바이킹에게 일방적으로 당하기만 한 것은 아니다. 승리를 거두는 적도 있었다. 그러나 승리를 거두어도 멀리 스칸디나비아반도에 있는 바이킹을 멸절시킬 수도 없고, 그들의 약탈욕을 근절시킬 수도 없었다. 도주해서 살아남은 바이킹은 전사자의 아들, 조카와 함께 다시 쳐들어왔다.

바이킹에게 금과 은을 주어서 돌려보내는 제후도 있었다. 하지만 이것도 마음을 얻는 방법이 아니었다. 돈을 받은 집단의 마음을 얻을 수는 있었지만 시효가 짧았고, 오히려 다른 부족의 약탈 의지를 돋웠다.

845년 바이킹 수장 라그나Ragnar는 부활절에 센강을 타고 들어와 파리를 습격했다. 요새화된 파리의 성채는 바이킹을 막아냈지만, 포위가 길어지자 샤를 2세Charles II, 823-877는 거금을 줘서 그들을 돌려보내야 했다. 이때 지불한 금액이 은 6톤 정도였다.

라그나는 돌아갔지만 라그나의 성공을 본 바이킹 부족들이 흥분했다. 수십 개의 부족이 연합한 4만의 대군이 파리로 몰려들었다. 4만 명이면 그 당시 유럽에서 큰 나라 하나를 정복하고도 남을 병력이었다. 게다가 바이킹 전사들의 전투력은 유럽 봉건 기사들의 4-10배였다.

바이킹은 현재 노트르담 대성당이 있는 파리의 시테섬 요새를 포위했다. 격렬한 전투가 벌어졌고, 프랑스는 기적적으로 버텨냈지만 충격을 받았다. 결국 프랑스 왕은 바이킹의 마음을 얻을 방법을 궁리하게 된다.

프랑스의 '단순왕' 샤를 3세Charles III le Simple, 879-929는 별명처럼 단순한 사람이 아니었다. 사실 이 별명은 '솔직왕Simplex'이 와전된 것이지만, 솔직하지도 않았다. 권모술수에 능했던 그는 바이킹의 약점과 욕구를 섬세하게 파고들었다. 바이킹은 수십 개의 종족으로 분열되어 있어서 국가적인 유대감이 없었다. 그들끼리도 곧잘 다투고 분쟁을 일으켰다. 그들이 간절하게 원하는 것은 척박한 땅에서 위험한 해적으로 살아가는 삶을 그만두고 비옥한 땅에서 풍족하고 여유로운 삶을 누리는 것이었다. 유럽인들은 바이킹이라는 험악한 이미지 탓에 이들의 속마음을 잘 알아차리지 못했던 것 같다.

911년 샤를 3세는 바이킹 족장 중에서도 악명을 떨치고 있던 롤로Rollo,

?-933에게 동맹을 제안한다. 자신의 서녀 기셀라를 롤로와 결혼시키면서 그에게 노르망디 땅을 주고 루앙의 백작으로 봉한다는 제안이었다. 그 대신 롤로가 가톨릭으로 개종하고 샤를 3세에게 충성을 바치며, 다른 바이킹의 침략을 막는다는 조건을 걸었다. 롤로는 이 제안에 동의했고 양자는 생클레르에서 협정에 사인했다.

롤로는 바이킹과의 관계를 완전히 끊지는 않았지만, 비교적 성실하게 조약을 준수했다. 적어도 샤를 가에 대한 충성 약속은 확실하게 지켰다. 노르망디가 봉쇄되면서 영국이나 프랑스로 출동한 바이킹들은 중간 기착지가 없어져 상당한 곤란을 겪게 되었다.

바이킹을 상대할 때 프랑스가 놓친 것

롤로를 성공 사례로 제시하는 것에 반론도 있을 것이다. 롤로의 부족은 세력을 점차 확장해 노르망디 전체를 지배하게 되었다. 그들은 노르만족으로 불리게 되었는데, 노르망디에 살면서 유럽인의 정치감각과 기병 전술마저 습득해 바이킹보다 더 위험한 전투력을 장착하게 되었다. 롤로의 5대손인 '정복왕' 윌리엄William the Conqueror, 1028-1087은 영국의 헤이스팅스에 상륙해 사촌인 해럴드를 살해하고 영국의 왕이 되었다.

이렇게 성립한 노르만 왕조는 영국과 노르망디의 영지를 동시에 차지하고, 앙주 제국이라는 전례 없는 강국을 형성했다. 나중에 영국과 프랑스 간에 벌어진 100년 전쟁1337-1453도 이 앙주 제국의 유산, 즉 프랑스 내에 있는 영국왕의 땅이 계기가 된 것이었다.

이런 역사를 보면 마음을 얻어 내 편으로 만들기는커녕 위험한 적을 끌어들여 국가에 전쟁과 고통을 안겨주고 남 좋은 일만 시켰다고 말할 수도 있다. 그러나 이런 생각은 아주 위험하고, 바로 이런 생각으로 인해 마음을 얻는

데 실패하는 것이다.

적의 마음을 얻기 위해 처음에는 적의 약점과 욕구를 파고들어야 한다. 하지만 그것은 연결의 접점일 뿐이다. 궁극적으로는 공정한 대우와 경쟁을 용인해야 한다. 샤를 3세가 실수한 것이 아니라 롤로의 노르만족이 경쟁에서 승리한 것이다. 상대를 포용하려면 상대의 성장 가능성까지 인정하고 포용해야 한다. 이것이 진정한 포용력이다. 상대의 권리를 제약하고 불이익을 줘서 경쟁상대 또는 나를 위협하는 상대로 성장하지 못하게 하려는 마음이 앞선다면 그것은 상대를 속이고 이용하는 것밖에 되지 않는다. 이런 꼼수는 결국은 드러나기 마련이라서, 마음을 얻고 새로운 정복지를 향해 같이 나아가기는 불가능해진다.

우리 기업은 인수합병M&A에 성공하는 사례가 적다고 한다. 두 기업이 합쳐서 시너지 효과가 나는 것이 아니라 분열과 반목으로 양쪽 다 장점을 상실하거나 기업 발전의 저해 요인이 된다고 한다. 기업인들이 외국에서 인재를 수입해도 성공 사례가 드물어 고민이라는 이야기도 여러 번 들었다. 가장 큰 이유는 마음을 얻어야 한다는 원칙을 몰라서가 아니라, 마음을 얻기 위해서 내가 내놓아야 하는 것, 공정한 자세와 대우를 꺼리기 때문이다.

2

최상의 용병법은 적의 전략을 사전에 분쇄하는 것이다.

그다음 방법은 적의 외교를 제거하는 것이다. 그다음 방법이 적의 군대를 공격하는 것이다. 가장 나쁜 방법이 적의 성을 공격하는 것이다.

성을 공격하는 방법은 부득이할 때만 사용해야 한다. 성을 공격하려면 운제, 공성탑 또는 충차를 만들고 기타 여러 가지 공성 기구를 갖추는 데만 3개월은 소요된다. 공성용 토산을 쌓는 데 또 3개월이 걸린다. 전투가 지지부진해서 장수가 분노를 이기지 못해 사졸을 성벽에 개미 붙듯 기어오르게 하면 사졸의 3분의 1을 죽이게 될 것이다. 그러고도 성을 함락시키지 못할 수도 있다. 이것이 공성전의 재앙이다.

그러므로 용병을 잘하는 자는 전투를 하지 않고 적의 군대를 굴복시킨다. 성을 공격하지 않고 성을 빼앗는다. 지구전을 하지 않고 다른 사람의 국가를 파손시킨다. 이렇게 반드시 온전한 채로 적을 굴복시키는 방법으로 천하를 다툰다. 군대는 소모하지 않고 이익은 완전하게 얻는 것, 이것이 모공의 법이다.

싸우지 않고 이기는 방법으로 손자는 적의 전략을 사전에 분쇄하라고 말한다. 적의 전쟁 능력, 의지, 전쟁으로 얻을 수 있는 이익을 미리 제거하는 것이다. 그중에서 직선적인 방법이 적의 전쟁 자원을 제거하는 것이다.

프랑스의 귀족이었던 시몽 드 몽포르Simon de Montfort 부자는 12-13세기 유럽 최고의 전사이자 풍운아였다. 같은 이름을 지닌 두 사람 중 아버지1175-1218는 프랑스에서, 아들1208-1265은 영국에서 활약했다. 레스터 백작이란 작위를 받은 아들은 귀족 세력을 이끌고 왕에 대항해서 1265년 영국 최초의 의회를 열었다.

아버지는 아들보다 덜 유명하지만 더 모험적인 삶을 살았다. 그는 4차 십자군 원정에 참가했는데, 십자군이 엉뚱하게 비잔틴 제국을 공격해서 약탈하자 이를 거부하고 단독으로 동조자들을 모아 팔레스타인으로 갔다. 정의로운 용기였지만, 병력이 부족해서 큰 공을 세우지는 못했다. 하지만 전사로서 그의 명성은 높아졌다.

프랑스로 돌아온 그를 교황 인노켄티우스 3세Innocentius III, 1160?-1216가 새로운 십자군 사령관으로 임명했다. 알비 십자군이라고 알려진 이 십자군의 목표는 이슬람이 아니라 프랑스 남부 랑그도크 지방에 자리 잡은 이단 종파인 알비파Albigenses였다. 교황은 이 사명을 완수하면 해당 지역을 시몽의 영지로 하사하겠다고 약속했다.

시몽에게 약속한 땅, 알비파의 거점은 툴루즈 지방이었다. 이곳은 프랑스 최대의 영지 중 하나로, 툴루즈의 영주 정도면 프랑스의 왕권을 넘볼 수도 있었다. 야심가인 시몽이 이 요청을 마다할 리가 없다. 반면 툴루즈의 영주 레몽 6세Raymond VI, 1156-1222도 순순히 물러날 사람이 아니었다. 두 거한은 치열한 전투를 벌였다. 군사적 역량으로 보면 레몽은 십자군의 영웅 시몽의 상대가 되지 않았다. 그러나 엉뚱한 조건이 시몽의 발목을 잡았다.

시몽은 자기 병력이 적었다. 전쟁에 필요한 군대는 십자군에 종군하는 자원 기사로 충당해야 했다. 십자군 모집을 담당한 사람은 교황이었다. 교황은 알비 십자군에 종군하면 십자군 원정에 종군하겠다는 맹세를 대체하는 것으로 인정해준다는 교서를 발표했다. 먼 중동으로 가는 것보다 프랑스는 가까웠기에 수많은 기사가 응모했다. 그런데 여기서 교황이 실수인지 음모인지 모를 이상한 결정을 내렸다. 종군 기간을 겨우 40일로 한정한 것이다. 40일이면 팔레스타인으로 건너가는 배를 타기 위해 항구까지 가는 시간보다 짧았다. 교황이 왜 이런 말도 안 되는 조건을 내걸었는지는 미스터리다. 음모가 횡행하던 시절이라, 알비파를 공격하지만 내심 이들의 전력을 약화시켜서 다른 뒷거래를 하려는 속셈일 수도 있었다. 다른 귀족들은 알비 십자군의 지휘를 거절했다.

시몽이 순진해서가 아니라 스스로의 야심과 천재성에 대한 믿음 때문에 이 모험에 뛰어들었다. 하지만 조건이 너무 열악했다. 시몽은 극단적인 승리와 패배를 반복했다. 승리를 거두어도 40일이 지나면 병력이 급감하면서 전세가 역전되었다. 이듬해 봄 새로운 자원자가 올 때까지 시몽은 악전고투하며 방어전을 지휘하고 봄이 되면 서둘러 초고속 정복전을 시행했다. 시몽은 집요한 노력으로 조금씩이나마 정복지를 확대해 갔지만, 그의 약점이 세상에 다 드러나자 정복한 지역이 쉽게 반기를 들었다.

전쟁에서 시간을 끌면 병력과 물자는 줄어들지만, 병사들의 전투 경험은 늘어난다. 알비 십자군 원정이 길어지면서 알비파인 랑그도크 도시들의 전투력과 저항 의지가 높아졌다. 툴루즈도 투항과 배신을 반복했다.

1217-1218년 시몽은 사생결단의 심정으로 툴루즈 공략을 시도한다. 툴루즈는 거의 10개월을 버텼다. 시몽의 승리가 코앞에 있던 1218년 6월 25일 투석기에서 발사된 돌 하나가 시몽의 머리를 강타했고, 그는 즉사했다.

시몽은 당시 최고의 지휘관이었지만, 40일이란 종군 기간은 아무리 뛰어난 군사 지도자라도 극복할 수 없는 치명적 약점이었다. 상대가 시몽의 전략 자원을 제거한 것이라기보다는 교황이 제한한 것이지만, 적의 근원적인 전쟁 수행 능력을 파괴하는 전략이 얼마나 효과적인지를 보여주는 좋은 사례다.

적의 목적과 이익을 간파한다

적의 목적과 이익의 근원을 제거하는 방법은 상대의 전쟁 의지와 전략적 의도를 꺾어버린다. 여기서 말하는 목적과 이익이란 표면에 드러난 목적이 아니라 그 이면에 감추어진 목적, 또는 자신도 생각지 못하는 전략적 전제를 포함한다.

펠로폰네소스 전쟁 때 스파르타는 군사력, 아테네는 우월한 경제력을 서로 장점으로 삼았다. 해군력도 아테네가 우월했지만 그 이면에는 선박을 건조하고 우수한 선원을 고용하는 경제력이 있었다. 아테네는 이런 경제력을 바탕으로 스파르타의 해안을 봉쇄하고 지구전을 폈다. 스파르타는 육지에서 싸움을 걸었지만 아테네는 대응하지 않았다. 이렇게 장기전이 되고 아테네가 최종 승리를 전망하게 되었을 때, 아테네에서 스파르타로 망명한 알키비아데스가 스파르타에 진정한 공격 목표를 가르쳐준다. 아테네의 힘은 경제력에서 나오니, 아테네가 보유한 은광과 아테네 사이의 길을 점령하고 요새를 쌓으라고 한 것이다. 알키비아데스의 조언으로 전세는 당장 역전되었다. 이것이 적의 전략적 전제, 적의 전략의 근원을 제거하는 방법이다.

993년 10월 거란의 동경 유수 소손녕蕭遜寧, ?-?이 고려를 침공했다. 차후 26년간 지속될 거란 전쟁의 시작이었다. 고려는 거란의 침공을 예상하지 못하고 있었고, 여진족이 전해준 침공 첩보마저 무시했던 터라 당황해서 안절부절못했다. 소손녕은 자신의 병력이 80만 대군이라며 고려를 협박했다. 동경의 총병력이 5-6만 명 정도였고 그것이 소손녕이 동원할 수 있는 최대치였지만 고려는 너무 당황해서 80만 대군의 진위를 확인할 엄두도 내지 못했다.

고려는 시험 삼아 선발대를 파견했는데, 이들이 패배하자 겁에 질렸다. 조정은 논란 끝에 자비령 이북을 거란에 바치고 휴전을 맺기로 했다. 이 계획을 반대한 사람이 서희徐熙, 942-998였다. 서희는 소손녕을 찾아가 담판을 짓고, 자비령 이북을 떼어주기는커녕 그때까지 고려가 여진족에게서 탈환하지 못하고 있던 평안북도 지역의 강동 6주(흥화興化 : 의주, 용주龍州 : 용천, 통주通州, 철주鐵州 : 철산, 귀주龜州 : 구성, 곽주 郭州)까지 되찾는다. 이것이 이른바 '서희의 외교 담판'이다.[9]

서희는 사실상 이길 가능성이 없었던 전쟁에서 전투 없이 소손녕의 군대를 철수시켰을 뿐 아니라 강동 6주까지 확보했다. 나중에 거란은 이 성급한 결정을 심히 후회하게 되는데, 이어지는 5차의 침공에서 강동 6주에 설치한 고려의 방어선이 거란의 승리를 가로막는 결정적 요인이 되었기 때문이다. 강감찬姜邯贊, 948-1031의 귀주대첩도 이 강동 6주의 방어선이 도와준 덕분에 얻은 성과였다.

서희의 외교 담판이 성공할 수 있었던 것은 고려가 고구려를 계승한 나라라서 평안도 지역에 대한 역사적 소유권과 정통성이 고려에 있음을 증명했기 때문이라고 알려져 있다. 하지만 이런 해석은 넌센스다. 그와 같은 명분론에 납득하고 돌아갈 착한 군대는 세상에 없다.[10]

서희의 성공 비결은 《손자병법》의 원리대로 적의 전략적 목적과 약점을 사전에 간파하고 회담장에서 그것을 공격해 허문 것이다. 소손녕의 전략적 의도는 고려와 거란 사이의 발해 유민으로 구성된 정안국과 여진족, 그리고 고려의 연합을 방지하는 것이었다. 당시 거란은 중국 침공을 국가적 과제로 추진하고 있었고, 그 사전 작업으로 자신들의 배후를 위협하는 여진과 고려를 제압해서 대륙 침공에 안심하고 전력할 수 있는 환경을 조성하고자 했다.

그런데 정안국과 여진족의 저항이 강력해서 배후 정리 작업이 1단계에서부터 막혀 있었다. 거란은 여진의 반反거란 전선에 고려까지 합세하는 것을 두려워했다. 그래서 소손녕은 정안국과 여진 세력을 버려둔 채 더 남쪽에 있는 고려로 진군하는 위험한 원정을 감행했다. 그의 목적은 고려를 위협해서 고려

---

9   임용한 지음, 《한국고대전쟁사2 : 사상 최대의 전쟁》 혜안, 2012.

10   이하 서희의 외교와 거란의 1차 침공에 대해서는 임용한 지음, 《전쟁과 역사2》, 육군본부 편, 《한국군사 사3 : 고려1》 참조.

가 여진과 동맹을 맺는 것을 방지하거나 거란의 협력자로 만드는 것이었다.

이유와 목적은 그럴듯하지만, 이 전략은 엉성하고 즉흥적이었다. 소손녕의 고려 침공도 사전에 충실하게 계획된 것이 아니었다. 관례적인 약탈 전쟁을 되풀이하다가 전략적 동기를 명분으로 삼아 우발적인 침공을 감행한 것이었다. 서희는 거란 쪽의 사정을 명확히 알지는 못했지만 소손녕의 행태와 그가 거란의 배후에 정안국과 여진을 그대로 두고 고려로 깊숙하게 들어와 있다는 상황을 합쳐서 소손녕의 숨은 목적과 장기전을 할 수 없다는 약점을 간파했다.

서희는 이 약점을 노려서 거란과 고려가 연합해서 남북에서 여진을 협공하자는 구미에 맞는 제안을 했다. 소손녕이 이 미끼를 덜컥 물자, 협공의 대가로 강동 6주를 고려가 차지한다는 조건을 끼워 넣었다. 소손녕은 강동 6주의 중요성을 전혀 생각하지 못했고, 서희가 거란과의 피할 수 없는 전쟁을 예상하고 강동 6주를 기반으로 압록강 변에 마지노선을 구축하려는 구상을 가지고 있음을 알아차리지 못했다. 서희는 적의 목적과 이익을 간파하고 역이용해서 싸우지 않고 승리를 얻었다.

외교를 제거한다

'외교를 제거한다'는 표현은 적의 동맹국이나 지원국을 떨어트리라는 말이다. 러시아-우크라이나 전쟁에서 서방 진영이 러시아를 지원하는 북한을 압박해서 지원을 철회하게 하든가, 러시아가 미국이나 서유럽 국가의 우크라이나 지원을 끊게 하려는 노력 같은 것이 여기에 해당한다.

우리 역사에는 외교를 제거해서 승리를 거둔 사례가 거의 없다시피 하다. 북쪽으로는 통일 제국을 이루는 중국이 있고, 나머지 삼면은 바다로 둘러싸여 주변국이 적고 국가 간의 이해관계가 단순명확하기 때문이다. 그러나 중국의 전국시대나 유럽처럼 수많은 나라와 국경을 마주하고 있는 나라, 외교와 비밀 협정이 거미줄처럼 얽혀 있는 지역의 전쟁에서는 외교가 복잡다단하고 중요한 역할을 했다.

전국시대의 역사에서 이런 사례를 중요한 전쟁마다 찾을 수 있다. 진나라가 천하통일을 추구할 때 최대의 적이 초나라였다. 진나라가 지금의 화산과 함곡관을 지나 낙양 쪽으로 진군하면 남방의 초나라가 진나라를 공격해서 군대를 물리게 했다. 반대로 진나라가 초나라를 공격하면 화북의 위, 조, 한이 연합해서 진나라의 북쪽을 쳤다.

남북으로 동시에 군대를 내보내면 간단하겠지만 천하의 진나라도 그럴 능력은 되지 못했다. 애타는 상황을 타개한 것이 장의張儀, ?-BC309를 필두로 하는 진나라의 모사들이었다. 종횡가로 유명한 장의는 원교근공이라는 외교정책을 추진했다. 가까운 나라는 공격하고, 멀리 있는 나라는 회유해서 친교를 맺는다는 것이다. 그 표적은 초나라였다. 초는 전국 7웅 가운데 진나라를 제외하면 가장 강대하고 면적이 넓은 나라였다. 그들은 동쪽 끝에 위치한 강국, 즉 진나라와는 거리가 가장 먼 산둥의 제나라와 동맹을 맺고 진나라를 저지했다.

장의는 초나라에 천하 양분지계라는 그럴듯한 타협책을 제시했다. 진나라는 화북을 초나라는 양쯔강 이남을 차지해서 천하를 양분한다. 그 대신 제나라는 초가 접수하고, 초나라 쪽으로 남쪽으로 들어가 있는 진의 영토도 초나라에 양도한다. 이렇게 되면 중국 천하는 일직선으로 양분된다.

초나라는 이 제안에 솔깃해서 넘어갔다. 그러자 장의는 바로 제나라에 사신을 보내 초나라의 배신을 알렸다. 동쪽 끝에 있어서 상대적으로 진나라에 대한 두려움이 적었던 제는 초나라의 배신에 격노했고, 진나라와 합쳐서 초를 동서 양쪽에서 동시에 공략하자는 제안을 받아들였다.

진과 제의 연합공격에서 제는 큰 이득을 보지 못했지만 진나라는 초나라의 전진기지와 수도까지 함락하고 초나라의 수도를 동쪽으로 천도시켰다.

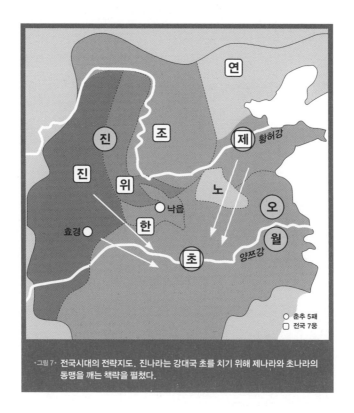

·그림7· 전국시대의 전략지도. 진나라는 강대국 초를 치기 위해 제나라와 초나라의 동맹을 깨는 책략을 펼쳤다.

마침내 진나라의 천하통일을 향한 거침없는 진군이 시작되었다.

　　외교전에서 승리하려면 과거의 원한과 감정을 접고 현실과 미래가치에 집중해야 한다. "국제정치에는 영원한 적도 영원한 아군도 없다"라는 말은 누구나 알고 있지만, 우리는 감정을 이겨내지 못해서 이 교훈을 실현하지 못한다. 우리 주변의 인접국이라야 중국, 일본, 러시아, 미국, 북한뿐인데 매사에 감정과 선입견이 앞선다. 이런 점을 지적하면 "그 말이 옳지만 우리는 특별한 역사가 있어서 그 교훈을 적용할 수 없다"고 대답한다. 그런데 우리가 손자의 조언에 따라 현명하게 외교하려면 이런 선입견부터 가장 먼저 버려야 한다. 우리가 특별한 역사, 특별한 원한이라고 말하는 것들보다 훨씬 심한 경험을 한 나라도 세계에 허다하다. 독일과 프랑스는 20세기 전반에만 두 번 대전을 벌여 1,000만 명 이상의 희생자를 냈고, 승리와 패배, 정복과 복수를 주고받았다. 모든 면에서 라이벌이지만 지금도 각자의 이익을 위해 필요하면 협력한다. 과거에서 헤어나오지 못하고, 명분과 감정에 사로잡히면 한 번으로 끝날 피해가 재생산이 되고, 그 피해는 우리 자신과 후손이 받는다.

성을 공격하지 않고 성을 빼앗는다

손자는 무모하게 공성전을 벌이면 병사의 3분의 1을 죽이고도 성을 빼앗지 못하는 수도 있다고 했다. 보통 군대가 30퍼센트의 전력을 상실하면 전멸이라고 말한다. 전멸하도록 몰아붙이고도 성과를 얻지 못했다는 의미다. 무모한 전투, 지휘관이 잠깐의 분노를 자제하지 못하고 병사들을 희생시키는 전투는 생각 외로 많다. 기록에 남지 않은 전투까지 합하면 전쟁사에는 모공보다 맹공盲攻이 훨씬 많을 것이다.

리델 하트의 간접 접근론

리델 하트Basil Henry Liddell Hart, 1895~1970는 작위까지 받은 영국의 저명한 군사 이론가다. 제1차 세계대전에 대위로 참전한 그는 독일군의 가스 공격으로 폐와 심장에 치명적인 장애를 얻어 조기 퇴역했다. 그 뒤에 전쟁사 연구에 뛰어들어 1938년에 유명한 《전략론》을 저술했다. 이 책에서 리델 하트는 일세를 풍미한 간접 접근론이라는 이론을 제시했다. 간략히 말하면 전술에는 적을 직접 공격하는 직접 접근 방식과 다양한 방법으로 적의 전투력을 제어하고 목적을 달성하는 간접 접근 방식이 있다. 손자의 모공은 간접 접근에 해당한다. 리델 하트는 세계 전쟁사를 검토한 끝에 전쟁사의 위대한 승리는 모두 간접 접근으로 이루어낸 것이었다고 단언한다. 손자가 모공론을 제시했다면 리델 하트는 모공의 위력을 실증적으로 증명한 셈이다.

리델 하트의 간접 접근론은 상당한 비판을 받고 있다. 전쟁사를 너무 단순하게 도식화하고, 이 이론에 맞추느라 그 범주가 너무 넓고 자의적이라는 비판이다. 나 역시 그런 비판에 동의한다. 《전략론》만이 아니라 리델 하트의 초기 저작을 읽으면 자극적인 결론을 내려서 명성과 인기를 얻으려는 조급한 심정이 잘 보인다.

그렇지만 리델 하트의 문제의식에는 공감한다. 모든 위대한 승리가 간접 접근이라는 해석은 과장된 주장이지만, 손자의 모공부터가 간접 접근과 유사하다.

리델 하트는 '모공'이 사라진 직접 접근 방식의 끔찍함, 그것이 야기하는 전쟁의 비극을 제1차 세계대전에서 몸소 체험했다. 콘크리트 방호벽, 대포와 기관총으로 방어되는 킬링존으로 뻣뻣하게 선 보병들을 덩어리째 집어넣는 전술을 전술이라고 할 수 있을까? 10-15분 만에 2,000명의 병사가 고깃덩어리로 변해버리는 전투를 인간이 몇 년씩이나 감행할 수 있을까?

할 수 있다. 인간은 그런 전쟁을 몇 년씩 집요하게 지속했었다. 인간은 그토록 무모하다. 아니, 전쟁이 그런 무모함으로 인간을 몰아넣는다. 리델 하트 대위나 손자 역시 전투 현장에서 똑같은 장면을 목격했을 것이고 이런 결론을 내렸던 것 같다. "전쟁은 분노가 아니라 지혜가 지배해야 한다."

미군의 운명을 바꾼 최연소 중위

히틀러Adolf Hitler, 1889-1945 최후의 도박이라고 불리는 벌지 전투는 도박치고는 꽤 성공에 근접했던 도박이었다. 비록 실패했지만, 미군에게 역사상 최대의 패배라는 치욕을 안겨주었다. 여러모로 불리한 상황, 형편없는 편제 속에서도 독일군은 놀라운 전투력을 보여주었다. 독일군이 히틀러의 야욕에 의한 침략군이 아니고, 벌지 전투가 명분이 정당한 전쟁이었다면 그들이 보여준 투지와 전투력, 온갖 악조건을 뚫고 전진해 나가는 그들의 모습은 한 편의 드라마가 되었을 것이다.

1944년 12월, 독일군의 주력은 벨기에의 아르덴 삼림 지역으로 몰려들었다. 이곳은 1940년 프랑스 침공 때 독일 기갑부대가 기습적인 전격전으로 프랑스를 몰락시킨 곳이다. 프랑스는 아르덴 지역은 기갑부대의 통과가 불가능하다고 방심하다가 치명타를 입었다. 연합군은 독일이 한번 써먹은 작전을 또 써먹겠냐는 이유로 방심하고 있었다.

독일군 공격부대의 최남단에는 제3팔슈름야거독일 공수부대 사단이 벨기에의 말메디 동쪽에 위치한 로스하임 협곡에 배치되었다. 이들은 미군 99보병사단과 106보병 사단의 경계지대를 치고 나갈 예정이었다. 이들이 말메디로 가는 도로를 확보하면 가장 저돌적인 지휘관 요아힘 파이퍼Joachim Peiper, 1915-1976의 전투단이 이곳을 통과해 말메디로 진격할 예정이었다. 이 지역의 방어는 미군 14기병연대가 맡고 있었는데, 사단 규모의 병력이 필요한 지역을 겨우 한 개의 연대가 커버하고 있었다. 돌파는 식은 죽 먹기였다.

12월 16일 새벽, 독일군이 공격을 시작했다. 제3팔슈름야거 사단의 진격로 북단에 란체라트 마을이 있었다. 이 마을 야산에 라일 벅Lyle Bouck, 1923-2016 중위가 지휘하는 394보병연대 3대대 소속의 정찰소대가 참호를 파고 경계근무 중이었다. 병력은 18명이었는데 그중 세 명이 마을로 들어갔다가 독일군의 포로가 되고 말았다. 마을의 수비를 담당했던 14기병연대의 대전차포 소대가 독일군이 몰려오자 벅 중위에게 알리지도 않고 황급히 철수해버렸던 것이다.[11]

벅 중위를 포함한 15명은 물러서지 않았다. 분대5-15명 병력이 조금 넘는 이 소대가 독일 공수부대 한 연대1,000-3,000명의 공격을 온종일 막아냈다. 독일군은 미군 소대원들이 학살이라고 생각했을 정도로 엄청난 희생을 치렀다. 저녁때까지 세 번의 공격을 막아내면서 애송이 신참이었던 벅 중위도 이상한 생각이 들었다고 한다. 유능하다고 소문난 독일군들이 무모한 정면 공격을

---

11 스티븐 J. 젤로거 지음, 강경수 옮김, 《벌지 전투 1944(1)》 플래닛미디어, 2007, 101-103쪽.

반복하고 있었다. 베테랑이었던 미군 하사관은 독일군이 우회 공격의 명수라는 사실을 알고 있었기에 독일군의 행동이 고맙기는 했지만 이상하다는 생각을 떨칠 수 없었다

그들은 독일군의 사정을 모르고 있었다. 팔슈름야거라는 이름이 무색하게 병력은 여기저기서 긁어모은 잡탕이었고, 연대장은 얼마 전까지 비행장을 관리하던 공군 참모장교였다. 저녁이 되자 참다못한 노련한 하사관이 분노를 터트리며 지휘관을 향해 무모한 정면 공격을 중단하고 우회 공격을 하라고 소리쳤다. 그제야 독일군은 우회 공격을 펼쳤고, 한 줌도 되지 않는 미군은 순식간에 궤멸되고 말았다. 벅 중위는 포로가 되었다. 그러나 이 소대의 분전으로 독일군 제1친위기갑사단의 공격이 하루 지연되었다. 이 하루가 벌지 전투에서 수많은 미군을 구했다. 그날 밤 독일군 진영에 있던 벅 중위는 공격 지연에 분노한 파이퍼 중령이 연대장에게 화내는 모습을 목격했다고 한다.

벅 중위와 생존한 부하들은 다섯 개의 십자수 훈장을 받았다. 한 소대에 십자수 훈장이 다섯 개나 수여된 것은 최다 기록이었다. 벅 소대의 분전은 칭찬할 만한 것이지만, 이 훈장의 진짜 공로자는 무모한 정면 공격을 반복한 독일군 지휘관이었다. 직접 접근과 간접 접근의 차이는 이처럼 크고 중대한 결과를 초래한다.

3

아군의 병력이 적군의 10배면 적을 포위한다.

아군의 병력이 적군의 5배면 적을 공격한다. 아군의 병력이 적군의 2배면 적을 분산한다. 아군과 적군의 병력이 대등하면 능숙하게 적과 싸운다. 아군의 병력이 적군보다 적을 때는 후퇴한다. 아군의 병력이 적군의 병력보다 매우 열세면 전투를 피한다. 그런 까닭에 열세인 군대가 피하지 않고 버티면 대군에게 패해 사로잡히게 된다.

이 글에서 말한 병력은 꼭 병사의 수를 말하는 것은 아니다. 아군이 수는 10배로 많지만, 훈련이 부족하고 전투력도 떨어지는 징집병이고 적은 정예 기병부대라면, 진을 벌려 포위했다가는 적에게 강행 돌파를 허용하거나 아군 사령부까지 위기에 빠지게 할 수 있다. 그러므로 이 병력은 양측의 편제와 전투력이 비슷하다는 것을 가정한 수치다.

적을 포위하려면 10배의 병력이 필요하다는 건 감상적 수치가 아니고 개략적인 계산으로 도출한 수치다. 성을 포위하려면 공격 측은 성의 4대문을 봉쇄해야 한다. 실제로 성은 네 개 이상의 문이 있지만, 계산을 위해 네 개를 기준점으로 사용한다. 적이 성문 한 곳으로 전 병력을 집중해서 출진할 수 있다.

그러므로 최소한 네 개의 성문 하나마다 적 병력 전체에 맞먹는 병력을 배치해야 한다. 성문 하나를 24시간 지킬 수 없고 성문에서 적이 돌파를 시도하면 1 대 1이 아니라 2 대 1로 대적해야 확실하게 승리할 수 있으니, 최소한 문 하나당 2배의 병력은 있어야 한다. 이렇게 하면 8배의 병력이 필요하다. 중앙에 포진하는 사령부를 보호하는 병력도 필요하고, 후방도 경계해야 한다. 이런저런 고려를 하면 성이나 적의 진지를 포위하는 데 10배의 병력은 필요하다.

'적의 5배면 공격한다'는 것은 성이 아니라 야전에서 격돌한다고 해도 적이 아군보다 병력이 적다면 구릉 위에 포진하거나 야전 진지나 참호 안에 들어가 싸울 것이다. 이들을 여러 방향에서 견제하면서 공격해야 한다. 현대전에서도 고지에 포진한 적을 공격하려면 5배의 화력이 필요하다고 말한다. 아마도 이런 상황을 고려해서 확실하고 안전한 전력 계수를 5배로 상정한 것으로 보인다.

'아군 병력이 2배이면 (적을) 분산한다.' 이 구절에서 '분산한다分之'의 대상이 분명하게 나오지 않는다. 적을 나눈다는 말일까, 아군을 나눈다는 말일까? 아군을 둘로 나눈다고 해석하면 아마도 적을 양쪽으로 협공한다는 의미일 것이다. 협공에는 최소한 2배의 병력이 필요하다. 왜냐하면 적이 한쪽을 포기하고 다른 한쪽으로 몰아칠 경우를 대비해서 좌·우익이 단독으로 적을 상대할 수준은 되어야 하기 때문이다.

그러나 아군을 둘로 나눈다고 하면 문장의 대구가 맞지 않는다. '배즉분지倍則分之'에서 분分은 동사, 지之는 목적어인데, 다른 문구에서는 지之가 모두 적을 지칭하는 대명사여서 아군이 아니라 적을 나눈다고 해야 맞기 때문이다. 그러나 아군을 나눠서 적을 좌우로 협공하면 적도 나뉘어야 할 것이니, 적을 나눈다는 말은 아군을 나누어 협공한다는 의미와 같다고 볼 수도 있다.

아니면 계략을 써서 적을 둘로 분할시킨 뒤에 한쪽을 집중 공격을 한다는 의미로 해석할 수도 있다. 손자는 공격에 5배가 필요하다고 했는데, 절반으로 분열된 적을 아군이 집중 공격하면 대략 4 대 1의 전투가 되기 때문이다. 손자의 계산 방식으로 추산하면 이런 해석이 더 적합해 보인다.

적과 아군이 대등하면 맞붙어 싸운다고 했다. 이때도 적을 분할하는 전술을 쓰면 좋겠지만, 적을 분할하는 계략을 쓰다가는 아군이 분산되어 각개 격파를 당할 수도 있다. 따라서 이 말은 사실상 다른 계략을 포기하고 전력으로 싸우는 수밖에 없다는 이야기다. 총전투력이 아니라 단위 전투력의 우위에 의존할 수밖에 없다는 의미인 것이다.

이 구절을 보면 손자가 항상 5 대 1이라는 숫자에 집착하는 것은 아님을 알 수 있다. 손자는 주어진 상황에서 안전하고 확실하게 승리할 수 있는 방법, 승리 후에도 아군의 전투력을 보존하는 방식을 선호한다. 그래서 가능한 한 평지에서는 2 대 1, 고지나 유리한 지형에 있는 적과 싸울 때는 4 대 1이나 5 대 1의 싸움이 되도록 전술을 구상하라는 의미다.

'적군이 아군보다 많으면 후퇴한다'에서 후퇴한다는 말은 전투를 피하고 전장에서 후퇴한다는 단순한 의미가 아니다. 적보다 병력이 적다고 전투를 포기해야 한다면 병법이 존재할 이유가 없다. 이 말은 고지식하게 전투를 벌이지 말고 방법을 생각하라는 의미로 이해해야 한다. 막다른 길, 최후의 순간이라면 후퇴는 없다. 죽을 때까지 싸운다는 선택도 가능하다. 그러나 다른 경우라면 맹목적으로 후퇴를 거부한 채 싸우지 말고 항상 최선을 모색하라는 의미다.

'병력이 대단히 열세면 전투를 피한다'는 말도 정말 항전을 포기하라는 것은 아니다. 객관적 기준으로 지금은 전투를 할 수 없는 상황이라는 사실을 감지하고 최선의 방법을 구상하라는 의미다. 특히 중국은 땅이 넓다 보니 '전투를 피한다' 즉, 여기서 안 되면 다음 지역에서 싸운다는 표현을 쉽게 하는 것 같다.

지금까지 살펴본 계산법은 실전용이 아니라 전술을 위한 기준이다. 전투 현장에서는 소수가 다수를 상대해서 이길 수 있다. 하지만 그런 전술을 구상하기 위해서는 과학적이고 정밀한 기준이 필요하다. 아군의 병력과 무기가 부족해도 기발한 수로 이 수치를 채우는 것이 전술과 작전이다.

전술로 10배, 5배의 상황을 연출한다

손자는 접전 지역에서 2배의 병력 우위를 이루라고 충고했다. 물량으로 이 원칙을 추구하는 장수는 하수다. 전술가라면 지형, 축성술을 이용해서 전술적 2배수를 달성한다. 아군은 모으고 적은 분산시킨 다음 각개격파 한다면 아군은 2배수의 병력 우위를 확보한 채 적을 섬멸할 수 있다.

이런 각개격파를 시행하는 데 최고의 방법이 기동이다. 적을 분산시키고, 아군이 빠른 기동으로 적을 각개격파 하면 적은 병력으로도 접전 지역에서 병력 우위를 확보할 수 있다. 기동을 이용한 시간차 공격이다.

분진합격과 기동방어

전술과 작전을 구상할 때 대부분 공간에 몰두한다. 이때 자주 빠트리는 요소가 시간이다. 시간이 공간과 맞먹는 작전의 주요소로 주목받기 시작한 것은 근대 이후인데, 철도나 자동차와 같이 시간을 전술적으로 활용할 수 있는 기술이 도입된 덕분이었다. 하지만 이전에도 탁월한 기동력을 이용해서 시간을 전술적으로 활용한 군대가 있었다. 대표적인 사례가 중앙아시아 초원의 기병이다.

칭기즈칸의 몽골 기병은 여러 개의 여단으로 산개해서 동시에 여러 지점을 위협했다. 몽골군이 수백 킬로미터에 걸쳐 여러 거점을 공격하니 상대의 방어선은 길게 늘어진다. 보급물자와 수송로도 거미줄처럼 분산된다. 그다음에 몽골군은 분산된 방어선의 적을 그대로 둔 채 병력을 집중해서 적국으로 들어간다. 다시 사방으로 흩어져 후방을 유린한다. 흩어진 물자를 접수하고, 수송부대를 타격한다. 그리고 사전에 약속한 도시로 집결해서 도시를 공략하고 다시 흩어진다. 이런 전술을 분진합격分進合擊이라고 한다. 분산과 집결을 반복하는데, 분산해서는 빠르고 효율적으로 도시를 고립시키고 집결해서 도시를 함락한다. 적은 병력으로도 기동력을 이용해서 접전 지역에서 병력의 우위를 누린다.

기동의 원리는 방어전에서도 유용하다. 적의 대부대가 공격해오면 흩어져서 후방의 보급로를 습격하고 원거리 지역을 약탈한다. 적이 분산하면 유리한 지형을 확보하고 저항하거나 다시 분진합격 전술로 각개격파 한다. 몽골군은 이런 전술로 이란 동쪽에 포진했던 호라즘 왕국을 단숨에 무너트렸다. 몽골군의 병력은 호라즘군의 3분의 1밖에 되지 않았다.

기술로 양을 채우는 변화 1 :십자군의 요새

1차 십자군은 아홉 차례의 십자군 원정 중에서 유일하게 성공을 거둔 원정이었다. 이 성공으로 십자군 왕국이 성립했다. 이 왕국은 예루살렘 북쪽 레바논에서 소아시아로 연결되는 지역에 있었다. 이들은 내륙으로 진출하거나 영지를 넓히려는 의도도 갖고 있었지만 여러 개의 공국으로 분열된 체제와 병력 부족으로 여의치 않았다. 왕국의 1차적 목표는 바다를 통해 유럽의 지원을 받으면서 항구적인 국가를 건설하고, 아랍인들이 그들을 인정하도록 만드는 것이었다.

십자군 왕국에는 왕이 있었지만, 유럽 봉건 제후보다 더 독립적인 몇 개의 유력한 공국으로 형성되어 있었고 민족과 출신국도 모두 달랐다. 십자군 왕국의 군대는 유럽의 여러 나라에서 온 기사들과 모험가로 구성되었다. 그중 가장 우수한 병사는 신앙과 명예를 위해 서언을 하고 참여한 기사들이었다. 하지만 이들의 평균 복무 기간은 3년 정도였다. 이런 팔색조 군대를 거느리고 야전에 나가 싸우기란 쉽지 않다. 기사들은 자존심만 세고 단합이 잘되지 않았다. 개인 전투력은 강했지만 전술 능력은 수준 이하였고, 이들에게 전술 훈련을 시킬 수도 없었다.

뜨거운 중동의 기후는 중장갑을 한 기사들이 장기전을 벌이기 힘들게 만들었다. 왕국은 분열되어 있고, 병력은 만성적인 부족 상태였다. 십자군 왕국이 버틸 수 있었던 것은 이런 자신들의 약점을 보완할 수 있는 전술을 개발한 덕분이었다. 그 전술이 바로 십자군의 성으로 알려진 축성술이었다. 십자군은 유럽과 중동의 축성술을 합쳐 새롭고 강력한 요새를 건설했다.

성은 고대부터 존재했다. 축성술을 전술이라고 하면 이상하게 느껴질 수 있겠지만 십자군의 요새는 확실한 전술적 여건을 갖추고 있었다.

아라비아반도의 도시와 거주지는 오아시스를 거점으로 발달한다. 이런 특성상 도시, 상업 요충, 전략 거점이 구분되지 않는다. 따라서 강력한 성을 세우고 그곳을 보호하면 모든 것을 보호하게 된다. 아랍군의 입장에서 보면 농촌을 습격해서 몽골군을 끌어내듯 십자군을 성 밖으로 끌어낼 만한 요건이 존재하지 않았다.

이 거점을 보호하기 위해 십자군은 전에 없던 새로운 요새를 설계했다. 성이라고 하면 우리는 높고 튼튼한 성, 성벽과 해자라는 장애물과 바리케이드 효과만을 생각하기 쉬운데, 십자군의 성은 손자의 병력 운용 원리를 축성술에 도입했다. 간단히 말하면 성의 구조물을 통해 적은 분산시키고, 아군은 효과적으로 집중시킨다.

현존하는 최고의 십자군 요새인 크라크 데 슈발리에Crac des Chevaliers는 가파른 산비탈 위에 서 있는데, 성벽과 비탈 사이에 공간을 극소화했다. 공격군이 아무리 많아도 성벽 아래에 집결할 공간이 부족하고, 공성구를 설치하기도 어렵다. 공간을 늘리려면 산비탈 전체를 개조하는 토목공사를 해야 한다.

성문으로 접근하는 도로는 좁은 다리밖에 없어서 공격군은 좁은 횡대로 접근해야 한다. 성문 좌우로 세워진 강력한 탑은 접근로를 십자포화로 공격할 수 있다. 성문을 통과해도 터널 같은 통로와 이중 성벽, 벌집 구조의 섹터들이 막아선다. 이중의 성벽은 그 사이가 아주 좁고 내성의 성벽이 외성보다 2배 정도 높다. 외성을 점령해도 점령한 것이 아니라 내성과 외성 사이에 갇힌 격이 된다.

성 내부는 지하로 여러 층을 이루고 터널과 미로 같은 통로를 파서 좁은 성안에서 공간 활용을 극대화하며, 적의 눈에 띄지 않고 짧고 빠르게 병력을 이동시켜 격전지에 집중 투입할 수 있었다.

요새에서 벌이는 전투의 관건은 포위하는 것인데, 왕국은 해안가에 있었기 때문에 항상 바다 쪽이 열려 있어서 완전한 봉쇄가 되지 않았다. 성의 구조는 십자군에게 부족한 전술 운용 능력도 보완해주었다. 공격 전술은 긴 훈련이 필요하지만, 성벽 수비는 자신에게 배당된 위치에 서기만 해도 전술적 포진이 된다. 약간의 로테이션 훈련과 방어 전술 훈련이 필요한 정도인데, 그것은 쉽게 배우고 적응할 수 있다.

지금도 찬탄을 불러일으키는 십자군의 요새는 괴물이나 다름없었다. 성벽만큼 시체를 쌓아 올릴 각오를 하지 않은 이상, 이 요새를 공략할 방법은 그 당시에는 발명되지 않았던 대포밖에 없었다. 유일한 공략법이 장기 포위전인데, 중동의 뜨겁고 척박한 기후와 물 부족은 원주민에게도 커다란 장애였다. 자연은 공평하니 아랍 군대도 장기 포위전이 힘들기는 마찬가지였다.

십자군은 이런 요새를 무수히 건설했고, 이슬람의 공세를 효과적으로

•그림 8• **크라크 데 슈발리에 :** 요한기사단의 요새로 트리폴리 근처에 있다. (출처: wiki commons)

막아냈다. 1187년 십자군 왕국의 멸망을 초래한 하틴의 뿔 전투는 십자군 왕국의 새로운 왕인 시빌라Sibylla, 1159-1190 여왕과 남편 기Guy, 1150?-1194가 전통적인 요새 방어전을 포기하고 무리하게 출정했던 탓이다. 이후 십자군 공국들은 차례로 멸망했지만 강력한 요새들은 여전히 버텼다. 요한 기사단이 지키던 크라크 데 슈발리에는 그중에서도 최후의 보루였다.

1271년 맘루크의 군주 바이바르스Baibars al-Bunduqdari, 1223-1277가 1만 5,000명 정도의 병력을 동원해 성을 공격했다. 당시 성에는 700명 정도의 기사밖에 없었다. 20 대 1의 싸움이었음에도 성은 함락되지 않았다. 바이바르스는 계략을 써서 항복을 명령하는 백작 보에몽Bohémond의 위조 명령서를 보냈다.

요한 기사단도 위조 편지라는 사실을 알았던 것 같은데, 고립무원의 상황에서 명예를 지키면서 성을 포기할 구실로 삼은 듯하다. 바이바르스는 요한 기사단을 안전하게 후송하고 성을 보존하기로 약속했다. 요한 기사단은 현대의 적십자와 같은 조직으로 유럽인과 이슬람을 가리지 않고 치료와 구호사업에 전념했기에 이슬람 쪽에서도 평판이 좋았다.

그 덕분에 이 성은 현재까지 완전하게 남아 있는 거의 유일한 십자군의 유적이 되었다. (안타깝게도 최근에 벌어진 시리아 내전으로 그 오랜 세월을 버텨온 성이 많이 파괴되었다고 한다.)

기술로 채우는 양의 변화 2 : 최무선과 화포

병력의 양이 아닌 질로 포위와 공격에 필요한 전술적 수치를 달성하는 것이 전술이다. 현대전에서 특히 중요한 방법이면서 우리가 곧잘 간과하는 것이 기술이다. 맥심 기관총이 전선에 등장했을 때, 한 대의 기관총은 200명의 화력과 맞먹는 위력을 발휘했다. 그러나 기술에 의한 전술적 병력의 창출이 현대에 처음 등장한 것은 아니다. 오래전부터 전쟁은 기술과 혁신의 대결장이었다.

14세기 고려는 왜구의 공격에 큰 고통을 받았다. 당시만 해도 고려의 주적은 중국, 몽골, 여진족 같은 북방 대륙의 군대였다. 이들은 수군이 없고 육군이 주력이다. 바다의 적은 왜구나 여진 해적 정도였다. 따라서 고려군도 육군 위주의 편제와 전술에 만족해왔다. 14세기에 원나라가 패망하면서 대륙의 질서는 무너졌다. 홍건적, 여진족, 몽골족이 준동하면서 전쟁이 쉴 새 없이 벌어졌다. 고려는 더더욱 북방의 적에 육군 전력을 집중하게 되었다.

그 사이에 일본이 크게 성장하면서 왜구가 대규모로 침공하기 시작했다. 왜구의 피해가 엄청나서 방치하다가는 나라가 망할 지경이었다. 왜구를 제압하려면 수군이 필요했다. 문제는 우리는 국토의 삼면이 바다라는 것이다. 이 긴 해안선과 영해를 방어하려면 엄청나게 많은 수군이 필요했다.

여기에 전술적 문제까지 겹쳤다. 일본도를 휘두르며 백병전에 특화된 왜구와 달리 고려군은 전통적으로 활이 장기였다. 거리를 두고 활로 승부하려면 왜구보다 많은 병력이 필요했다. 그리고 사격은 반드시 십자로 교차시켜야 효과가 있다. 왜구를 만나면 고려군의 전함은 양쪽으로 갈라져서 좌우에서 활로 공격해야 한다. 손자가 말한 '분지' 상황이다. 이 전략적 셈법을 적용하면 삼면의 바다에 각각 왜구의 2배 이상 되는 병력을 배치해야 완벽한 승리를 거둘 수 있다는 계산이 나온다.

고려의 명장 최영崔瑩, 1316-1388은 이런 셈법에 기초해서 수군 양성 계획을 기안했다. 전함만 800척, 중소형 배까지 합치면 2,000척의 함대와 10만의 수군이 필요하다는 계산이 나왔다.

최영의 수군 증강 계획은 《손자병법》의 계산법과 다르지 않다. 손자의 계산은 맞지만, 고려의 국력이 그것을 적용할 능력이 되지 않았다. 최영의 계획에는 반대가 빗발쳤다.

그런데 이 고민은 다른 방법으로 해결되었다. 병력 증강 대신 전투 효율을 높일 수 있는 신전술과 신무기를 개발한 것이다. 한 무명의 병사가 사격 효율은 높이고, 적의 돌입은 저지하는 간단한 방법을 고안해냈다. 배에서 두 개의 장대를 내밀어 하나는 적선을 걸어 빠져나가지 못하게 하고 하나는 적선을 밀어 근접하지 못하게 하는 것이었다. 이렇게 적선을 붙들어 맨 뒤에 활과 표창, 포 등의 무기로 공격한다. 여기에 최무선崔茂宣, 1325-1395이 발명한 화약 무기가 가세하면서 고려군의 전술적 파괴력은 확실하게 상승했다. 결국 고려 수군은 동등한 병력으로도 적과 능숙하게 싸우는 수준으로 올라섰고, 나중에는 더 적은 병력으로도 도망치지 않고 싸우고 포위할 수 있게 되었다.

고려는 무기와 전술 개량으로 병력을 전투력으로 환원해서 전투에 적용했다. 이 전술과 전통이 조선 수군으로 이어졌다. 임진왜란에서 조선 수군의 승리는 이런 전술적 개혁을 기반으로 한 것이다.

4

무릇 장수는 국가의 보필이다.

장수의 보좌가 정확하고 세심하면 국가는 반드시 강해진다. 장수의 보좌가 정확하고 세심하지 못하면 국가는 반드시 약해진다. 그런 까닭에 군주가 군에 환란이 되는 경우가 세 가지 있다. 군주가 군이 진격하지 말아야 할 때를 모르고 선진하라고 명령하고, 군이 후퇴해서는 안 되는 때를 알지 못하고 후퇴하라고 명령하는 경우다. 이것은 군을 속박하는 것이다.

삼군의 사무를 알지 못하면서 군사 행정에 간섭하면 군사들이 명령과 정책에 대한 신뢰를 잃게 된다. 삼군의 지휘권을 알지 못하면서 삼군의 임무에 간섭하면 군사들이 의심하게 된다. 삼군이 신뢰하지 않고 의심을 가지게 되면 제후들이 환란을 일으킬 것이다. 이런 상황을 일컬어 아군을 혼란하게 만들어 적이 승리하도록 만들어준다고 한다.

'장수가 국가의 보필'이라고 말하면 뻔한 이야기 같다. 손자도 장군이었으니 무장의 위신을 높이고 대우를 잘해주어야 한다는 말을 남겼을 것이리라. 조선은 문무 차별이 심했다고 알려져 있지만, 무장을 대우하려고 노력한 일도 없지는 않다. 세조世祖, 1417-1468는 특별히 무장을 챙겼다. 무장의 양성과

대우 개선을 촉구하는 교서를 내린 적이 있는데, 그 교서에서 《손자병법》의 이 구절을 인용했다.[12]

그러나 손자의 발언에는 좀 더 깊은 의미가 있다. 보필한다는 말은 참모가 보좌하는 식의 돕는다는 의미가 아니다. 왕과 재상, 마치 유비와 제갈량처럼 왕의 팔다리가 되어 한 분야를 맡거나 리더가 의지하고 도움을 받는다는 수준을 말한다.

전쟁에서 이기고, 국가를 적의 침략에서 구원하려면 뛰어난 장수가 왕을 보필해야 한다. 왕이 제갈량이나 관우, 장비와 같이 보필하는 장수를 얻으려면 먼저 그런 인재를 발굴해야 한다.

인재는 찾는 것보다 믿는 것이 중요하다

어떤 기업인이 내게 이런 말을 했다. "참 인재가 없습니다. 인재를 찾고 발굴하기가 어렵습니다." 그는 진지했고 진심이었기에, 이렇게 대답했다. "정말 그럴까요? 인재는 많은 것 같은데 일을 믿고 맡길 만한 인재가 없는 것 아닙니까?" "예 바로 그렇습니다." "그러면 이유는 두 가지입니다. 정말로 인재가 없거나, 선생님이 믿고 맡기는 기준에 문제가 있거나요."

손자는 더 솔직하게 말한다. 나라가 약해지는 이유는 장수가 보필을 잘하지 못했거나 인재를 찾고 등용하지 못해서가 아니라 군주가 보필하는 장수를 믿지 못하고 간섭하는 탓이라는 것이다.

장수가 국가와 왕을 보필하는 존재라면 그의 방법론과 독자적 개성, 영역을 인정해주어야 한다. 《삼국지》에 제갈량이 유비가 시키는 일이나 하고 있는 장면은 나오지 않는다. 제갈량이 성공한 이유는 유비가 자신의 역량과 관

12 《세조실록》 30권. 9년 7월 29일 병진.

우, 장비로 대표되는 초기 멤버들의 한계를 알고 제갈량의 업무 영역에 전적인 신뢰와 자율성을 보장했기 때문이다.

물론 군대와 무력이라는 것이 믿고 맡기기에는 곤란한 권력이다. 손자도 그런 낭만적이고 무책임한 말을 한 것은 아니다. 정보는 열려 있어야 하고, 왕은 군대의 동향을 항상 파악하고 있어야 한다. 그러나 자신의 영역과 장수의 역할을 확실히 구분해야 한다. 견제를 이유로, 나중에는 습관이 되어서 현지 작전에 간섭하면 전쟁을 망치고 비극을 초래하게 된다. 전쟁사에 이런 사례는 무수히 많다. 그러면 이렇게 묻는다. 지휘관이 무능해서, 또는 오판으로 대형 사고를 치면 누가 책임질 것이냐?

그런 지휘관을 임명한 것이 잘못이다. 유능한 지휘관이라고 해도 자기가 잘하는 분야, 감당할 수 있는 분야가 있다. 여기에 대한 판단은 인사권자의 몫이고 책임이다. 그런데 이 책임은 회피하면서, 자신이 임명한 사람을 원격으로 조종하고 간섭해서 대사를 이루려고 한다면 성공할 수가 없다.

1597년 정유재란 당시 조선 수군이 칠천량에서 몰살당하고, 그 여파로 합천, 남원, 진주 등의 요충이 함락되면서 막대한 인명 피해와 학살이 발생했다. 이 참극은 전쟁을 모르는 조정의 문관들이 수군은 우리가 왜군보다 강하다는 단순논리에 빠져 부산포를 공략하라고 독촉한 탓이었다. 선조는 이 논리에 이순신을 견제하려는 정치적 욕구를 더해서 이순신을 해임하고 원균元均, 1540-1597으로 대체했다. 원균은 서인 계열이어서 더 믿을 수 있었으며, 저돌적이고 거칠어서 싸움은 잘하지만 백성들의 인망을 얻지는 못할 것이라고 생각했던 것 같다.

그러나 원균도 부산포 공략을 꺼리자 선조는 원균에게 강경한 명령을 내렸다. 이 간섭의 결과로 칠천량과 남원성 등지의 참극이 벌어졌다.

한편 히틀러는 독일의 명운을 건 소련 침공을 개시하면서 독일군의 전력을 세 방향으로 분산시키는 엄청난 실수를 저질렀다. 좌군·중앙군·우군의 3군으로 나누는 방식은 전술의 고전이자 기본이지만, 모스크바로 향하는 주력

•그림 9• 바르바로사 작전의 독일군 진격로. 독일이 모스크바로 향하며 병력을 분산시킨 것이 패착이었다.

인 중앙군에 병력을 집중하지 않은 것은 치명적인 실수였다. 그 이유는 군부의 반란이나 쿠데타에 대한 우려를 지울 수 없었기 때문이다. 독일군과 싸우는 소련도 스탈린Joseph Stalin, 1879-1953의 견제 심리가 작용하기는 마찬가지였다. 두 독재자의 불안과 의심은 독소전쟁 내내 전략을 뒤틀면서 엄청난 희생과 비극을 낳았다.

　권력자의 입장에서는 어쩔 수 없지 않느냐는 반론도 있다. 역사적으로 보면 출전하는 군대가 총부리를 돌려 정권을 탈취하는 경우가 적지 않았다. 조선 창건의 기반이 된 위화도 회군이 그렇고, 후주의 장군이었던 조광윤趙匡胤 927-976도 같은 방식으로 송나라를 세웠다. 20세기에도 이런 정변이 발생했다. 1958년 내전의 위기에 처한 요르단의 후세인 왕이 이라크에 군사 지원을 요청했다(이라크 왕가와 요르단 왕가의 시조는 형제간이었다). 이라크는 지원군을 파견했는데, 이 부대가 왕궁으로 회군해서 파이살 왕가를 절멸시켰다. 이후 두세 번의 정변 끝에 사담 후세인Saddam Hussein, 1937-2006이 집권했다.

정치와 전쟁 사이에는 늘 이런 함수관계가 있어서 전적으로 군을 믿고 지휘를 맡긴다는 것이 쉽지 않다. 쿠데타에 대한 우려가 전부는 아니다. 전쟁을 치르다 보면 주변국과의 관계, 선거, 민중의 정서 등 다양한 요소를 고려해야 하고 이런 것이 전술과 작전의 효율성에 영향을 끼친다. 클라우제비츠의 말처럼 전쟁은 고도한 정치 행위여서 정치적 간섭으로부터 절대 자유로울 수 없다. 고로 군과 장수에 대한 완전한 신뢰, 완전한 보필은 궁극적으로 불가능할지도 모른다. 그러나 상대적인 우위는 가능하다. 그리고 이것이 전쟁의 승부를 바꾼다. 독소전쟁에서도 어느 한쪽이 좀 더 합리적인 신뢰를 할 수 있었더라면 전쟁의 향방, 최소한 전사자의 수는 크게 바뀌었을 것이다.

결론적으로 말하면 손자가 말한 장수의 보필을 결정하는 요인은 최고 통치자의 의지가 아니라, 조직의 건전성이다. 인재가 적재적소에 배치되어 있고, 인사가 부당한 편견과 정치욕에 의해 좌우되지 않으며, 능력 있는 인재가 발굴되는 조직이 제대로 보필하고 제대로 신뢰할 수 있다. 평소에는 이런 차이점이 크게 드러나지 않을 수 있다. 그러나 전쟁이 벌어지고 위기가 닥치면 이 능력의 차이가 한 번의 전투에서 수만, 수십만의 희생자를 낳고 승부의 방향을 바꾼다.

인재의 편식이 보필을 막는다

유비는 제갈량을 믿고 권력을 맡겼다. 유비의 신뢰가 없었다면 제갈량의 명성도 없었다. 그런데 사실 이런 신뢰가 가능했던 것은 제갈량이 문관이었기 때문이다. 무관에게 이런 신뢰를 보내기는 쉽지 않다. 여기에는 쿠데타의 위험이라는 정치적인 이유 외에도 아주 현실적인 난제가 있다.

조선 초기에 한 장수가 있었다. 거칠고 용맹하며 왕에게는 충성스러웠는데, 평시에는 그 거칢이 흠이 되었다. 성격이 사납다 보니 곧잘 술을 마시고 패싸움을 일삼으며 사고를 쳤다. 한번은 근신을 명 받고 집에 있는데 전쟁이 터졌다. 그 소식을 듣자 그가 기뻐하며 이렇게 말했다. "나 같은 사람이 필요한 때가 왔구나." 실록에 이 일화를 기록한 사관은 '이런 자는 흉악한 인물이고 이런 인물을 등용하면 안 된다'고 격하게 토를 달았다. 장비도 술로 여러 번 사고를 쳤는데, 장비와 같은 캐릭터의 장군은 평시에는 대개가 말썽꾼이다.

문관 같은 장수도 없는 것은 아니지만, 소심하고 예의 바르고 요모조모 이론적으로 잘 따지기만 하는 장수는 전쟁을 승리로 이끌 수 없다. 물론 완전한 인간은 없다. 개인의 능력이 모두 다르고 개성도 다르다. 그런데 개성에는 쏠림 현상이 있다. 아이디어가 튀고 머리 회전이 빠른 사람은 고분고분하지 않다. 창의적이고 기발한 사람은 보통 사람과 잘 어울리지 못한다. 타인의 비위를 잘 맞추고 중재를 잘하는 사람은 결단력이 떨어진다. 신중한 사람은 과단성이 없고, 과단성 있는 사람은 신중하지 못하다.

《조선왕조실록》을 보면 문관들은 성격이 거친 실전형 장군을 무척 싫어한다. 자신들 마음에 들고, 옆에 둬도 불편하지 않은 조심스럽고 예절 바르며 행정 수완이 있는 인재로 개조하거나, 그런 인물로 군대를 채우려고 무척 노력한다. 불행인지 다행인지 전쟁은 일상사가 아니다. 수십 년에 한 번 일어난다. 평화로운 시기가 지속되면 문관들의 이런 기준이 유용해 보인다. 실전용 장군들은 배척되고 행정관료 같은 장교들로 군대가 채워진다. '장수가 국가의 보필이다'라는 말에는 이런 사태를 경계하라는 의미도 있다. 이것은 대단히 중요하면서 어떤 조직이든지 준수하기 어려운 과제다.

전쟁이 아니라도 어떤 조직이든지 대세가 있고 유행과 추세가 있다. 능률적인 인사, 적재적소에 필요한 인사라는 모토에 너무 충실하다 보면 언제 터질지 모르는 전쟁, 위기 대응이 가능한 인사들은 저 멀리 뒤처지게 된다. 막상 일이 터지면 이런 편식은 믿기 어려울 정도로 참담한 결과를 초래한다.

행정관료로 채워진 북군과 승부사로 채워진 남군

남북전쟁 중에 어느 중년 부인이 남쪽으로 진군하는 북군의 행렬을 보았다(그녀는 북부 지지자였다). 얼마 후 벌어진 전투에서 북군은 패퇴했다. 북상하는 남군을 맞이한 그녀는 놀라 중얼거렸다. "세상에 어떻게 저런 군대에 우리 군대가 패했지?"

남북전쟁을 다룬 영화에서는 짙은 군청색 제복의 북군과 푸른빛이 살짝 들어간 회색 톤의 남군이 대조를 이룬다. 이것은 남부에 대한 예우이자 영화적인 재미를 위한 것이다. 실제 북군의 복장은 영화와 별다르지 않았지만, 남군은 그런 깔끔한 군대가 아니었다. 산업시설의 부족으로 군수품 조달에 애를 먹었던 남군은 전쟁을 시작한 지 1년이 지나기도 전에 거지꼴의 군대가 되었다. 당시 목격담에 의하면 남군은 군화를 신은 사람이 몇 명 되지 않았고, 찢어진 바지에 상의는 러닝셔츠만 입고 있었다. 겉모양으로 보면 영락없는 패잔병 무리였다.

전쟁은 북부의 승리로 끝났지만, 패잔병 같은 남군에게 북군은 내내 고전했고 전쟁 초기에는 패할 뻔도 했다. 전후에도 이상 현상이 발생했다. 북부는 노예해방이라는 완벽한 명분까지 틀어쥐고 있었음에도 남북전쟁이 배출한 명장은 한결같이 남부의 장군들이다.

북군 사령관 그랜트는 대통령까지 되었지만, 평판이나 감성적인 인기는 남군 사령관 리 장군에게는 근접도 할 수 없고, 남부군의 유명한 사단장보다 못하다. 부사령관이었던 윌리엄 셔먼William Sherman, 1820-1891의 인기는 더욱 끔찍하다. 그의 공로를 냉정하게 평가하는 사람도 없지 않지만, 대중에게는 지금까지도 전쟁범죄자 취급에서 헤어나오지 못하고 있다. 게다가 그는 약간의 정신적 질환까지 안고 있었다.

승자와 패자가 역전된 이런 기이한 현상의 원인은 두 가지로 꼽을 수 있

다. 전쟁 전에 미국 정부는 국방부나 좋은 보직의 장군들을 거의 참모형에 비실전형 장군들로 채웠다. 유능한 전투 지휘관들은 바닷가와 시골 요새에 처박혀 있었다. 이런 실전형 지휘관은 또 대개가 버지니아 출신들이었다. 그 결과 리 장군을 위시해서 버지니아 인맥, 제대로 된 전투 지휘관은 대체로 남부 연방에 가담했다.

북부의 행정가형 장군과 남부의 실전 버지니아 인맥이 야전에서 맞붙자 북군은 흠씬 두들겨 맞았다. 그 반대로 되었더라면 남북전쟁은 1년도 되지 않아 종식되었을 것이다. 인구 대비로 환산해볼 때 제2차 세계대전 전사자의 10

배가 넘는 엄청난 전사자 비율은 10분의 1에서 50분의 1 이하까지 줄어들었을지도 모른다.

90퍼센트의 시간 동안 불편하지만, 단 10퍼센트 혹은 1퍼센트의 순간을 위해 필요한 사람들이 있다. 그들을 90퍼센트용으로 개조할 것이 아니라, 결정적 순간을 위해 그 개성과 능력을 꾸준히 개발시켜야 한다. 몇십 년 만에 한 번 찾아오는 1퍼센트의 순간이라고 해도, 전쟁에서 패하면 결국 아무것도 남지 않는다.

지휘의 책임과 간섭의 차이

실패한 작전, 실패한 사업의 실무자를 만나 원인을 물어보면, 현장을 잘 모르는 상사의 부당한 간섭 때문이라는 답변을 곧잘 듣는다. 그런데 성공한 리더에게 성공 비결을 들어보면 자신이 잘 모르는 분야라 아랫사람에게 철저하게 맡겨놓고 간섭하지 않았기 때문이라고 대답하는 경우는 아주 드물다. 오히려 반대로 아랫사람들이 반대하고, 두려워하는 일을 리더가 신념을 갖고 추진한 것이 성공의 비결이라고 말한다.

이 두 결론을 합치면 부하가 군주를 보필해서(거듭 말하지만, 보필은 보좌한다는 의미가 아니라 책임을 위임받아 일을 처리한다는 의미다) 성공한 경우는 없다는 말이 된다. 성공은 리더의 지휘 덕분이고 실패도 리더의 잘못된 지휘 탓이다.

적절한 지휘 책임과 간섭의 구분은 조직 관리와 리더십에서 영원한 딜레마다. 사례를 아무리 뒤져도 답이 안 나오는 문제라서, 다 겪어보고 체념한 사람들은 이렇게 말한다. "그게, 다 결과론이더군요."

결과론이 잘못된 것은 아니다. 똑같아 보여도 결과 안에 진실이 숨어 있는 경우가 많다. 그 진실을 보지 못하게 때문에 결과만 보이고 결론적으로 결과론이 되어버린다.

손자는 군주의 잘못된 간섭의 사례로 세 가지를 들었다. 겉으로 보면 단순한 판단 미스나 결과론적인 실수처럼 보이지만, 하나하나에 깊은 의미가 있다. 역사 속 두 가지 사례로 살펴보자.

수양제의 잘못된 간섭

수양제隋煬帝, 569-618와 당태종太宗, 599-649은 둘 다 고구려 원정에 직접 참가했고, 둘 다 실패했다. 하지만 두 황제에 대한 평가는 완전히 다르다. 수양제는 무모하고 자기중심적이며 제멋대로였다. 야심은 크지만 판단력은 없다. 수양제 말년에 나라가 망하고 적이 사방에서 쳐들어와도 아무 생각이 없었다. 무책임한 군주의 전형이다.

수양제는 무능한 독재자라는 이미지와 다르게 원정 초기에는 장군들에게 재량권을 부여했다. 그러나 전투가 지지부진하자 인내심이 폭발했다. 수양제는 장군들이 전쟁에 적극적이지 못하고 모험을 두려워해서 이런 결과가 생겼다고 판단했던 것 같다. 전쟁의 판도를 진취적으로 일신하기 위해 그는 모든 권한을 회수하고 중요한 결정은 반드시 자신에게 물어서 결정하게 했다. 이 조치만으로 잘잘못을 논할 수는 없다. 부하를 믿고 재량을 넘긴다는 것은 이론적으로는 그럴듯하지만 조직과 구성원이 받쳐줄 때만 가능하다. 의기소침하고 책임감이 실종된 조직에서는 민주적 질서보다 카리스마가 필요할 수도 있기 때문이다.

수양제가 전권을 장악하면서 황제만이 할 수 있는 과감한 전술을 채택했다. 고구려군의 방어요새를 무시하고, 평양성을 향해 직접 공격하는 것이다. 별도로 군량을 적재한 수군 함대를 산둥에서 출진시켜, 육군이 일단 평양에 도착하면 함대로부터 공급받는다는 작전이었다. 적진 돌파와 후방 기습은 훗날 몽골 기병, 또는 기갑부대나 가능했던 전술이었다.

이 전술이 성공했더라면 우리에게는 참혹한 불행이었겠지만, 중국사나 전쟁사에서는 기념비적인 업적이 되었을 것이다. 고구려군은 당황하지 않고 수나라군의 약점이 시간이라는 사실을 간파했다. 보급선이 이어지지 않는 대군은 진격 일정이 지체되면 식량이 떨어진다. 고구려는 일부러 항복 협상을 걸면서 시간을 끌었다.

아이러니하게도 수양제가 지시한 과감한 기동전은 현장 지휘관의 능동적인 상황 판단과 자율권이 필수다. 그래서 몽골군이나 독일군은 현장 지휘관에게 과감한 재량권을 부여했고 그런 능력을 갖추도록 훈련했다. 이것이 승부의 열쇠였다. 그런데 수양제는 이 권한을 회수하고, 전군을 시간과의 싸움으로 내몰았다. 자신이 구상한 전술과 조직의 운영 방식이 맞지 않았다. 이것이 치명적인 실수였다.

고구려가 협상을 제안하자 수나라 지휘부는 일일이 요동에 있는 수양제에게 보고하고 결재를 받느라 더 지체했다. 고구려의 지연 전술에 스스로 걸려들었고, 마침내 군량이 떨어진 수나라군은 처참하게 후퇴하다가 살수에서 고구려군의 습격을 받아 30만 대군이 전멸했다.

절대적 간섭, 절대적 자유는 다 이상론이다. 모든 전략과 전술에는 그에 합당한 방법과 적절한 질량이 있다. 개인의 병증을 고려한 처방전과 같다. 전술 공간, 부대의 상황, 모든 것을 고려해서 훈련하면서 그 전술에 맞는 적절한 의사결정 방법과 재량권의 양을 처방하는 능력을 키우는 수밖에 없다.

게티즈버그 전투와 링컨

손자는 리더가 지휘 체제의 속성을 모르고 아무 데나 끼어들면 조직이 무력화된다고 경고한다. 사장이 화장실 청소가 마음에 들지 않는다고 청소 담당을 직접 불러서 지시하거나 혼내면 청소 담당은 자기 상관인 매니저의 말을 더 이상 듣지 않게 될 것이다. 사장의 세심한 노력이 조직의 윤활유가 되기는커녕 동맥경화를 유발한다. 화장실 청소에 문제가 있음을 발견하더라도 현명하게 대처해서 조직이 더 유기적으로 돌아가도록 하는 지혜가 필요하다.

한편 리더가 직접 나서야 하는 경우도 있다. 그런 행동이 조직을 변화시키는 성공 사례를 살펴보자.

남북전쟁에서 가장 유명한 전투인 게티즈버그 전투는 남군의 패배로 끝났다. 이 전투에서 남군이 승리했으면 워싱턴이 남군에게 짓밟히고, 전쟁은 남부의 승리로 끝났을 것이다. 북군에게는 기적 같은 승리이자 위기에서의 구원이었다. 하지만 정작 게티즈버그 전투의 보고를 받은 링컨Abraham Lincoln, 1809-1865은 격노했다. 북군 사령관인 미드George Gordon Meade, 1815-1872 장군이 도주하는 남군을 추격하지 않고 전송하듯이 보내준 것이다. 이 사건으로 미드 장군은 링컨의 미움을 사서 역사적 승리에도 불구하고 남북전쟁에서 더는 활약하지 못했다.

미드 장군의 결정에 관해 현대의 전사가들은 대체로 옹호론을 편다. 북군이 지칠 대로 지쳐 있어서 추격할 수 있는 상황이 아니었다. 만약 그렇다면 링컨의 뒤늦은 질책은 실수였고, 손자가 말한 군을 속박하는 행위이거나 지휘 체제에 간섭하는 행위가 될 것이다.

그런데 미드에 대한 판단은 잘못이었다고 해도 링컨이 격노한 데는 또 다른 배경이 있었다. 당시 남북군의 지휘관들은 모두 같은 학교 동문이었고, 17-18세기의 마지막 귀족적 기사도의 잔영이 남아 있었다. 그들은 전쟁 전체를 보는 전략적 사고가 부족해서 전투의 승부는 현장의 승부로 끝내는 경향이 있었다. 패전한 적은 고이 보내주고 다음 승부를 기약한다는 식이었다.

전쟁 초기에 링컨은 군부의 지휘 체제와 질서를 존중했다. 그럴 수밖에 없었다. 시골뜨기 링컨은 워싱턴 정가, 미국 사회의 상류층, 학맥, 어디에도 끈이 없었다. 당연히 군부에도 인맥이 전혀 없었다. 가능하면 전쟁은 군인들에게 맡기고, 그들의 결정을 존중했다. 아니, 존중할 수밖에 없었다. 하지만 너무나 형편없이 진행되는 전쟁에 분노를 넘어 궁금증이 들었던 링컨은 전선에서 날아오는 전보를 직접 읽으면서 학습하기 시작했다.

영리했던 링컨은 남북군 할 것 없이 장군들이 기사도적인 향취에 사로잡혀 있다는 사실을 알아차렸다. 링컨은 정규군 경험이 없는 아마추어 전략가였지만, 당시의 전쟁관에 대한 링컨의 판단은 정확했다는 평을 얻고 있다. 북군과 남군의 기사들은 새로운 전쟁을 이해하지 못해 전황을 점점 더 끔찍한 참극으로 몰아가고 있었다.

링컨은 간섭을 시작했고, 군부를 압박했다. 미드 장군의 해임처럼 실수를 저지른 적도 있었고 불평하는 장군들도 많았지만, 전쟁 후반부가 되자 북군 지휘부는 투박하지만 전쟁을 끝내는 방법은 아는 장군들로 채워졌다.

여기서 링컨이 자신이 발견한 새로운 재능을 과신하고 전술에 세세히 개입했더라면 북군은 더 큰 혼란에 빠졌을 것이다. 그러나 링컨은 그런 유혹에 넘어가지 않았다. 자신이 할 수 있지만 장군들이 하지 못하는 공간을 찾아내고 그곳으로 뛰어들었다. 이건 정말 대단한 자제력이자 분별력이다. 애초에 링컨이 개입한 영역도 장군들의 영역이 아니라 장군들의 위에 있는 빈 공간이었다. 링컨은 정확하게 리더의 자리를 찾아 들어갔고, 자기 영역을 지켰다. 이것이 수양제와 링긴의 차이다.

5

그런 까닭에 전쟁의 승리를 미리 알 수 있는 다섯 가지

경우가 있다. 싸울 수 있는 경우와 싸워서는 안 될 경우를 아는 자가 승리한다. 많은 병력과 적은 병력의 사용법을 아는 자는 승리한다. 윗사람과 아랫사람의 목적이 같은 쪽이 승리한다. 불우의 상황을 대비하는 자가 대비하지 않는 자에게 승리한다. 장수가 유능하고 군주가 견제하지 않는 자는 승리한다. 이 다섯 가지가 승리를 미리 아는 비결이다.

그런 까닭에 적을 알고 나를 알면 백 번 싸워도 위태하지 않다. 적을 모르고 나의 사정만을 알면 한 번은 이기고 한 번은 진다. 적도 모르고 나도 모르면 싸울 때마다 반드시 위태하다.

이 단락은 그 유명한 '지피지기'가 등장하는 덕분에 《손자병법》에서 가장 잘 알려지고 많이 인용되는 구절이 되었지만, 그 속에 숨어 있는 '불우不虞의 상황, 예측하지 못한 돌발 상황을 대비하라'는 구절은 이상하게 별로 주목받지 못하는 것 같다.

실제 전장은 예기치 못한 상황의 연속이다. 손자가 전투를 벌이기도 전에 승부를 미리 알 수 있다고 말했다고 해서 모든 상황을 완벽하게 예측하고 준비할 수 있다는 의미는 아니다. 손자의 말을 과잉 해석해서 '예측하지 못한 상황이 없도록 하라'는 지침을 가지고 전투에 임하면 백발백중 실패한다. 전쟁은 실수나 사고가 얼마나 적게 발생하느냐가 문제가 아니라, 현장에서 그런 어그러진 상황을 해결하고 목표까지 도달하느냐, 못 하느냐의 싸움이다. 돌발 상황을 만나 다리가 부러졌다고 해도 부러진 다리를 끌고 목표에 도달하는 능력이 승리를 이끈다.

만약 다리가 부러질 때를 대비해서 모든 병사가 철제 부목이나 의족을 소지하고 전투에 투입되었다면, 모든 병사의 다리가 무사해도 목표에 도달하지 못할 것이다.

전쟁에는 전투감각이라는 것이 존재한다. 이것은 선천적이거나 초자연적인 무언가가 아니다. 데이터 분석, 관찰, 현장 감각의 축적을 통해 숙성되고 발전하는 것이다. 전투감각도 지형 파악, 적군과 아군의 능력 감지, 전황 파악 등 여러 가지가 있지만, 무엇보다 불우의 사태를 감지하고 대항하는 능력이 필수다. 지휘관은 사태가 터질 것 같은 한 상황을 직감하고 그에 대해 조치하거나 경계를 강화하는 감각을 키워야 한다. 병사들은 모든 상황에 대한 매뉴얼이 아니라, 경험해본 적이 없는 돌발 상황에 대응할 수 있는 능력을 키우도록 조련되어야 한다. 부하들을 파악할 때도 돌발 상황에 대응하는 능력을 신중하게 관찰해야 한다.

수많은 전투가 돌발 상황에 의해 좌우되었다. 이런 사례를 모아보면 전쟁을 운이 좌우하는 것처럼 느껴질 정도다. 하지만 운에만 맡겨서는 절대 승리할 수 없다. 천운도 준비하고 다스릴 줄 아는 자, 특히 돌발 상황에 대처하는 방법과 능력을 키워놓은 조직의 몫이다.

리더는 보이지 않는 능력까지 파악할 수 있어야 한다

나폴레옹이 전성기에 이룬 승리, 자기 자신도 최고의 전투 최고의 감동을 준 전투라고 꼽았던 것이 아우스터리츠 전투다. 프랑스군 약 7만 명, 러시아-오스트리아 연합군 8만 명이 격돌한 대회전이었다. 이 전투에서 나폴레옹이 판단한 승부처가 프라첸 고지였다. 전선 중앙부에 위치한 프라첸은 해발 12미터도 되지 않는 언덕이었다. 주변이 모두 광대한 평원이다 보니 돌기처럼 솟아난 작은 언덕이 고지가 된 것이다. 지금은 농가 수십 채가 빼곡히 들어차 있는 이 돌기를 나폴레옹은 전투가 시작되기 며칠 전에 일부러 포기하고 후퇴했다.

러-오 연합군은 이 행동을 비웃으면서 냉큼 점거했다. 전투 당일 이 언덕에는 러-오 연합군의 지휘소가 설치되어 있었다. 언덕은 전선의 중앙에 위치했다. 역사적인 전투는 이 언덕의 북쪽과 남쪽으로 전선을 형성하고 벌어졌다. 러-오 연합군 기준으로 북쪽이 우익, 남쪽이 좌익이었다.

•그림 11• 1810년, 프랑수아 제라드François Gérard가 그린 아우스터리츠 전투의 기록화.

총성과 포성이 요란했지만 안개가 이불처럼 두껍게 깔린 프라첸 언덕 주변은 평온하고 조용했다. 전투가 시작된 지 45분이 지난 오전 8시 45분, 언덕 위에 있던 연합군 지휘부는 깜짝 놀랐다. 안개가 걷히자 언덕 아래에서 강철의 은빛 섬광이 아침 햇빛을 받아 번쩍였다. 나폴레옹이 아침 안개를 이용해 최정예부대인 생 일레르 사단을 프라첸 고지 앞으로 진출시킨 것이다.

　　그제야 연합군은 자신들이 나폴레옹의 계략에 속아 넘어갔음을 깨달았다. 나폴레옹 정도 되는 인물이 프라첸을 그냥 내어줄 때 의문을 품었어야 했다. 하지만 후회해도 늦었다. 생 일레르 사단의 목표는 연합군 전선 사령부 공략이 아니었다. 나폴레옹은 먼저 연합군이 프라첸 언덕을 중심으로 삼아 양익에서 전선을 펼치기를 바랐다. 그다음 기습적으로 중앙의 프라첸을 점령해 연합군을 두 동강 낸다. 프라첸 언덕에 포병을 배치하면 연합군 좌우익은 측면이 노출되고, 이곳을 돌파구로 이용하면 연합군의 배후로 마음껏 들어갈 수 있었다.

　　한편 자신들이 전투의 운명을 쥐고 있음을 잘 알고 있던 생 일레르 사단의 병사들은 러시아군과 1시간에 걸친 격렬한 전투 끝에 언덕을 점령했다. 이 광경을 지켜보던 나폴레옹은 회심의 미소를 지으며 이렇게 말했다. "단 한 번의 날카로운 공격으로 전쟁은 끝났다."

　　이제 포병이 진격해 언덕에 포대를 설치하는 일만 남았다. 이 결정적인 순간에 생 일레르 사단 정면으로 난데없이 싱싱한 오스트리아 사단이 출현했다. 언덕 위에서 쉬고 있던 생 일레르의 병사들은 소스라치게 놀랐다. 프라첸 언덕이 승부처라는 사실을 알았던 병사들은 조금 전의 전투에 혼신의 힘을 다했고, 탄약마저 다 떨어진 상태였다.

　　오스트리아군의 출현은 무능과 우연이 만들어낸 돌발 상황이었다. 연합군의 공격 계획을 짠 북스게브덴Friedrich Wilhelm von Buxhoeveden, 1750-1811 중장은 술꾼이었다. 그는 부대 배치와 이동 경로도 계산하지 않고 전투 계획을 짰다. 아우스터리츠 전투처럼 대부대가 집결한 전투를 준비할 때는 이동 계획과 도로 사용 계획이 대단히 중요하다. 전술이 복잡하고 정교한 기동을 추구할수록 수학 수재였던 나폴레옹은 도로망 관리와 이동 시간의 배분을 혼자서 해냈다.

그러나 술에 찌든 북스게브덴의 두뇌에는 복잡한 이동 경로가 들어갈 공간이 없었다. 전투가 시작되자 연합군 진영에서는 여기저기 교통체증이 발생했다. 짜증을 내고 제멋대로 지름길을 찾다 보면 더 우왕좌왕하게 된다. 프라첸에 등장한 오스트리아 사단이 그랬다. 남쪽 전선으로 향해 가던 그들이 전혀 엉뚱하게 프라첸으로 진출했던 것이다.

여기서 나폴레옹은 이상한 결정을 내린다. 프라첸을 빼앗기면 모든 것이 끝장이었다. 그 중요한 순간에 나폴레옹은 프라첸으로 지원병을 보내지 않았다. 나폴레옹에게는 아직 사용하지 않은 예비대가 있었다. 그러나 예비대를 보내면 프라첸은 구하겠지만 언덕 점령 이후 전투의 결정적 순간에 적의 심장을 타격할 병력이 없었다. 승리할 전투가 무승부로 끝난다. 나폴레옹은 패전의 위험을 감수하고 생 일레르 사단 병사들의 순발력과 위기 대처 능력에 승부를 걸었다.

한편 생 일레르의 고참 병사들은 접근해오는 오스트리아 사단이 신병들임을 알아차렸던 것 같다. 전투 경험자들은 행군하는 모습만 봐도 군대의 수준을 안다. 탄약도 체력도 바닥난 상태였지만, 프랑스군은 빈 총구에 대검을 꽂고 고지 아래로 내달렸다. 우렁찬 함성은 지쳐버린 육체의 상태를 감추고도 남았다. 자신감에 찬 함성, 위에서 아래로 내려오는 총검 돌격의 기세에 놀란 오스트리아군은 뒤도 돌아보지 않고 달아났다.

아우스터리츠 전투는 나폴레옹의 승리로 끝났다. 나폴레옹군의 피해는 전사 1,305명, 부상 6,940명, 연합군은 전사 및 부상 1만 5,000명에 포로 1만 2,000명이었다. 나폴레옹의 모험적인 결정은 정확했다. 진정한 리더는 돌발 상황에 대한 대책뿐만 아니라, 상황에 대처하는 부하들의 잠재력을 끌어내는 능력까지 갖추어야 한다. 그런 판단력 역시 부단히 점검하고 연습해야 한다는 것이 프라첸 언덕의 교훈이다.

상황에 맞는 최선의 전술을 찾아라

전쟁에서 가장 위험한 논리는 근거 없는 낙관론이며, 가장 위험한 사람은 대책 없는 강경론자다. 전쟁은 그 특성상 강경론이 득세한다. 특히 작은 승리라도 거둔 직후라면 더 분위기를 타서, 신중론을 펴는 사람은 비겁자로 몰리기 십상이다.

진정한 용기는 두려움에서 나온다. 두려움을 모르는 사람은 진정한 용사가 될 수 없다. 리더는 경박해서 용감해 보이는 사람과 진정한 투사, 겁이 많아서 신중한 사람과 시야가 넓어서 신중한 사람을 구별할 줄 알아야 한다. 그래야 이런 참모들이 하는 조언을 받아들여 싸울 때와 싸우지 말아야 할 때를 판단할 수 있다.

몽골군이라고 하면 전투적이고 야성적인 전사를 연상하기 쉽다. 실제로 칭기즈칸 이전에는 그런 인물이 용사 대접을 받았다 하지만 칭기즈칸은 전사의 기준을 바꿨다. 칭기즈칸이 가장 꺼린 리더가 대책 없이 용감하고 무모한 전사였다. 칭기즈칸은 그런 인물은 아예 전쟁터에서 격리해 말 먹이는 곳으로 쫓아 보냈다. 칭기즈칸에게 우수한 장교는 싸울 때와 싸우지 않을 때를 구분하는 사람, 공격을 개시할 최적의 타이밍까지 꾹 참고 기다릴 줄 아는 사람이었다. 지혜와 인내, 칭기즈칸은 초원의 야만적인 전사의 이미지와는 어울리지 않을 것 같은 이 두 가지 기준을 철저히 준수했고, 그의 군대는 세계 최강의 군대가 되었다.

이 부분에서 가장 모범적인 사례는 이순신 장군이다. 이순신과 조선 수군은 임진왜란 당시 23전 23승이라는 기록을 세웠다. 그 비결에 관해 유능한 부하, 조선 전함의 우수성, 거북선, 화포 등 여러 요인을 꼽지만, 무엇보다 이순신은 싸워야 할 경우와 싸우지 않아야 할 경우를 파악하는 능력이 탁월했다. 손자의 말대로 아군과 적군의 능력치를 분석해서 이길 수 있는 조건, 지형을 정확히 계산하고, 이길 수 있는 조건에서 싸웠다.

예를 들어 조선의 전함과 일본의 전함, 그리고 양국의 해전술은 서로 극단적으로 상반된 특성을 띠고 있었다. 조선의 판옥선은 크고 높고, 폭이 넓어서 측방으로 화포를 발사할 수 있었다. 활, 화포, 팀플레이를 이용한 화력전이 장기였다. 다만 평저선이고 폭이 넓은 선체 특성상 파도가 높은 지역에서는 불리했다. 한려수도와 같이 잔잔한 바다에서 위력적이었다.

반대로 일본의 전함은 첨저선에다가 폭이 좁아서 화포를 옆으로 배치할 수 없었다. 화력은 떨어지지만, 경쾌하고 바다에서 기동성이 좋아서 파도가 치고 조류가 강한 곳에서 유리했다. 또 해안이나 육지 가까이에 붙어 있으면 강력한 보병의 지원사격을 받았다. 이순신이 선조의 득달같은 독촉에도 부산포 공격에 반대했던 것은 싸워야 할 곳과 싸우지 말아야 할 곳을 정확히 판단했기 때문이다. 선조는 이순신을 해임하고 원균과 조선 함대를 부산포 공략에 투입했다가 칠천량의 비극을 맞았다.

많은 병력과 적은 병력은 사용법도 다르다

아군이 대군이면 적을 포위하고 공격한다. 병력이 적으면 적을 분산시키고, 게릴라전으로 적을 괴롭힌다. 병력과 전술의 함수관계에 대한 표준 이론이다. 손자도 비슷한 이야기를 곳곳에서 했다.

하지만 이 말을 적보다 병력이 많으면 전면전을 하고 병력이 적으면 게릴라전을 하라고 이해하면 《손자병법》을 절반만 이해한 것이다.

병력이든 무기든 많다고 좋은 것이 아니다. 적절한 양이 최선이다. 이 교훈을 우리는 한니발의 칸나에 전투나 테르모필레 전투에서 찾을 수 있다. 적절한 양을 찾으려면 손자의 말처럼, 많으면 많은 대로, 적으면 적은 대로 병력의 적절한 사용법을 알아야 한다. 적절한 사용법을 찾으려면 병력의 장기, 특성, 지형과 적을 분석하고 이 조합을 통해서 결정해야 한다.

메카의 태수통치자 가문이었던 하심 가문[13]의 파이살Faisal I, 1885-1933이 아랍 부족을 이끌고 오스만튀르크에 반란을 일으켰을 때, 영국군 사령부의 일부 장교들은 파이살에게 무기를 지원하고, 영국 군사고문단을 보내 아랍 반군을 정규군으로 양성하자는 계획을 세웠다.

정보장교였던 토머스 로런스 중위는 이 계획에 반대했다. 파이살 휘하의 부족을 다 합치면 꽤 의미심장한 병력이 되겠지만 그 군대로는 오스만튀르크군 한 개 중대를 이기기도 힘들다. 아랍인들은 강건하고 독립 의지도 강하다. 하지만 그들이 기대하는 것은 부족의 독립구역이다. 부족 간의 반목이 앞서는 한 강한 군대가 될 수 없다. 또한 그들은 사막의 자유주의자들이어서 오스만튀르크의 지배와 마찬가지로 영국인의 지휘를 받는 것을 좋아하지 않는다. 그들에게 무기를 지원하더라도 그들의 방식대로 싸우게 해야 한다. 그리고 그 방식에 합당한 전술과 목표를 설정해야 한다.

이것이 로런스의 생각이었고, 파이살과 휘하 리더들의 생각도 같았다. 그들은 정규군의 작전 방식대로 도시를 공격하고 거점을 지배하기보다는 철도를 파괴하고, 오아시스를 차지한 오스만튀르크군을 몰아내며, 부족의 지배 지역을 하나씩 독립시켜 주었다. 게릴라전으로 승리를 거두자 더 많은 부족이 반란에 적극적으로 가담했다. 그러고는 전투를 지속하는 중에 부족들은 하나의 아랍 민족이란 가치와 힘을 깨닫고 공감하기 시작했다.

그들은 뭉치기 시작했으며, 마침내 부족의 영역을 떠나 전체의 목표를 설정하고 움직이기에 이르렀다. 병력이 갖추어지자 아랍 반군은 비로소 정규군과 유사한 전략 목표를 세우고 아랍 국가를 위한 행진을 시작했다. 산 위에서 이들의 이동을 지켜보던 한 부족장은 이렇게 중얼거렸다. "이제 우리는 더

---

13 하심 가는 메카의 태수로서 사우디아라비아의 유력 가문이었다. 부친 후세인의 주도 아래 파이살과 형제들이 모두 아랍 반란에 뛰어들었는데, 최고의 활약을 보인 인물이 셋째 아들이 파이살이었다. 전후에 후세인은 사우디 국왕이 되고 파이살은 이라크, 형 압둘라는 요르단 국왕이 되었다. 그러나 후세인은 사우디아라비아의 왕위를 현재의 사우디 왕가에게 빼앗겼다. 이라크에서는 파이살이 사망한 뒤에 쿠데타가 일어나 왕가가 잔혹하게 몰락했다. 현재는 요르단만이 하심 가의 혈통을 이어가고 있다.

이상 아랍 부족들이 아니라 한 민족이군요." 그의 말에는 약간의 서글픔도 서려 있었는데, 그의 일상의 기쁨이 이웃 부족을 습격해서 약탈하는 것이기 때문이었다.[14]

유능한 장수와 장수를 믿고 신뢰하는 군주

유스티니아누스 법전으로 유명한 유스티니아누스 대제Flavius Petrus Sabbatius Iustinianus, 483-565는 동로마 제국 역사상 가장 성공적인 정복 군주였다. 그의 야망은 게르만족에 점령당한 이탈리아반도와 서로마 제국을 탈환해서 과거의 로마 제국을 부활시키는 것이었다.

이 야망을 실현하려면 유능한 장군이 절대적으로 필요했다. 유스티니아누스는 이 임무에 아주 적합한 인재를 얻을 수 있었다. 벨리사리우스Flavius Belisarius, 505?-565였다. 평민 출신으로 입지전적인 승진을 거듭한 벨리사리우스는 일반인에게는 잘 알려지지 않았지만 전쟁사 전문가, 군사 탐독자들에게는 높은 평가를 받는 장군이다. 모든 종류의 전쟁과 전술에 능통했던 벨리사리우스는 북아프리카를 탈환하고 대망의 이탈리아로 진군했다. 그러나 벨리사리우스가 북아프리카에서 승리를 거두자 유스티니아누스는 이상한 심술을 부리기 시작했다. 병력을 빼앗아버리고, 말도 안 되게 적은 군대를 주기도 하고, 지원병을 보내는 데 늑장을 부렸다.

황제의 심술에 승승장구하던 벨리사리우스는 이탈리아 통일을 눈앞에 두고, 고전하기 시작했다. 그래도 악전고투 끝에 성공을 거둘 뻔했는데, 대망의 통일을 목전에 두자 유스티니아누스는 벨리사리우스를 아예 본국으로 소환해버렸다.

14　T. E. 로런스 지음, 최인자 옮김, 《지혜의 일곱기둥》 뿔, 2006, 271쪽.

유스티니아누스는 벨리사리우스에게 죄를 뒤집어씌워 재산을 몰수했다. 만년에 벨리사리우스는 눈이 멀어 거의 걸인으로 살아갔다는 비참한 이야기도 있는데, 그 정도는 아니었다고 한다. 하지만 벨리사리우스의 소환으로 이탈리아의 회복, 동서 로마 제국의 재통합은 물거품이 되어버렸다.

황제가 벨리사리우스를 소환한 이유는 묻지 않아도 뻔하다. 벨리사리우스가 새로운 로마 제국의 황제가 될까 봐 두려웠던 것이다. 그것이 두려웠다면 애초에 동서 로마의 재통합이란 꿈을 꾸지 말았어야 했다.

군주가 장군에게 간섭하지 않아야 한다는 손자의 말은 백번 옳지만, 군주의 입장에서는 유능한 장수일수록 견제하지 않을 수가 없다. 옛날 군대, 봉건제 국가에서는 더더욱 불안했다.

현대라고 다르지 않다. 태평양전쟁 중이던 1944년은 미국 대선이 있는 해였다. 그해에 미군은 중차대한 일본 진공 작전을 결정해야 했다. 의견이 둘로 나뉘었다. 필리핀을 점령하고, 일본으로 진군하자는 맥아더의 안과 필리핀을 놔두고 대만으로 들어가서 일본으로 가자는 해군의 안이었다. 양측 의견이 팽팽하다 보니 대통령인 루스벨트Franklin Roosevelt, 1882-1945가 직접 태평양까지 와서 맥아더와 니미츠Chester Nimitz, 1885-1966를 불렀다. 1944년 7월 28일에 열린 하와이 회담이다.

당시도 그랬고 지금까지도 맥아더의 필리핀 진공안은 자기 부하들을 버려두고 필리핀에서 탈출했던 오명을 씻으려는 개인적인 야심으로 만든 계획이라는 비판이 있다. 하지만 무려 일본군 40만 명이 주둔하고 있는 필리핀을 내버려두고 우회한다는 것은 전략개념상 있을 수 없는 일이다. 만약 미군이 필리핀을 우회했으면 필리핀에서는 상상할 수 없는 만행과 비극이 벌어졌을 것이고, 반미주의자들은 그것을 미 제국주의의 전형적인 이기주의라고 비난하고 있을 것이다.

필리핀 진공안이 합리적이었다는 더욱더 결정적인 증거가 있다. 해군 사령관 니미츠도 내심 그 안에 찬성했었고, 회담 중에 공식적으로 동의했다. 루스벨트는 조금 곤혹스러웠던 것 같다. 속으로는 니미츠의 주장이 승리하기를 바랐을 수도 있다. 맥아더는 벌써 미국 대중에게 대통령 후보로 거론되고 있었고, 필리핀 탈환은 맥아더에게 극적인 영웅 이미지를 던져줄 것이 뻔했다.

얼마나 고민스러웠는지 회의가 끝난 후 루스벨트는 맥아더와 부대를 열병하다가 문득 대통령 선거에 대해 어떻게 생각하느냐는 노골적인 질문을 던질 정도였다. 맥아더는 정치에 뜻이 없다고 대답했지만 루스벨트는 그 말을 믿지 않았다. 이미 그의 참모들은 맥아더가 루스벨트의 강적이 될 것이라고 조언하고 있었다. 사실 맥아더의 말은 거짓말이었다. 그 역시 이전부터 대통령을 꿈꾸고 있었다. 이런 복잡한 사정 속에도 루스벨트는 맥아더의 안을 수용했다. 대통령으로서의 사명을 정치적 야심보다 앞세운 루스벨트의 행동은 존경할 만하지만, 이 시대가 민주주의 시대가 아니고 루스벨트와 맥아더의 관계가 유스티니아누스와 벨리사리우스의 관계와 같았다면 어떠했을까?

장군을 믿는다는 것은 개인적인 미덕, 신뢰의 문제가 아니다. 개인 사이에 어떤 친분이 있다고 하더라도 황제의 자리를 주겠다고 할 때 흔들리지 않을 인간이 몇이나 될까? 장군에 대한 황제의 신뢰는 시스템, 집단의 인적 구성, 조직의 건전성이 뒷받침되어야 가능하다. 어떤 경우에도 믿을 수 있는 인재를 발굴하는 것은 불가능에 가깝다. 재능이 뛰어날수록 야심도 크다. 야심은 없고 재능만 뛰어난 인재란 존재하지 않는다. 거대한 목표를 세운다면 목표를 위한 사람뿐만 아니라 그에 걸맞은 신뢰와 제도도 갖추어야 한다.

적을 알고 나를 알면 백 번 싸워도 위태하지 않다

'적을 알고 나를 알면 백전백승이다'라는 말이 있다. 《손자병법》의 '백번 싸워도 위태하지 않다'는 구절이 와전된 것인데 대단히 위험하게 변형되었다. '백전백승百戰百勝'과 '백전불태百戰不殆'는 전혀 다른 개념이다. 전투에 위태로움이 없다는 뜻이다. 100퍼센트 승리가 아니라고 하면 실망스럽지만, 손자는 그것이 말이 안 되는 이유를 다음 단락에서 설명해준다.

손자는 지피지기를 해야 백전불태할 수 있다고 했다. 여기서 지피지기가 적과 아군의 무장과 병력, 적이 오늘 밤에 공격하는 지점을 파악하는 따위가 전부가 아니라고 말했다. 손자가 말하는 앎知은 정보나 지식이 아니라 지혜의 영역이다.

지피지기란 무엇을 아는 것인가

지피지기라고 하면 보통 이렇게 설명한다. 적이 오늘 밤 3시에 야습한다는 첩보를 얻었다. 이것이 적을 아는 것이다. 아군은 야간 전투 부적합 자는 빼고, 가진 화력을 모아 적절한 곳에 매복한다. 이것이 나를 아는 것이다.

좀 더 철학적인 성찰도 있다. "상대를 존중하라." "너 자신을 알라." "항상 자신을 반추해서 내가 할 수 있는 것과 적이 할 수 있는 것을 정확히 파악해야 한다." "과욕을 억제하고 상황을 냉정하게 보고, 자신이 가진 자본과 능력에 맞는 투자를 하라. 무리하게 빚을 내고, 모든 상황이 잘 풀릴 것이라고 가정해서는 안 된다."

지피지기의 범주는 무한하게 확산할 수 있다. 이런 충고들도 다 지피지기의 교훈이라고 할 수 있다. 하지만 손자의 시대로 돌아가서 손자가 지적하는 상황에서 손자의 진의를 찾아보자.

손자의 문제의식은 전쟁터에서 필연적으로 발생하는 '불우의 상황' 다시 말해 예측 불가능하며, 아군과 적군이 지략을 다해 치고받는 변화무쌍한 과정에서 발생하는 돌발 상황에 대처하는 법이다. 장거리 원정과 정복 전쟁에서는 피할 수 없는 상황이기도 하다. 이런 상황은 본국에서 수없이 많은 전투를 겪고, 아무리 많은 훈련을 했어도 대비할 수 없다. 신천지를 만날 때마다 충분한 데이터를 준비하고 뛰어들려고 하다간 100년이 걸려도 천하통일은 이루지 못한다. 손자의 이 말뜻은 현대를 살아가는 우리가 더 잘 이해할 수 있을지도 모른다. 하루아침에 새로운 기술이 세상을 바꾸는 오늘날, 내일의 변화에 완전하게 대비한다는 건 애초에 불가능하다.

유일한 방법은 선행학습이 아니라 대처하는 능력을 키우는 것이다. 여기서 손자가 말한 지피지기에서 가장 핵심적인 부분을 알 수 있다. 미지의 상황에서 대응하는 능력과 반응이다.

보통의 장군은 늘 훈련되고 준비된 전술에 의지하고, 그 전술을 잘 수행할 수 있는 장소를 찾는다. 방어 역시 같은 방식으로 상대를 분석하고, 자신에게 맞는 곳을 방어지로 선정한다. 이것을 지피지기라고 생각한다.

진정한 명장은 아군과 적군을 미지의 환경 속으로 밀어 넣고, 경험해보지 못한 전투를 강요한다. 이런 작전의 성패는 병사들이 미지의 환경과 돌발 상황에 어떻게 대처하느냐, 병사들 자신도 모르는 대처 방법과 잠재적인 역량을 지휘관이 정확히 예측하고, 작전을 수행하느냐에 달렸다. 이것이 손자가 말한 지피지기의 본질이고, 용병술에서 최고의 경지다.

지피지기 사례 1 : 어둠에 의지하지 않고 어둠을 창조한다

기원전 331년 10월 1일, 동이 틀 무렵, 알렉산드로스가 아침 제사를 지내려 병사들 앞에 나타났다. 그의 복장은 지난 모든 정복 활동을 암시하듯이 화려하면서도 간결했다. 머리에 쓴 투구는 강철이었지만, 광을 내서 은처럼 빛났다. 몸에는 시칠리아산 튜닉을 입고, 가슴에는 아마포로 만든 흉갑인 리노토락스를 두 겹으로 착용했다. 이 리노토락스는 지금까지 그가 치른 전투 중에서 가장 크고 극적인 승부였으며, 전리품도 최상이었던 — 여기에 미래의 부인, 다리우스의 딸과 왕비를 포로로 잡았다 — 이수스 전투에서 획득한 것이었다.

전투적인 앞모습과 달리 등에 두른 망토는 최고의 장인이 만든 화려한 장식이 새겨져 있었다. 이는 로도스 주민이 선사한 것이었다. 차고 있는 칼도 명품으로 키프로스 왕의 선물이었다. 이 두 섬은 지금도 튀르키예와 사이가 좋지 않다.

대왕의 뒤에는 애마 부케팔로스가 묵묵히 따르고 있었다. 알렉산드로스는 전투 직전에 자신의 애마로 옮겨 탈 예정이었다. 부케팔로스도 늙어서 체력을 배려해주어야 했다. 하지만 전투마로서 연한을 2배나 넘긴 이 늙은 말은 전장에 돌입하면 놀라운 전투력을 발휘하곤 했다. 오랜 고참병들은 알렉산드로스보다 이 말에 더 경의를 표했을지도 모른다. 하긴 마케도니아군의 중추인 장창부대는 평균 나이가 쉰을 훌쩍 넘겼다.

모두가 알고 있었다. 오늘 장창부대의 노병들도 겪어본 적이 없는 사상 최대의 결전이 벌어진다는 사실을. 병력은 페르시아군이 적어도 3배는 많았다. 마케도니아의 압도적인 열세였다. 산전수전 다 겪은 강인한 장군이었던 파르메니온Parmenion, BC400?-BC330조차 야습을 건의했지만, 알렉산드로스는 모욕적인 발언을 하며 거부했다. "나는 승리를 훔치지 않는다." 말은 그렇게 했지만 속셈은 따로 있었다.

이날 알렉산드로스와 다리우스Darius III, BC380?-BC330의 전술적 원칙은 정반대였다. 이수스에서 치욕적인 패배를 경험했던 다리우스는 그 전투를 반추하며 세심하게 준비했다. 먼저 페르시아군이 장점인 기병과 병력을 완벽하게 사용할 수 있는 장소를 골랐다. 이수스는 좁은 지역에 페르시아군이 중첩되면서 병력의 이점을 살리지 못했고, 산과 바다와 평원이 얽히면서 페르시아군이 유기적인 협력과 움직임을 보이지 못했다. 가우가멜라 평원은 기병의 땅이었고, 모든 부대의 움직임을 조망할 수 있었다.

마케도니아군의 중앙 장창부대를 파괴하기 위해 양쪽 바퀴에 칼날을 단 전차 200대를 배치했다. 전차의 기동을 위해 평원을 선택했을 뿐 아니라 땅의 돌까지 정리하면서 평탄화 작업을 했다.

더 중요한 이점이 있었다. 알렉산드로스는 두 개의 강을 건너, 9월이라지만 평균 기온이 섭씨 30도가 넘는 더위 속을 한 달 이상 행군해 왔다. 체력을 소모했고, 패하면 도주할 방법도 체력도 없었다. 여기에 두 개의 강이 퇴로를 이중으로 차단한다. 유일한 단점은 너무 완벽한 함정이었기에 알렉산드로스가 가우가멜라로 오지 않을 위험이었다. 하지만 다리우스는 알렉산드로스의 객기를 믿었다. 정말로 알렉산드로스는 이 함정으로 자진해서 찾아왔고, 파르메니온의 야간기습안 마저 거부했다. 보통 사람들의 기준에서 보면 다리우스의 전술과 준비는 완벽한 지피지기였다.

알렉산드로스의 지피지기는 달랐다. 그는 전군을 모두가 처음 경험하는 대형으로 배치했다. 페르시아 기병의 측면공격을 저지할 어떤 장애물도 없고 병력도 부족했던 그는 전열의 밀집대형 뒤에 중대 병력 단위로 큐빅같이 쪼개서 붙인 예비대를 배치했다. 이들의 임무는 상황에 따라 기동성 있게 대형을 변경하며 전열을 지원하는 것이었다. 적이 습격하면 좌우로 벌려 기병의 측면을 습격할 수도 있고, 전열이 위태로우면 그곳을 보강해서 지탱력을 강화할 수도 있었다.

전투가 시작되자 전장에서 처음 보는 장면이 연속해서 일어났다. 페르시아군의 살인전차는 먼지를 일으키며 알렉산드로스의 중앙을 습격했다. 그러자 중앙 대형이 좌우로 벌어지며 이들을 통과시켜버리는 기지를 발휘했다. 일부는 밧줄과 갈고리를 이용한 측면공격에 속수무책으로 사냥당했을 것이다. 전차는 장기판의 차와 같이 직진 성향으로, 회전이 어려웠다. 전장을 통과한 부대는 멀리 사라졌다. 크게 선회해서 전장으로 다시 돌아올 수 있었지만, 자신들의 무용함을 깨달은 탓인지 끝내 돌아오지 않았다.

좌익은 고전했지만 알렉산드로스가 구상한 큐빅 부대의 도움으로 꽤 오래 버텼다. 중앙에서도 2차적인 난전이 벌어졌다. 우익의 알렉산드로스가 갑자기 대형에서 튀어나오더니 기병을 이끌고 페르시아군의 좌익 끝을 향해 달리기 시작했다. 페르시아군에서도 기병이 출전해 알렉산드로스와 평행을 이루며 달렸다. 알렉산드로스가 페르시아군의 왼쪽 끝에 도달해 측면을 공격한다면 좌익에서 기다리던 페르시아군과 평행으로 달려온 기병이 합세해서 알렉산드로스의 기병을 포위해버릴 것이다. 알렉산드로스의 질주는 올가미를 향해 달려가는 무익한 질주로 보였다.

페르시아군이 보기에 알렉산드로스가 무모한 몸부림을 치는 것 같았다. 그의 숨통을 확실하게 끊기 위해 중앙에 있던 기병대가 알렉산드로스의 추격에 가세했다. 그 순간 알렉산드로스는 급히 회전하더니 중앙의 기병대가 빠져 비어버린 공간으로 뛰어들었다.

놀란 페르시아 기병대가 알렉산드로스의 후위로 따라붙어 공격했지만 알렉산드로스는 아랑곳하지 않고 중앙을 파고들었다. 정확히는 중앙에 있는 다리우스를 향해 나아갔다. 그를 막기 위해 좌우의 장군, 병사들이 달려들었지만, 알렉산드로스의 공세는 너무나 사나웠다. 유일한 희망은 알렉산드로스의 뒤를 쫓는 페르시아 기병이 전진하는 알렉산드로스 기병의 뒤를 공격해 파괴하는 것이었다. 하지만 이 광경을 본 중앙의 마케도니아 경보병대가 전투하던 상대를 내버려두고, 다시 말해서 그들에게 등을 보이는 것을 두려워하지 않고, 페르시아 기병대의 뒤로 붙어 그들을 붙잡고 늘어졌다. 이 경보병을 페르시아군이 또 뒤따랐다. 양군이 기차놀이처럼 늘어서서 서로가 등을 공격하는 희한한 상황이 벌어졌다. 누구도 본 적이 없고 전쟁사에서 다시는 일어나지 않는 기묘한 상황이었다.

이런 일이 벌어지는 동안 알렉산드로스는 번개처럼 페르시아군을 돌파하며 다리우스에게 육박했다. 다리우스는 버티지 못하고 도주했다. 다리우스가 그리스군과 같은 장갑 보병을 동원해서 철벽진으로 알렉산드로스를 가로막을 수 있었더라면 이날 알렉산드로스는 실패했을 것이다. 그러나 알렉산드로스는 다리우스가 그런 조치를 할 수 없음을 이미 간파하고 있었다.

알렉산드로스는 다리우스를 추격할 수 있었지만, 그때까지 버티고 버티던 좌익의 파르메니온이 궤멸 직전이었다. 알렉산드로스가 부대를 돌려 좌익을 구하게 했고, 이로써 가우가멜라 전투는 알렉산드로스의 승리로 끝났다.

이 전투는 손자가 말한 지피지기의 가장 완벽한 사례다. 다리우스는 보이는 것, 고정화된 상황에 대한 지피기지를 했고, 가시적인 전술과 공간에서 승부를 걸었다.

알렉산드로스의 전술은 준비된 공간을 미지의 공간으로 바꾸는 것이었다. 파르메니온의 야간기습도 원리는 같다. 야간에 전투를 벌이면 페르시아군의 준비가 제대로 작동하지 못한다. 알렉산드로스가 이를 거부한 이유는 그런 식으로 싸우면 어둠이 보호하는 제한된 공간에서 제한된 승리를 얻겠지만, 페르시아군 전체를 미지의 공간으로 밀어 넣을 수는 없다. "나는 어둠에 의지하지 않고 어둠을 창조하겠다." 이것이 알렉산드로스의 전술 원리였다.

가우가멜라 전체를 '미지의 상황'으로 덮기 위해서 알렉산드로스는 여러 가지 '불우의 상황'을 연출했다. 어디까지가 처음에 계획한 것이고, 어디까지가 자신도 예측하지 못한 것인지, 부하 장군들에게는 어디까지 지침이 내려갔는지 아무도 모른다. 하지만 파르메니온조차 자신이 표적이 되어 끝까지 버텨야 한다는 것 외에는 전술의 개요를 알지 못했다. 모든 병사에게 이런 식의 포진과 초기 전개 상황은 처음이었다.

페르시아군 중앙 기병의 돌출은 알렉산드로스가 예상하고 유도한 것인지, 이 역시 돌발 상황이었는지는 판정하기 어렵다. 경보병대의 기차놀이는 예상했을까? 답하기 어렵다. 그러나 어떤 형태이든 좌익, 중앙에서 자신이 믿고 사랑하는 병사들이 예상 이상의 활약을 보이리라고 기대했던 건 분명하다.

알렉산드로스가 무모했던 것일까? 아니다. 그의 모든 전투를 복기해보면 '그 정도 상황에서 내 병사들은 충분히 대처하고 현명하게 행동할 것이다'라고 하는 무형의 요소들을 측정하고, 활용하고 있음을 알 수 있다.

어떤 이들은 알렉산드로스의 돌발행동을 영웅적인 요소로 극찬하거나 급격하게 흥분하는 성격적 결함으로 치부하지만, 알고 보면 충분히 측정하고 계산된 행동이었다. '불우의 상황에서 벌이는 승부'가 알렉산드로스 전술의 핵심이다. 대부분의 사람들은 이런 무형적 요소를 측정하지 않기에 이 요소를 놓치고, 지피지기의 내용을 다리우스와 같은 유형의 형태에 제한한다.

'불우의 전투'와 그것을 위한 지피지기. 이 원리를 한니발, 카이사르, 프리드리히 2세Friedrich II, 1712-1786, 나폴레옹, 로멜, 패튼 같은 세기의 명장들은 이해했고, 자기 시대의 군대와 무기로 실현한 사람들이다.

지피지기 사례 2 : 패튼의 브르타뉴 전역

노르망디 상륙 작전 후 제3군을 지휘하게 된 패튼이 처음 받아 든 작전 명령서는 브르타뉴반도로 진격하라는 명령서였다. 패튼은 분노를 속으로 꾹꾹 삼켰다. 연합군의 진격 방향은 동쪽이었다. 파리와 라인강, 베를린에 도착하려면 동진해야 한다. 브르타뉴반도는 연합군의 진격 방향과는 반대인 전선 뒤쪽에서 영국 해협 쪽으로 삐쭉 솟아난 뿔이었다. 다루기 힘들고 껄끄러운 패튼을 서쪽으로 보내 전쟁이 끝날 때까지 그곳에 묶어 두려는 속셈이었다. 브르타뉴의 독일군은 꽤 강력해서 브르타뉴를 탈환하려면 수년의 시간이 걸린다고 예상했던 것이다.

패튼은 이 음모를 멋지게 분쇄한다. 지금까지 독일군의 전매특허였던 전격전을 독일군을 상대로 펼쳐서 속전속결로 단숨에 브르타뉴 전역을 완수했다. 이 전역에서 패튼은 진격 속도를 높이기 위해 셔먼 탱크에 보병을 태우고 달리는 기발한 아이디어를 실행했다. 그러고는 측면 엄호를 무시한 채, 전차와 수송 트럭을 좁은 도로에 일렬로 세우고 내달렸다. 이 대담한 아이디어는 멋지게 성공했다.

패튼은 무모해 보였지만 무모하지 않았다. 하늘에서 기관총을 장착한 p-47기들이 지상군을 완벽하게 엄호했다. 독일군이 측면으로 다가올 수도 없었고, 조금이라도 의심스러운 매복지점이나 저격 포인트가 있으면 가차 없이 공격했다. 또 보병들이 습격을 받으면 상공에서 즉시 달려들어 제압했다.

보이지 않는 요소가 있다. 패튼식 전격전에서 가장 중요한 요소는 미 보병들의 평균적 역량이었다. 기동전 연구의 대가인 데니스 쇼월터Dennis Showalter 교수는 창의적이고 도전적인 용기와 역량을 가진 병사들은 해군(해병)과 공수부대에 우선적으로 배정되었다고 말한다. 보병들에게서는 그런 역량 발휘를 기대할 수 없었다. 보병들을 위해 변호하자면 보병에 우수한 자원이 없었다기보다는 보병은 수가 많아서 그런 자원의 비율이 희석되었다는 표현이 옳을 것이다. 이들을 전격적으로 내몰 때는 중요한 결정을 내려야 했다. 앞선 투지와 용기로 난관을 개척하며 적진을 칼날같이 파고드는 작전을 펼쳐야 할까, 눈덩이가 굴러가듯이 기세를 올리고 기세에 묻혀 전진하게 해야 할까? 패튼이 선택한 방법은 후자였다.

패튼의 판단은 옳았을 뿐 아니라 전투기와 전차의 엄호 아래 내달리는 과정에서 보병들의 사기를 올리고, 이들을 용감하고 현명하게 변화시켰다. 보병의 무리 속에 묻혀 있던 엘리트 병사들은 대담하고 창의적인 전투를 벌여 동료들은 물론 자기 자신을 놀라게 했다.

알렉산드로스의 사례에 이어 다시 한번 강조하지만, 병사들의 잠재적인 능력, 이들이 무엇에 강하고, 무엇에 약하며, 돌발 상황, 겪어보지 못한 상황에서 어떤 능력을 발휘할지를 예측하고 시도하는 것, 이것이 손자가 말한 지피지기다.

결과가 아니라 결과를 만든 요인을 찾는다

이런 지피지기의 능력을 배양하는 방법은 무엇일까? 전쟁사를 예로 들면 성공한 작전이 아니라 작전을 성공시킬 수 있었던 배경 요인을 분석하는 훈련이다. 원리를 알아야 돌발 상황에서 중심을 잃지 않고 응용력을 발휘하고, 미지의 환경에서 창조할 수 있다.

한국전쟁에서 중공군에게 포위된 프리먼Paul Freeman 대령의 23연대를 구출하라는 명령을 받은 크롬베즈Marcel G. Crombez 대령은 패튼과 똑같은 방식으로 전차에 보병을 태워 중공군 포위망을 돌파하게 했다. 기이하게도 이때 보병을 태운 전차가 M46 패튼 전차였다.

브르타뉴에서 패튼은 멋지게 성공했다. 지평리에서 패튼 전차는 포위망을 돌파하고 중공군을 격퇴하는 데 성공하긴 했지만, 태우고 가던 보병 3분의 1을 잃는 큰 피해를 입었다. 그 탓에 크롬베즈는 23연대를 구한 공적에도 비난에 시달렸고, 훈장 수여도 불발되었다.

패튼은 성공하고 크롬베즈의 패튼 전차는 절반의 성공으로 끝난 이유는 무엇일까? 크롬베즈는 패튼의 성공을 모방했지만, 패튼이 성공한 배경과 조건을 놓쳤던 것은 아닐까? 실제로 패튼의 성공 비결은 전투기의 공중 엄호였다. 이들이 독일군의 접근 자체를 경계하고 막았다. 반면 지평리에서는 엄청난 수의 중공군이 크롬베즈가 가는 길목에 매복하고 있었다. 날씨로 인해 공중 지원도 어려웠고 그것을 대체할 수단도 마련하지 않았다.

승리한 방법이 아니라, 그 방법이 승리로 이어진 요인을 알아내려면, 인간과 사회의 생리와 문화에 대한 통찰이 더해져야 한다. 요즘 기업에서 인문학을 강조하는 이유다. 그러나 기업의 인문학 교육은 지나치게 유행을 탄다. 경기가 좋으면 인문학 수요가 늘고 경기가 나쁘면 실무나 정신교육에 집중한다. 이런 것을 인문학 교육으로 이해하는 경우도 많다.

인문학은 여유 있을 때 시행하는 사치도 아니고 교양, 품성교육도 아니다. 위기감을 느낄 때 실무교육에 집중해야 한다는 주장은 변화의 시기에 낡은 기술의 정비 교육에 더 투자하는 것과 같다.

제4편

형 形

4편의 제목은 '형'은 '군형軍形'이라고도 한다. '형'의 뜻은 군의 편제와 진법 같은 군대의 전술적 형태를 말한다. 이런 전술적 형태를 결정하는 중요한 요소가 형세다. 이 부분은 5편 '세'와 중복되는 감이 있는데, 형세에서 앞 단어인 '형'을 강조한 것이 4편이고 '세'를 강조한 것이 5편이라고 할 수 있다.

1

예전에 전쟁을 잘하는 자는 먼저

적이 아군을 이길 수 없는 상황을 조성하고, 적이 잘못을 저질러 아군이 이길 수 있는 상태가 되기를 기다렸다. 적이 나를 이길 수 없는 상황을 만드는 것은 나에게 달렸고, 내가 적에게 승리하는 기회를 잡는 것은 적에게 달렸다. 그러므로 전쟁을 잘하는 사람은 적이 나를 이길 수 없게 만들 수는 있지만, 적이 반드시 내가 승리하게 하도록 만들 수는 없다. 그러므로 승리는 예측할 수 있지만 반드시 승리하게 만들 수는 없다고 하는 것이다.

적과 마주쳤다. 적국은 우리보다 크고, 군대는 사납고 병력도 많다. 일단 가장 안전한 요새에 웅거하면서 적의 동향을 본다. 내부에 첩자를 심어 정보를 캐내려고 하고, 정찰대를 풀어 적의 진로, 공격 목표를 파악한다.

전쟁사를 보면 대부분의 지휘관이 이렇게 한다. 그리고 손자의 이 구절을 적절한 전거로 이용한다. "먼저 적이 나를 이길 수 없는 상황을 조성하라고 하지 않았느냐. 안전한 곳에 머물면서 적의 동향을 관찰하고 약점을 포착하자."

나폴레옹의 천재 참모였던 조미니는 이런 행동은 전술이 아니라 회피, 주저앉기라고 비판한다. 한일 월드컵 4강을 이끌었던 히딩크 감독이 부임하기

전, 한국 축구에서는 시합 개시 5분 정도까지는 탐색전을 벌이는 것이 관행이었다. 전투를 바로 시작하면 당장 아나운서와 해설자가 탐색전도 하지 않고 서두른다고 비판했다.

히딩크 감독은 5분간 공 돌리기를 금지했다. 탐색전을 해야 한다고 항의하자 그는 이렇게 말했다. "탐색전이란 명확한 목표를 가지고 탐색하는 것이다. 상대 공격수나 스위퍼가 몸이 안 좋다는 첩보가 있다면 그것을 확인해 본다거나 하는 식의 의도적이고 계획적인 행동이어야 한다. 그냥 공을 돌리면서 상대가 행동하기를 기다리는 건 무의미한 시간 낭비다."

한국 감독들도 하릴없이 공을 돌리게 한 건 아니겠지만, 히딩크의 눈에 명확한 목표와 예리함이 부족하게 보였던 것 같다. 이는 조미니의 비판에도 적용할 수 있다.

적과 싸우려면 그전에 먼저 적의 전략적 목적을 파악해야 한다. 최소한 몇 가지 가설은 세우고 탐색해야 한다. 이 정도는 전쟁이 벌어지기 전에 할 수 있고, 해야 한다. 이것도 안 된다면 전쟁을 치를 자격이 없다.

손자가 적이 나를 이길 수 없는 상황을 조성한다고 말한 의미는 공격해 온 적이 자신들의 전략적 목표를 달성하기 위한 효율적인 움직임을 방해한다는 것이다. 적의 식량이 일주일 치뿐이라면 일주일 안으로는 공략할 수 없는 요새에 웅거하는 것만으로도 적의 전략 목표를 좌절시킬 수 있다.

조급하고 당황한 적은 철수하든가 무리수를 저지르게 된다. 이것이 손자가 말한 적이 잘못을 저질러서 아군이 이길 수 있는 상황을 조성해주는 단계이다. 이 내용에 가장 적절한 사례로 마라톤 전투를 들 수 있다.

공격이 불가능한 두 군대

기원전 490년, 페르시아군이 아테네 북동쪽 마라톤 평원에 상륙했다.

소아시아 지역에 산개한 그리스 식민도시들의 저항에 골머리를 앓던 페르시아 제국은 이들의 배후가 아테네라고 확신했다. 뱀의 머리를 친다는 전략으로, 망명한 아테네의 참주 히피아스Hippias, BC560?~BC490(1대 참주였던 페이시스트라토스의 아들)를 앞세워 침공한 것이다.

페르시아군이 아테네 항구로 직행하지 않고 마라톤에 상륙한 이유는 상륙 작전의 부담을 피하기 위해서일 수도 있고, 아테네에 있는 히피아스 지지자들의 호응을 기대했기 때문일 수도 있다. 하지만 이들을 맞이한 사람은 히피아스의 지지자들이 아니라 아테네의 중장보병대였다.

병력을 비교하면 아테네군은 중장보병 1만 1,000명, 페르시아군은 보병 2만 5,000명에 기병이 2,000명 정도였다. 양측은 희한한 상성을 지니고 있었다. 기병과 궁병 능력에서 압도적인 페르시아군에게 평원은 약속의 땅이었다. 아테네 중장보병대가 공격해오면 화살로 타격하고, 기병이 측면으로 돌아 공격할 것이었다. 중장보병대는 정면만 강하고 측면과 후면은 무방비 상태였기에 기병의 측면공격을 방어할 수단이 없었다. 이를 잘 아는 아테네군은 감히 페르시아군을 공격할 엄두를 내지 못했다.

그런데 페르시아군도 아테네군을 공격할 엄두를 내지 못했다. 아테네군은 평원에서 1,500미터 정도 떨어진 골짜기에 웅거하고 있었다. 화살 공격으로는 방패와 바리케이드 뒤에 위치한 아테네군을 섬멸할 수 없었다. 기병은 산비탈에 취약했고, 중장보병대의 측면은 산비탈과 바리케이드로 엄호되었다. 유일한 방법은 보병으로 정면 대결을 벌이는 것인데, 페르시아의 보병대는 갑옷도 입지 않고 투구도 없으며 나무 방패를 든 경무장 보병이었다. 이들은 온몸을 청동으로 감싼 채 밀집한 그리스 중장보병대의 상대가 되지 않았다.

어느 쪽도 공격이 불가능하다 보니 서로 노려보기만 하면서 시간이 흘렀다. 양측 다 적이 나를 이길 수 없는 상황을 조성하고 있었지만, 손자의 정석에 부합하는 쪽은 아테네군이었다. 배를 타고 온 원정군인 페르시아군은 식량과 기한에 제한이 있었다. 무승부는 곧 침공군의 패배였다. 페르시아군이 마라톤 평원에 상륙하기로 했으면 '적이 나를 공격하지 않을 수 없는 상황'을 먼저 구상하고 왔어야 했다.

다음 단계는 초조해진 상대가 실수를 해서 '내가 적에게 승리하는 기회를 잡는 것'이다. 페르시아군은 교과서처럼 이 단계로 진입한다. 난감하고 곤혹스러운 상황에서 누군가가 아이디어를 냈다. 아테네의 전 병력이 여기에 있다. 아테네가 비어 있다. 예상치 못한 아이디어였다. 페르시아군은 해안에 1만 5,000의 보병과 궁수만 남겨두고 밤에 기병을 배에 태우고 몰래 아테네로 향했다.

발상은 훌륭했지만, 두 가지 큰 실수를 했다. 마라톤에 기병을 남겨두지 않았고 보안에 실패했다. 육상국이었던 페르시아는 소아시아에 진출한 그리스인을 수송선 선원으로 고용했다. 이들 중에는 그리스 스파이가 득실득실했다. 이들은 즉시 아테네군 진영으로 달려와 소리쳤다. "기병이 떠났다!" "기병이 떠났다!"

이제 남은 과제는 적의 실수를 이용해서 아테네군이 승리할 방법을 찾는 것이었다. 이 역할을 해낸 사람이 명장 밀티아데스Miltiades, BC550?~BC489였다.

아직 보병대에게 불리한 궁병이 남아 있었다. 밀티아데스는 밀집대형 중장보병대의 정석을 무시하는 창의적인 공격 전술을 사용했다. 둔하고 느린 중장보병을 속보로 돌격시킨 것이다. 병력이 적은 아테네군의 가로 길이를 페르시아군에 맞추고 적의 화살 공격에 의한 피해를 줄이기 위해 병사들의 간격을 평소보다 2배로 넓혔으며, 중앙의 보병을 줄여 좌우로 배치했다. 아테네 병사들은 당황했을 수 있다. 이것은 공격과 방어 모두 촘촘한 방패진을 골격으로 하는 밀집대형 중장보병의 모든 장점과 원리를 포기하는 것이었다. 원래 그리스의 밀집대형 방진인 팔랑크스는 한 개의 방패를 두 사람이 나누어 쓰게 되어 있다. 자신의 방패는 자신의 반만 가리고 나머지 반은 옆 사람의 방패에 의지하는 것이다. 그래야 중장보병들이 밀집대형을 유지하고, 집단 전술로 싸울 수 있다고 보았다

밀티아데스의 요구는 집단전의 장점을 포기하고 중장보병이 일대일 전투로 페르시아 보병을 격파하라는 것이었다. 페르시아군 주력이 아테네 병사들의 고향으로 향하고 있지 않았다면 아테네 병사들이 절대 수용하지 못했을 모험적인 전술이었다.

밀티아데스는 페르시아군에 남아 있는 유일한 위협적인 무기, 궁수들의 피해를 최소화하기 위해 화살 사거리에 도달한 순간 달리기를 명령했다. 32킬로그램의 중무장을 한 병사들이 달린다는 것은 상상도 못 할 일이다. 그러나 완전군장을 하고 구보하듯이 전력 질주는 못 해도 조깅 정도의 구보는 충분히 가능하다. 건장한 중장보병들은 약 1,500미터 정도의 거리를 달렸다.

속도는 페르시아 궁수들이 예측하고 연습한 속도보다 빠르기만 하면 되었다. 적진에 근접한 마지막 단계에서는 아마도 숨을 고르고 속도를 높였을 것이다. 이 구보 공격은 의외의 효과를 더해주었다. 그리스 전사들은 중장갑의 무게에 가속도까지 더해서 페르시아군의 나무 방패와 부딪쳤다. 페르시아군의 약한 방패와 창은 손쉽게 부서졌다. 그다음에 페르시아 보병들을 막아주는 것이라고는 천으로 만든 겉옷과 피부뿐이었다. 밀티아데스의 전술을 대성공을 거두었고, 마라톤에서 페르시아군 6,400명이 전사했다. 그리스군 전사자는 192명이었다.

전투 후에 아테네 전사들은 쉴 틈도 없이 40킬로미터의 거리를 거의 3시간 만에 주파하는 속도로 고향을 향해 달려갔고, 페르시아군이 항구에 상륙하기 직전에 해안에 도착했다. 그들은 탈진해서 서 있을 수도 없는 형편이었지만, 항구에 도열한 중장보병을 본 페르시아군은 상륙을 포기하고 회군했다.

손자의 공식에 맞추어보면 페르시아군이 아테네가 무방비 상태라는 생각을 떠올렸을 때, 빈집털이가 아니라 아테네군이 절대적으로 불리함에도 은신처인 골짜기에서 평원으로 나와 '페르시아군을 공격하지 않을 수 없는 상황'을 떠올렸어야 했다.

약탈의 효율이 떨어진다고 해도 마라톤에 기병을 남겨두었다면 마라톤은 패전장이 되었을 것이다. 아테네군은 집과 가족을 구하기 위해 무조건 싸움을 걸어야 했을 것이고, 페르시아군은 기병과 궁수를 활용해 마라톤 평원을 그리스인의 무덤으로 바꾸어놓을 수 있었다. 패배했더라도 최소한 아테네군을 마라톤에 묶어놓을 수는 있었다. 그랬더라면 페르시아군의 아테네 약탈도 성공할 수 있었다.

원하는 것을 얻지 못하면 승리가 아니다

절대 열세인 전력 탓에 적이 나를 이길 수 없는 상황을 만들 수 없는 경우도 있다. 이때 물리적 승리를 저지할 수 없다면 실질적 승리를 저지하는 방법이 있다. 적이 원하는 것, 승리의 개가를 얻지 못하도록 하는 것이다. 이 원리를 교과서적으로 구현한 전투가 1189년 예루살렘 방어전이다.

예루살렘 공국의 십자군 연합부대는 살라딘Saladin, 1138-1193의 이슬람군과 무리하게 야전 승부를 추구하다가 하틴의 뿔에서 몰살당했다. 이제 살라딘의 진격을 저지할 방법이 없었다. 살라딘은 의기양양하게 전진해 최종 목표였던 성지 예루살렘을 포위했다. 예루살렘은 고대 가나안 왕국 시절부터 뛰어난 요새였다. 그러나 성을 사수할 병력이 없었다. 이 공방전은 리들리 스콧Ridley Scott 감독의 영화 〈킹덤 오브 헤븐〉의 소재가 되었다.

영화에 몇 가지 과장이 있기는 해도, 기사 발리앙 디블랭Balian d'Ibelin, 1143?-1193을 중심으로 뭉친 예루살렘 주민이 영웅적인 방어전을 펼친 것은 역사적 사실이다. 하지만 절대 전력이라는 것이 있다. 성의 함락은 시간문제였다. 살라딘은 영화에서 미화된 것처럼 한없이 자비로운 인격자가 아니었다. 그는 본질적으로 현실주의자였다. 포로를 죽이는 것보다는 노예 시장에 팔거나 몸값을 받고 넘기는 편이 이득이었다. 복잡한 아랍 땅에서 통치를 하려면 자금도 필요했다. 살라딘은 쿠르드족 출신으로 이슬람 세계를 통일하고, 십자군을 몰아세운 업적이 있음에도 정치적 입지는 불안했다. 실제로 살라딘이 죽자마자 왕조는 멸망한다. 수십 개의 부족으로 분열되어 있는 왕조를 통치하려면 돈과 명예, 그에 따르는 존경심이 필요했다.

궁지에 몰린 발리앙은 살라딘에게 협상을 제안했다. 예루살렘을 양도할 테니 자신들의 귀환을 용인해줄 것을 요구했다. 살라딘이 응할 리 없었다. 어차피 예루살렘은 함락될 것이고, 자신은 중동의 영웅이 될 것이다. 많은 아랍 부족들이 십자군에 원한이 있었고, 예루살렘을 탈환하면 십자군에게 최후의 복수를 하고 싶어했다. 살라딘이 이슬람 왕국의 통합 군주가 되기 위해서는 그들의 염원, 그들의 복수를 이루어주어야 했다. 자비로운 살라딘은 예루살렘에서만은 피의 복수자가 되기로 마음먹고 있었다.

살라딘의 속셈을 눈치챈 발리앙은 살라딘이 원하는 승리의 과실을 파묻어 버리기로 했다. 그는 자신들을 놓아주지 않으면 예루살렘을 파괴하고 이슬람계 주민을 먼저 몰살시키겠다고 살라딘을 협박했다. 그렇게 되면 살라딘이 얻는 것은 잿더미와 비난뿐이었다. 사라센 제국의 내부는 살라딘의 흠을 잡으려는 야심가들로 가득했다. 정치계는 냉혹해서 이슬람인들이 학살당하면 살라딘의 정적들은 예루살렘 탈환을 칭송하기보다는 학살을 용인한 죄를 물어 트집만 잡으려 들 것이었다.

살라딘은 예루살렘 탈환 이후의 상황도 고려했을 것이다. 유럽에는 십자군에 가입하고 싶어 안달이 난 기사와 모험가들이 즐비하다. 예루살렘을 빼앗는다고 해서 유럽이 호락호락 물러설까? 만약 대학살을 감행하면 그것은 유럽인을 자극하고 결집하는 엄청난 동기를 제공할 것이다. 실제로 예루살렘을 사라센에 빼앗기자 유럽에서는 십자군 역사상 가장 강력했던 영국의 '라이언하트Lionheart' 리처드 1세Richard I, 1157-1199와 프랑스의 필리프 2세Philippe II, 1165-1223, 독일의 프리드리히 1세Friedrich I, 1122?-1190가 참전하는 3차 십자군이 조직되었다. 나중에 살라딘은 그들과 힘겨운 싸움을 벌여야 했고, 예루살렘의 순례길을 열어주는 것으로 십자군과 타협했다.

3차 십자군이 서로 갈등하지 않고 좀 더 조직적이고 열정적으로 전쟁에 임했더라면 살라딘은 정말 어려운 상황을 맞이할 뻔했다. 십자군이 예루살렘을 탈환하지 못해도 전쟁이 장기화되고 격렬해졌다면 살라딘의 왕국은 분열할 수 있었다. 만약 살라딘이 예루살렘을 탈환할 때 기독교도 대학살을 감행했다면 3차 십자군은 대의에 의한 압박에 더 단합했을 것이고 그렇게 되었다면 전쟁의 양상이 어떻게 바뀌었을지 모른다.

살라딘은 기독교도들이 몸값을 내고 해안으로 철수하는 것을 허용했다. 단 몸값을 내는 경우였다. 돈이 없는 사람들도 살라딘의 관용으로 일부 석방되었지만, 나머지는 노예로 팔렸다. 아무튼 이 조치 덕분에 살라딘은 실리와 영광을 얻었다. 유럽에서 살라딘은 거친 유럽의 깡패 기사들보다 더 숭고한 인격을 갖춘 기사도의 전형으로 숭상되었다. 《신곡神曲》을 쓴 단테Dante Alighieri, 1265-1321는 이교도의 왕이며 십자군 왕국을 몰락시킨 살라딘을 지옥 불에 던지지 않고 구제해주었다. 단테가 구상한 지옥에는 비록 예수를 알지 못해 지옥에 떨어졌지만, 인류에게 공헌한 양심적인 현자들을 위해 만든 특별 거주 구역이 있다. 지옥이지만 고통이 없고 천국처럼 편안한 이 빛의 공간에는 소크라테스Socrates BC470?-BC399와 같이 르네상스인들이 숭상한 현자들이 산다. 친구가 없어 외롭기는 하겠지만, 특별구역에 거주하는 유일한 무슬림이 살라딘이었다.

2

적이 아군에게 승리하지
못하도록 하는 것이 수비다.

**아군이 승리하게 하는 것이 공격이다. 수비는 내게 남음이 있게 하는 것이고,
공격은 적에게 부족함이 있게 하는 것이다.**

    적이 공격하고 아군이 방어한다. 참호를 팔 위치를 정하고, 기관총을 설
치할 곳, 박격포와 야포를 설치할 곳, 예비대의 배치지점을 정한다. 적의 공격
지점을 예측하고, 포격지점을 설정한다. 탄약저장고의 위치를 정하고, 공급선
을 긋는다. 탄약, 식량의 소모량을 계산하고 추진 계획을 세운다.

    전투를 앞둔 지휘관들은 이런 준비만 하기에도 시간이 부족하다. 상급
지휘관의 책상에는 적의 병력, 공격 예상 지점, 움직임, 상부의 염려와 독촉,
병력·탄약·무기 부족을 호소하는 하위 부대들의 아우성으로 가득하다. 너무
정신이 없어서 두려움에 사로잡힐 시간조차 부족하다. 이런 상황에서 사령관
이 순시를 나와 묻는다. "방어 준비는 어떻게 되고 있는가?"

    이런 말이 누구의 입에서 나오든 "수비의 원리가 무엇입니까?" "우리의
방어 전략은 원리에 기반하고 있습니까?"라는 대화가 진행될 수가 있을까?

절대 없다. 방어는 당연한 것이고 지켜야 할 곳과 절대 뚫리지 말아야 할 곳은 정해져 있다. 여기에 그 이상 무엇이 필요하다는 말인가?

축성과 요새전

보통 방어나 공격 계획은 추상적 원칙보다는 지형지물과 적의 배치에 따라 결정된다. 그러다 보면 주도권을 적에게 던져주거나 지형에 선사한다. 이 과정을 거치며 전투는 예술이 아닌 작업이 된다. 일상처럼 진행되는 전투를 예찬하는 사람도 있다. 그러나 능동적인 삶, 주도하는 삶을 살고 싶다면 상황을 따르는 사람이 아니라 상황을 창출하는 사람이 되어야 한다. 그러기 위해선 손자의 방식대로 원칙과 목적을 기준으로 상황을 분석하고 방법을 창조하는 프로세스를 분실해서는 안 된다. 손자가 말한 수비의 원칙 '수비는 내게 남음이 있게 하는 것'이란 너무나 불투명한 개념 같지만, 알고 보면 상당히 놀랍고 역동적인 개념이다.

손자가 말한 수비의 원리는 축성의 원리에 잘 구현되어 있다. 성이라고 하면 강력한 성벽과 기발한 구조적 장치를 떠올린다. 하지만 돌과 단단함에만 의지해서는 수성전에 성공할 수 없다. 축성의 원리는 성이라는 공학적인 구조를 통해 적을 분산시키고, 아군은 집중시킨다. 훌륭한 성은 이런 원리를 효과적으로 구현한 성이다.

중동에 있는 십자군의 성은 축성술의 교과서다. 탁 트인 조망은 적의 이동을 빠짐없이 감지한다. 어떤 경우에도 공격해 오는 적군을 먼저 감지하고, 수비대를 효과적으로 운용할 수 있다. 적이 오지 않는 곳에 아군을 배치해서 병력을 낭비할 일이 전혀 없다.

성벽은 이중 삼중이다. 적이 외성을 점거해도 외성과 내성 사이 공간이 좁아 병력을 밀집시킬 수 없다. '수비는 남음이 있게 하는 것'이란 원리의 실현이다. 성벽의 높이도 내성이 더 높아 외성을 내려다보며 공격할 수 있다.

성은 벌집 형태로 여러 개의 섹터로 구분되어 있다. 섹터와 섹터는 지하 통로, 계단으로 연결되어 병력을 신속하게 투입할 수 있고, 섹터가 함락되면 차단하고, 이차적인 공세를 할 수 있다. 거미줄 같은 통로는 수비대 병력의 이동을 숨겨 더욱 효과적으로 활용할 수 있게 해준다. 십자군이 철수한 뒤에 무슬림은 이런 미로 구조에 매력을 느껴 더 섬세하게 보강하고 숨겨진 통로가 없는 방이 없게 뚫어놓았다. 여담이지만 이런 미로 구조는 걸프 전쟁 때 도심 시가전에서도 재현되었다. 무슬림 전사들이 중세 요새에서 영감을 얻고 훈련을 했는지까지는 알 수 없다.

구불구불하거나 각진 성벽, 이중 삼중의 벽, 곳곳에 설치한 탑과 치는 공격군의 측면과 뒤를 공격할 수 있게 해서 공격의 효율성을 높인다. 화력집중의 효과도 크다. 성벽과 탑은 복층으로 되어 있어서 탄착점에 삼중 사중으로 화력을 집중한다. 해자와 장애물은 이런 화력 집중 지점에 적을 오래 붙잡아 두는 역할을 한다.

구조가 복잡한 성에는 곳곳에 함정과 저격을 위한 구멍이 있다. 동굴 같은 터널을 지날 때 천장에 뚫어놓은 구멍에서 화살이나 총탄이 날아온다. 저격은 적의 입장에서 짜증 나고 공포스러운 전술인데 그것도 단 한 명이 적의 행진대열을 멈춰 세울 수 있다는 것이 더 큰 장점이다. 공격해오는 쪽이 힘들게 저격지점을 제압하면 저격병은 벌써 뒤로 뚫어놓은 통로나 탈출구로 빠져나간 다음이다. 가끔은 퇴로가 없는 저격지점도 있는데, 실전에서 사용되었는지는 알 수 없지만 상대가 공격을 망설이게 하는 구조로는 충분히 기능한다.

1차 십자군이 설립한 예루살렘 왕국은 1099년부터 1187년까지 근 100년을 버텼다. 왕조의 생명으로 100년은 짧은 기간 같지만 적대적인 이슬람 세력에 둘러싸인 상황을 고려하면 이 작은 유럽인들의 왕국이 100년을 버텼다는 것은 경이로운 일이다. 생존의 비결은 십자군이 축성한 강력한 요새들이었다. 예루살렘이 살라딘에게 함락된 이후에도 일부 성들은 1291년까지 살아남았다.

이 훌륭한 요새들은 살라딘조차 매료시켰다. 당연한 일이었다. 십자군의 요새를 아랍 전사들로 채워서 십자군을 괴롭히자는 생각은 충분히 매력적이었다. 그러나 살라딘은 축성술에는 감탄했지만, 축성에 의지하는 방어 전략이라는 유혹은 물리쳤다. 살라딘이 《손자병법》을 읽었다는 기록은 없지만, 《손자병법》에 의거해서 설명하면 이렇다. '수비의 관건은 여유가 있게 하는 것이다.' 십자군의 성들은 성 한 채만 보면 수비군을 여유롭게 하는 데는 탁월하지만, 전체 요새망이라는 관점에서 보면 살라딘의 병력을 분산시킨다. 십자군 왕국은 작은 영지들로 분할되어 있어서 영지마다 몇 개의 요새가 전부였다. 이 요새들은 적은 병력으로 효과적인 수비를 할 수 있게 해주었다.

하지만 살라딘의 왕국은 지금의 이집트에서 이라크, 시리아를 포함하는 지역이다. 살라딘이 지켜야 하는 땅 전체로 보면 십자군 요새에 수비대를 배치하는 것은 여유를 생산하는 것이 아니라 여유를 분산시키는 것이다. 게다가 살라딘의 왕국 내에는 살라딘의 지위를 노리는 불만 세력이 가득했다.

정치적으로 중동은 예나 지금이나 심하게 분열되어 있었다. 살라딘은 이슬람 왕국 내에서도 정복자였지 진정한 전제군주는 아니었다. 더욱이 그는 현재의 이라크 소수 민족인 쿠르드족 출신이다. 용병으로서는 탁월한 명성을 얻었지만, 중동에서 한 번도 주류가 된 적이 없는 종족이다. 그 외에도 아랍 종족의 분열은 심각했다. 1차 십자군 전쟁 때 안티오크 같은 시리아의 주요 도시들은 매수 대상이 되었다. 십자군의 요새를 남겨두면 야심가와 반란군들에게 강력한 요새를 헌납하는 결과를 초래할 수도 있었다.

3차 십자군이 접근해오자 살라딘은 시리아에 있던 요새들을 과감하게 헐어버리고, 그곳에 배치한 수비대를 자신의 야전군에 편입시켰다. 살라딘의 전술은 성공했다. 3차 십자군은 살라딘을 격파하지 못했고, 살라딘 왕국의 분열을 야기하는 데도 실패했다.

어설픈 전략가들은 살라딘이 《손자병법》의 수비 원리를 몰랐다고 비판하겠지만, 손자가 살아 있었다면 살라딘이야말로 자신의 생각을 제대로 이해한 사례로 만점을 주었을 것이다.

공격의 요의는 적이 부족하게 만드는 것이다

아군은 1만 명이고 적은 10만 명이 있다고 하자. 보통 공격할 때는 2-5배의 병력이 필요하다. 아군이 공격하고 적이 수세를 취한다면 아군은 20-50만 명이 필요하다는 계산이 나온다. 그런데 이런 계산법에 따르면 전쟁사에서 알렉산드로스, 한니발, 칭기즈칸, 나폴레옹의 승리는 존재할 수 없었다. 이들은 모두 적보다 적은 병력으로 광대한 영토를 정복했다. 물리적인 수가 아니라 전술로 병력의 우위를 달성했기 때문이다. 상대가 10만 대군을 보유했더라도 100개의 요새에 1,000명씩 분산되어 있다면 1만의 병력으로 수의 우위를 누릴 수 있다.

좀 더 구체적인 사례로 보자. 적은 아군의 5배다. 아군은 네 개의 요새에 나뉘어 주둔한다. 적군도 적절히 병력을 나누어 요새를 공격한다면 요새마다 5배의 적의 공격을 받는다. 이때 아군은 요새라는 이점을 이용해서 최소의 인원으로 버티게 하고, 기동으로 병력을 한 곳으로 결집해서 적을 타격한다. 네 곳의 병력이 모여 한 곳의 적을 치더라도 병력은 적보다 열세겠지만, 예상치 못한 공격이다. 거기다 부대가 서로 다른 방향에서 이동해 와서 측면과 후면을 치면 적은 약간의 병력 우위로는 버텨내지 못하고 무너진다. 이런 방식은 산악전투에서 유용하며 나폴레옹이 알프스에서 오스트리아군을 상대할 때 사용했다.

몽골 기병들은 빠른 기동력과 강력한 전투력으로 적의 후방으로 깊이 파고들어 가 보급과 지원 체제를 단절시켰다. 아무리 강력한 조명이라도 전선을 끊으면 성능을 발휘할 수 없다. 몽골 기병은 후방에서 닥치는 대로 날뛰며 전선을 끊고 마지막에는 지치고 굶주린 적을 강타했다.

'적은 분산시키고 아군은 집결한다.' 전술의 기본이 되는 이 간단한 말을 손자는 왜 어렵게 했을까? 손자의 말이 줄기라면 분산과 집중은 가지다. 좀 어렵지만 원칙을 이해하는 사람이 다양한 상황에서 더 많은 가지를 창조한다. 전술은 공간의 변화나 기술의 발달에 따라 지속적으로 변한다. 새로운 정복지, 낯선 땅에서의 전쟁을 염두에 두었던 손자는 이런 이유로 쉽고 구체적인 교훈 대신 원칙을 던져주었던 것 같다. '공격 전술이란 적이 아군보다 부족해지는 상황을 창출하는 것이다.'

부족함의 타깃을 정확히 선정해야 한다

공격이 적의 부족을 초래하는 것이라고 했을 때, 부족하게 만드는 것이 병력만은 아니다. 대표적인 타깃이 군량과 탄약이었다. 현대전은 기술전, 물량전이다 보니 타깃도 많아졌다.

제2차 세계대전 내내 항공기의 활용 방안과 타깃을 놓고 격론을 벌였다. 적의 정유시설, 산업시설, 철도와 같은 전략적 목표에 우선권을 두자는 주장과 전투 현장에서 적의 병력을 타격해서 아군 부대를 지원하는 전술 목표에 주력하자는 의견이 대립했다. 가장 황당한 목표가 '국가 혹은 국민의 전쟁 의지'라는 추상적인 목표였다. 전쟁 의지를 꺾는 타깃은 민간인과 민간가옥, 도시의 생활시설이었다. 이 이상한 이론으로 무차별적 도시 공습이 시작되었고, 참담한 비극을 낳았다.

태평양 전쟁의 시발점이 된 진주만 공습은 전쟁사상 가장 요란하게 진행된 전쟁의 서막이었다. 1941년 12월 7일 일요일, 일본의 군용기들이 진주만과 하와이의 곳곳을 공습했다. 이 기습으로 미군은 군인 3,581명이 사망하고 전함, 구축함 등 10여 척이 침몰했다. 전투기도 188대가 파괴되고 155대가 손상을 입었다.

　기습 작전이란 관점에서 보면 역사상 유례가 없는 대단한 성공이었다. 여섯 척의 항공모함으로 구성된 거대한 함대가 전혀 들키지 않고 태평양을 건너 습격에 성공했다. 그러나 전략적 목표라는 관점에서 보면 아무런 성공도 거두지 못했다. 기습의 목적은 미국 태평양 함대를 6개월에서 1년 정도 기동할 수 없게 만들고, 그 사이에 일본군이 남태평양까지 석권하고 요새화함으로써 미국의 개입을 원천 차단하는 것이었다. 태평양 함대를 마비시키기 위한 타깃이 두 개가 있었다. 첫째가 항공모함이었고, 두 번째가 유류저장고였다.

　용의주도한 준비도 보람 없이 하필 미군 항공모함들은 훈련을 나가 진주만에 없었다. 유류저장고는 꼼짝 않고 그 자리에 있었는데, 일본군 지휘부는 유류저장고 공격을 후순위로 돌렸다.

　항공모함이 없다는 사실을 발견한 일본군 장교들이 다시 출격해 항공모함을 공격해야 한다고 강력하게 주장했으나 사령관 나구모南雲忠一, 1887-1944는

•그림 12• 제2차 세계대전 당시 진주만의 모습.

이를 무시했다. 이 정도면 충분한 성공이라는 것이 그의 판단이었다.

유류저장고를 파괴했으면, 미군 함대는 1년은 꼼짝할 수가 없었다. 일본 군이 왜 유류저장고를 간과했는지는 알 수 없지만, 미국의 산업력을 가장 잘 이해하는 인물이었다고 하는 야마모토 이소로쿠山本五十六, 1884-1943조차도 산업시설보다는 군용 시설을 중시했거나, 당시 일본인의 마인드로는 그 정도 대규모의 유류저장시설을 한곳에 모아놓았다고는 생각할 수 없었던 것 같다.

'부족함'을 야기한다는 관점에서 가장 기발하고 잔혹했던 성공 사례는 소련군의 포로 공세였다. 1941년에 시작된 독일의 소련 침공은 처음에는 파죽지세였다. 전의를 상실한 소련군 수백만 명이 무더기로 항복했다. 1941년 8월 스탈린은 붕괴하는 전선을 막기 위해 포로로 잡히는 것도 반역 행위로 처벌한다는 명령을 내렸다. '스타프카 명령'이라고 불리는 이 조치는 전투 중에 항복한 자는 누구든 탈영병으로 간주한다. 그리고 가족은 서약의 파괴자이자 배신자의 가족으로 체포된다. 탈영병은 잡히는 순간 그 자리에서 총살된다. 항복한 사들은 어떤 수단을 씨서든 척살될 것이며 그 가족은 모든 국가 수당과 보조금을 박탈당할 것이다. 이 명령에 따라 독일군에게 잡혔다가 도망쳐 온 사람, 포위망에 갇혔다가 탈출해 온 사람도 수용소에 갇혀 조사를 받고 처벌당했다.

이런 말도 안 되는 조치 때문에 포로가 된 소련군 병사들은 독일군이 놓아준다고 해도 돌아가지 않았다. 독소전쟁에 투입한 독일군 병력이 약 1,800만 명인데, 520만 명에 가까운 소련군 포로는 독일군의 골칫거리가 되었다. 이들을 수용하고 감시하는 데 엄청난 수고와 병력이 필요했다. 가장 큰 문제는 식량이었다. 전쟁 말기로 가면서 독일군도 식량 부족으로 고통받는 와중에 300만 명이나 되는 소련군 포로를 먹여 살려야 했다.

소련군 포로에 대한 독일군의 대우는 악명이 높았다. 사실이 아니지만, 식량이 부족해지자 그들을 모두 아사시켰다는 얘기까지 나돌 정도였다. 독일군이 연합군 포로에 비해 소련군 포로를 푸대접한 것은 사실이지만, 어마어마한 소련군 포로는 독일도 전혀 예측하지 못했던 상황이었고 독일은 그들을 먹여 살릴 능력이 없었다. 소련군이 고의적으로 독일군의 포로가 되게 해서 적의 식량을 축내는 전술을 사용했던 것은 아니었는데도, 결과적으로는 포로 들이 소련의 비밀 병기가 되고 말았다.

뒤바뀐 두 개의 단어

'수비는 내게 남음이 있게 하는 것이고, 공격은 적이 부족함이 있게 하는 것이다守則有餘, 攻則不足.'

이 구절은《손자병법》전체에서 가장 난해한 구절이라고 해도 과언이 아니다. 고대인들 역시 의미를 알기 어려웠던 것 같다. 그러다 보니 어느 틈에 문장이 '守則不足, 攻則有餘'라고 '부족'과 '여유'가 자리를 바꿨다.

그러면 해석이 좀 쉬워진다.

'아군의 전력이 부족하면 수비를 한다. 힘에 여유가 있으면 공격한다.'

앞에서도 지적했지만, 실전에서 지휘관 대부분이 이렇게 행동한다. 조조 도《손자병법》주해서를 쓰면서 이 구절을 이렇게 해석했다.

어쩌면 조조도 수준이 너무 떨어진다고 의문을 가졌을 수는 있지만, 조 조는 철저한 현실주의자였다. 아마도 그는 보통의 장교들에게는 이런 교훈이 더 유용하다고 판단했을 수 있다.

1972년에 한나라 귀족의 무덤에서《손자병법》죽간본이 발견되면서 비 로소 이 구절이 뒤바뀌었다는 사실이 밝혀졌다. 그런데 죽간본이 발견되기 전에도 이 구절과 조조식 해석이 손자답지 않다는 의문을 지녔던 천재가 있 었다. 당태종 이세민은 안시성 전투에서 패전한 것만 빼면, 중국 역사상 최고의 장군이자 전술가였다. 그가 휘하의 최고 병법가였던 이정李靖, 571~649과 대담한 기록이 《이위공병법李衛公兵法》인데, 당태종과 이정은 이 구절에 대한 조조의 해석에 문제가 있음을 알아차렸다.

당나라 때 이미 잘못된 원문만이 전해지고 있었기 때문에 두 사람은 이를 바탕으로 해석해야 했다. 이정은 장군들이 이 구절을 전장에서 자주 인용하면서 실전에 적용하고 있다고 말한다. 현상적 진리이기 때문에 지휘관들에게 무난하게 받아들여지고, 그들은 손자의 권위로 자신들의 행동을 정당화할 수 있었기에 기분도 좋았을 것이다.

하지만 이정은 조미니와 마찬가지로 이런 식의 대응은 회피이자 방관이라고 생각했다. '요새에 박혀 적의 행동을 보고 대응한다'는 것은 스스로 주도권을 양도하고, 그다음의 처분을 기다리는 행동밖에 되지 않는다.

당태종과 이정이 보기에 손자쯤 되는 전술의 대가가 적의 군세에 겁을 먹고 자진해서 주도권을 포기하는 행동을 지시했을 리가 없었다. 이정이 죽간본을 보았더라면 "그러면 그렇지"라고 말했을 것이다. 하지만 그가 보는 본문은 이미 단어가 뒤바뀐 문장이었다. 고민하던 그는 중국의 천재 전략가답게 기발한 해석을 한다.

이정은 이 구절에서 말한 부족과 여유가 군사력의 강약을 말한 것이 아니라고 한다. 이정의 다음 해석이 궁금하지만, 이세민이 즉시 이 말에 동의하고 새로운 해석을 제공하는 바람에 이야기가 끊어져 버렸다. 본문은 이세민의 해석으로 옮겨 간다.

'수비의 요령은 적에게 우리가 부족한 것처럼 보이게 하고, 공격의 요령은 적에게 우리가 여유 있는 것처럼 보이게 하는 것'[15]이다.

조조보다 진일보한 이 해석은 사람들의 심리를 꿰뚫고 뒤통수치기를 좋아하는 탁월한 정치가답다.

---

15 《이위공병법》하편.

3

수비를 잘하는 자는
지극히 깊은 땅 밑에 웅거한 것 같고

**공격을 잘하는 자는 가장 높은 하늘에서 움직이는 것 같다. 그런 까닭에 능히
스스로를 보전하고 승리를 확보할 수 있는 것이다.**

손자는 수비란 수비지점에서 병력과 화력에 여유를 유지하고 적의 공세
지점에서 병력이든 전투력이든 부족이 발생하지 않게 하는 것이라고 말했다.
그러기 위해서는 참호에 웅크린 것처럼 해야 한다고 덧붙였다.

이 구절도 참 모호하다. '땅 밑에서 웅거한다'는 말이 '수비군은 바리케이
드 뒤에 웅크려서 악착같이 버텨야 한다'는 의미는 절대로 아니다. 전투에서
그런 자세가 필요하긴 하지만, 《손자병법》을 관통하는 정신은 효율이다. 맹목
적인 감투정신, 무조건적인 강요는 훌륭한 투지이기는 하지만 전쟁을 효율적
으로 치르는 자세는 아니다.

'참호 안에 웅크린 것처럼'이라고 말한 이유의 해답은 6편 '허실'에 있다.
손자는 공격을 능숙하게 잘하는 자는 적이 수비할 방법을 모르는 곳을 공격
하고, 수비를 능숙하게 잘하는 자는 적이 공격할 방법을 모르는 곳을 지킨다

고 말했다.

　공격은 행동을 노출하지만 수비는 행동을 감출 수 있다. 수비자는 적의 움직임을 놓치지 않아야 한다. 적을 관측하면서 아군의 움직임은 숨기고, 적이 공격하는 지점에 병력을 집중해서 운용한다. 병력이 적어도 효과적인 포진으로 병력 집중과 같은 효과를 거둘 수 있다. 이 역시 축성의 원리에 잘 반영되어 있다.

　우리나라 성은 대체로 상부가 노출된 개방형 성벽이다. 반대로 왜성, 십자군의 성, 중세 유럽의 성들은 성벽에 벽과 천장을 세워 밀폐된 공간으로 만든 곳이 많다. 섹터와 섹터를 연결하는 통로로 지하를 이용하거나 성벽을 터널처럼 만든다. 이런 구조는 수비대를 추위와 비바람에서 보호하는 장점도 있지만, 병력 배치와 손실을 공격하는 쪽에서 전혀 볼 수 없게 한다는 것이 최고의 장점이다.

　이런 지적에도 불구하고, '참호 안에 웅크린다'를 철벽 요새 안에서 단단하게 버티며 적의 전투력을 소모시킨다는 의미로 이해하고 싶은 유혹은 여전히 존재한다. 그것이 방어의 이유이자 장점이 아닌가? 전쟁사에서 그런 사례는 무수히 많다. 이런 방어전의 필요성과 유용함을 부정하지 않는다. 다만 손자가 원칙, 원론, 기본을 이야기하는 이유는 원리를 이해하고 원리에서 시작해야 응용과 창조를 생산할 수 있기 때문이라는 점을 다시 한번 강조한다. 이기본을 문자 그대로 실천하면 성공과 실패 사례가 반반이거나 더 낮아진다. 그런 대표적인 실패 사례가 있다.

수비 전술과 마지노선

제1차 세계대전 동안 지옥의 참호전을 경험한 프랑스는 독일과 접한 국경에 철벽의 요새선을 구축했다. 제1차 세계대전 중에 삽으로 판 참호만으로도 희생 비율이 100 대 1이 넘는 공격과 수비 비율을 창출했다. 콘크리트와 강철로 된 지하요새라면 이 비율이 1만 대 1이 될 수도 있지 않을까? 이런 생각으로 탄생한 괴물이 마지노Maginot선이다. 강철 토치카, 사각지대가 없는 완벽한 화망, 병력과 탄약은 지하공간에 머물고, 신속한 이동을 위해 지하에 철로까지 깔았다.

병력의 집중과 분산을 위한 이동이 지하에서 이루어져 공격군은 프랑스군의 이동 상황을 볼 수 없었고, 독일군의 포격으로 벙커를 파괴할 수도 없었다. 얼핏 마지노선은 '수비는 남음이 있게 하는 것'과 '참호에 웅크린 것처럼'이란 원리의 완결판처럼 보인다.

그러나 정말로 참호에 웅크린 것이 문제였다. 강철문을 닫고 지하 깊숙이 웅크려 있다 보니 멀리 있는 적은 포격할 수 있지만, 지상으로 근접한 적군을 상대할 방비가 없었다. 마지노선의 벙커 파괴를 위해 투입된 독일 특공대는 벙커까지 접근하는 동안 상당한 희생을 치르고 고생하기는 했지만, 일단 벙커에 도달하면 사실상 이들을 제거할 방법이 없었다. 프랑스군은 문을 단단히 잠그고 안에서 웅크리고 있을 뿐이었다.

아무리 튼튼한 보호벽이라고 해도 수비병이 안에서 웅크리고만 있으면 지켜낼 수 없다. 독일 특공대는 폭약으로 강철문을 폭파할 수 있었다. 파괴된 구멍 안으로 폭탄이나 가스탄을 던져 넣으면 지하의 밀폐된 공간은 지옥으로 변했다.

손자의 교훈이 철벽 안에 결사적으로 웅크리고 있으라는 뜻이었을까? 아군을 감추고 적군을 관측하며, 접전 지역에서 시간과 공간의 주도권을 장악하고, 힘의 효율을 우세하게 하라는 의미였을까? 마지노선의 운명을 보면 답은 후자다.

공격의 원리: 하늘을 나는 것처럼

현대전에는 스텔스기가 날아다니고, 야습과 기습 작전 능력이 획기적으로 발달했지만, 아직도 일반적인 공격 시도는 적에게 노출되는 것을 감수해야 한다. 노출을 피할 수 없다면 상대가 아군의 타격지점과 목표지점, 집결지점을 예측하지 못하게 해야 한다. 가능한 한 빠르게 움직이고, 적의 예상에서 벗어나는 기동을 해야 한다. 공격은 언제나 적의 시야와 예상 위에서 움직여야 한다. 이것이 손자가 말한 창공을 나는 것 같은 공격이자 공격의 철칙이다.

독수리가 창공에 있으면 지상의 상태를 훤히 볼 수 있다. 공격 목표도 자유롭게 선택할 수 있다. 수비군의 방어가 부족한 지점을 발견하면 독수리가 내리꽂듯, 까마귀 떼가 몰려들듯 신속하게 달려들어야 한다. 포메이션 이동, 교란 작전, 양동 작전 등 온갖 수단을 망라한 공격의 성공과 효율이 이 원리에 달려 있다.

평범해 보이지만, 여기에 손자의 통찰이 빛나는 부분이 있다. 손자의 시대는 아직 전차에 의존하던 시기였다. 전차는 평지에서만 사용할 수 있고 일직선상의 질주는 빠르지만 선회는 힘들다. 손자의 '창공을 날아다니는 것처럼'이란 비유는 기동과 기습을 주무기로 하는 유목 기병에게는 아주 쉬운 일인데, 중국의 보병부대나 전차병에게는 난감한 요구다. 적의 시야를 벗어나는 빠른 기동은 애초에 불가능하며, 빠르게 움직이고 적을 기만한다고 평원에서 모이고 분산하는 것을 반복하다 보면, 보병 대형은 혼란에 빠지고 전차는 뒤엉키며 충돌 사고로 바퀴가 빠지는 등 엄청난 혼란이 발생할 것이다.

우리는 손자의 명성에 익숙해서 손자의 말이라고 하면 일단 경청할 자세를 보이지만, 손자 생전에 그의 명성은 후대만큼 화려하지 않았다. 손자가 지휘관들 앞에서 공격의 원리를 강론했다면 그들 대부분이 말은 그럴듯하지만 현실적인 난관이 많다며 고개를 갸우뚱했을 것이다. 북쪽 국경에 유목지대를 접하고 있는 조나라나 연나라의 장수라면, 그건 변방의 유목민에게나 가능한 전술로 우리에게는 맞지 않는다고 말했을 것이다.

이것이 손자를 포함한 모든 선각자가 마주치는 운명이다. 춘추시대나 고대 그리스의 전쟁에서 공격 측 지휘관을 괴롭히는 문제는 적이 아군의 대형만 봐도 공격 방향을 알 수 있다는 것이었다. 그렇게 수백 년을 싸워오면서 손자의 공격 이론이나 유목 기병의 공격 전술이 자신들의 방식에 비하면 얼마나 가공할 위력을 발휘하는지 깨달을 기회가 충분히 있었을 것이다.

그러나 춘추전국시대의 장수들은 이 문제를 타개하거나 변화를 추구할 생각은 하지 않았다. 한나라 이후 당나라 시대에 와서야 손자의 학설은 중국군의 표준 전술에 반영되어 제대로 된 실체를 지니게 되었다. 그 비결은 기병의 도입과 전술 개량이었다.

한나라는 흉노를, 당나라는 돌궐족과 몽골 계열의 유목 부족을 포섭해서 기병을 조달했다. 간단한 듯하지만 수백 년이 필요한 힘겨운 발상의 전환이었다.

기병만이 하늘을 나는 듯한 공격을 가능하게 하는 것은 아니다. 남북전쟁 때 스톤월 잭슨Stonewall Jackson, 1824-1863 장군의 부대는 도보 기병대라고 불린 보병으로 멋진 기동전을 치러냈다. 셰넌도어 계곡에서 벌인 소위 계곡 전투에서 잭슨의 부대는 일반적인 보병의 이동 속도를 상회하는 기동력으로 북군이 예상치 못한 지역을 공격하고, 자신들보다 월등한 병력의 부대를 기습해서 승리했다. 48일간 그들은 1,000킬로미터를 기동했다. 잭슨 병력의 20퍼센트 정도가 낙오해서 전투에 참전하지 못했으나 개의치 않았다. 잭슨의 총병력은 1만 7,000명이었지만 맥다월Irvin McDowell, 1818~1885이 지휘하는 3배가 넘는 6만 명의 북군을 농락하고 다섯 번의 전투에서 승리를 거두었다. 잭슨의 활약상에 놀란 링컨은 남부의 수도 애틀랜타를 공격하고 있던 북군을 지원하기로 되어 있던 예비대의 이동을 철회하고, 전군을 워싱턴 방어로 돌렸다. 애타게 기다리던 지원군이 오지 않자 북군의 애틀랜타 공략(반도 전역) 역시 실패로 끝나고 말았다.

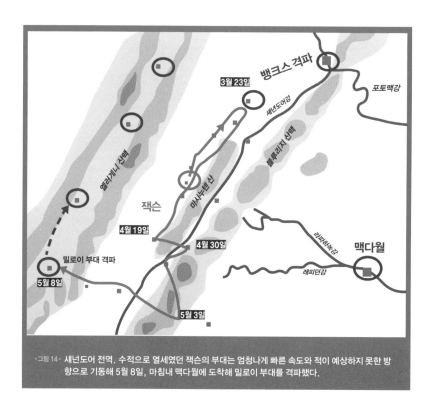

·그림 14· 섀년도어 전역. 수적으로 열세였던 잭슨의 부대는 엄청나게 빠른 속도와 적이 예상하지 못한 방향으로 기동해 5월 8일, 마침내 맥다월에 도착해 밀로이 부대를 격파했다.

4

여러 사람이 알 수 있는 정도에 불과한 승리를

거두는 것은 최선의 승리가 아니다. 전쟁에서 이겨 천하 사람들이 잘했다고 말하는 승리도 최선의 것은 아니다. 가벼운 털 한 가닥을 드는 것을 가지고 많은 힘을 썼다고 하지 않고, 해와 달을 보는 것을 가지고 눈이 좋다고 하지 않으며, 천둥소리를 듣는 것을 가지고 귀가 밝다고 하지 않는다. 예전에 전쟁을 잘한다고 말하는 사람은 승부를 쉽게 이길 수 있게 만들어놓고 이기는 자다.

그런 까닭에 전쟁을 잘하는 자의 승리는 지혜롭다는 명성도 없고, 용감했다는 공로도 없다. 그런 까닭에 그의 승리는 틀림이 없다. 틀림이 없는 이유는 그가 반드시 승리하도록 조치해놓았기 때문에 이미 패배한 자에게 승리를 거두는 것이다. 전쟁을 잘하는 자는 자기가 패배하지 않을 곳에 서서 적의 패배를 놓치지 않는다. 이런 까닭으로 이기는 군대는 먼저 이긴 뒤에 전투를 벌이고, 패배하는 군대는 먼저 싸움을 벌이고 승리를 추구한다. 용병을 잘하는 자는 도를 닦고 법을 보존한다. 고로 승리와 패배를 능숙하게 다룰 수 있는 것이다.

프로야구에 외야수가 전력 질주로 달려가 멋진 다이빙 캐치를 했다. 진짜 명수비였을 수도 있지만, 가끔은 타구 판단과 스타트가 늦어서 다이빙을 하는 경우도 있다. 수비수가 타구를 빨리 예측하고 몸의 중심에서 편안히 잡으면 TV 하이라이트에 등장하기 어렵다.

손자가 말하는 최선의 승리가 이런 것이다. 사람들은 극적인 승부와 역전승에 환호하지만, 뛰어난 지휘관이었다면 그런 극적인 위기 상황까지 가지 않고 전투를 쉽게 끝낼 수 있었을지도 모른다.

전투를 쉽게 끝내는 최고의 전술은 전투 현장에서 안간힘을 쓰는 것이 아니라 싸우기 전에 내게 유리한 상황을 선점하고 쉽게 싸워 이기는 것이다. 쉽게 이길 수 있는 전투 상황을 조성하는 방법은 전술, 기술, 지리 등 모든 것을 종합해서 자신에게 가장 유리한 지점을 선택하고 그곳으로 적을 끌어내는 것이다.

이길 수밖에 없는 최적의 조건을 만들다

공중전은 제1차 세계대전에서 처음 등장했다. 전사 간의 일대일 대결은 중세의 전설에서나 등장하던 방식인데, 특이하게도 최첨단 기술이 충돌하는 공중전에서 일대일 대결이 재현되었다.

프로펠러가 달린 페가수스를 타고 공중에서 벌이는 현대판 기사들의 전투는 두 번의 세계대전에서 다소 특이한 기록을 낳았다. 공중전이 처음 벌어진 제1차 세계대전의 창공에서는 독일 조종사들이 압도적인 우위를 차지했다. 붉은색으로 칠한 포커 삼엽기를 몰아 '붉은 남작Red Baron'이란 별명을 얻은 만프레드 폰 리트호펜Manfred Albrecht Freiherr von Richthofen, 1892–1918은 80–100대의 연합군 항공기를 격추했다. 붉은 남작이 전사하자 그의 비행 대대를 지휘한 사람은 나중에 나치의 2인자가 되는 헤르만 괴링Hermann Wilhelm Göring, 1893–1946이었다. 그의 격추기록은 22대였다.

영국과 프랑스에도 붉은 남작에 비견하는 뛰어난 에이스들이 있었지만,

전반적으로 독일 상공에서 진행된 공중전은 독일군이 우세했다. 공중전의 기본 준칙, 다양한 공중 전술도 독일 조종사들이 먼저 개발했다.

제2차 세계대전에 접어들자 상황이 바뀐다. 제1차 세계대전의 에이스 출신으로 독일 공군 사령관이었던 괴링은 항공력만으로 영국을 침몰시키겠다고 자신하고 대서양 항공전을 벌인다. 어마어마한 폭격기와 전투기 부대가 영국을 공습했고, 양측의 전투기 조종사들은 도버해협과 영국 상공에서 필사의 대결을 벌였다. 영화로도 제작되었던 이 유명한 공중전은 결국 영국군의 승리로 끝났다.

뒤바뀐 승패의 원인에 관해서 전투기의 성능, 조종사의 능력, 레이더 기술 등 다양한 해석이 있다. 그러나 당시 영국·프랑스·독일의 기술력은 사실 오십보백보였다. 조종사들의 능력도 극심한 차이를 보이지는 않았다. 결정적 차이는 홈그라운드 문제였다. 공격하는 쪽은 적을 기다리고 있는 쪽에 비해 이미 상당한 피로를 느끼게 마련이라, 자연히 집중력이 저하된다. 1초도 안 되는 시간에 승부가 갈리는 공중전에서 피로와 집중력 저하는 상당히 불리한 요인이다.

더 결정적인 요소는 바람과 시간이었다. 제1차 세계대전 당시 연합군 전투기들은 독일 상공에서 맞바람을 맞으며 싸워야 했다. 오늘날의 경차보다도 허약한 엔진을 달고 있던 당시의 항공기에 맞바람은 심각한 장애였다. 게다가 연료 문제로 독일 상공에 머무를 수 있는 시간이 고작 30분 정도였다. 시간과 연료의 압박을 받으며 싸우다가 타임아웃이 되면 적에게 등을 보이며 달아나야 했다. 연합군 조종사들에게는 대단히 치명적인 핸디캡이었다.

제2차 세계대전에서는 양상이 바뀌었다. 독일군 조종사들이 도버해협을 건너 영국 땅으로 들어갔다. 독일군의 주력 전투기 메서슈미트는 작고 가볍고 빠른 경전투기의 대명사와 같았다. 그런데 이런 전투기는 항속거리에 문제가 있다. 더 치명적인 단점은 가속했을 때 연비가 급속히 나빠진다는 점이었다. 평균 속도라면 메서슈미트의 항속거리는 도버해협을 왕복하며 임무를

충분히 수행할 수 있었다. 그러나 적과 조우해서 엔진 출력을 최대로 가속하면 연료 게이지도 급속히 떨어졌다. 독일군 조종사들은 연료 게이지를 보면서 싸워야 했다. 0.1초의 순간 판단력이 좌우하는 승부에서 이것은 심각한 핸디캡이 된다.

　게다가 영국군 조종사들은 격추되어 땅이나 바다로 떨어져도 살 가능성이 컸지만, 독일군 조종사들은 그렇지 못했다. 많은 독일군 조종사들이 연료 부족으로 도버해협에 추락했다. 하늘에서 대규모 항공전이 벌어지는 동안 바다에서는 어부들이 추락한 조종사들을 구하기 위해 돌아다녔다. 전쟁에서 인도주의를 추구하기는 쉽지 않다. 영국 어부들은 바다에 떠 있는 조종사에게 접근하면 구해주기 전에 먼저 국적 확인부터 했다. 그가 독일인이거나 영어를 못하면 버려두고 떠난 경우가 적지 않았다.

　연료와 바람, 시간의 압박도 큰 부담이었는데, 영국군은 레이더라는 신무기까지 보유하고 있었다. 레이더는 독일군 항공기를 미리 포착했고, 영국 전투기들은 자신들이 가장 유리한 지점에서 기다리다가 독일 공습부대를 요격했다.

'독수리의 날'은 제2차 세계대전 대서양 전선의 운명을 가른 중요한 전투 중 하나였다. 그리고 독일은 이 대회전에서 실패함으로써 치명적인 일격을 당하게 된다. 이 무리한 작전의 책임을 져야 할 사람은 공군 사령관 괴링이었다. 괴링은 자신의 정치적 야망을 위해 공군만의 독자적인 작전을 펴고 싶어 했다. 공군 소속의 지상부대까지 거느리고 있었지만, 제2차 세계대전 당시 항공기의 위력으로는 공군에 의한, 공군을 위한 승리를 거두기에는 무리였다. 공군 내부에서도 자존심이 좀 상하기는 하지만 지상군을 지원하는 것이 공군의 능력을 최대한 발휘하는 것이라는 의견이 있었다.

조직이건 개인이건 자신의 독자적 능력을 과시하고 싶은 것이 인간의 보편적 욕구다. 영국과 미국 공군도 간간이 이런 유혹에서 벗어나지 못했다. 그러나 그 욕구를 실현하기 위해 절대 불리한 요건 속으로 뛰어들어야 한다면, 혹은 능력 이상의 욕심을 부린다면, 손자의 경고처럼 모두가 찬탄하는 승리, 과시적인 승리를 추구하다 쉬운 승리를 포기하는 것이 된다. 그리고 패배한다면 조직의 발전도 요원해질 것이다.

언론에서 찬양하는 승리를 추구하지 말라

누군가에게 보여주는 승리, 모두에게 찬양받는 승리는 오늘날로 치면 언론에서 열광하는 승리라고 할 수 있다. 이런 열광의 이면에는 꼭 정치가 있다. 정치가의 야망이나 권력으로 진출하고 싶은 사령관의 야망이 전투를 망친다. 전쟁사에서 가장 참혹한 패전의 배경에는 늘 그릇된 정치와 정치적 야심이 있다.

제2차 세계대전에서 최대의 살육장은 동부 전선이었다. 소련은 민간인을 포함해서 2,000만-2,500만 명의 희생자가 발생했다고 추정하고 있다. 독일군도 300만 명이 넘는 생명을 소련 평원에 뿌렸다. 그 참혹했던 전장에서 가장 참혹한 광경이 펼쳐진 도시가 두 곳이 있다. 레닌그라드와 스탈린그라드다. 두 도시는 알고 보면 그 정도로 중요한 전략 요충이 아니었음에도 소련에서 가장 중요한 리더 두 사람의 이름을 딴 것이 비극의 원인이 되었다.

스탈린그라드는 볼가강 연안의 공업도시였다. 원래 지명은 볼고그라드였지만, 1925년에 스탈린그라드로 바뀌었다(현재는 다시 볼고그라드로 불린다). 독일군의 볼가강 공세는 볼가강을 기준으로 소련을 남북으로 양단하고, 코카서스의 유전지대를 획득하는 것이 목적이었다. 스탈린그라드는 점령해도 좋고 안 해도 그만인 그런 목표였다. 그러나 도시가 전쟁터로 변하면서 히틀러가 스탈린그라드라는 명칭에 집착하기 시작했다. 스탈린은 스탈린대로 자신의 이름이 걸린 도시를 방어하기 위해 전 주민을 희생시켜도 좋다는 각오로 인간방패로 맞섰다.

폐허와 먼지뿐인 도시, 점령해도 아무 의미 없는 도시를 점령하기 위해 독일군 6군 전체가 투입되었다. 독일군의 패전이 자명해졌을 때, 히틀러는 자신의 실수를 덮고 명예를 지키기 위해 6군의 철수를 허락하지 않았다. 철수를 허락했다고 해도 이미 늦었지만, 독일 6군은 스탈린그라드에서 무려 76만 명이 전사하고 9만 명이 포로가 되었다. 독일군 포로들은 독일에서 버림받았을 뿐 아니라 소련군에게서도 엄청난 학대를 받았다. 종전 후에도 스탈린그라드의 포로들은 전범이라고 송환을 거부당했다. 1956년에서야 아데나워Konrad Adenauer, 1876~1967 총리의 노력으로 완전한 송환이 이루어졌는데 생환한 포로는 겨우 5,000명이었다.

숫자상으로 보면 소련군의 희생은 더 끔찍했다. 소련군은 무기도 지급하지 않은 채 병사를 전선에 밀어 넣었다. 독일에 저항하는 사람이 스탈린그라드에 한 명도 남지 않아야 완전히 점령당한 것이라는 신조에 따라 민간인 철수조차 허용하지 않은 탓에 소련군 112만 명이 전사하고 47만 명이 포로가 되었다. 민간인 희생자는 정확한 통계도 없다. 중공군의 인해 전술도 이런 식은 아니었다. 그야말로 병사와 민간인이 뼈와 살로 독일군의 총알과 포탄을 소모시키며 도시를 사수했다.

좌우간 성공은 했다. 보급이 줄어들고 독일군 전선이 동강 나면서 전세는 역전되었다. 스탈린그라드의 독일군은 거꾸로 포위되고 보급이 끊겼다. 마지막 순간에 히틀러는 6군 사령관 파울루스Friedrich Paulus, 1890~1957를 원수로 진급시켰다. 진급의 의미를 깨달은 파울루스는 이렇게 중얼거렸다.

> **"나는 보헤미아의 상병(히틀러를 가리킴)을 위해 자살 따위는 하지 않을 걸세."**

한편 나폴레옹에게 최고의 영예를 안겨준 전투는 앞에서 살펴보았던 아우스터리츠 전투다. 전쟁사에는 '산 뒤쪽의 사정'이라는 숙어가 있다. 위대한 승리의 이면에는 상대의 실수가 있다는 의미다. 아무리 뛰어난 장군이라도 상대의 도움(?)이 없다면 역사에 기록될 대승리를 거두기 힘들다. 아우스터리츠 전투에서도 그랬다. 나폴레옹 입장에서 보았을 때는 획기적인 기동과 나폴레옹의 신산, 예지력이 승리의 요인이지만, 러시아-오스트리아 연합군 입장에서 보면 그들만의 치명적인 실수가 있었다.

아우스터리츠에서 나폴레옹은 사면초가의 위기 상황을 맞았다. 프랑스군과 러시아-오스트리아 연합군이 대치 중인 상황에 트라팔가르 해전에서 프랑스군이 대패했다. 이 소문이 파리로 전해지면서 파리에서는 쿠데타가 발생한다는 소문이 돌았다. 쿠데타를 우려했던 나폴레옹의 부하들은 바로 회군할 것을 강력하게 요청했다.

전황도 여의치 않았다. 이미 나폴레옹군은 병력에서 열세였는데, 프로이센 군대가 연합군에 합류하기 위해 달려오고 있었고, 러시아의 2차 지원군도 다가오고 있었다. 그야말로 진퇴양난이었다. 7만 5,000명이 넘는 적을 바로 앞에 두고 파리까지 돌아가자면 절반의 희생은 각오해야 했다. 버티고 있으면 적은 2배로 늘어나 자신들을 포위하고 섬멸할 것이다. 유일한 해결책은 현 상황에서 빨리 승부를 결정한 뒤에 승전보를 가지고 파리로 개선하는 것뿐이었다. 그러나 상대가 나폴레옹이 원하는 대로 속전속결로 나와줄 리가 만무했다.

러시아군 원수 쿠투조프Mikhail Illarionovich Kutuzov, 1745-1813는 서두를 마음이 없었다. 시간은 연합군의 편이었다. 쿠투조프는 지원 병력이 모두 도착할 때까지 기다릴 참이었다. 그러나 젊고 감상적이고 평생 헛된 명예욕을 주체하지 못했던 러시아 황제 알렉산드르 1세Aleksandr I, 1777-1825가 조바심을 견디지 못했다. 젊은 차르제정 러시아 때 황제의 칭호는 나폴레옹을 격퇴했다는 명성을 얻고 싶었다. 그렇다면 더더욱 기다려야 했지만, 상황이 나폴레옹에게 너무 불리해서 당장이라도 도망쳐버릴지 모른다는 걱정이 들었다. 황제는 지구전을 요청하는 쿠투조프의 지휘권을 박탈하면서까지 전투 개시를 촉구했다. 마침내 연합군은 빠른 승부를 원하던 나폴레옹의 함정에 걸려들고 말았다.

아우스터리츠 전투만이 아니다. 많은 지휘관들이 명예를 좇느라 값비싼 대가를 치르고, 병사들을 사지로 내몰았다. 사회와 일반 조직에서도 마찬가지다. 오너와 CEO의 개인적 취향, 단기적이고 가시적인 업적을 위해 잘못된 선택을 하는 경우는 수도 없이 많다. 언론을 의식하고 명예욕을 추구하느라 과장한 창립자의 신화가 엉뚱하게 기업의 덫이 되어버리기도 한다. 명성을 위해 성공담을 조작하고, 수치와 통계를 변경하면 그 조직은 반드시 대가를 치른다. 이런 경향은 조직뿐만 아니라 내부 구성원이나 개인사업자에게도 무수한 오류를 양산한다.

5

병법의 한 구절에서 말하기를, 첫째는 도^{度: 측정}

둘째는 양^{量: 계량}, 셋째는 수^數, 넷째는 칭^稱, 다섯째는 승리라고 했다. 지형에 따라 측정하고, 측정한 수치에 의해 계량하고, 양에 의거해 수를 산출한다. 수에 의거해 칭, 즉 양측의 전력을 비교하고, 이에 의거해 승부를 판정한다. 그러므로 승리하는 군대는 저울이 무거운 추를 얹은 쪽으로 기우는 것과 같다. 패배하는 군대는 가벼운 추로 무거운 추를 이기려는 것과 같다. 승리하는 사람이 백성을 싸우게 하는 방법은 천 길 계곡에 막아놓은 물을 트는 것과 같으니 이것을 형^形이라고 한다.

전략과 전술을 실행할 때는 명예욕이나 기타 감정적 요인을 배제해야 한다. 철저하게 현장과 현실만을 보고, 객관적이고 계량적인 수치를 통해 양측의 전력을 비교하고 승부를 예측해야 한다.

손자는 그 예를 제시한다. 먼저 자국과 적국 국토의 거리와 면적을 측정한다. 이것이 '도'다. 거리와 면적이 나오면 부피 계산이 가능하다. 이것이 '양'이다. 더 구체적으로 말하면 식량 생산력, 말, 무기 등이다. '수'는 전쟁에 필요한 병사나 물자의 구체적인 숫자다. 적국의 규모, 도시의 수, 거리, 도로, 군대

상황을 토대로 전투에 필요한 병력, 점령과 유지에 필요한 병력과 보조 인력의 수를 산정하는 것에 해당한다. 이 수치가 나오면 양측의 전력을 비교한다. 그 후에 전쟁의 승부도 판단할 수 있다. 이 단락에서는 시야를 좁혀 구체적으로 한정하기는 했지만, 이미 1편의 내용에 포괄되는 내용이다. '도'에서 시작하는 5단계는 이성적이고 정직한 분석을 강조하기 위해 수학 문제의 풀이 순서같이 도식적인 예를 제시한 것이다. 굳이 각각의 의미를 현학적으로 주해할 필요는 없다.

그래도 손자의 말인데 소홀히 넘겨서는 곤란하지 않을까? 그렇다. 흥미로운 것은 다음 부분이다.

형세란 접전 지역에서의 실전 전투력이다

손지는 정확한 분석과 통찰을 발휘하면 싸우기 전에 승부를 알 수 있다고 한다. 그런데 전력 분석만으로 승부를 예측하고 결정할 수 있을까?

스포츠의 세계에는 객관적 전력이 떨어지는 팀이 승리하는 경우가 종종 있다. 아무리 강팀도 리그에서 전승 우승은 어렵다. 아무리 정확히 분석한다고 해도 기상, 사고, 자연재해 등 예측할 수 없는 요소가 남아 있다. 마지막으로 싸우기 전에 승부가 결정된다면 이 편의 내용은 필요가 없다.

결론부터 말하면 손자는 기계적인 승부 결정론자가 아니다. 그렇다면 손자는 왜 이런 오해받을 만한 발언을 했을까? 손자의 말들을 다시 음미해보자.

1. 양측의 전력을 비교하고, 이 비교에 의거해 승부를 산출한다.

2. 승리하는 군대는 저울이 무거운 추를 얹은 쪽으로 기우는 것과 같다.

3. 승리하는 사람이 백성을 싸우게 하는 방법은 천 길 계곡에 막아놓은 물을 트는 것과 같다. 이것을 형이라고 한다.

이 세 문장 사이에는 교묘한 비약이 있다.

1의 전력 비교는 객관적인 전력 비교만을 말하는 것이 아니다. 아군과 적군의 비교한 뒤에 구상한 전략 및 전술까지 포함한 비교다. 다른 편에서 말한 손자의 발언을 보면 전력 비교가 승부를 결정하는 것은 절대 아니다. 아무리 정확해도 승부는 아직 예측 단계다. 전력 비교를 기반으로 전술을 세우고 승부는 여기서 갈려야 한다.

그런데 2에서 군대가 승리하는 것은 저울추가 무거운 쪽으로 기우는 것 같다고 단언해버린다. 갑자기 결정론이 된다. 그러나 진정한 핵심은 3이다. 3에서 갑자기 논지가 바뀐다.

승리를 확신하고, 전력 분석에서 이미 승리를 확신하더라도 실전에서 승리를 거두려면 백성兵士들이 댐을 폭파했을 때 쏟아지는 물처럼 싸우게 만들어야 한다고 한다.

예측은 아무리 정확해도 예측이다. 예측에서 실행으로 넘어오는 과정에는 격차와 손실이 있다. 실전에서 시행해야 하는 마지막 과제가 병사들이 확신을 가지고 총력을 발휘하게 하는 것이다.

명나라 최고의 명장 척계광戚繼光, 1528-1588은 중국의 무장답게 손자의 형세론을 제대로 이해하고 활용한 장군이다. 그가 청년 장교 시절 저장성에 부임해서 왜구와 대면했을 때 맞부닥친 딜레마가 명나라 병사들의 형편없는 수준이었다. 머릿수만 많지, 반은 민간인 농민병으로, 숙달된 직업전사인 왜구를 상대하기는 버거웠다.

왜구도 형세론을 제대로 활용하고 있었다. 비록 병력이 적어도 강력한 전투력, 숙달된 전투 경험에서 얻은 전술 운용 능력과 현장 대응 능력으로 어떤 지형, 어떤 상황에서 명나라 군대와 부딪쳐도 자신감이 넘치게 전술을 운용하며 명군을 격파했다. 전술통이라는 척계광이 그들의 전투 방식을 보고 배울 정도였다.

예를 들면 왜구는 명군과 조우하면 자신감을 잃고 후퇴하는 척하며 산비탈 위로 물러가 포진한다. 명군은 지형적으로 아래에서 위로 공격하는 것이 조금 불리한 줄은 알았겠지만, 왜구가 물러서는 모습을 보고 용기백배해서 공세로 나간다. 명군의 지휘관들은 왜구를 향해 물밀듯이 쏟아져 올라가는 명군 병사들을 보면서 분명 머릿속에서 손자의 형세론을 떠올렸을 것이다.

명군이 관념적 형세론에 의지했다면 왜구는 물리적, 경험적 형세론을 장착했다. 그들은 비탈 위에 앉아서 숨을 고르며 명군의 선제공격을 유도했다. 경사로, 위에서 아래로 달려가는 힘, 자신들의 전투력과 명군의 다소간 체력 소모가 실전에서 자신들에게 얼마나 유리하게 작용하는지를 정확하게 알고 있었다. 명군이 가까워지면 왜구는 일제히 일어나 명군을 향해 돌진했다. 이때도 일본도처럼 명군의 종심을 가르며 베고 앞으로 나갔을 것이다. 그 결과 명군은 순식간에 형세를 잃고 그때까지 두 저울추의 비등비등하던 무게가 갑자기 왜구로 기울었을 것이다.

척계광은 깃발을 흔들고 함성을 지르는 것은 스스로를 속이는 형세에 불과하다고 깨달았다. 군복을 입히고 무기를 들려준다고 군인이 되는 것이 아니다. 무기를 다룰 줄 알고 그 숙련도에 자신감을 가져야 군인이다. 무기를 쥐여주고 군인을 모아놓는다고 군대가 되는 것이 아니다. 사기 충만한 군대는 함성도 크겠지만, 역으로 함성이 크고 퍼포먼스가 요란하다고 사기나 실력이 오르는 건 아니다.

전술로 형세를 만들고 전술에 대한 자신감이 있어야 강한 군대가 된다. 전술적 형세를 위해 척계광은 두 가지를 창안했다. 하나가 원앙진, 다른 하나가 화포 전술이었다. 여기서는 원앙진보다 화포 전술에 대해 살펴보겠다.

화약무기는 명군에겐 독보적인 신무기였다. 숙적인 왜구, 만주족, 몽골족 등은 아직 화약 무기가 없었다. 그런데 이 시대의 화약 무기는 소리만 요란했지, 불발탄과 오발탄이 많았고 명중률이 형편없었다. 말들을 놀라게 해서 기병의 돌격을 저지하는 데 상당한 효과를 거두기는 했지만, 다양한 상황에서 기대만큼 위력을 발휘하지 못했다.

1467년 이시애李施愛, ?-1467의 난에 종군했던 유자광柳子光, ?-1512은 세조에게 자신이 목격한 전투 보고서를 올렸다. 정부군이 비밀 무기였던 화차로 반군을 향해 신기전을 맹렬하게 발사했는데, 명중한 것은 하나도 없고 모두 적의 뒤로 넘어가 떨어졌다는 내용이다. 당시 화차부대의 지휘관인 우공禹貢이 조선군 최고의 화약 병기 전문가였는데도 그 모양이었다.

이 보고서로 유자광은 세조의 관심을 끌었지만, 화차부대 지휘관은 억울했을 것이다. 척계광에 의하면 신기전이 적의 뒤로 넘어간 것은 아주 올바른 사용법이었다.

척계광의 시대에도 화약 무기의 명중률은 별로 달라지지 않았다. 그래서 척계광은 적을 향해 포격할 때는 맞추려고 애쓰지 말고 높게 조준해서 적의 머리 뒤로 날리라고 조언하고 있다. 유자광이 목격한 조선군의 포격과 동일한 방식이다. 유자광은 이 포격을 보고 코웃음을 쳤고, 세조는 절망했다. 그런데 왜 척계광은 이런 조언을 했을까? 수십 차례의 실전 경험을 쌓으면서 그는 예상치 못한 현상을 알아냈다. 신기전을 써서 포성과 연기가 진동하고 적진에서 불길이 솟으면 병사들이 용기백배해서 적진으로 돌격하더라는 것이다. 실제 적군이 화기에 별다른 피해를 입지 않았는데도 말이다.

이는 감정적 흥분을 유도하는 것이 아닌가? 포화의 허상에 속는 것은 신병들에게나 먹히는 것이 아닐까? 척계광은 그렇지 않다고 말한다. 척계광은 고참병들도 신병들과 똑같이 흥분하고 용감해지는 것을 발견했다. 고참병들은 신병들과 달리 포격의 결과에 헛된 기대를 걸지 않지만, 형세의 힘을 깨닫고 스스로에게 자신감을 부여함으로써 전사가 되는 법을 알게 된 것이다. 이시애의 반군과 치른 전투에서도 결국은 우공의 총통군이 가장 먼저 고지를 점령해서 결정적 승기를 제공했다. 포격이 주는 이런 효과는 현대전에서도 여러 형태로 지속되고 있다.

이젠 흔한 방법이 되었지만, 배지badge와 깃발을 만드는 것, 멋진 로고에 공을 들이는 것, 훈포장을 하거나 이달의 사원을 뽑아 매장에 거는 등의 행위는 모두 이런 노력의 산물이다. 이 원리를 기억한다면 구체적인 방법은 앞으로도 얼마든지 창안해낼 수 있을 것이다. 근원적인 자신감은 조직에 대한 신뢰와 구성원들과 함께하는 작은 성공의 경험에서 양생한다.

세
勢

5편 '세'는 '병세兵勢'로 표기하기도 한다. '세' 편의 주제는 군의 편제, 대형, 통신 등이다. 군을 편제하는 이유는 전투 현장에서 다수의 병력을 빠르고 효과적으로 운용하기 위한 것이다. 시시각각으로 변하는 상황에 효과적으로 대처하기 위해서는 다양한 대형을 익히고 신호로 부대의 배치와 형태를 변경하고 신속하게 움직여야 한다. 한마디로 군의 전투 효율을 높이는 것이 편제와 대형, 통신의 목적이다.

그런데 효율이라는 기준이 말은 쉽지만 실제 편제와 대형에 반영하는 데는 어려움이 있다. 군의 편제는 전투 현장의 효율만을 고려할 수는 없다. 평상시의 관리, 훈련, 장교와 부사관의 육성, 병사들의 인화 등 다양한 요소를 고려해야 한다. 그것들이 전투 현장에서의 효율성에도 큰 영향을 미친다. 대형과 신호는 상황에 따라서 더 유동적으로 적용할 수 있다. 그러나 전투 현장은 장소마다 특징이 있으므로 모든 상황에 최선의 효율을 발휘할 수 있는 마스터키 같은 형태는 있을 수 없다. 전술가들은 마스터키가 아니라 최적의 아키타입archetype, 전형을 만들기 위해 고심해야 한다.

편제와 대형은 무기와 기술이 변하면 거기에 맞춰 변해야 한다. 근대 이후 무기 발달 속도가 빨라지고 전쟁의 규모가 커지면서 편제와 대형의 적절한 개혁은 그 자체만으로 군의 혁신을 좌우할 정도로 더욱 중요한 과제가 되었다. 다만 손자의 시대는 기술 발달이 느린 사회였다. 지형에 따른 응용에는 관심이 많지만, 무기나 전쟁 기술의 변화에 맞춰 편제와 대형을 변경할 고민은 적었기 때문에 손자가 편제와 대형에 대해 간략하게 정의만 제시한 것일 수도 있다.

1

무릇 많은 군사를 적은 병력처럼 통솔하는 방법은

부대의 단위를 나누는 것이다. 많은 군사를 적은 병력처럼 통솔하며 전투하게 하는 방법은 대형과 신호形名[16]를 사용하는 것이다.

손자는 편제를 하는 목적이 통솔을 쉽게 하기 위해서라고 했다. 명령 전달과 시행 같은 단순한 지휘를 말하는 게 아니다. 권투선수는 오직 주먹으로만 상대를 공격해야 한다. 그렇다고 다른 신체 부위가 놀지 않는다. 풋워크, 머리, 어깨, 허리, 모든 신체 동작이 제 역할을 해주어야 상대의 펀치를 피하고 강력한 한 방을 먹일 수 있다. 편제의 의미도 마찬가지다.

통솔의 목적은 일사불란이 아니라 새로운 전투기계, 전투 효율의 창조다. 나사와 철판과 바퀴를 조합하면 전차가 된다. 이것이 편제와 통솔의 진정한 의미다.

---

16 형명 : 고대에 널리 사용되던 군사 용어다. 그러나 정의가 엄밀하지는 않다. 대형과 신호라는 의미로 사용하기도 하고, 신호 체계로 이해하기도 한다. 조조는 형形은 깃발처럼 보이는 것을, 명名은 북이나 징처럼 들리는 것을 의미한다고 했다. 이 책에서는 대형과 신호라는 의미로 해석했다.

황소의 뿔과 심장

19세기 남아프리카 공화국 일대는 수백만 인구가 수백 개의 부족으로 난립한 원시사회였다. 부족 간에 다툼, 약탈과 폭력은 잦았지만, 누구도 부족을 평정할 엄두를 내지 못했다.

여러 부족 중에 줄루족이라고 불리는 인구 1,500명 정도의 작은 부족이 있었다. 추장은 거칠고 폭력적인 사람이었다. 그의 서자 중에 샤카Shaka, 1787?-1828라는 소년이 있었다. 어머니는 납치된 여인이었다. 그 탓에 아버지와 가족에게 차별당하는 유년기를 보낸 끝에 샤카는 가출했고, 황야에서 용병으로 살았다. 아버지와 부족에 원한을 갖고 싶었지만, 줄루족을 정복할 병력이 없었다. 그러던 중에 샤카는 깨달음을 얻는다.

이때까지 남아프리카 부족 전쟁은 숫자에 의지하는 싸움이었다. 세력이

·그림 16· 줄루 보병, 보여주기식의 큰 창과 방패를 줄여서 전투에 적합하도록 만들었다.

비슷하면 워댄스war dance를 추며 기세만 과시하다가 기 싸움에서 밀린 상대의 양보를 얻어냈다. 골리앗처럼 거대한 용사를 내세우는 것도 요령 중 하나였다. 거구의 전사들이 몸에 과도한 장식을 달고 큰 창과 방패를 흔들며 소리를 질렀다. 상당히 오랫동안 이런 방식이 통했지만, 샤카는 무거운 무기가 체력을 빨리 소진시키고, 덩치 큰 골리앗이 실전에서는 날쌔고 전술적으로 우세한 소년 다윗의 제물이라는 사실도 알아차렸다. 사카는 창과 방패를 짧고 작게 만들었다. 총검술 같은 전투용 무술을 만들어 동작을 절제하고, 빠르고 강하게 적을 찌르도록 훈련시켰다.

샤카는 '임피'라고 부르는 아프리카 최초의 부대 편제도 만들었고 '황소의 뿔'이라고 불리는 전술을 고안했다. 황소의 뿔은 부대를 셋으로 나누고 가운데 대형이 적의 시선을 고정시키며 접전을 벌이는 동안, 좌우의 부대가 기습적으로 우회해서 적의 측면을 강타하는 전술이었다. 이 전술의 비결은 정면 부대의 강심장(황소의 심장이라고 불렀다)과 황소의 뿔이라고 부른 측면 습격 부대의 속도와 과감함이었다.

이 전술은 남아프리카 초원 특유의 지형과도 잘 맞았다. 땅이 갈라진 협곡이 많고 사람 키에 조금 못 미치는 풀이 무성했다. 샤카는 병사들을 미식축구 선수처럼 협곡과 풀 사이로 몸을 웅크린 채 빠르게 달리도록 훈련시켰다. 그의 새로운 군대는 파죽지세로 승리를 거두기 시작했다.

고향 마을로 돌아와 아버지를 죽이고 줄루족을 장악한 샤카는 10년간의 정복 전쟁을 통해 지금의 남아프리카 전역과 그 위쪽 나미비아와 보츠와나 일부까지 장악한 거대한 제국을 건설했다. 제국 전역에 발로 뛰는 전령 등 연락 체계를 만들고, 전국에서 2만 명의 군대를 즉시 소집할 수 있는 동원 체제를 구축했다.

너무 오래되어서 기록조차 남아 있지 않은 중국이나 이집트, 고대 세계의 초창기의 전쟁도 샤카가 경험한 깨달음의 과정과 크게 다르지 않았을 것이다. 전투 효율을 고심하는 것이 최초의 대형과 편제라는 결과로 나타났다. 워댄스가 황소의 뿔로 변화한 것은 아주 간단한 변화였지만, 그 위력은 엄청났다. 이것이 편제의 힘이고 본질이다.

통일성과 개성의 황금비율

18세기 프로이센 군대에서 중대장의 선발 요건 중 하나가 우렁찬 목소리였다. 총과 대포가 난무하는 전장에서 목소리가 들리지 않으면 중대를 지휘할수 없기 때문이다.

손자는 편제, 즉 대대-중대-소대와 같은 조직을 만드는 이유가 다수의병력을 적은 병력처럼 통솔하기 위해서라고 했다. 편제를 나누면 통제력이 생긴다. 10명의 부하는 엄하게 관리할 수 있지만 1,000명이 되면 끝에 있는 병사는 얼굴도 보이지 않고, 목소리도 잘 들리지 않는다. 편제를 나누어서 분대장, 소대장, 중대장을 두면 감시와 통제의 여백 없이 일사불란하게 관리할 수 있다.

손자의 서술은 여기까지여서 조금 아쉽다. 그래서 손자 시대에도 분명히존재했을 상황을 가지고 손자가 제시한 편제의 목적을 좀 더 깊이 살펴보도록 하겠다.

다수의 병력으로 구성된 조직은 편제를 이용해 물리적 통솔력은 높일수 있다. 하지만 다양성의 문제에 봉착한다. 대부대에 보병, 궁병, 창병, 기마병, 수송병, 사역병 같은 병종은 기본이다. 같은 병종 안에도 다양한 임무를나눠 가진 병사들이 있고, 같은 무기를 들고 있는 병사라도 앞줄에 있는 병사와 뒷줄에 있는 병사의 역할과 전투 방식이 다르다.

조직에서 다양성의 통솔은 제국 군대의 경우 국가의 운명을 좌우할 정도로 중요한 과제였다. 다양한 종족을 군대로 편성해서 운영해야 했기 때문이다. 손자가 살았던 시대는 지금의 중국보다 훨씬 다양한 종족적 구분이 있었다. 전국시대 말기 군대의 모습을 보여주는 진나라 병마용을 보면 표준화된 장비를 지니고 있지만, 상투 등 부분적으로 종족적 특성이 다른 병사들이 섞여 있음을 볼 수 있다.

페르시아 제국은 제국 안에 있는 수십 개 부대의 문화적 다양성을 모두 인정하면서 제국의 군대로 포용했다. 같은 보병 전대에도 여러 종족이 있었고, 음식과 보급도 각 종족의 특성을 유지해주었다. 이 방식은 제국을 다스리는 정치적 효과는 우수했지만 군대에는 도움이 되지 않았다. 관리비용이 크게 늘었고 전투력은 성장을 멈췄다. 페르시아가 그리스 원정에서 실패하고 알렉산드로스에게 정복당한 데는 이 비효율적인 군대가 결정적인 역할을 했다.

로마는 페르시아에서 교훈을 얻어 약간의 수정을 가했다. 정치, 즉 점령국을 통치할 때는 그 나라의 풍속, 종교, 문화를 존중했다. 군대에서는 두 가지 방법을 썼다. 로마 군단의 표준을 유지하되 이민족 군대는 그들의 장기를 살려 보조병으로 사용했다. 정규 군단병으로 편입하는 병사는 로마 군단병과 똑같은 훈련, 장비를 갖추게 했다. 이 방식은 로마 군단에 페르시아군과는 상대가 안 되는 높은 전투력을 부여했다. 한 가지 단점은 군단에서 로마군의 전술과 능력을 익힌 이민족들이 반란을 일으켰을 때였다. 이 단점이 현실이 되어 결국에는 이민족 로마군이 로마를 멸망시켰다.

조직의 두 얼굴

현대의 조직은 이와는 다른 이유로 다양성의 포용이 중요하다. 개인이든 조직이든 다양함을 갖추고, 다양함에 대응할 수 있는 능력이 중요해졌기 때문이다.

다양한 인격체의 결합인 조직이 효율적으로 움직이려면 두 가지 모순된 미덕이 필요하다. 하나는 일사불란한 명령과 수행 체계다. 로마 군단 방식이 이에 해당한다.

그러나 현대 조직에서 로마 군단처럼 개성적인 인격과 종족을 표준화된 틀에 넣어서는 경쟁력을 유지할 수 없다. 이제는 조직의 집단 능력과 함께 자율적 인격체이며 개성과 역할이 다른 각 단위가 제 기능을 발휘하게 해야 하는 시대가 되었다. 이를 위해서는 개별 단위, 심지어는 개인의 전술과 훈련, 사고방식을 보장해주어야 한다. 현대 조직에서 손자의 정의를 사용해서 다수의 병력을 적은 병력처럼 다루려면 다양성을 인정하고 포용하며 서로 시너지 효과를 내게 하는 능력이 필요하다.

예를 들어보자. 보병과 기병은 상극이다. 훈련·행군·전투·무장 방식까지 모두 다르다. 각자의 자율성을 보장해주지 않고 통합해서 운용하면 보병과 기병의 능력이 함께 저하된다. 조직력은 조금 상승할지 모르지만, 개별 능력이 떨어진 상태에서 조직력은 아무 의미가 없다. 그렇다면 기병과 보병은 완전히 별개의 자율적 조직으로 풀어주어야 하는가?

양쪽에 모두 공통적으로 필요한 훈련이 있다. 행군 훈련이다. 기병의 장점은 속도인데, 기병이라고 해서 항상 말을 타고 이동하지는 않는다. 특히 우리나라같이 산이 많은 지형에서는 말에서 내려서 이동해야 하는 일이 많다. 사람의 3-5배는 드는 말먹이와 기마 관련 장비를 수레에 싣고 이동해야 하는 약점 때문에 기병의 이동 속도는 보병보다 더 늦다. 그러므로 기병과 보병을 막론하고 행군 훈련을 강하게 시켜야 각자의 장점을 제대로 발휘할 수 있다.

이 원리에서 등장한 전술이 소위 중세의 기사보병대였다. 중무장하고 훈련도 마친 기병은 중세 최대의 정규군이었다. 보통 기사들은 말을 타고 싸우는 것을 좋아하고, 그것을 신분의 상징으로 여겼다. 하지만 영주국들이 통합되고 국가 단위의 전쟁이 펼쳐지면서 기사들도 필요에 따라서는 말에서 내려 보병처럼 싸우게 되었다. 보병과 기병이 섞여서 훈련하고 같이 행군했다.

현대의 군대와 조직이 통제와 다양성을 유지하려면 이런 식의 발상이 필요할 것이다. 그리고 그것이 현대전에서 편제의 차별성을 발휘하는 관건이 될 것이다.

2

삼군의 많은 병력이 적과 마주쳐서

반드시 패하는 일이 없게 하는 법은 기奇와 정正의 전술을 사용하는 것이다. 병력을 투입해 적을 공격하는 것을 숫돌로 계란을 치듯 하는 방법은 허와 실을 파악해 이용하는 것이다.

"적의 허실을 파악하고 허술한 곳을 친다."

"허실을 발견하면 숫돌로 계란을 치듯 단번에 강력하게 깨트려야 한다."

콜럼버스의 계란을 포함해 계란이 등장하는 비유는 하나같이 이상하게 허탄한 무언가가 있다. 손자의 계란 비유도 예외가 아니다. 누가 이런 말을 하면 상대는 화를 내며 이렇게 대답할 것이다. "누가 그런 것 모르나. 근데 적의 약점이 어디야? 가르쳐주기만 하면 내가 당장 칠게."

손자는 웃으며 대답한다. "허실을 찾지 말고 만들거나 드러나게 하는 게 명장의 병법입니다" 그리고 손자는 허, 즉 약점을 만드는 방법이 '기'와 '정'의 전술이라고 한다.

정병은 드러나 있는 본대다. 기병奇兵을 기마병과의 혼동을 피하기 위해 '유격군'이라고 번역하기도 하는데, 유격군이라고 하면 현대의 게릴라부대가 연상되어서 번역이 어렵다. 원래 고대 기록에서 유격군은 게릴라부대가 아니다. 역할을 고정하지 않고 상황에 따라 임무를 부여하는 부대를 말한다. 현대의 예비대 개념에 더 적합하고, 기동 타격대나 축구에서의 프리롤free role이라고 할 수도 있다.

정병과 기병은 1연대는 정병, 특전사는 기병으로 구성하는 것처럼 부대나 병종에 따라 고정시키는 것도 아니다. 기병과 정병의 차이는 전투 당일의 역할로 결정한다. 우수한 군대는 정병이든 기병이든 주어진 역할을 잘 수행할 수 있다. 이런 군대를 조련해내는 나라가 강한 나라다.

프리롤의 극대화

조선 건국의 막후 공로자였던 정도전鄭道傳, 1342~1398은 문무를 겸비한 인재였다. 그는 군사제도 개혁에 걸출한 족적을 남겼는데, 후대까지 영향을 준 것이 '진법'이다. 진법은 세종, 세조 대에 여러 번 수정을 거쳐 조선군의 표준 전술로 정립되었다.

정도전에게서 시작된 조선의 표준 전술은 간단히 말하면 선수비 후공격 전술이다. 전위에 방패부대를 세운다. 방패부대는 방패를 들고 적의 1차 충격을 저지하는 부대로, 전투 능력을 가장 떨어지는 하급 보병부대다. 그 뒤에 궁수와 보병이 위치하고 맨 뒤 양익에 기병이 포진한다.

적이 공격해오면 방패로 방어벽을 설치하고, 적이 접근하는 동안 조선의 장기인 궁병들이 사격으로 최대한의 타격을 입힌다. 적이 근접하면 백병으로 저지하고, 적당한 시기에 양익의 기병이 출격해서 양 날개로 전개하면서 적을 타격한다. 조선 기병은 말을 탄 채 활을 쏘는 사격전에도 능하고, 창으로 공격하는 충격전에도 능한 멀티 플레이어여서 전황에 따라 기동전과 충격전을 자유롭게 펼칠 수 있다. 적이 공격을 포기하고 후퇴하면 바로 적을 추격해 섬멸한다.

'선수비 후공격'이라는 이 방침은 많은 비판과 논란을 야기했다. 하지만 15세기 조선의 전술 교범에서 끝내 살아남았다. 이 전술의 진짜 포인트는 '선수비, 후공격'이 아니다. 기병을 기병驅兵으로 운용하며, 전투력과 전술적 활용을 극대화하는 것이 핵심이다.

조선군의 최대 주력은 기병이었다. 우수한 무사가 기병이 되며, 기병은 사격전, 기동전, 충격전을 모두 잘했다. 반면 일반 농민을 징병하는 보병은 전투력이 떨어졌다. 다시 말하면 일반적 전투력도 기병이 가장 강하지만, 다양한 상황에서 다양한 역할을 소화할 수 있는 병종이 기병이었다. 그래서 기병에게 프리롤의 역할을 맡긴 것이다.

기병 출격 전에 수비하는 방패와 궁병의 역할은 적의 허실을 찾아내거나 만드는 것이다. 보통 거란이나 몽골군같이 기병이 주력인 군대, 특히 궁기병이 강한 군대는 소규모의 기병부대를 출격시켜 사격전과 기동전을 벌이며 적의 약한 곳을 찾는다. 그러나 우리나라 지형은 평야가 적고 선산과 계곡이 많으며 유목 부족처럼 기병 자원이 많지 않다. 적은 기병을 활용하기 위해 거란의 경기병이나 기동부대가 하던 역할을 진법을 통해 보병과 궁병에게 맡겼다.

3

무릇 전쟁은 정병正兵: 정공법으로 대처하고

기병奇兵: 임기응변으로 승리한다.[17] 그러므로 기병을 잘 사용하는 자는 천지와 같이 무궁하고, 강처럼 흐름이 막히는 법이 없다. 해와 달처럼 졌다가 다시 일어나고, 사계절처럼 갔다가 다시 온다. 소리는 다섯 가지에 불과하지만, 오성의 변화로 만들어내는 음악은 다 들을 수 없을 만큼 많다. 색은 다섯 가지에 불과하지만 오색으로 만들어내는 색은 다 볼 수 없을 만큼 많다. 맛은 다섯 가지에 불과하지만 오미의 변화로 만들어내는 음식의 맛은 다 맛볼 수 없을 만큼 많다. 전쟁의 형세를 결정짓는 것도 정병과 기병의 사용에 지나지 않지만, 정과 기의 변화는 다 알 수 없다. 기병과 정병이 서로 바뀌고 변화하는 것은 끝없는 순환과 같으니 누가 능히 다 알 수 있겠는가?

정공법과 임기응변은 전술에서 매우 중요한 개념이다. 손자뿐만 아니라 동양의 모든 병법가들은 정과 기는 서로 다른 것이 아니고, 정과 기의 변화는 무궁하며, 정이 기가 되고 기가 정이 된다는 식의 표현을 좋아한다. 불교의 '공

---

17 《손자병법》에는 정병을 정합正合으로, 기병을 기승奇勝으로 표기했다. 이 책에서는 해설의 이해를 돕기 위해 각각 정병, 기병으로 번역했다.

즉시색空卽是色, 색즉시공色卽是空'이 연상되는데, 심오해 보이기는 하지만 여기에 머물러서는 안 된다.

아무리 심오하고 추상적인 개념이라도 실상을 그릴 수 있어야 이해한 것이다. 리더는 막연한 철학과 인생론에 숨어서는 안 된다. 훌륭한 리더는 추상적, 원론적 언어를 사용하더라도 그 안을 실상으로 채운다.

모 그룹의 회장님이 엄청난 프로젝트를 성공시켰다. 기자가 성공 비결을 묻자 운이 따랐다고 답했다. 기자가 어이가 없어서 당돌하게 말하며 돌아섰다. "운이라네요. 취재 끝, 갑시다." 그 회장님이 기자를 불러세웠다. "운도 준비된 사람이 취할 수 있는 겁니다." 이 대화가 실상을 채운 추상과 추상뿐인 명언의 차이를 잘 보여준다.

정과 기, 리더는 정공법과 임기응변의 관계를 명확히 정제하고 자기 원칙이 있어야 한다. 우리는 먼저 임기응변이 무無의 상태에서 탄생하는 것이 아니라는 점을 명확히 해야 한다. 상황에 즉각 대처하는 임기응변은 무작위로 아무 생각이 없는 가운데 튀어나오지는 않는다.

아군과 적의 목적, 목표, 전력, 지형, 포진, 준비한 시나리오, 이런 것이 머릿속에 잘 정리된 지휘관은 시나리오에 없던 상황이 발생해도 상황을 체계적으로 정리하고 창의적으로 임기응변할 수 있다. 진정한 임기응변은 절대로 무의 상태에서 구현되지 않는다.

《손자병법》에서 정병의 본래 표기는 정합正合으로, 정공법을 말한다. 원론이나 기준, 최초 계획이라고 볼 수도 있다. 지휘관은 어떠한 돌발 상황이 발생해도 대처할 수 있도록 사전 준비와 상황 분석에 철저해야 한다. 기발한 창의력을 발휘하는 순발력 있는 지휘관이라고 해서 평소 머리와 심장을 비워둔 채 감정이나 본능만 따르지는 않는다. 상대의 전술, 전황, 아군의 상태 등 모든 변수를 사전에 분석하고 계획을 세워두어야 한다. 이것이 기준이자 원칙이고, '정'이다.

그러나 계획은 어긋나게 마련이고 전장에서는 늘 돌발 상황이 발생한다.

따라서 실전을 운영하려면 계획을 변경하거나 아예 새롭게 창조해야 한다. 혹자는 계획은 악보를 보고 연주하는 것이고 실전은 즉흥곡이라고 말했다. 이것이 임기응변이고 '기'다. 그러나 이 변경과 창조도 악보를 보고 연습하고 준비하는 과정, 즉 '정'의 과정이 확고하고 분석이 정밀하게 되어 있어야 효과를 제대로 발휘할 수 있다. 임기응변은 한 번으로 끝나지 않는다. 전장은 혼란과 사고의 연속이다. 임기응변이 돌발 상황을 만나 또 다른 임기응변을 요구한다. 이것이 기가 정이 되고 다시 기가 된다는 말의 의미다.

지휘관은 전장이 아무리 혼란스럽고 계획이 천변만화로 변하더라도 전장을 빈틈없이 파악하고 즉시 분석할 수 있어야 한다. 이것이 '정'의 과정과 훈련이 필요한 이유다. 평소에 체계적이고 종합적으로 사고하지 못하는 사람은 돌발과 혼란의 쓰나미가 덮쳐오면 뒤흔들려 밀려다니다가 엉뚱한 결론을 도출하게 된다. 전쟁사를 공부하는 사람들은 전쟁터에서, 특히 패전한 군대에서 너무나 간단하고 터무니없는 실수들이 자행되는 데 놀란다. 섣부른 사람들은 기물들도 알고 보니 별것 아니라고 중얼거린다. 그 대단한 지휘관들이 왜 그런 터무니없는 실수를 저지르겠는가? 반복되는 혼란과 임기응변을 거치다 보면 처음에 세워두었던 계획이 뒤엉키기 때문이다.

이런 상황이 두려운 사람들은 최초의 계획을 완벽하게 세워두고 병사들이 맹목적으로 준수하기를 원한다. 이런 집단은 완벽한 낭패를 맛보게 될 것이다.

임기응변 능력을 양성하고 훈련하는 방법도 정합에서 기승奇勝:기발한 승리, 즉 기존 전략을 상황에 맞게 응용한 승리의 과정을 반복하는 것이 최선이다. 본능적인 순간 반응도, 알고 보면 철저한 정합과 그에 따라오는 기승의 훈련 과정에서 배양된다. 리더는 이 정합과 기승의 과정을 부하들이 최대한 체험하며 결단하게 하고 정합과 기승을 연결하는 판단력을 향상하도록 도와주어야 한다. 이것이 정합과 기승의 진정한 의미다.

어떤 경우든 반드시 예비대를 두어야 한다

'검에 손잡이가 없으면 아무리 달인이라도 검으로 찌르기 어려울 것이다. 후속부대(예비대)를 두지 않는다면 아무리 병법의 달인이라고 해도 돌격할 수 없고, 군사의 신묘함을 모르는 사람이다.' —손빈[18]

아무리 뛰어난 장군도 전투의 결정적 순간이 언제 어디에서 벌어질지 다 예측할 수는 없다. 결정적 순간이라는 문이 열렸을 때 투입하는 부대가 예비대다.

정병과 기병을 나누고 정병과 기병의 변증법이 창조하는 전쟁의 예술에 관해 이의를 제기하는 전술가는 없다. 그런데 정병과 기병의 판별법에 관해서는 수많은 사람이 바보가 되었다. 조조는 《손자병법》에 주석을 달면서 먼저 나와서 전투를 시작하는 군사가 정병이고, 뒤이어 나오는 군사를 기병이라고 정의했다. 철저한 현실주의자답게 이번에도 그는 해석의 기준을 보통의 지휘관에 맞췄다. 당시의 무장들에게 심오한 지적 수준을 기대하는 것은 무리였으므로 이 정도 해석이 평균적으로 받아들일 만했을 것이다. 그리고 효과도 있긴 했을 것이다.

탁월한 전략가이자 천재였던 당태종은 조조의 눈높이 해석을 무척 어이없어했다. 그러나 천재답게 조조의 지적 능력이 이 정도는 아니라는 사실도 감지했으므로, 세상 사람을 속이기 위해 이런 주석을 달았다는 기막힌 재해석을 내놓았다.

정병과 기병의 개념은 공간과 기동의 범주에 따라 다양한 기준을 적용해야 한다. 전장이 넓고, 한 군단이 수 킬로미터를 돌아 적의 뒤를 습격하는 우회 기동 작전을 쓴다면 우회 부대가 기병이다. 이때의 기병은 기습·매복과

---

18 손빈 지음, 김진호 옮김 《손빈병법》 명문당, 1994, 92쪽.

같은 계략이 기준이 된다.

좁은 공간에서 고정된 전선을 두고 벌이는 전투에서는 부대 후방에 대기 중인 예비대가 기병일 수 있다. 예비대가 전방의 전투부대와 단순 교대를 해서 예비대가 전투를 담당하고, 전투부대가 예비대로 전환했다면 예비대가 정병이 되고, 새롭게 예비대가 된 부대가 기병이 된다. 이 경우 예비대가 기병이라고 정의하기보다는 현재 역할이 명시적으로 고정된 부대가 정병이고, 역할이 아직 지정되지 않은 부대가 기병이라고 정의하는 편이 더 적당하다.

패튼 장군은 부하들에게 어떤 경우라도 반드시 예비대를 준비해야 한다고 강조했다. 그것도 가능한 한 강력한 부대로 편성해두어야 한다고 말했다. 패튼이 신뢰하던 부했던 워커Walton Harris Walker, 1889-1950 장군은 패튼의 교훈을 잊지 않았다. 1950년 낙동강 방어선은 초 위기 상황이었다. 병력 부족으로 인해 방어망이 종잇장처럼 얇고 엉성하게 편성되었다. 그럼에도 워커는 얼마 안 되는 예비자원을 방어선의 구멍에 투입하기보다는 정예부대를 예비대로 편성하고 방어선이 위태로운 결정적인 순간에 투입하는 방식을 고수했다. 덕분에 매일매일 도박 같은 선택을 해야 했지만 그의 예상은 들어맞았다. 인민군의 공세는 실패했다. 워커의 예비대 운용술은 전술사에서 중요한 교범이 되어 있다.

패튼만이 아니라 실전에서 명성을 날린 장군 중 예비대의 중요성을 간과했던 지휘관은 없을 것이다. 예비대의 가장 단조로운 사용법은 가장 강력한 부대를 예비대로 편성하고 약한 부대를 전방에 세우는 것이다. 약한 부대의 희생을 통해 먼저 적의 전투력을 소진한 뒤에 정예병인 예비대가 출동해서 적과 대결하는 방법이다. 비인간적인 전술 같지만 전쟁은 어차피 인간성을 포기하고 덤비는 일이라서, 이 정도의 비인간성은 병사들도 수긍했다. 어쨌든 패전보다는 승리가 희생이 적을 테니까.

전투는 정교한 계획을 세우고, 함정을 파고, 그 속으로 동물을 몰아가듯 진행되는 경우도 있지만, 보통은 상대도 대응하게 마련이다. 전투 중에 수많은 돌발 상황과 명령 불이행이 발생하기 때문에 순식간에 발생했다가 사라지는 전황들에 어떻게 대응하는지가 중요하다. 결국 승부의 분기점은 이 순간적인 상황을 대처하는 능력에 있다. 그래서 손자가 정병으로 대응해도 승부는 기병으로 결정 난다고 말했던 것이다.

이것이 최정예부대를 예비대로 선정해야 하는 진정한 이유이기도 하다. 축구에서 프리롤을 맡는 선수는 대개 최고의 선수다. 전장에서 창의적이고 신속한 대응을 하려면 전투 경험이 풍부한 정예부대여야만 한다. 훈련받지 않은 작전이나 처음 겪는 전술적 환경을 이해하고 수행할 능력이 있고, 승리의 냄새를 맡을 수 있는 군대여야 진정한 기병 역할을 수행할 수 있다. 따라서 단순히 체력적인 이유로 전위 부대와 후위 예비대를 교체 사용하는 경우와는 효용가치 면에서 비교할 수 없다.

대형의 가짓수보다 변화에 조응하는 능력을 훈련하라

만약 손자의 제자가 손자의 명을 받아 매뉴얼로 꽉 채워진 실용 병서를 작성했다면 대형을 설명하는 대목에서 다음과 같은 서술이 반드시 들어갔을 것이다.

'부대는 대형 훈련을 숙지해야 한다. 그러나 한두 번의 단순한 신호로 이해할 수 있는 수준을 넘어서 복잡하거나 많은 대형을 연습하는 것은 의미가 없다. 예를 들면 붉은 기를 상하로 흔들면 종대, 좌우로 흔들면 횡대, 푸른 기를 상하로 흔들면 방진, 좌우로 흔들면 원진과 같은 방식은 좋다. 그러나 붉은 기를 한 번 흔들고 푸른 기를 두 번 흔들면 종대로 행군하다가 방진을 펼친다거나 붉은 기 하나와 푸른 기 하나면 장사진, 붉은 기 하나와 푸른 기 두 개면 학익진, 이런 식의 복잡한 신호와 대형 변경은 훈련할 필요도 없고 효과도 없다. 실전에서 혼란만 야기할 뿐이다.'

'세' 편에서 대형은 병사들의 전투태세와 사기에 큰 영향을 준다고 말했다. 전투를 시작할 때 정병으로 대응해야 하는 이유는 병사들이 전쟁터에서 자신들의 위치와 사명을 감지하고 안정감을 갖도록 하기 위해서다. 처음부터 전혀 예상치 못한 낯선 상황에 투입되면 병사들은 불안해진다. 사람은 불안하거나 생명의 위험을 느끼면 어떤 구실로든 그 상황에서 빨리 벗어나려고 하기 때문에 상황 변화에도 기민하게 대처하지 못한다.

누군가를 전투에 투입한다는 것은 그 사람의 생명을 요구하는 행위다. 아무리 군대가 상명하복을 중시하는 사회라고 해도 병사는 기계가 아니다. 인간은 끊임없이 사고하는 존재고, 공포에 젖어들고, 자존감과 자의식 없이는 아무것도 하지 못한다. 의식적이든, 무의식적이든, 병사들은 자신이 처한 상황을 이해하기 위해 고민하고, 주변의 전황과 아군과 적군의 힘의 우열을 판단하려 한다.

그러므로 그들에게 확신을 주고, 주어진 명령과 전술을 확고하게 납득하고 전투 의욕과 결의를 다지게 하려면, 이해하기 쉬운 상황에서 시작해야 한다. 정병은 역할이 정해졌거나, 정해진 것처럼 보이는 부대다. 그래서 정병으로 익숙하고 납득할 수 있는 환경에서 시작해야 한다. 그리고 그들이 기병으로 전환하고 난생처음 겪는 명령과 임무를 맡게 되더라도 단계적이고 자연스럽게 전황과 임무에 몰입하게 해야 한다.

근대 독일의 위대한 전략가인 클라우제비츠나 몰트케Helmuth Karl Bernhard von Moltke, 1800-1891가 지적한 바와 같이 전장의 가장 큰 적은 살인 무기가 아니라 불확실성이다. 모든 인간은 자기 생명과 인생을 불확실한 포연 속에 밀어넣고 싶어 하지 않는다. 전쟁사를 보면 절망적 상황에서 고지에 고립된 병사들이 적군에 대한 공포스러운 소문만 듣고 불안해진 병사들보다 훨씬 헌신적이고 용감하게 싸운다. 그들은 탈출구가 없어서 영웅적인 저항을 하는 것이 아니다. 상황을 확실하게 인지해야 저항이든 항복이든 분명한 선택을 할 수 있기 때문이다.

긴장된 상황, 불확실성과 죽음이 가득한 전쟁에서 병사들을 진정시키는 최고의 요소는 익숙함이다. 1967년 6월에 벌어진 6일 전쟁 당시 이스라엘군의 승리 요인은 충분한 사전 훈련이었다. 이스라엘 지휘관들은 각자의 맡은 구역과 목표를 위해 비슷한 지형을 물색해 훈련을 지독하게 반복했다. 얼마나 철저하게 훈련했는지, 마침내 전쟁이 발발하고 실전에 투입되었을 때 이스라엘군 병사들이 처음 느낀 감정은 익숙한 곳, 이전에 와봤던 곳에 와 있다는 느낌이었다고 한다. 이것이 훈련으로 달성할 수 있는 최고의 경지다. 낯선 전장이 익숙한 곳 같다는 느낌의 의미는 무엇일까? 창의적이고 적극적으로 활동할 수 있는 플랫폼이 깔려 있다는 말이다.

실전 같은 훈련이 필요한 이유

'정병과 기병의 변화는 무궁하다'는 명제에 현혹되어 훈련을 통해 가짓수 늘리기에 몰입하면 그 군대는 반드시 실패한다. 복잡하면 숙달하기 어렵고, 실전에서는 더 경직된다. 변화는 훈련된 포메이션이 아니라 적응과 창의에서 나온다.

정병으로 시작하는 전투는 기본적인 시작에 불과하다. 그것으로 승부를 결정짓지 못한다. 정병의 포진은 기본 수준에 머무를 수밖에 없기 때문에 적도 예측할 수 있다. 그것을 두려워할 필요가 없다. 그것이 정병의 중요한 목적이기도 하다. 정병으로 속이고 기병으로 적의 허를 찌르면 이기고, 정병으로 일관하면 적에게 의도를 간파당한다.

훈련 과정도 마찬가지다. 모든 훈련은 반드시 정병에서 시작해서 기병으로 진화하는 상황, 즉 확실한 상황에서 불확실하고 창의적인 상황으로 진입하는 것으로 마무리되어야 한다. 전시용 훈련, 무사고 훈련, 각본대로 하는 훈련으로 일관하는 군대는 반드시 실패한다. 기병화의 과정을 밟지 않기 때문이고 이것은 곧 승리를 결정짓는 훈련을 하지 않았다는 의미다.

안전한 훈련, 보여주기식 훈련은 확실한 패배를 낳을 뿐이다. 승리의 비결은 몰트케의 말처럼 보이지 않는 불확실성의 영역에 있다. 그곳에 다가가고 적응하는 훈련이 진정한 훈련이다.

독일 기갑 전술의 아버지라고 할 수 있는 구데리안은 프랑스 침공 전 최고의 공격 훈련을 수행했다고 자부했다. 구데리안의 기갑 군단은 각본 없는 위험한 훈련을 소화했다. 심지어 오폭의 가능성이 큰 공중 지원도 마찬가지였다. 훈련장에 붙어 있는 구호는 '훈련 중의 땀 한 방울이 전장에서의 피 한 방울이다'였다. 너무 비관적으로 보이지 않기 위해서 땀과 피를 한 방울이란 등가로 대비했겠지만, '훈련장에서 흘린 한 방울의 피가 전쟁에서 열 방울의 피를 대체한다'가 전쟁의 현실이다.

군대만이 아니라, 우리 사회를 보면 '보여주기'를 위한 전시용 훈련이 일반화되어 있다. 훈련에는 실험과 점검이 동반되어야 한다. 돌발 상황 대처 능력을 파악하고 문제점을 찾아내야 한다. 그러나 우리 사회는 각본대로 정확하게 감동적으로 연기하는 것을 시험한다.

이런 비판에 항상 나오는 반론이 있다. "무형의 요소는 공정하게 채점할 수가 없다." 그렇지 않다. 그것은 공정을 가장한 위선이다. 전근대 과학과 현대 과학, 전근대 의학과 현대 의학의 차이점이 무엇일까? 보이는 것을 대상으로 하느냐 보이지 않는 것을 대상으로 하느냐의 차이다.

아이작 뉴턴Isaac Newton, 1642-1727은 자신이 평생 해명해야 할 물리학의 과제 40여 가지를 노트에 적어놓았다. 그것은 인력, 공기역학, 빛, 속도, 부력, 행성 간의 중력, 파장, 광학 등이었다. 동료 학자가 뉴턴에게 이렇게 충고했다면 어떻게 되었을까?

"그런 것들 말고 제발 다른 것을 연구하세요. 그것들은 눈에 보이지 않아서 당신의 업적을 평가해줄 수 없습니다."

용기는 분위기에도 좌우된다

> 인간의 지혜로 그렇게도 많은 병력을 질서 있게 정렬시켜 정해진 곳에 있게 한다거나 모든 일이 회의실에서 세운 계획 그대로 야전에서 전개된다는 것은 불가능한 일이다. 건전한 판단력이 있는 사람이라면 그런 수준을 기대하는 것이 하느님의 뜻을 거스르는 일이라고 믿을 것이다. — 몽레리 전투에 대한 코미네Philippe de Commynes, 1447-1511의 기록[19]

부르고뉴 공작으로, 용맹한 성품을 지녀 '대담공'이란 별명을 갖고 있던 샤를 1세 Charles Ier de Bourgogne, 1433-1477은 1465년 7월 16일 파리 근교의 몽레리 마을에 도착했다. 작은 하천 건너편에는 그의 적, 프랑스 부르봉 왕가 루이 11세의 군대가 집결 중이었다.

부르고뉴 공국은 프랑스에서 가장 부유한 지역이었던 프로방스를 소유하고, 바다 건너 영국과도 친밀한 관계를 맺고 있었다. 부르고뉴의 영주 발루아 가문은 뛰어난 지휘관들을 배출하며, 백년전쟁 기간에 야심을 키워왔다. 마침내 샤를은 부르고뉴를 독립시키고 장래에는 신성 로마 제국의 황제가 되겠다는 야심 찬 행보를 시작한다. 1461년에 즉위한 루이 11세는 샤를의 야심을 방관할 수 없었다. 결국 전쟁이 터졌다.

샤를은 파리로 진군했고, 루이 11세는 파리를 구하기 위해 달려왔다. 양측의 군대는 여러 동맹 영주들의 연합체였다. 샤를의 직할 병력은 중무장 기사 400명과 경무장 기사 1,400명, 궁수 4,000명이었다. 이 무렵에 대포가 발명되어 전쟁에 투입되었는데, 실전에서 그 위력은 미지수였다. 궁수의 비율이 높은 것은 백년전쟁 동안 영국의 궁수에게 상당히 당했던 영향인 것 같다.

이 시대의 표준 전술은 궁수와 대포가 사격을 가하고, 중무장 기사단이

---

19 한스 델브뤼크 지음, 민경길 옮김, 《병법사 3》 한국학술정보, 2009, 517쪽.

·그림 17· 샤를 '대담공'의 초상화.

달려서 승부를 결정짓는 방식이었다. 보병은 활약할 자리가 별로 없었는데, 화살과 대포 때문에 기사들이 말에서 내려 보병으로 싸우는 경우가 종종 있었다. 이것은 영국인이 전해준 전술이기에 프랑스 기사들은 처음에 이를 거부했지만, 몇 번의 충격적인 패배를 겪은 후 고집 센 프랑스 기사들도 이제는 말에서 내려 싸우는 방식을 받아들이고 있었다.

기사 보병의 등장에는 당시 기사단 외에 백병전을 벌일 만큼 잘 훈련된 보병 자원이 드물었다는 사정도 작용했다.

다른 영주들의 편제도 이와 비슷했을 것이다. 그런데 열악한 도로 사정과 수송 능력으로 군대가 단기간에 집결하기가 쉽지 않았다. 전투가 벌어졌을 때도 양측 군대가 계속 집결하던 중이었고, 많은 부대가 상당히 떨어져 있었다.

샤를이 원래 전투 장소로 계획했던 곳은 몽레리에서 5킬로미터 남쪽에

있는 롱주메 마을이었다. 몽레리에는 샤를이 신뢰하는 조력자 생 폴^{Louis de}
Luxembourg-Saint-Pol, 1418-1475 백작이 주둔하고 있었는데, 루이 11세가 롱주메
로 올 것으로 예상해서 그가 도착하면 생 폴이 롱주메로 달려와 합류하기로
되어 있었다. 그러면 샤를과 생 폴은 루이를 양방향에서 협공할 수 있었다.

그러나 루이 11세의 군대가 생 폴의 주둔지 앞에 덜컥 나타나는 바람에
처음 계획과 반대로 롱주메에 있던 샤를이 몽레리로 달려가게 되었다.

샤를은 몽레리 마을에 병력을 단계별로 투입하는 그럴듯한 전투 계획을
세웠는데, 조바심을 내던 부대 일부가 명령도 받지 않고 마을에 난입해서 충
돌하면서 계획이 틀어졌다. 처음 예상했던 전투지가 아니므로 샤를은 병력을
배치하고 이동로를 정확히 지정할 수 없었다. 사전에 구상하고 지정했다고 하
더라도 제대로 수행될 리가 만무한데 구상조차 못 한 상황이니 대형이 꼬이
는 것은 불 보듯 뻔했다.

샤를은 농작물이 무성하게 자라 있는 들판으로 병력을 진격시켰다. 혼
돈 탓인지 샤를의 부대는 궁수가 앞에 서고 보병이 뒤에서는 이상한 형태로
진군했다. 적과 근접하자 궁수들이 활을 쏘기도 전에 뒤에 있던 샤를의 기병
과 보병이 아군 궁수들을 밟으며 앞으로 튀어나갔다. 4,000명의 궁수가 당시
1,200명이었던 아군 보병에 의해 순식간에 무용지물이 되었다. 그리고 튀어
나간 보병은 적군에 의해 순식간에 무너졌다.

이 패전의 여파로 여러 영주의 군대가 집결 중이던 부르고뉴군의 좌익
이 동시에 무너졌다. 절반 이상이 도주하고, 도주하지 않은 병력은 흩어져 숨
었다. 생 폴 백작은 가까스로 병사를 모아 질서 있게 퇴각했는데, 이 질서 있는
후퇴에 참여한 병사는 겨우 40명이었다.

유일하게 승리한 부대는 샤를과 그를 따르는 100명 정도의 기사들이었
다. 전투가 시작되자마자 대담한 부르고뉴 공작은 총사령관에서 순식간에 백
인대의 기사 대장으로 변신했다. 마음속까지 완벽하게 백인대장으로 변신한
샤를은 전황을 전혀 알지 못했다. 닥치는 대로 눈앞의 적을 치면서 쫓다가 결

국에는 쫓기게 되었다. 이리저리 헤매던 샤를은 출발지로 돌아오다가 들판에서 포위되어 죽을 뻔했다. 간신히 처음 진격을 시작했던 자리로 돌아왔을 때 그의 주변에 모여 있는 병력은 100명이 되지 않았다. 이 전투를 기록한 코미네는 샤를의 충성스러운 부하였음에도, 마음속으로 이때 적군이 다시 나타나면 바로 도망쳤을 것이라고 회상했다.

몽레리 전투는 군대가 대형을 유지하고 신호에 따라 기계처럼 움직인다는 게 얼마나 어려운 일이며, 그런 전투를 벌이려면 지휘관의 능력뿐 아니라 넓은 개활지, 병력 집중, 양쪽 지휘관의 전쟁관 등 여러 가지 전제 조건이 필요하다는 사실을 말해준다.

물론 이날 전투에 참전한 부르고뉴 병사 중 상당수가 전투 경험이 없었다는 사정도 고려해야 한다. 전성기 로마 군단처럼 노련한 직업 전사들이었다면 그들은 훨씬 멋진 전투 장면을 연출했을 것이다. 굳이 초보들의 전투를 사례로 든 이유는 우리가 간과하기 쉬운 편제와 대형의 기본적인 기능을 상기시키기 위해서다.

불안과 공포가 소용돌이치는 전장에서 지휘관이 이성을 유지하고 적절한 판단을 내리기란 쉽지 않은 일이다. 산전수전 다 겪은 지휘관이 건강한 이성을 유지하고 있다고 해도 그것이 병사들에게 전염되기를 기대할 수는 없다. 샤를의 부대는 궁수를 앞세우고 진격했으며, 그 뒤를 따르는 1,200명의 보병 중에 백병전을 감당할 수 있는 전사는 10분의 1도 되지 않았다. 그럼에도 그들은 적과 마주치자 궁수들이 첫 발도 쏘기 전에 궁수의 대형을 무너트리며 튀어나갔다.

표준 대형은 일종의 매뉴얼 역할을 한다. 이날 부르고뉴군이 표준적인 전술 대형을 숙지하고만 있었어도 궁수를 앞세우는 그런 실수를 저지르지는 않았을 것이다.

한편 이날 전투에는 세 종류의 도망병이 있었다. 전투가 시작되자마자 전장에서 완전히 이탈해버린 도망병, 숲에 숨어서 추이를 엿보고 있는 도망병, 그리고 용기를 내어 대장의 숙영지로 나왔지만 언제라도 도망칠 태세를 갖춘 병사들이다. 그들은 샤를이 공격을 선언하고 전투태세를 하달하자 비로소 도망치려는 마음을 버리고 굳센 전사로 변모해서 숙영지를 사수했다.

대형은 병사들의 전투태세를 유지함으로써 손자가 말하는 '세'를 가시적으로 보여주고 유지하는 역할을 한다. 전통적으로 밀집대형의 주요 기능은 병사들의 도주를 방지하는 것이었다. 강철 야포에 기관총까지 등장한 남북전쟁에서 밀집대형을 이룬 병사들은 서서 학살을 당했다. 포탄 한 발에 100명이 쓰러지는 경우도 있었다. 그럼에도 양측 지휘관들은 밀집대형을 포기할 수 없었다. 밀집대형을 느슨하게 하면 포탄이 도달하기도 전에 군이 붕괴될 거라고 걱정했기 때문이다.

그러나 밀집대형에 이런 물리적 도망 방지 기능만 있는 것은 아니다. 샤를 1세와 생 폴 백작의 병사 140명이 수레로 방호벽을 쌓고 야전 진지를 구축하자, 이탈했던 병사 800명이 추가로 모여들었다. 그들에게 전투태세를 하달하자 병사들은 더 이상 도망치지 않았다. 대형을 유지하고, 명령 체계가 살아 있고, 통제가 유지된다는 사실, 그것을 눈으로 확인할 수 있을 때 병사들은 두려움을 극복하고 싸울 수 있는 군대가 된다. 이렇게 통제력, 대형, 깃발, 병사들의 자세가 뭉쳐져서 과시하는 상태가 바로 '세'다.

4

사납게 흘러내리는 물激水[20]이 돌을 떠내려가게 하는 것이 '세'다.

　사나운 매가 빠르게 날아들어 새의 몸을 찢고 날개를 꺾는 것은 정확하게 조준하고 타이밍을 맞추기 때문이다. 이것이 '절도'다. 고로 전쟁을 잘하는 자의 기세는 맹렬하고, 절도는 간명하다. 세는 쇠뇌의 시위를 당겨놓은 것 같고, 절도는 기계장치의 방아쇠를 당겨 화살을 발사하는 것과 같다. 적과 아군이 뒤섞이면 전투가 혼란스러워진 것처럼 보이지만 아군은 혼란에 빠지지 않는다. 대형이 혼란스럽게 섞이고 변해 아군 대형이 사각대형에서 원형으로 바뀌어도 적이 아군을 패배시킬 수 없다. 혼란은 다스려진 것에서 나오고 겁은 용기에서 나오며, 약한 것은 강한 것에서 나왔기 때문이다.

　군대가 다스려지느냐 혼란하냐는 편제의 문제다. 용감하고 비겁한 것은 세의 문제다. 약하고 강한 것은 형태의 문제다.

지금까지 기세를 강조하던 손자가 여기서부터는 절도를 말한다. 병사들

20　격수: 단순히 거칠고 빠른 물살이 아니라 강에 바위나 암석 같은 장애물이 많아 물이 부딪히고 부서지면서 휘돌아 내려가는 격류를 말한다.

이 기세 충만해서 쏟아지는 폭포처럼 사납게 돌진했다고 해도 그저 불도저처럼 짓밟고 전진할 수는 없다. 이런 단순함으로 승리를 구가하는 시간은 짧다. 적어도 입구만이라도 부수었다면 당황한 적의 허점을 놓치지 않는 기민함과 예리함을 발휘해야 한다. 그것이 절도다.

손자는 매를 예로 들어 절도를 설명했다. 매는 종류마다 사냥법이 다르다. 손자의 설명에 부합하는 매는 송골매다. 매사냥에서 가장 인기 있는, 가장 큰 장쾌함과 전율을 전해주는 매가 송골매다. 자연계에서 가장 빠르게 수직 급강하를 할 수 있는 생물이기 때문이다. 제트 전투기 조종사가 급강하 때 버틸 수 있는 최대 압력이 9Ggravity, 중력가속도다. 실제로는 9G까지 버틸 수 있는 조종사가 드물다. 6G까지만 버텨도 일류다. 그러나 송골매는 무려 22G의 압력을 견뎌내며 내리꽂힌다.

·그림 18· 송골매의 활강. 동그라미 속 송골매의 동작을 표현하기 위해 사냥 순간을 반투명의 연속동작으로 그려놓았다. 16세기 회화. 파올로 피아밍고Paolo Fiammingo 작, 베네치아, 카 레초니코 박물관.

송골매는 사냥감인 꿩이 낮게 날면 거의 지표면까지 충돌할 듯 강하한 뒤 눈으로 봐서는 불가능해 보이는 급선회를 한다. 작은 송골매가 초저공에서 먹이를 채서 상승할 수는 없으므로 강하의 가속도를 이용해서 꿩을 위에서 슬쩍 밀듯이 치고 빠진다. 이 타격법이 상당히 위력적이다. 공중에서는 작은 힘에도 중심을 잃고 조종 불능 상태에 빠지기 쉽다.

송골매는 매 중에서도 체구가 작은 편인데, 이 전술로 큰 매나 독수리에게도 지지 않는다. 덩치 큰 맹금류들도 중심을 잃으면 속절없이 추락하거나 어딘가 부딪혀 상처를 입는다. 송골매의 급강하 타격은 위력적이지만, 속도와 타이밍이 조금만 어긋나면 자기 발목이 부러지거나 상대와 충돌해서 온몸이 부서져버릴 것이다.

여기서 손자의 교훈은 명확하다. 둑이 터진 물처럼 공격하라고 해서 닥치는 대로 타격하고 부수며 나아가서는 안 된다. 모든 것을 쓸어버릴 듯한 기세로 공격해서 적을 당황하게 하고, 그 순간을 노려 송골매처럼 순간을 놓치지 않고 결정적인 지점을 타격해서 붕괴시킨다.

혼란은 다스려진 것에서 나온다

상대가 폭포 같은 기세에 밀려 싸우지 않고 도망치면 다행인데, 상대도 만만치 않아서 똑같이 대응한다면 두 개의 격류가 부딪히는 양상이 된다. 이런 전투가 지속되면 적군과 아군은 점점 더 섞이고, 대형은 뒤틀린다. 승부를 예측할 수 없으며, 같이 지치고 희생자는 늘어간다.

이런 상황에서 손자는 어떤 조언을 줄까? 손자는 선문답 같은 대답을 남겼다. '혼란은 다스려진 것에서 나오고 겁은 용기에서 나오며, 약한 것이 강한 것에서 나온다.' 이게 무슨 소리일까?

전투란 충돌이다. 두 대의 차량이 서로 맞부딪치며 한쪽이 완전히 부서질 때까지 끝나지 않는다. 팽팽한 대결이어서 두 대의 차량은 형태를 알아볼 수 없을 정도로 찌그러지고 부서졌지만, 헐떡이면서 최후의 돌진을 준비한다. 두 차의 원형을 알고, 부딪치면서 찌그러지는 과정을 쭉 관찰한 사람이라면 어느 쪽이 유리하다거나 한두 번만 더 부딪치면 어느 쪽이 이기겠다는 판단이 선다. 그러나 그 현장에 막 도착한 사람은 만신창이가 된 차량이 흉측하기만 할 것이다.

이것이 다스려진 데서 나온 혼란과 그렇지 않은 혼란, 강함에서 나온 약함과 진행 과정을 알 수 없는 약함의 차이다. 적과 싸워서 승리할 수 있다는 기세가 있고 편제가 확고하며, 대형과 전투의 과정을 알고 있는 군대, 프로세스를 알고 있는 사람은 치열한 전투로 깨지고 무너져도 물러서지 않고, 송골매의 강하 타이밍을 끝까지 노린다.

기원전 57년 갈리아 2차 원정에 나선 카이사르는 벨기에의 상브르강(당시 명칭은 사비스강)에서 갈리아 전체에서 가장 강하고 사납고 야만적이라고 알려진 벨기에 3부족의 연합군과 대적하게 되었다. 카이사르 부대는 7군단에서 14군단까지 여덟 개 군단이었다. 우익에 7, 12군단, 중앙에 8, 11군단, 좌익에 9, 10군단을 배치했다. 13, 14군단은 후방에서 군수품 수송대와 함께 오고 있었다.

벨기에인은 로마군 기준으로 우익에 네르비족, 중앙에 비로만두이족, 좌익에 아트레바테스족이 포진했다.

상브르강 전투는 카이사르가 적의 동향을 예측하지 못하고 있다가 허를 찔린 몇 안 되는 전투였다. 네르비족은 "문명은 전사를 약하게 한다"는 신념을 지닌 전사 부족이었다. 이들의 문명 거부증 덕분에 갈리아 상인들조차도 영토에 들어가지 못했다. 이들의 군대는 기병 없이 모두 보병이었다. 카이사르는 벨기에 부족이 기병도 없고 갈리아인과도 상종하지 않는 야만족 중의 야만족이라 힘으로 우악스럽게 덮칠 것이라고 생각했던 것 같다. 하지만 싸움의 천재는 어디에나 있다.

자신의 판단 착오를 숨기고 싶었던 카이사르는 로마군과 함께 지내던 개화된 갈리아인 배신자가 몰래 네르비족에게 전술을 가르쳐주었다고 기록했다. 네르비족도 로마군의 전법을 연구했을 텐데, 카이사르가 이 부분을 과장했을 것이다.

　　네르비의 수준을 간과한 카이사르는 진지 공사를 지시했다. 무턱대고 덤벼오는 야만인들에게 로마군의 정교한 진지는 늘 효과적이었다. 하지만 벨기에인들은 무턱대고 덤벼들지 않았다. 카이사르를 우회해 후방에서 다가오던 군수품 수송대를 먼저 습격했다. 동시에 대장 격인 네르비족의 일부는 우익을 습격하고 나머지는 무방비 상태의 군영지를 습격했다. 이를 신호로 중앙과 좌익에서 벨기에인의 일제 공격이 시작되었다.

　　로마군은 진지 공사 때문에 병사들이 분산되어 있고, 심지어 갑옷도 벗

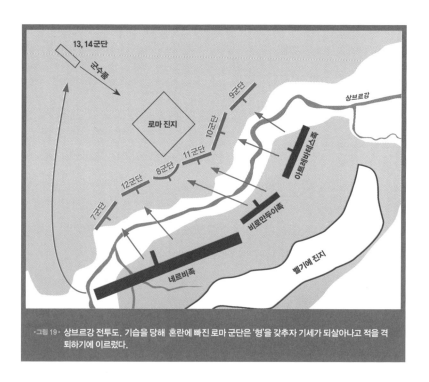

•그림 19• 상브르강 전투도. 기습을 당해 혼란에 빠진 로마 군단은 '형'을 갖추자 기세가 되살아나고 적을 격퇴하기에 이르렀다.

고 있었다. 그들은 본대를 찾아 대형을 편성할 시간도, 심지어 갑옷을 입을 시간도 없었다. 불행 중 다행인 것은 전 병력을 진지 공사에 투입하지 않고 일부를 전투 대형으로 편제해두었다는 것이다. 이 수비대가 습격을 저지하는 동안 나머지 병사들은 기존 소속과 편제를 무시하고 즉석에서 산비탈에 의지해서 대형을 형성하고 방어전을 시작했다.

기습을 허용했음에도 군단이 붕괴되지 않고 전투태세를 유지한 것은 로마 병사들의 전투 경험과 노련미 덕분이었다. 그러나 임시로 구성한 대형이어서 로마군의 체계적인 전투 대형과 방어선을 구축할 수는 없었다. 부분적으로 공간을 노출시키고 말았다. 이 공간으로 벨기에인들이 침투했다. 전황은 군단마다 제각각이었고, 군단 간의 연결과 원호는 끊어졌다. 통로가 차단되고 전선이 일관성을 잃어서 카이사르는 원군을 보낼 수도, 대형을 정비할 수도 없었다. 로마군은 제각기 다른 상황에서 각기 다른 운명과 마주쳤다.

좌익과 중앙은 혼란을 수습했다. 좌익은 적 공격군을 격파하고 오히려 공세로 나가 아트레바테스족을 강 건너까지 추격했다. 중앙에서도 로마군이 비로만두이족을 격퇴했다. 하지만 네르비를 상대해야 했던 우익은 위기였다. 12군단은 전투 대형을 갖출 틈도 없이 전투에 휘말려 들었다. 난전이 되면서 백부장들은 전투의 중심에 서서 시간과 공간을 확보하려 했을 것이다. 그러나 병사들이 제때 반격을 가하지 못했기 때문에 대부분이 전사했다. 카이사르가 가장 신뢰하던 백부장 중의 백부장 섹스티우스 바쿨루스Publius Sextius Baculus마저 중상을 입고 쓰러졌다.

군단병들이 아무리 노련하고 임기응변이 뛰어나도 백부장들이 전사하자 대형을 이룰 구심점을 잃었다. 뒤에 있던 병사들 일부는 대형을 구성하려고 하지도 않았다.

카이사르는 12군단이 버텨내지 못할 것 같다는 위기감을 느꼈다. 옆의 7군단도 똑같이 위험했다. 후방의 상황은 더 심각했는데 로마 군단의 본부에는 방어 병력이 없었다. 정규군은 없이 투석기 부대, 용병 기병대, 상인, 갈리아인 지원 부대가 있을 뿐이었다. 갈리아 기병대는 전위의 로마군이 포위된 것을 보자 카이사르는 끝났다고 생각하고 전장을 이탈했다. 그들은 자기 부족에게로 돌아가 카이사르군이 패전했다고 보고했다.

전선으로 다가오고 있던 군수품 수송대의 운명은 아무도 알 수 없었다. 카이사르는 좌익 끝에서 우익까지 이동하며 부대를 지휘했지만, 그가 동시에 사방으로 명령을 내리고 통제할 수는 없었다. 원군도 기대할 수 없었다.

그 와중에 카이사르는 좌익의 성공을 알게 되었다. 이제 우익만 문제를 해결하면 승리를 확보할 수 있다는 확신을 얻었다. 로마군의 기본 전투 대형은 방진이다. 그러나 12군단은 적에게 포위되어 원형으로 뭉쳐 있었다. 손자가 말한 사각대형이 원형으로 바뀌었다는 말이 이런 의미다. 카이사르는 적과 직접 상대하는 전위까지 나아가 생존해 있는 백부장을 찾아 호명하며 앞으로 끌어냈다. 그는 위치를 잡아주고 최하 전투 단위인 120명으로 구성되는 마니풀루스를 형성하게 했다. 로마군에게 사각대형을 만들어 작은 공세라도 펼 수 있게 한 것이다.

원래 로마군의 기본 전투 단위는 대대大隊인 코호르스였다. 중대인 마니풀루스를 만들라고 했다는 것은 로마군이 형形을 거의 상실하고 있었기에, 지금 가능한 작은 대형부터 만들게 한 것이었다. 뛰어난 상황 판단력과 '형'에 대한 이해가 있는 지휘관만이 할 수 있는 명령이었다. 카이사르의 지시대로 마니풀루스가 형성되자 병사들의 기세도 살아났다. 병사들이 모여들고 대형이 확대되었다. 로마군의 전투력이 되살아나자 적의 기세가 주춤했다.

이런 노력으로 12군단은 대형을 약간 회복했다. 그러나 아직은 정신없이 앞만 보며 싸우는 식이었다. 크고 작은 대형이 만들어졌지만 서로 고립되어 있었다. 12군단을 떠나 7군단으로 온 카이사르는 천부장에게 대형을 움직이라고 명령했다. 앞만 보고 싸우지 말고 옆의 대형을 엄호하며 싸우라는 것이다. 상실됐던 리더십이 회복되자 대형 간의 팀워크도 살아났다. 대형들을 움직여 서로 간의 간격을 회복하고, 좀 더 큰 단위의 전투 대형, 즉 원래의 코호르스에 가까운 형태가 이루어졌다. 병사들은 측면과 후방에 대한 불안감이 줄어들었고, 자신감 있게 전투에 집중할 수 있게 되었다.

12군단의 안정감이 강화되었다. 그때 수송대 호위로 파견했던 13, 14군단이 달려왔다. 이들은 벨기에인들이 전혀 예상치 못했던 부대로, 그들은 수송대에 호위 군단이 없다고 알고 있었다. 여기에 적을 격퇴한 좌익 부대가 적의 진지를 빼앗고 완전한 승리를 거두자 10군단을 우익으로 보내 지원했다.

이제 전세는 완전히 역전되었다. 중앙과 좌익의 두 종족은 정면의 로마군을 공격했으므로 패전하자 뒤로 퇴각할 수 있었다. 그러나 우익의 네르비족은 로마군 후방으로 깊이 들어왔다가 포위되었다. 네르비족은 소멸했다. 600명의 원로는 세 명만 남았고, 6만 전사 중 생존자는 600명 정도였다.

5

그러므로 적을 잘 조종할 줄 아는 사람은

적이 유혹될 만한 형태를 보여주어서 적이 그것을 따르게 만들고, 적이 원할 만한 것을 줘서 적이 획득하게 한다. 이처럼 적에게 유리한 것으로 유혹해서 적을 움직이고 아군은 기회를 노리며 대기한다.

유비는 적벽대전의 승리로 형주의 절반을 얻고 기세를 더해 촉한을 얻었다. 조조는 충격을 받았다. 형주와 촉에서 동시에 위를 공격하면 위는 남쪽과 서쪽을 동시에 방어해야 한다. 오랜 내전으로 병력과 전쟁물자를 조달하기는 점점 힘들어지고 있었다. 10만 군대를 동원하기도 어려운 시대에 양면 공격은 천하의 조조도 감당하기 힘들었다. 그러나 손권孫權, 182-252의 오나라가 형주를 습격해준 덕에 관우가 살해되고 유비는 형주를 잃었다.

천하를 통일할 절호의 기회를 놓친 유비의 심정은 말로 표현할 수 없었을 것이다. 그래서인지 기록도 남아 있지 않다. 좌우간 유비는 전략을 수정해야 했다. 전군을 모아 위를 칠 것인가? 아니면 형주를 탈환해서 이전의 세를 회복할 것인가? 유비는 형주로 진격한다.

초반에는 승승장구했다. 오나라의 새로운 사령관이 된 젊은 육손陸遜,

183-245은 후퇴에 후퇴를 거듭하다가 형주의 입구인 이릉까지 몰렸다. 221년, 이릉 대회전의 막이 올랐다. 이때 유비의 진영은 무려 50여 개가 넘는 진으로 나뉘어 있었다. 이 소식을 들은 위나라의 새로운 황제 조비曹丕, 187-226, 220년 조조 가 사망하자 아들이 왕위에 올랐다는 이렇게 말했다고 한다 "유비는 병법을 모른다. 어떻게 진영을 그렇게 나누고 전쟁을 하는가? 유비는 반드시 패할 것이다." 조비의 말이 실화인지 후대에 만들어진 말인지는 모르겠지만, 유비의 전술은 확실히 불가사의한 것이었다.

이 미스터리에는 정답이 없지만, 적장 육손의 글에 단서가 있다. 육손이 이릉까지 순순히 후퇴하자 오나라에서는 육손에 대한 비난이 빗발쳤다. 육손은 손권에게 자신의 전략을 납득시켜야 했다. 육손은 자신이 가장 두려워한 것은 유비가 수륙병진책을 사용하는 것이었다고 말했다. 유비의 진격로는 대협곡에 있는 지금의 싼샤댐을 거쳐 흘러가는 양쯔강을 따라 이어졌다. 만약 유비가 양쯔강 상류로부터 함대를 발진시켜 육군과 나란히 전진하면 촉군은 보급에 걱정이 없고, 우측면을 수군으로 엄호받을 수 있다. 그러나 이상하게 유비는 수군을 동원하기는 했지만 육군과 나란히 진격 하지 않고 따로 이동시켰다.

육손은 확신했다. 촉군은 육군이 주력이고 이들이 외길로 오기 때문에 유비가 쓸 수 있는 전술은 뻔하다. 진격로가 길어질수록 유비군은 가늘어지고, 선두는 약해진다. 이 고충을 타개할 유일한 계략이 오군을 도발해서 골짜기로 유인하는 것이다. 하지만 나는 그것에 걸려들지 않을 것이다. 그러면 유비에게는 남는 수가 없다. 승리는 우리의 것이다.[21]

유비에겐 어쩔 수 없는 사정이 있었다. 촉한에는 원주민인 구 촉한 태수 유장劉璋, ?-219의 세력과 이주민인 유비, 신이주민이라는 세 개의 세력이 공존하고 있었다. 유비는 수군을 황권黃權, ?-240에게 맡겼는데, 황권은 유장의 충실

21 진수 지음, 《삼국지》 오서, 육손전.

한 신하였다. 약간의 의구심이 남았던 유비는 황권에게 보조적인 역할만 맡겼다.

이런 내적 불안이 수륙병진을 포기하게 했다. 군영을 50개로 분할시킨 것도 상호견제를 위한 안전장치였을 가능성이 크다. 육손의 후퇴 전술에 말려 진영이 275킬로미터나 가늘고 길게 이어진 탓도 있다. 적과 대치하는 상황에서 이것은 자중지란이나 다름없는데, 촉군은 나름의 대응책을 가지고 있었다. 적이 공격해오면 부근의 진영끼리 서로 엄호하는 메커니즘을 마련했다. 상당한 훈련이 필요한 시스템인데, 촉군은 이것을 꽤 능숙하게 해냈다. 하지만 이런 훈련이 정력을 소비하고, 군의 효율을 떨어트렸다. 육손은 촉군이 유리한 곳에서 나오지 않았고, 가진 수가 뻔한 촉군은 그를 전쟁터로 끌어낼 방법이 없었다.

222년 6월 육손이 소규모 병력으로 촉군을 공격했다. 촉군 진영은 즉시 대응을 시작해서 오나라 군대에 반격을 가했다. 그러나 이것은 위장 공격이었다. 육손은 이로써 촉군 진영의 작동 원리를 알아냈다. 그다음은 쉬웠다. 파훼법을 알아낸 오군은 아주 효과적인 공격을 했고, 촉군은 무기력하게 함락되었다. 촉군은 주력 군사와 촉을 지탱하고 있던 인재 대부분을 잃었다. 촉한은 263년에 멸망하지만 사실상 이릉 전투에서 재기불능의 타격을 입었다. 유비는 이 충격으로 223년에 사망하고 만다.

기세에 휘둘리지 말고 기세를 조절하라

적과 아군의 보병이 맞부딪쳐 치열한 접전을 벌이고 있다. 그때 갑자기 적의 후방에서 기병이 출현했다. 그들은 먼지를 일으키며 곧장 보병들을 향해 달리기 시작했다. 저들을 그대로 두면 아군의 보병대를 휩쓸어버릴 것이다. 목을 빼고 출격 타이밍을 노리고 있던 아군 기병이 바로 출동했다. 적 기병이 아군 보병대에 닿기 전에 충돌해서 길을 막고 섬멸하려는 것이다. 아군 기병이 출동하자 적도 방향을 바꿔 곧바로 함성을 지르며 달려오기 시작했다. 아군도 기세에서 밀리지 않기 위해 함성을 지르며 박차를 가한다.

기병 간에 벌이는 백병전은 처참하다. 말에서 떨어지면 부러지고 짓밟힌다. 기병의 말은 앞에 쓰러진 사람이 있으면 아군과 적군을 가리지 않고 발굽으로 찍고 지나가도록 훈련받는다. 말과 사람이 모두 피투성이가 되어 비명을 지르다 이성을 잃는다.

그 공포의 현장을 향해 두 기병부대가 마주 보고 달린다. 아군도 함성을 지르고 기병도를 뽑아 휘두르지만, 적군 역시 기세가 조금도 죽지 않고 칼을 휘두르며 달려온다. 기세에서 밀리지 않기 위해 아군은 질주 속도를 높인다. 물살도 물거품을 더 많이 일으키는 쪽이 더 거세다. 더 사납고 더 빠르게 적과 충돌해야 한다.

그런데 사실은 이렇게 싸우면 적의 페이스에 말리는 것이다. 적 기병이 천천히 다가오면 속보로 달려들고, 속보로 달려들면 질주로 응하는 것이 더 사납고 더 거셀 것 같다. 그러나 빨리 달리면 말과 사람이 동시에 지친다. 질주하면 아군 대형의 간격이 더 벌어지고 엉성해지며, 사고도 많이 난다. 상대를 겁주는 데는 효과가 있지만 적이 노련해서 겁먹지 않고 대오 정연하게 기다린다면 충돌하는 순간 뭔가 잘못되었다는 것을 느낄 것이다.

노련한 기병은 오히려 소리와 함성으로 적을 유인한다. 먼지를 일으키며 마구 달리는 것처럼 해서 적의 질주를 유발한다. 기병 전술에 대한 확고한 신념과 이해가 없으면 이렇게 도발하는 적군을 침착하게 대응하기가 힘들다. 이미 긴장으로 인해 호흡은 가빠지고 아드레날린은 최고조로 달했다. 머릿속에는 '기세에서 앞서는 자가 이긴다'는 구절만이 맹목적으로 맴돈다.

손자가 기세를 다루는 편에서 갑자기 절도와 유혹을 이야기하는 것은 바로 이런 순간을 염두에 두었기 때문이다. 다시 한번 송골매의 전투법을 기억하자. 기세를 가르치면 사람들의 머릿속에는 사나운 물살만 남는다. 손자는 감정에 휘둘리는 것과 현상만으로 이해하고 기억하는 것을 항상 경계한다. 냉정하게 분석하고 최선의 방식으로 대응하는 것, 그 행동에 대한 확신을 공유하는 것이 진정한 기세다.

여기서 한 걸음 더 나아가 손자는 상대의 감정적 기세를 냉정한 기세로 이용하라고 한다. 차가운 기세로 흥분한 기세를 유혹해서 요리하는 것이다. 적을 유혹할 때는 적이 간절히 원하는 것으로 유혹한다. 유혹의 정석이다. 그런데 적이 간절히 원하는 것에도 의식적인 것이 있고 무의식적인 것이 있다. 감정적 기세와 차가운 기세, 의식적인 소원과 무의식적인 소원. 이것이 이 구절에 숨겨진 비밀이다.

적군과 아군이 충돌하는 격한 상황에서는 무의식의 유혹도 훌륭한 무기가 된다. 무의식의 유혹이란 자신이 어떤 행동을 하거나 원하는데, 그 이면에 있는 원인, 전제를 본인도 인지하지 못하고 있는 것이다. 즉, 무의식의 유혹은 상대가 의식하지 못하는 경우가 많다. 게다가 긴장하면 할수록 두뇌는 단순해지고 보이는 것에 집착하고 더 민감하게 반응한다. 그렇게 되면 유혹의 대상은 낚시에 걸려들 준비가 된 것이다.

앞에서 여러 번 언급했는데, 전략과 전술, 작전에서는 항상 목적을 분명히 인식하고 있어야 한다. 그래야 격한 감정과 무의식 수준에 휘말려 들지 않을 수 있다.

6

전쟁을 잘하는 자는 세를 추구하지 사람을 탓하지 않는다.

능히 사람을 택해서 세를 맡긴다. 세를 맡긴다는 것은 사람을 싸우게 하되 나무나 돌을 굴리듯 하는 것이다. 나무와 돌의 성질은 안정된 곳이 있으면 움직이지 않는다. 경사진 곳에서는 움직인다. 돌이 모나면 구르지 않고, 둥글면 굴러간다. 그러므로 사람들이 잘 싸우도록 만드는 사람은 둥근 돌을 천 길이나 되는 산에서 굴려 내려가게 하는 것 같다. 이것이 세다.

"1대대는 형편없는 부대다."

"1대대가 용감하지 못해서 돌격 시점에서 주저하는 바람에 적을 놓쳤다."

사람을 탓하는 경우란 이런 식의 비난을 말한다. 개개인은 용기에 차이가 있기에 집단이 되면 용감한 자와 그렇지 못한 자가 섞일 수밖에 없다. 그러므로 집단이든 민족이든 하나의 단위가 되면 그들을 싸잡아 평가하고 단정하는 것은 옳지 못하다.

1대대가 용감하지 못하다고 평가하지 말고 지난 전투에서 그들의 기세를 끌어내지 못한 이유를 찾아내야 한다. 그들이 신병이고 전투 경험이 적어

용감하지 못하다면 리더가 그들의 기세를 올릴 방법을 찾았어야 했다. 훈련이 부족하거나 경험이 부족했다면 전쟁터를 경험하고 적응할 수 있는 과정을 고민해야 했다. 이것이 세를 추구하는 것이다.

패튼의 군기가 보여준 겉모습의 중요성

"이기지 못하면 한 명도 살아 돌아오지 마라."─패튼

사람을 탓하지 않고 세를 추구한다는 말에 가장 적절한 사례가 패튼 장군의 통솔법이다. 연합군 지휘관 중 패튼만큼 기세의 의미와 사용법에 능통했던 장군은 없었다. 너무나 교활하게 사용했던 탓에 지금까지도 억울한 비난을 받을 정도다.

북아프리카에 미군 제2군단이 처음 상륙했을 때 미군은 전투 경험이 전혀 없는 군대였다. 반면 그들이 싸워야 할 독일군은 수년간 치열한 전투를 겪어온 베테랑들이었다. 더욱이 로멜의 아프리카 군단은 전체 독일군 중에서도 최고라는 평가를 받는 부대였다.

초보 미군은 첫 만남에서부터 독일군에게 유린당했다. 로멜이 전략 요충인 카세린 계곡을 방어하는 미군을 습격해 단숨에 미군 한 개 연대를 궤멸시켰다. 대대 병력이 포로가 되었는데, 그중에는 패튼 장군의 사위 존 K. 워터스 John K. Waters, 1906-1989도 있었다. 독일 본토의 사령부에서 파견되었던 한 장교는 이때 강하게 밀어붙였다면 미군 전체를 바다로 밀어낼 수 있었는데, 이상하게 로멜이 이 정도에 만족했다고 말했다.

영국군은 이 패전을 보고 미군을 '연합군 속의 이탈리아군'이라고 부르며 조롱했다. 이 패배로 미군 군단장은 경질되고 2기갑사단장이었던 패튼이 군단장으로 승진했다.

군단장이 된 패튼은 실전 경험의 부족에 이어 참패로 인한 공포증과 무력감을 경험하고 있는 미군을 변화시켜야 하는 과제를 안았다. 여기서 패튼은 기괴한 명령을 내린다. 항상 철모를 쓸 것, 야전에서도 군복 안에 셔츠를 받쳐 입고 넥타이를 맬 것, 각반을 늘 착용할 것. 이를 위반한 병사에게는 봉급의 3분의 1 수준에 달하는 고액의 벌금을 물렸다.

패튼의 이 조치는 엄청난 화제와 기자들을 즐겁게 해준 다양한 에피소드를 낳았다. 미국의 신문과 잡지는 패튼 부대의 일화를 수없이 실었다.

한참 전투 중인 소대가 있었다. 갑자기 전령이 달려오더니 패튼 장군이 망원경으로 소대의 전투를 관측 중이라고 말하며 패튼이 친필로 쓴 메모를 내밀었다. 쪽지에는 이렇게 적혀 있었다. "당장 각반을 착용하란 말이야!"

이 뒤로 패튼의 군단이 신화적인 전과를 올리기 시작했지만, 그것이 복장 군기의 효과인지에 관해서는 지금도 설이 분분하다. 패튼은 당연히 자신의 군기 잡기가 원인이었다고 자랑했지만, 제2차 세계대전 내내 패튼과 함께했던 오마 브래들리Omar Bradley, 1893~1981 장군은 시큰둥한 반응을 보였다. 이런 논쟁을 과학적으로 증명하기는 쉽지 않다.

하지만 나는 패튼의 주장에 손을 들어주고 싶다. 패튼은 군기의 효과에 대한 신념이 확고했다. 병사들이 자신감과 용기를 회복하고 총알이 날아다니는 전쟁터에 뛰어들 수 있는 사기와 용기를 충전하는 방법은 자신과 동료들의 모습에서 강인한 모습과 싸울 준비가 된 군대라는 확신을 발견하는 것이다.

철모를 쓴 병사의 모습은 비록 아직 실전을 겪지 않은 후방에서라도 서로에게 군인답다는 인상과 용기를 준다. 더 중요한 요인이 있다. 온갖 불평을 하면서도 이 부조리한 명령이 악착같이 실천되는 모습을 보면 지휘관에 대한 신뢰와 함께 서로에 대한 신뢰감이 생긴다.

철모를 쓴 모습이 실제 전투력과는 무관한 외모와 분장일 뿐이고, 그 모

습에서 자신감을 얻는 건 자신을 속이는 행위라고 해도 전쟁터에 온 병사들은 절박하다. 그들 스스로가 자신과 서로에 대한 믿음이 필요하다는 사실을 안다. 거울에 비친 자기 모습을 보라. 머리는 떡이 지고 늘어진 셔츠를 입은 구질구질한 모습이나 깨끗하게 씻고 복장을 갖춰 입은 모습이나 외모일 뿐이다. 진실한 나는 달라진 것이 없다고 해도 어떤 모습에서 자신감을 얻는가?

인재를 기존 틀에 맞추려 하지 말라

'능히 사람을 택해서 세를 맡긴다.' 이 구절은 보통 '적재적소에 적절한 인재를 임명해야 한다'는 의미로 해석한다. 그런데 중국에서는 그 이상의 의미를 지닌다. 중국은 유사 이래 영토 안에 다양한 이민족이 살았다. 중국은 주변의 이민족을 이미 한나라 이전부터 연방군으로 활용했다. 당태종이 고구려를 침공할 때는《손자병법》의 이 구절을 더욱 충실하게 수행했다. 기병은 튀르크 계열의 유목 민족을 동원했고 쇠뇌는 한족의 궁수로 조달했다. 한족도 지역을 나누어 보병은 장창을 주무기로 사용하는 중국 남부 푸젠성 산악지대의 주민으로 뽑고, 수군은 강남의 여러 지역에서 차출했다.

> '손자의 이 말은 예컨대 변방 민족과 한족 각각의 장기를 최대한 이용해서 싸우게 한다는 말입니다. 변방 민족은 말타기를 잘하므로 속전속결에 적합합니다. 반면에 한족은 쇠뇌를 잘 쏘므로 지구전에 적합합니다. 이것은 형세를 유리하게 만들기 위해 그들의 장기대로 임무를 부여한 것입니다.'-《이위공병법》상권

다국적 조직을 원활하게 운영하기 위해서는 다양한 군사의 장단점과 문화, 관습을 인정하는 유연한 가치관이 필요하다. 서로 다른 장기를 지닌 다국적군을 잘 조합하면 전력 극대화가 가능하지만, 전체를 통제할 때는 여러 가지 어려움이 발생한다. 소통 부족으로 인한 갈등은 기본이고, 상호 협력과 전술 통제도 그렇다. 주변 민족들은 자신들의 주특기와 전통적인 전술에는 강하지만 중국의 병법이나 전술, 또는 거대하고 다양한 군대를 다루는 것은 서툴다.

당나라가 채택한 방법은 한족 출신을 사령관으로 임명하기보다는 해당 민족 출신을 그 부대의 지휘관으로 임명하는 것이다. 그렇다고 해서 그들을 독립되고 이질적인 부대로 방치한 것은 아니다. 대신 그들의 리더들이 승진하고 성장하는 과정에서 거대한 군대를 통솔해보며 중국식 전술과 다양성을 이해하게 했다. 유목민 전체에게 국왕의 리더십을 가르치는 것보다는 그들의 지도자에게 제왕의 리더십을 가르치는 편이 훨씬 쉽다.

이런 과정을 겪다 보면 중국의 지휘관 중에서도 이민족 부대를 잘 통솔

하고 활용하는 장수가 나오고, 전투력이 자연스레 신장한다. 결국 당태종의 사령부는 황족과 귀족 출신, 전통적 무장 가문, 혜성처럼 등장한 평민 출신 장군, 유목민 출신 등 다양한 사령관들로 구성되었는데, 계필하력契苾何力, ?-? 같은 유목민 출신 장군은 자신들의 야성을 잃지 않으면서도 중국의 도덕과 전술 개념을 이해하는 지휘관으로 성장했다.

다국적 마인드, 다원화된 가치를 조화시키며 다국적군을 운영하는 것은 쉬운 일이 아니다. 전통에 얽매여 과거의 기준으로 판단하거나 억지로 끼워 맞추려 해서는 결코 성공할 수 없다. 민족적 자존심은 커다란 장애물이고 때로는 이것이 현장에서 직접적인 사기 저하를 유발한다.

실제로 한국의 많은 기업에서 다국적 노동자로 인한 고민을 많이 한다. 고급 인력을 수입한 경우도 그들을 제대로 활용하지 못해 고민하는 경우가 많다. 그때 이런 충고가 필요하다. "그들을 한국인으로 만들려고 하니까 문제가 발생하는 것이다. 그들만의 고유한 장점을 취하고 서로 발전하도록 해야 한다." 잉리 조미니는《전쟁술》에 이런 충고를 남겼다.

'타국에서 발명되거나 고안된 개선안과 발전상을 수용할 때, 이를 자국의 치욕으로 생각해 거부하는 일이 없도록 해야 한다.'

우리 근현대사에서도 이런 일은 많았고, 현재도 벌어지고 있다. 이런 고민을 극복하는 방법은 민족적 가치가 아니라 미래 가치에 주목하는 것이다. 과거의 민족적 가치에 집착하지 않고 미래의 민족적 가치를 추구해야 한다.

제6편

허실
虛實

병법은 나의 강한 것(실한 것)으로 적의 약한 것(허한 것)을 치는 것이다. 손자는 이 개념을 더욱더 능동적으로 적용해서 허실의 판단을 내가 유도하고, 창안하는 방법을 논한다. 여기서 중요한 개념이 주도권이다. 주도권을 장악하는 것은 모든 명장들이 강조하는 전쟁의 진리다. 그러면 주도권이란 어떤 것일까? 왜 주도권 장악이 중요한가? 그것이 이 편의 내용이다.

1

무릇 전장에 먼저 도착해서
적이 오기를 기다리는 자는

편하다. 뒤늦게 전장에 도착해서 전투 준비 과정을 쫓아가야 하는 자는 피로하게 된다. 그러므로 전쟁을 잘하는 사람은 적을 내 의도대로 이끌지 적에게 끌려다니지 않는다. 나에게 유리한 지역으로 적이 자진해서 오게 하는 방법은 적이 그 지역을 자신에게 이로운 지역이라고 판단하게 만드는 것이다. 내가 원하지 않는 곳에 적이 오지 않게 하는 방법은 적이 그곳을 자신에게 해로운 지역이라고 판단하게 만드는 것이다. 적이 편안하면 피로하게 만들고, 적의 식량 사정이 좋으면 굶주리게 만들고, 적이 안주하고 있으면 움직이게 해야 한다.

"앞서가면 총에 먼저 맞는다."

"지뢰밭에서는 앞선 사람의 발자국을 밟으며 따라가야 안전하다."

언제 어디서나 지뢰밭의 논리를 추종하는 사람들이 있다. 손자는 이런 사고를 간단하게 반박한다. 전장에 먼저 도착해서 준비하는 자는 공격지점, 포격지점, 매복지점을 선점할 수 있다. 늦게 온 쪽은 불리함을 감수하거나 대응진지를 만드는 데 몇 배의 노력을 들여야 한다. 먼저 온 군대는 그동안 쉬다가 적이 작업으로 피로해지면 공격한다.

병력이 대규모일수록 서로 확실하게 상대의 규모와 배치를 확인한 다음 전투를 벌이는 것이 편했다. 불안한 상태로 서두르면 실수하게 된다. 일단 적과 마주하고 배치에 들어가면 일수불퇴 상황이다. 부대 배치를 서두르면 간격이 일정하지 않거나 전투 기준이 어그러지는 상황이 발생한다. 전투를 앞두면 작은 징크스에도 마음이 불안해진다. 그렇다고 재배치하면 군이 더 불안해진다. 전군을 움직여야 하기 때문에 체력이 손실되고 리더십에 타격을 입는다.

불편함을 감수하면 전술 능력에 손상이 오고, 병사들이 동요한다. 이래저래 이미 절반은 지고 들어간다. 이것이 먼저 도착한 쪽은 편하고 나중에 도착한 자는 피곤하다는 의미다.

전쟁이든 경쟁이든 주도권을 쥐고 상대를 압박하는 자가 승리에 한 발 더 가까이 다가선다.

한발 앞선 자가 승리에 한발 더 가깝다

기원전 338년 필리포스 2세Philip II, BC382?-BC336?는 카이로네이아 근교에서 그리스 연합군과 조우했다. 전체 그리스의 패권을 결정하는 전투였다. 아직 소년티를 벗지 못한 아들 알렉산드로스도 이때 처음으로 자신이 양성한 컴패니언 기병대를 이끌고 전투에 참전했다.

마케도니아군은 보병 3만 명에 기병 2,000명, 그리스군은 아테네와 테베가 주축이 된 연합군으로 3만 5,000명 정도였다. 마케도니아군은 필리포스의 강훈련과 행군, 보급 체제의 개선으로 1시간에 15킬로미터를 행군했다. 그리스군의 속도는 평균 4킬로미터 정도였다. 카이로네이아 평원에 행렬의 선두가 진입한 시간은 양측이 비슷했다. 하지만 3배의 속도를 지닌 마케도니아군이 이미 전투 준비를 마쳤을 때 그리스 연합군은 아직도 느릿느릿 평원에 들어오는 중이었다. 고대 그리스에서 도시 간에 전쟁을 벌일 때는 양측이 전쟁 준비를 다 마칠 때까지 기다려주는 관행이 있었다. 이것은 스포츠맨십 때문이 아니었다. 그리스 도시들의 군대는 서로 유사점이 많다 보니 행군 속도역시 비슷해서 전투 장소에 도착해서 전투 준비를 마치는 시간도 비슷했다. 하지만 북방에서 온 마케도니아 군대는 전투에 임하는 각오도 달랐고, 그리스인과의 동질감도 박약했다. 필리포스는 자신이 힘들여 조련해서 얻은 속도의 이점을 포기할 마음이 없었다. 그는 전혀 준비되지 않은 흐물흐물한 그리스군 진영을 보고 공격 명령을 내렸다. 전투는 마케도니아군의 승리로 끝났다.

이번에는 제2차 세계대전으로 가보자. 1941년 12월 진주만 공습으로 의기소침한 미국은 다소 치졸한 복수를 구상했다. 일본 본토를 보복 공습해보자는 것이다. 1942년 4월 18일, 16대의 B-25 폭격기가 도쿄, 오사카, 고베, 나고야 등 일본의 주요 도시 상공에 나타났다. 겨우 16대로 여러 도시에 분산 폭격을 감행했으니 일본에 끼친 피해는 모기에 쏘인 수준도 안 되는 것이었다.

이 별 볼 일 없는 보복을 위해 미군은 상당한 투자를 했다. 애초에 일본본토까지 장거리 비행을 할 군용기가 없었다. 항속거리가 가장 긴 폭격기를 개조해 연료를 최대한 적재하고, 이 무거운 항공기를 항공모함에서 발진시켰다. 세 척밖에 없는 항모 중 한 척을 일본 근해까지 접근시켰다. 둘리틀James Harold Doolittle, 1896-1993 중령이 이끈 이 폭격은 거의 자살공격이었다. 돌아올 연료가없어서 조종사들은 폭격 후 중국이나 소련으로 날아가 불시착했다. 일부는탈출에 성공했고, 일부는 포로가 되었다.

열과 성을 다했을 뿐, 아무런 효과도 없는 공습이었다. 미군도 주도권 확보 같은 거창한 의도는 없었다. 전쟁에 돌입하면서 국민의 사기 진작을 위한(이 의미 자체는 대단히 중요하긴 하다) 거대한 이벤트였다.

그런데 이 체면을 위해 벌인 쇼가 역사를 바꿀 결과를 초래한다. 일본은전쟁이 나도 일본 본토와 민간인은 절대 안전하다고 선전해왔다. 일본이 제해권을 장악한 이상, 미군 항모가 일본 공습이 가능한 거리까지 접근할 수가 없었다. 그런데 갑자기 미군 폭격기가 날아왔다. 자존심이 상한 일본 대본영은 이 작은 사건에 집착했다.

당시 일본은 개전 당시에 세운 목표를 매우 쉽게 달성했고, 다음 목표와 전쟁의 방향을 고민할 때였다. 태평양전쟁이 1기에서 2기로 넘어가는 중차대한 순간에 일본 해군 총사령관 야마모토 제독은 엉뚱하게 모기에 신경이 쓰였다. 당장은 불가능한 일본 본토에 대한 미군의 공습 위험을 완전히 제거해야 한다고 판단하고, 2기 전략으로 미드웨이 해전을 추진한다.

야마모토가 이런 결정을 내린 데는 그가 늘 걱정하고 있던 미국의 거대한 경제력과 잠재력에 대한 공포가 있었다. 둘리틀 공습은 핑계일 뿐, 이게 진짜 속셈이었을 가능성도 있다. 진주만 공습에서 미군 함대를 1년 동안 기동 불능으로 만든다는 목표를 달성하지 못한 이상 두 번째 시도를 해야 했다.

성급하게 미드웨이 해전을 추진하면서 미군에게 정보가 노출되었다. 객관적 전력이 우위였음에도 주도권을 놓치고, 우왕좌왕하다가 이길 기회마저 잃어버린 것이다. 결국 미드웨이 해전에서 미군이 극적인 승리를 거두었다. 이 승리는 태평양전쟁의 흐름을 한순간에 바꾸었고, 일본군은 전쟁의 주도권을 완전히 미군에게 넘겨주고 말았다.

둘리틀 공습은 무의미하고 헛된 작전이었지만 전쟁의 승부를 바꾼 획기적 포인트가 되었다. 이것이 주도권의 힘이다. 둘리틀은 미국 최고의 전쟁영웅이 되었다. 승전 퍼레이드의 맨 앞자리는 둘리틀과 패튼에게 배당되었다.

2

적이 달려가지 않을 곳으로 나아가며

적이 뜻하지 않은 곳으로 달려간다. (아군이 반드시 갈 것이라고 적이 예측한 곳으로 나가다가, 적이 의도하지 못한 곳으로 달려간다.) 천 리를 행군해도 피로하지 않은 것은 적이 없는 곳을 가기 때문이다. 공격하면 반드시 빼앗는 것은 수비하지 않는 곳을 공격하기 때문이다. 수비하면 견고하게 지켜내는 것은 적이 공격할 수 없는 곳을 수비하기 때문이다. 그러므로 공격을 잘하는 자는 적이 수비할 방법을 모르는 곳을 공격한다.

수비를 잘하는 자는 적이 공격할 방법을 모르는 곳을 지킨다. 미묘하고 미묘해서 아군이 보이지 않는 것처럼 되고, 신기하고 신기해서 소리도 들을 수 없는 것처럼 적이 아군을 파악하지 못하게 한다. 그렇기 때문에 능히 적의 운명을 다룰 수 있다. 아군의 진격을 적이 막을 수 없는 것은 적의 허를 찌르기 때문이다. 아군이 후퇴해도 적이 추격하지 못하는 것은 아군의 행동이 신속해서 적이 따라잡을 수 없기 때문이다. 성루가 높고 해자는 깊은 성에 주둔하던 적이라도 아군이 싸우자고 하면 나와서 싸우지 않을 수 없게 되는 것은, 적이 반드시 구출하지 않으면 안 되는 곳을 아군이 공격하기 때문이다. 아군이 수비해야 하는데, 비록 땅바닥에 선만 그어놓고 지키더라도 적이 아군과 싸울 수 없는 것은 적이 아군과 어긋난 방향으로 가도록 했기 때문이다.

적이 예상하지 못한 곳으로 이동하고, 대비하지 않은 곳을 공격한다. 전쟁사에서 회자되는 극적이고 전설적인 승리는 언제나 이 '예상치 못한 경로'에서 비롯되었다. 이런 예상치 못한 경로는 오직 사자의 심장을 갖고 전쟁의 비결을 아는 사람에게만 보이는 길이다.

기원전 52년 베르킨게토릭스는 카이사르가 귀국한 틈을 타서 용의주도하게 반란을 일으켰다. 카이사르가 반란 소식을 들었을 때, 베르킨게토릭스의 세력은 이미 갈리아 서북쪽으로 확산되고 있었다. 그를 추격하려면 갈리아 깊숙이 진격해야 한다. 그 시간 동안 반란은 더 확산되고, 깊이 들어간 로마군은 포위될 것이다.

더 중요한 것은 로마군이 갈리아 땅에서 반란군을 쫓아다니면 전쟁의 주도권이 베르킨게토릭스에게 넘어간다는 것이다. 전쟁에서 주도권처럼 중요한 개념은 없다. 역사에 기록된 명장들은 주도권의 중요성을 아는 사람들이었다. 때로 기발하고, 때로 무모할 정도로 위험한 선택으로 보이는 전역들도 분석해보면 주도권을 가져오기 위한 행동일 때가 많다. 그만큼 주도권은 승리의 필수 요소다.

카이사르는 베르킨게토릭스를 추격하는 대신 그의 본거지를 공격했다. 베르킨게토릭스도 예상한 일이었지만, 한겨울에 눈이 덮인 험준한 케벤나산이 방어해 줄 것이라고 믿었다. 그러나 주도권의 가치를 알았던 카이사르는 눈사태의 위험을 기꺼이 감수하고 산을 넘었다.

베르킨게토릭스는 고향을 지키기 위해 회군해야 했다. 부족 연합군을 거느리고 있는 베르킨게토릭스의 입장에서는 본거지가 함락당하면 그의 권력도 사라지기 때문이다. 이 한 번의 기동으로 전쟁의 주도권은 카이사르에게로 넘어왔다.

제2차 세계대전 당시 북아프리카의 리비아에서는 영국군, 독일군, 이탈리아군이 대치 중이었다. 급거 북아프리카로 파견된 로멜은 수비로는 성에 안 차는 장군이었다. 그는 대규모 반격 작전을 구상했다.

영국군 정보팀은 키레나이카에서 독일군이 기습 공격을 감행할지 모른다는 첩보를 탐지했다. 영국군 총사령관 웨이블Archibald Wavell, 1882~1950 장군은 키레나이카 지역을 시찰하다가 방어 책임자인 님Philip Neame , 1888~1978 중장이 탱크 통과가 불가능하다고 방치해둔 지역을 발견하고 불안감을 느꼈다. 자신이 보기에는 통과할 수 있을 것도 같았다. 그러나 웨이블과 님은 둘 다 사막 운행 훈련을 전혀 받지 않은 로멜 군단이 5월 이전에 공격을 개시하는 것은 불가능하다고 생각했다.

이런 판단을 내린 결정적 이유는 로멜을 자신들의 상식에서 이해했을 뿐만 아니라, 만약 로멜이 당장 공격을 감행한다면 영국군은 대비책이 전혀 없었기 때문이기도 했다. 영국군은 로멜이 오기 전에 이탈리안군에게 거둔 승리에 도취되어 정예부대인 7기갑사단을 이집트로 돌려보내고, 영국에서 막 도착한 신참인 2기갑사단으로 대체했다. 그것도 절반만 이곳에 배치했다. 2기갑사단의 나머지 절반은 그리스로 파견되었다. 2사단은 전투 경험이 전혀 없었고, 그나마 갖춘 장비와 차량도 대부분을 그리스로 보내서 기갑사단이라는 명칭은 허울뿐이었다. 웨이블과 님은 너무 끔찍한 상황에 직면해서 더 끔찍한 최악의 상황을 가정할 엄두를 내지 못했다.

전쟁사를 보면 모든 방어 대책과 진지는 자기 전술에 맞춰져 있는 경우가 많다. 적이 예상치 못한 행동을 하거나 새로운 장비와 기술을 도입해서 예전과 다른 기동을 할 수 있게 되어도 이전의 경험, 자기 시나리오에 집착한다. 준비된 대책 덕분에 심리적으로 편하기 때문이다. "적이 이곳으로 올 것이다"가 아니라 "적이 이곳으로 와야 한다"는 태도가 문제다.

로멜은 항구에 도착한 아프리카 군단을 6개월의 적응 기간을 무시하고, 바로 사막으로 내몰았다. 그것도 탱크가 절대 통과할 수 없다며 영국군이 확신하고 비워둔 바위 지역으로 말이다. 독일군 병사들은 암반 지역을 통과했고, 수백 킬로미터를 우회해서 진지의 뒤로 들어가 영국군을 단숨에 궤멸시켰다.

또 다른 전례다. 1950년 겨울, 30만 중공군이 의주와 강계 사이의 압록강을 넘어 개마고원까지 진출했다. 중공군 참전 경고가 빗발쳤지만, 미군은 대응하지 못했다.

정보를 무시한 것은 아니었다. 극동군 사령부는 매일같이 정찰기를 띄워 중공군의 흔적을 찾았다. 국토 대부분이 민둥산이어서 시야를 가릴 것이 없고, 온통 눈으로 덮인 땅에는 보급 트럭도 병사도 보이지 않았다. 미군의 상식에 30만 명이나 되는 대군이 이렇게 아무 흔적도 없이 움직이는 것은 불가능했다.

그러나 그 땅에 중공군은 하얀 위장포를 쓰고 엎드려 있거나 나뭇가지를 꺾어 들고 숲을 이루며 서 있었다. 손자의 말대로 형체 없이, 소리 없이 이동해서 갑자기 나타난 그들은 개마고원에서 미 해병 사단을 완벽하게 포위했다. 여차하면 이것이 한국전쟁의 운명을 바꿀 뻔했다.

적에게 속지 않고 허를 찔리지 않으려면 자신의 상식과 경험만으로 세상을 보지 말아야 한다. 반대로 적의 허를 찌르려면 적의 상식을 역이용해야 한다.

적이 없는 곳으로 달려 나가는 두 가지 방법

'적이 달려가지 않을 곳으로 나아가며, 적이 뜻하지 않은 곳으로 달려간다.'

이 구절에 관해서는 또 다른 해석이 존재한다. 판본의 한자부터 다르다. 《손자병법》의 대표적인 판본인 《십일가주손자》와 《무경칠서》 계통의 모든 판본에 이 구절이 '出其所不趨, 趨其所不意출기소불추, 추기소불의'로 기록되어 있다. 그러나 《통전》 《태평어람》 그리고 일본에 남아 있는 《고문 손자》에는 "出其所必趨 趨其所不意출기소필추, 추기소불의'라고 되어 있다. 그리고 1972년 발견된 《손자병법》 죽간본에도 '必趨'로 되어 있다. 겨우 한 글자로 뜻은 완전히 달라진다.

전자는 '적이 달려가지 않는 곳不趨, 즉 적이 없는 곳으로 나아가며, 적이 의도하지 않은 곳으로 달려간다'는 두 문장이 반복되는 대구다.

하지만 후자의 '必趨'는 두 가지 해석이 가능하다.

❋ 적이 반드시 달려갈 곳
❋ 아군이 반드시 갈 곳이라고 적이 생각하는 곳

그리고 이 두 번째 해석이 가장 그럴듯하다. 우리가 반드시 갈 거라고 적이 생각하는 곳으로 가는 척하다가, 그들이 의도하지 못한 곳으로 달려간다는 것이다.

전자의 해석은 무인지경을 달려 쉽게 승리를 얻는다는 인상을 준다. 손자가 활동하던 중원 지역은 광활한 평야지대여서 이런 기동이 더욱 사실감 있게 느껴졌을 것이다. 뒤에 이어지는 '천 리를 행군해도 피로하지 않은 것은 적이 없는 곳을 가기 때문이다'라는 구절이 이런 상쾌한 느낌을 배가시킨다.

그러나 중원이 아무리 광활한 평야지대라고 해도 요충은 요충이고, 길목은 길목이다. 실제로 중국의 전쟁사를 보면 특히 당나라 말기에 반란을 일으켰던 소금상인 황소黃巢나 청나라 말기의 태평천국군 같은 농민 반란군은 정부군이 없는 지역과 농촌 지역을 광범위하게 돌아다니며 갈지자 행보를 반복했던 사례가 있다. 하지만 이런 전략은 그저 남은 생명을 연장해줄 뿐이다. 시간을 끌다 운이 좋으면 상대의 실수를 통해 기회를 얻을 수는 있지만, 주도적으로 전황을 역전시키고 승리하는 방법과는 거리가 있다.

이 구절을 적이 없는 빈 공간으로 뛰어다니라는 말로 해석하는 것은 현장 상황과 맞지 않는 몽상가의 탁상공론이거나 쉬운 승리, 거저 얻는 블루오션을 찾는 심리다. 손자는 이런 승리를 추구하지 않는다. 쉬운 승리도 주도적으로 만들어야 한다고 말한다. 노력 없이 얻는 공짜 승리를 추구하는 지휘관이라면 천 리 길도 피곤하지 않게 달려가기는커녕 스스로 지쳐 쓰러지고 말

것이다.

남다른 사람은 우연히, 그리고 쉽게 얻은 승리에 탐닉하지 않는다. 이들은 자신이 적극적으로 상황을 만들어내거나 한니발과 나폴레옹이 알프스를 넘듯 남이 가지 않는 험로를 개척하기 때문에 남다른 것이다.

다시 말해 '천 리를 행군해도 피로하지 않은' 이유는 장애물이 없기 때문이 아니라, 본인의 특별한 노력과 적을 압도하는 지략, 적에게 없는 능력으로 성취한 길이기에 기쁨과 성취감에 의해 피곤하지 않은 것이다.

아군이 적이 예상하는 곳으로 이동하면서 적을 유인하고, 적이 걸려들면 이번에는 의도하지 않는 곳으로 달려간다. 이런 전술은 아군이 적보다 더 많이 걷고 더 빠르게 움직여야 한다는 전제가 바탕이 된다. 이런 전술을 사용하기 위해서 지휘관은 평소에도 일반적인 병사들의 이동 속도를 상회하는 수준으로 빠르고 멀리 기동할 수 있도록 병사들을 단련해야 한다.

천 리 길을 뛴다면 고통스러울 수 있지만, 승리의 확신이 있다면 병사들은 해낼 수 있다. 적과 전투를 피하기 위해서, 적이 무서워서 천 리를 우회하는 것이 아니라 적과 수준이 다른 군대여서 이 길을 달리고 있기 때문이다. 나폴레옹은 이런 기동을 위해 병사들에게 모포 한 장만 던져주고 무거운 텐트를 버리게 했다.

편안한 자와 절박한 자의 차이를 명심한다

제1차 세계대전에 중대장으로 참전했던 로멜의 장기는 적 방어선의 구멍을 귀신같이 찾아냈다. 그것도 북아프리카에서처럼 무방비 상태의 공간이 아니라 참호와 철조망, 때로는 방벽이 설치된 방어선에서 흐린 밤, 혹은 비 오는 날에 한 사람이 겨우 통과할 만한 허점을 찾아냈다. 그런 허점은 로멜만이 찾아낼 수 있었는데, 그는 위험을 무릅쓰고 밤마다 적의 방어선 앞을 기어다

넀다. 허점을 찾고 나서 공격 계획을 마련하므로 제1차 세계대전 내내 로멜 중대는 단 한 번의 공격 실패도 없었고, 몇 배나 적은 병력으로 고지나 요새에 웅거하고 있는 적군을 격파하는 쾌거를 이루곤 했다.

이 사례의 교훈은 어떤 방어벽에도 허점이 있다거나 악착같이 허점을 찾으면 발견할 수 있다는 게 아니다. 어떤 방어벽이라도 허점은 있기 마련이니, 자신이 고안한 상황과 설정에 전적으로 의존하면 실패하게 된다는 점을 명심해야 한다. 허점을 줄이기 위해서는 지속적으로 적의 관점에서 상황을 살피고 적을 유인해야 한다. 한니발을 봉쇄하려 했던 로마 군단은 봉쇄에 만족할 것이 아니라 봉쇄를 통해 한니발을 늪지에 몰아넣는다는 개념으로 접근했어야 했다.

3

적은 형태를 드러내게 하고, 내 형태는 알 수 없게 하면

아군은 병력을 집중할 수 있고, 적군 병력은 분산된다. 아군은 집중되어 하나이고 적군은 열로 분산되니 열의 힘으로 하나를 공격하게 된다. 아군은 많고 적군은 적어서 다수로 소수를 공격할 수 있으니 싸움이 쉬워진다. 아군이 전투를 벌일 지역을 적이 알 수 없으니 적은 수비할 곳이 많아진다. 수비할 곳이 많아지면 아군이 상대할 적군은 적어진다. 그러므로 적군은 앞을 수비하고자 하면 뒤가 약한 것을 염려하게 되고, 뒤를 대비하려면 앞이 약한 것을 걱정하게 된다. 좌측을 수비하면 우측의 병력이 적어지고 우측을 수비하면 좌측이 적어지는 것이다. 전후좌우 전부를 수비하려면 병력이 부족해진다.

병력이 적은 쪽은 수비를 하게 되고, 병력이 많은 쪽은 적이 수비하도록 하게 한다. 그러므로 전투를 벌일 장소와 날짜를 알아서 주도적으로 선택할 수 있으면 천 리를 이동해서도 전투를 할 수 있다. 전투가 벌어진 장소와 날짜를 모르면 좌측은 우측을 구원할 수 없고, 우측은 좌측을 구원할 수 없다. 전위가 후위를 구원할 수 없고 후위가 전위를 구원할 수 없다. 하물며 멀리 떨어진 자는 수십 리, 가까이 있는 자도 수 리나 된다면 어떻게 구원할 수 있겠는가? 내가 헤아려 보건대, 월나라의 병력이 아무리 많다고 해도 승패에 어떤 도움이 되겠는가? 그

러므로 우리가 승리할 수 있다. 적이 아무리 많아도 싸울 수 없게 만드는 것이다.

집중과 선택은 전술의 기본이다. 그런데 집중과 선택에는 전술적 집중과 물리적 집중이 있다.

전술적 집중은 고도의 기동과 효율, 조직력을 요구한다. 단순하게 봤을 때 아군의 수가 적군에 비해 많을수록 전쟁에서 유리하다. 전쟁에서 병력과 물자는 언제나 결정적인 변수다. 그러나 군의 규모가 커지면 그만큼 느려지고 부담도 커진다. 즉, 기동과 순환 기능은 약화된다. 더욱 명심해야 할 점은 전술적 집중을 무시하고 물리적 집중에 집착하는 군대는 언제나 비극적 결과를 얻었다는 점이다.

너무나 당연한 이야기 같지만, 실제 전쟁사를 보면 이 부분을 착각하거나 균형을 잃어버림으로써 가혹한 대가를 치러야 했던 사례들이 가득하다. 본문에서 손자는 월나라를 비판하면서 월나라가 대군을 동원했지만 승리하지 못할 것이라고 예언한다. 이 배경이 되는 사건과 월나라 군대의 사정은 알 수 없지만, 아마도 오나라에 한번 패한 월나라가 급박하게 대군을 동원하면서 질보다 양에 대한 의존도가 높았고, 손자는 벌써 월나라 군대가 병력을 전술적으로 운영할 능력이 떨어진다는 약점을 파악했던 것 같다.

물리적 집중과 전술적 집중

근대 전쟁사에서 손자의 전술적 집중의 원리를 제대로 보여준 사람이 나폴레옹이다. 덕분에 나폴레옹이 《손자병법》을 읽었다는 소문이 오랫동안 퍼지기도 했다. 알렉산드로스 이래로 세기의 명장들이 꼭 배워야 알았던 것은 아니다. 이는 손자도 마찬가지다.

19세기의 장군들은 나폴레옹 전술의 예찬자였지만, 산업화에 의한 물량 공세와 파괴의 기술도 동시에 물려받았다. 공장은 생산력을 폭증시켰고, 철도라는 괴물이 기동과 수송의 개념을 상상을 초월하는 수준으로 발전시켰다. 19세기 전술가들은 근대 전쟁이 제한된 공간에 얼마나 많은 병력과 화력을 빠르고 집중적으로 투입하느냐에 달렸다는 교리를 도출한다. 이들은 자신들이 나폴레옹 전술의 묘미인 분산과 집중의 원리를 제대로 구현하고 있다고 생각했다. 공장과 군수창고는 전국에 흩어져 있고, 징병제로 바뀐 시대라 병력도 전국에서 모아서 전투 장소에 투입해야 했다. 이게 분산과 집중이 아니고 무엇인가?

막상 전쟁을 시작하자 이런 생각은 철도가 토해놓은 군대를 목표지점을 향해 인해 전술로 밀고 들어가는 산술적 집중으로 곧잘 전환되었다. 남북전쟁과 보불전쟁프로이센-프랑스 전쟁에서 장군들은 엄청난 병력을 이전보다 더 빠르게 총과 포탄 앞으로 밀어 넣었다. 그 결과는 인류 역사상 최악의 살상극이 벌어졌다. 남북전쟁 당시 보병들은 콘크리트 요새 앞으로 100명, 200명씩 밀집 대형을 이루고 전진했다. 유산탄 한 발에 70명에서 100명이 쓰러진 사례도 있다. 연대 규모인 2,000명이 단 한 번의 일제 사격으로 사라지기도 했다. 남북전쟁에서 전사한 병사들의 수가 1, 2차 세계대전과 한국전쟁에서 전사한 미군의 수를 합한 것보다도 많다는 사실을 말하면 사람들은 믿지 못한다. 그것도 인구 증가를 무시하고 비교한 수치다. 인구 비례를 고려하면 5배, 10배로 늘어난다.

이런 비극은 제1차 세계대전까지 지속되었다. 서부 전선에서 연합군 전사자만 1,000만 명이다. 결과는 누군가가 말했듯이 고기 써는 기계에 병사들의 살과 뼈를 밀어 넣는 격이었다. 승부는 전략이나 전술이 아니고, 고기를 누가 더 잘 써느냐도 아니고, 어느 쪽이 기계에 밀어 넣을 고기가 먼저 떨어지느냐로 결정되었다.

인해 전술은 한국전쟁에서 언론에 의해 탄생한 용어다. 한국전쟁에 참전해서 중공군의 돌격 장면을 체험했던 참전용사들은 그들이 본 인간의 파도와 그것이 주는 공포감은 상상할 수 없는 수준이었다고 입을 모았다. 병력이 얼마나 밀집되어 있었는지 눈앞에서 총알 한 발에 세 명, 다섯 명, 일곱 명이 쓰러졌다. 더 무서운 것은 그 옆으로 더 많은 병사들이 달려든다는 점이었다.

중공군은 야간 전투를 좋아했다. 야간이면 수의 공포는 극에 달했다. 달밤에 중공군은 흰 위장포를 쓰고 눈밭에 엎드려 있다가 공격 신호가 울리면 일제히 일어나 돌격을 감행했다. 그들이 일어나면 하얀 눈밭에 검은 그림자가 생겼다. 그들이 일어나는 순간 테이블보를 뒤집듯이 눈앞의 온 산하가 흰색에서 검은색으로 휙 뒤집혔다. 장진호 전투의 생존자인 어떤 해병은 온 산하가 벌떡 일어나 자신에게 달려드는 것 같았다고 회상한다.

물리적 집중의 나쁜 사례를 들라고 하면 누구나 중공군의 인해 전술을 지목할 것이다. 실제로는 정반대다. 인해 전술은 겉보기에는 물리적 집중이지만 전술적으로 보면 전술적 집중과 분산의 원리를 체현하고 있다.

손자가 아군는 집중하고 적은 분산시키라고 했다고 해서 19세기의 장군들이 그랬듯이 가시적 집중에 매몰되거나 시간과 공간을 고정시켜서는 안 된다. 이동하고 분산하고 집중하면서 집중과 분산의 전술적 이득을 취하면 그만이다. 중공군은 일본군, 미군과의 전쟁에서 병력의 우위와 화력의 열세라는 특징을 집중과 포위로 상쇄했다 중공군은 위장과 은밀 기동에서 세계 최고의 군대였다. 그들은 한국의 산악 지형을 이용해 국군과 미군의 후방에 침투시켜 사전에 여러 개의 포위망을 구축하고 도로를 차단했다. 전투 개시 시간이 되면 먼저 포병대를 공격해 미군의 장점인 화력의 집중력을 해체한다. 손자가 말한 '적이 많아도(강해도) 싸울 수 없게' 하는 것이다.

이렇게 먼저 부대를 쪼개 포위하고, 우리가 인해 전술이라고 말하는 무자비한 공격을 감행해서 최단 시간에 승부를 낸다. 물리적 기준으로 보면 손자가 말한 다수가 소수를 공격하는 상황은 아니지만 전술적으로 보면 전투력이 떨어지는 군대가 미군을 분산시키고, 떨어진 전투력을 수와 분산으로 보강하며 공격하는 것이다.

쪼개진 국군과 연합군은 협력 방어나 예비대 운용이 불가능하다. 어느 쪽으로 원군을 보내도 아군의 병력이 적어지는 것을 걱정해야 한다. 손자는 '적이 아군의 동정을 몰라 어느 쪽에서 공격이 올지 모르기 때문'이라고 했다. 중공군의 경우는 반대로 모든 부대가 사방에서 공격하고 있어서 누구도 원군을 보낼 수도 받을 수도 없다.

이 포위를 뚫고 살아남아서 후퇴하는 유엔군이 있으면 중공군이 사전에 확보한 고개나 협로에서 매복공격으로 섬멸한다. 유엔군은 중공군이 매복하고 있는 지점을 뻔히 알아도 그곳을 통과하지 않을 수가 없다. 중공군에게는 생지, 유엔군에게는 사지로 들어가게 되는 것이다.

이처럼 손자의 집중과 선택에 충실했던 중공군의 인해 전술이 절반의 성공, 혹은 전반부의 성공만을 거두고 원하는 목적을 달성할 수 없었던 이유는 무엇일까? 물리적 분산은 달성했지만 전술적 분산은 완성할 수 없었기 때문이다. 예상보다 위력적이었던 미군의 항공 전력, 항공 보급을 통한 해병의 전투력과 포병의 화력 유지와 함께, 열악한 중공군의 수송 능력이 미군의 전술적 집중력은 유지시키고, 중공군의 집중력은 떨어트렸다.

물리적 집중과 전술적 집중은 일반 사회에서도 물량 작전, 상품 다양화, 판로 다양화, 스펙 쌓기 등에도 적용할 수 있다. 양의 증가와 종류의 증가는 집중이 될 수도 있고 분산이 될 수도 있다. 그것은 자신이 전술적 집중의 방법과 목표를 이해하고 있느냐에 달린 것이다.

4

그러므로 계책을 세워 득실을 알아내고

행동을 보여 적의 동정을 파악한다. 적의 형태를 보아 생지와 사지를 알아낸다. 적을 슬쩍 찔러보아서 적의 병력이 많은 곳과 부족한 곳을 알아낸다. 그러므로 군대를 운용하는 극치는 형체가 없는 무형의 경지다. 무형의 경지란 적의 간첩이 잠입해서 아군의 동태를 보아도 우리의 행동을 예측할 수 없는 것이다. 지혜로운 자라도 계책을 세울 수가 없다. 적의 형세에 알맞은 조치를 해서 대중 앞에서 승리를 얻어내지만, 대중은 이 원리를 알지 못한다. 사람들이 모두 아군이 승리할 때의 형태를 알지만, 아군이 승리를 얻어낸 형의 원리는 모른다. 그러므로 한 번 승리한 방법을 다시 사용하지 않고, 형의 응용은 무궁무진하게 되는 것이다.

무릇 용병의 형태는 물의 형상과 같아야 한다. 물은 높은 곳에는 막히고 아래쪽으로 흘러내려간다. 군대의 형태는 적의 실한 곳을 피하고 허한 곳을 쳐야 한다. 물은 땅의 형태를 따라 자연스럽게 흐름을 만든다. 용병은 적에 따라 적합한 방법으로 승리를 얻는다. 그러므로 용병에는 고정된 형태가 없고, 물도 일정한 형상이 없는 것이다. 적에 따라 능숙하게 대응해서 승리를 만들어내는 사람을 전쟁의 신이라고 한다. 이것은 오행이 항상 강한 것이 아니라 상대적으로 강하고 약한 이치가 있고, 사계절은 고정되지 않고 늘 변하며, 해는 짧을 때와 길

때가 있고, 달은 찼다가 저무는 이치가 있는 것과 같다.

전쟁터란 태풍 속과 같다. 서로에게 대응하고 반응하며 변화한다. 전쟁터에 도착해서 대치하는 중에는 적군의 상태를 완전히 파악할 수는 없다. 상대 지휘관의 능력에 따라 대응도 달라야 한다. 전략에서 전술, 작전의 단계로 들어설수록 상태는 혼돈으로 바뀐다.

손자는 적의 상황을 알아보기 위한 방법을 제시한다. 내가 먼저 행동을 보여 적의 반응을 보고, 적을 찔러보아서 적의 약한 곳과 강한 곳을 찾아내라고 했다.

이 두 가지 전략에서 정작 중요한 것은 적의 상태를 빨리 파악하는 통찰력과 나의 상태를 간파당하지 않는 요령이다. 신속하고 현란한 기동과 전술적 움직임으로 나는 감추고, 찰나의 순간에 드러나는 모습으로 적의 의도를 파악한다.

과거 스키타이, 거란, 튀르크, 몽골은 기병 중에 경장 기병을 아주 잘 활용했다. 경기병을 동시에 여러 곳으로 보내 적진 주변을 돌며 활을 쏘아대는 등 도발한다. 그 과정에서 적의 약한 부분, 훈련이 안 된 부대나 단결이 부족한 병력이 포진한 구역이 드러난다. 이때 상대도 자신들의 약점이 노출되었다는 사실을 알아차릴 것이다. 관건은 결단력과 반응 속도다. 적진의 약한 곳을 발견한 경기병대가 즉시 약속한 신호로 자기 주변으로 집결하라는 메시지를 보내면 사방에 흩어져 있던 기병들이 그 지점으로 신속하게 모여든다. 보병 위주인 군대는 이 광경을 보면서도 대응이 늦을 수밖에 없다. 속도가 느릴 뿐만 아니라, 이런 훈련을 하지 않아서 결단이 늦기 때문이다.

동서고금을 막론하고 기병대장에게 가장 중요한 능력이 바로 이 희미한 찰나의 순간을 잡아내고 실행에 옮기는 순간적인 판단력과 결단력이다.

> 기병대장은 이길 것으로 예상될 때, 자신의 모든 병력을 이용하길 주저해
> 서는 안 된다. 압도적인 승리를 후회 없이 거두려면 그래야만 한다. —크세노
> 폰 Xenophon, BC431~BC350?

경기병은 즉시 공격을 가해 진형에 구멍을 내거나 적진을 휘저어 놓는다. 이 능력으로 거란은 중국을 점령하고 요나라를 세웠다. 몽골은 이 능력을 사단 단위, 전략적 규모로 확대해 세계를 정복했다.

한 번 사용한 전술을 다시 사용하지 않는다

'한 번 쓴 전술을 다시 사용하지 않는다'는 구절은 전술을 한 번만 사용하고 버려야 한다는 의미가 아니라, 한 번 효과를 보았다고 맹목적으로 반복해서는 안 된다는 뜻이다. 그러나 손자의 지혜는 이 수준을 넘어선다. 최고의 전술은 상황과 환경, 적의 현실에 최적화된 전술이다. 그러므로 원칙적으로 모든 전술은 일회용일 수밖에 없다. 다음 전투에는 다시 그 상황에 최적화시켜야 한다.

전투가 끝나면 누구나 전술을 복기한다. 그리고 아군의 장단점, 전술의 효과, 무기의 위력을 검증한다. 이때 전투에서 드러난 장점을 본질적 장점이라고 착각하는 경우가 많다. 작고 가볍고 빠른 전투기는 기동성이 좋다. 누구나 이 전투기의 장점을 짧은 선회 반경과 기동성이라고 생각할 것이다. 말하자면 카탈로그에 기록된 장점이다. 그러면 그것은 항상 장점이 될까? 만약 전투기가 지상 목표물을 공격하거나 폭격 업무에 투입된다면 기동성과 선회 반경을 위해 포기한 두꺼운 장갑과 적재중량이 크게 아쉬울 것이다. 모든 특성은 주어진 상황 및 목적과 결부시켜 보면 장점이 되기도 하고 단점이 되기도 한다.

여기에 한 가지 더 복잡한 요소가 가미된다. 상성이다. 그리스와 로마의

중장보병대는 위풍당당한 지상전의 왕자였지만, 아메리카 인디언이나 아프리카 토인 부족이 완전한 경무장으로 주변을 돌면서 투창 공격을 감행하면 당해낼 재간이 없었다. 중장갑을 착용한 병사들은 느려서 이 벌거벗은 아프리카 원주민을 따라잡을 수가 없다. 방패와 갑옷으로 투창 공격을 무한정 막을 수도 없었다. 전투 장소가 열사의 사막이라면 갑옷을 달구는 태양에 이 장갑병들은 3시간도 채 버티지 못한다.

그런데 만약 중장갑 보병과 벌거숭이 원주민이 만난 장소가 넓은 개활지가 아니고, 원주민의 목적이 동굴 신전 안에 있는 보물을 지키는 것이라면 양측의 상성은 역전된다. 이런 경우 중장보병대의 가장 손쉬운 먹잇감이 고정진지를 지켜야 하는 경보병부대다. 장단점뿐 아니라 상성도 지형, 전황, 목적에 따라 얼마든지 바뀐다.

무한한 아이디어를 장려하는 법

'형의 응용은 무궁무진하다', 다시 말해 응형무궁應形無窮은 아이디어가 무한하다는 뜻이다. 그러나 아무리 뛰어난 장수도 전투마다 기발한 전술을 창안해낼 수는 없다. 지휘관의 임기응변 능력은 샘솟는 아이디어나 무한한 창의력에서 비롯된 것이 아니라 최적화 능력, 장단점과 상성을 현장에 적용하는 능력이다. 현대적 용어로 표현하면 '맞춤형 전술'이라고도 할 수 있다.

근대 이후 기술의 발달 속도가 빨라지면서 전술의 유효 기간이 줄기 시작했다. 전술은 더 복잡해졌고. 창의력이나 상황에 대한 응용력의 가치가 더욱 높아졌다. 앞으로 기술 발달과 사회 변화 속도는 상상 이상으로 더 빨라질 것이다. 시시각각 변화하는 상황에서 장단점을 재조립할 수 있는 능력이 승부의 절대적 기준이 될 것이다. 요즘 화두가 되고 있는 '인문학적 통찰'도 이런 필요성에 의해 제기된 것이다. 자연적·인간적·사회적 요인을 조합하는 능력이 필요한 시대이기 때문이다.

응형, 즉 전술의 무한한 창조와 운영이 가능할까? 아마 불가능할 것이다. 작전이 많은 스포츠로는 미식축구, 농구, 야구 등이 있는데, 아무리 뛰어난 작전 코치라 해도 전술의 수는 한정되어 있다. 그러나 변화를 주는 방법은 무한하다. 똑같은 작전이라도 수행하는 개인에 따라 그 결과는 달라진다. 축구를 예로 들면 좌우 윙이 측면을 돌파한 뒤 중앙의 타깃형 스트라이커에게 크로스를 올리는 작전은 누구나 안다. 그러나 스트라이커가 누구냐에 따라 부분 전술은 또 달라진다. 장신 스트라이커라면 동료들이 만들어준 빈 공간으로 뛰어들어 헤딩슛을 날릴 것이고, 세계 최고의 드리블러라면 수비수와 몸을 붙이고 있다가 순간적으로 볼을 낚아채서 슛을 날리거나 골키퍼까지 제쳐버릴 수도 있을 것이다.

전술은 고정되어 있지 않고 응형은 무한하다는 말에는 누구나 동의한다. 그런데 "당신의 조직은 무한한 응형을 위해 어떤 노력과 준비를 하고 있는가?"라고 물으면 선뜻 대답하지 못한다. 응형무궁에서 무궁함의 최종 관건은 지휘관의 천재적인 두뇌가 아니라 구성원 개개인의 활용법이다. 아무리 뛰어난 천재라도 전지전능한 사람은 없다. 조직 구성원은 대부분 한두 가지 재능만 갖고 있다. 진정으로 창의적이고 무한한 응형은 이 개인들의 능력을 적재적소에 최대한 활용하는 것이다. 그 첫걸음은 각자의 장점을 찾아낼 기회를 주는 것이다.

어떤 조직이든 결과로 평가받는다. 그렇다 보니 '전술의 무한한 응용'이 되는 게 아니라 고정화가 진행된다. 조직의 운영 원리가 경직되면 개인의 능력도 잘 발휘되지 않는다. 구성원들은 자신에게 맞는 전술만 선호하고, 그에 따른 호평을 즐긴다. 이런 방법은 일정 부분 성과를 거두지만 승리의 기쁨이 커질수록 조직은 경직되고 응형의 능력은 감소한다. 응형의 기회를 주지 않은 승리는 미래를 희생시키며 얻는 승리다.

손자는 '적에 따라 능숙하게 대응해서 승리를 만들어내는 사람' 즉 어떤 곳에서 어떤 상대를 만나도 최적의 대응책을 만들어내는 사람이 전쟁의 신이라고 했다. 정복자는 스스로의 태생적 한계나 익숙함을 이겨낸 이들이다. 이런 사람은 상대의 한계와 단점을 찾아내는 데도 남다른 능력을 발휘한다. 적의 홈그라운드에서도 승리할 수 있고, 누구도 싸워보지 못한 땅에서도 승리하며, 어떤 상황, 어떤 적을 만나서도 최적의 전략과 전술을 개발할 수 있다. 자신의 분야에서 신의 경지에 도달하고 싶다면 스스로의 경험에서 벗어나 매번 새롭게 대상을 파악하는 능력을 키워야 한다. 그래야 어떤 환경에서 어떤 상대를 만나도 정확하고 빠른 판단을 내릴 수 있고, 신의 능력에 조금이라도 더 다가갈 수 있다.

이정의 육화진법과 모듈식 조직

과거에는 안정적이고 효율적으로 목표를 달성하는 것이 조직의 목표였다. 현대는 세상이 너무 빨리 변하다 보니, 가변성과 적응력을 추구하게 되었다. 그로 인해 모듈식 교육, 모듈식 조직이 화두가 되었다. 대량 생산 방식을 선도하는 자동차 산업에서 폭스바겐은 모듈식 생산 방식인 MQB^{Modularer Querbaukasten, 모듈식 횡 배치 플랫폼}를 도입해서 독일 자동차 3사 중에서 압도적인 판매고를 확보했다. MQB는 비용 절감을 매력으로 내세우지만, 어디까지나 다양성과 변화를 위한 비용 절감 방식이다.

훈련으로 응형을 다양화하는 방법은 비용이 많이 들고, 구성원의 소화력에 한계가 있다. 이 한계를 극복하는 방법이 단순히 응형을 다양화하는 것이 아니라 응형하는 능력을 강화하는 것이다. 이 원리를 적용한 전술이 이정의 육화진법이다.

당은 중국 역사에서 가장 공세적인 왕조였다. 제국 군대의 숙명은 제국을 둘러싼 다양한 지형 및 적과 싸워야 한다는 것이다. 중국군은 원래가 병력지향형 군대고, 농민 출신 병사는 훈련 수준이 낮다. 권역별로 상대 전력에 맞춰 전문 군대를 양성할 경우, 그 지역이 무너지면 손쓸 방법이 없다. 다양한 전술 훈련을 하자니 병사들의 수준이 따라주지 않는다.

천재 전술가였던 이정은 대형의 다양화를 위해 모듈에 주목했다. 이것이 육화진법이다. 그전까지 대형의 기본은 동서양을 막론하고 사각형이었다. 사각형을 짜 맞추면 큰 사각형, 작은 사각형으로의 변화밖에 추구할 수 없다. 이정은 기본 대형을 삼각형으로 바꾸었다. 삼각대형은 그 자체로는 방어에 한계가 있다. 그래서 압도적인 전투력을 지닌 군대의 돌파 작전 정도에나 사용했다. 이정은 삼각형을 조합하면 사각에서 원형까지 다양한 대형을 쉽게 형성할 수 있다는 데 착안했다. 기존의 사각대형을 두 개의 삼각형으로 나누자 병력도 절반이 되어 통솔과 훈련도 쉬워지고 병사들의 단결력도 높아졌다.

삼각대형으로 대응력과 가변성을 높여도 적세를 파악하고 대형에 변화를 주려면 시간이 걸린다. 이정은 위험할 정도로 장병기, 즉 궁수와 노수의 비율을 높였다. 유목 기병에 대한 파괴력을 높이려는 시도였지만, 전투 범위를 넓혀 응형의 가변력과 여유를 키우는 데도 유효했다. 장병기의 증가로 약화된 백병 능력은 노수가 사격이 끝나면 노를 버리고, 단병으로 전환하는 멀티 플레이로 해소했다.

이정의 육화진법은 《손자병법》의 '응형무궁' 원리를 실현한 전술 혁신으로, 화약 병기가 나오기까지 중국군의 표준 전술이 되었다.

군쟁
軍爭

'군쟁'이란 적과 대치해서 진영을 펼친 다음 기동해서 전투 위치를 잡는 과정이다. 손자는 지리의 파악, 지형의 전술적 이용, 신호와 통신에 관해 설명한다.

7편 '군쟁'부터 12편 '화공'까지는 전반부에 비해 실제적인 군사 원리를 다루고 있다. 그러나 이 부분도 매뉴얼 같은 실전 지침이라기보다는 원칙과 분석적 사고방식을 가르치는 데 치중한다. 다만 주제가 동원, 인사, 행군, 화공 등으로 좀 더 구체화되었다. 실용적 측면을 아쉬워하는 이들도 있지만, 이것이 《손자병법》의 가치이자 영원한 생명을 얻은 비결이다. 손자가 참호 파는 방식, 기병·보병·궁병의 배치같이 실전적인 지식을 진술했더라면, 무기와 전술이 변하면서 《손자병법》 후반부는 오히려 버림받았을 것이다. .

1

무릇 용병의 법은
장수가 군주에게서 명을 받으면

군을 소집해서 병력을 갖춘 뒤 적과 대치해서 진영을 펼친다. 이 과정에서 군
쟁, 즉 기동해서 위치를 잡기까지의 과정만큼 어려운 것이 없다. 군쟁이 어려운
이유는 우회하는 것을 직행하는 것으로 만들고, 어려움을 이익으로 바꾸어야
하기 때문이다. 일부러 길을 우회함으로써 적에게 이로움을 주듯 해서 적을 유
인하고, 남보다 늦게 출발해서 남보다 먼저 도착한다. 이것이 '돌아감으로써 오
히려 빨리 가는 법迂直之計, 우직지계'을 아는 것이다.

그러므로 군쟁은 이익이 되기도 하고 위기가 되기도 한다. 전군을 한꺼번에
일으켜 기동하면 제때 도착하지 못하게 된다. 각 부대에 맡기면 서로 좋은 곳으
로 가려고 경쟁하기 때문에 수송대는 뒤에 버려져 위험에 빠진다.

이런 까닭에 군쟁의 이익을 얻고자 전투부대만 차출해서 갑옷을 걷어붙인 채
밤낮을 가리지 않고 이동 거리를 2배로 해서 100리40킬로미터를 급히 달려가면 전
위부터 후위까지 삼군의 장수가 모두 사로잡혀 버릴 것이다. 군사 중 건강한 자
만 먼저 도착하고, 약한 자는 뒤에 처져서 목적지에 도달하는 자는 10분의 1에
불과할 것이다. 50리20킬로미터를 이런 식으로 달려가면 상장군은 넘어지고, 절반
만 목적지에 도착할 것이다. 30리12킬로미터를 이런 식으로 달려가면 병력의 3분의

2만 도착할 것이다. 그 결과, 군대는 보급대가 오지 않아서 망하고 군량이 없어 져서 망하고 비축한 물자가 없어서 망한다.

손자는 군쟁이 적과 대치해서 진영을 펼칠 자리를 정하고, 그곳으로 이 동하는 과정이라고 말했다. 그리고 이처럼 어려운 것이 없다고 했다. 어렵다는 말은 이 자리 잡기가 승부를 좌우하는 요소라는 의미다.

자리 잡기가 그토록 중요한 이유는 무엇일까? 전술이라는 것이 '내게는 유리하고 적에게는 불리한 장소에서, 내게 유리하고 적에게는 불리한 방식으 로 싸우도록 만드는 것'이기 때문이다. 그런 장소를 선점하면 1 대 2의 승부가 5 대 1의 승부로 돌변할 수도 있다.

또는 나의 전략적, 전술적 목표 달성에 최적의 장소를 고르는 것이라고도 할 수 있다. 원리는 간단한데 실전에서 응용하기는 상당히 어렵다. 어리석은 지 휘관은 "평지니까 기병인 우리가 유리하다" "적은 1킬로미터를 이동해 와야 하 고, 우리는 앉아서 기다리는 중이니 우리가 유리하다"는 식의 단순명제에 의존 한다.

그러나 기병이라도 사기가 떨어지고 탈진해 있다면, 소나기가 자주 오는 곳이라서 평지가 진흙이 되었다면, 적이 땀을 흘리며 걸어오는 동안 기다리는 병사들은 불안감과 추위에 떨고 있어야 한다면 승부는 달라질 수 있다.

이처럼 적과 아군이 대치할 때, 승패를 좌우하는 변수는 상상을 초월할 만큼 많다. 사기, 군량, 적의 병력과 장기, 그 밖에 병서에 등장하는 모든 변수 를 전투 현장에 대입하고, 그곳으로 이동하고 포진하는 방법을 구상해야 한 다. 한마디로 이론과 분석의 실행 과정이다. 그래서 손자가 어렵다고 말한 것 이다.

아무리 유리한 장소도 실제로 가보지 않으면 의미 없다

성공적인 군쟁을 위해서 중요하면서 의외로 많은 사람들이 간과하는 것이 현장 답사의 중요성이다. 군쟁의 현장을 본 사람과 보지 못한 사람의 차이는 승패를 가를 정도로 크다. 오늘날 위성지도, 항공지도, 드론을 통한 실시간 중계 같은 통신장비의 혁명이 일어났다. 이들은 인간이 맨눈으로 볼 수 없는 구도와 정보를 제공한다. 하지만 온갖 첨단기기조차도 담지 못하는 현장의 성격이 있다. 부지런한 리더는 현장을 아는 리더다. 훌륭한 조직은 리더에게 깔끔하고 빈틈없는 서류를 요구하는 조직이 아니라, 리더가 현장을 찾고 연구하는 여유를 허용하는 조직이다.

현장을 부지런히 답사해도 개인의 통찰과 분석력의 차이에 따라 성과는 현저하게 달라진다. 위성은 고사하고 지도도 부실하던 시절, 지휘관을 대신해서 현장을 답사하고 전해주는 사람이 정찰장교였다. 지휘관은 정찰장교의 판단을 믿고 따를지, 적당히 받아들일지를 결정해야 했다.

1846년에서 1848년까지 멕시코전쟁이 발발했다. 훗날 남북전쟁에서 활약하는 장군들이 거의 모두 이 전쟁에 위관, 영관급 장교로 참전했다. 북군 사령관이 되는 맥클렐런George McClellan, 1826-1885과 그랜트, 훗날 남군 총사령관 로버트 E. 리도 당연히 참전했다.

이들 중에서 정찰장교로 맹활약을 펼친 사람이 리 소령이었다. 리의 정찰은 선두에서 적의 이동을 탐지하고 보고하는 수준이 아니었다. 지형을 정탐하면서 미군의 공격과 반격지점을 찾고, 적의 후방을 습격할 통로를 찾았다. 대포와 중화기가 도저히 통과할 수 없다고 생각되는 산악과 계곡 지형이었지만 리는 통과할 수 있다고 판단했다.

총사령관 스콧 장군은 리의 판단을 전적으로 신뢰하고 따랐다. 그리고 모든 전투에서 리의 판단이 옳았음이 증명되었다. 스콧은 천재 참모라고 불린 맥클렐런을 비롯해서 내로라하는 젊은 장교들 중에서 리를 자신의 후계자로 점찍었다. 리 소령이 보여준 탁월한 통찰력과 대담한 판단력, 헌신, 부지런함을 최고의 미덕으로 보았기 때문이다. 불행하게도 남북전쟁이 발발하고 스콧이 리에게 자기 후임이 되어달라고 부탁했을 때, 리는 고향인 버지니아를 배신할 수 없다는 이유로 거절했다. 스콧이 조금만 일찍 은퇴했더라면 전쟁 전에 리가 북군 사령관이 되었을지도 모를 일이다. 만약 그랬다면 남북전쟁은 초기에 승부가 결정되었을지도 모른다.

전투를 승리로 이끌기 위한 속도 전략

"바쁠수록 돌아가라." "지는 것이 이기는 것이다.", "돌아가는 길이 가장 빠른 가는 길이다." 우리는 살면서 이런 충고를 자주 듣는다. 보통은 너무 조급해하지 말라거나 서두르다가 실패한다는 정도의 의미다.

손자의 우직지계도 이렇게 해석하는 경우가 많은데, 그건 큰 오류다. 손자가 말하는 우직지계의 의미는 전혀 다르다. 길에는 두 종류가 있다. 물리적인 길과 전술적인 길이다. 물리적으로는 험하고 돌아가는 길이 전술 목표를 달성하는 데 평탄하고 빠른 길이 될 수 있는 것이다.

험로를 통과하고 절벽을 기어올라 적을 습격해서 승리하는 사례는 수없이 많아서 일일이 거론할 필요는 없을 것 같다. 전술적 길로 좀 더 고차원적인 사례는 한니발의 아르노 계곡 통과를 들 수 있다. 기원전 217년 한니발은 알프스를 넘어 이탈리아 북부로 침공했다. 전쟁에서 승리할 때까지 이탈리아에서 버티기 위해서는 로마에 적대적인 남부 지역의 지원을 받아야 했다. 이미 두 번이나 로마군을 격파한 그였지만, 적진 한복판에서 전투만 벌이다가는 피로와 보급 부족으로 부대가 순식간에 소멸할 판이었다. 일단 로마군이 버티고 있는 중부 지역을 돌파해 남부로 가야 했다. 로마는 한니발의 남진을 저지하기 위해 6만의 대군을 파견했다. 그들은 4만 명과 2만 명으로 병력을 나

뒤 두 개의 통로를 완전히 봉쇄했다. 한니발의 병력은 4만 명이었는데, 협로에서 로마군의 공격을 받으면 상당한 손실을 입을 것이 분명했다. 한니발은 로마가 전혀 대비하지 않은 제노바 북쪽 아펜니노산맥을 넘어 중부로 남하를 시도했다.

이 소식을 들은 로마군은 한니발이 자멸의 길로 들어섰다고 오히려 좋아했다. 이 길로 통과하려면 봄 홍수로 물이 넘쳐난 토스카나의 늪지대를 지나야 했다. 한니발의 군대는 꼬박 나흘 동안 물속을 걸었다. 발밑은 진흙이었고 때로는 물이 키를 넘었다. 쉴 곳도 잘 곳도 없었다. 사흘 밤을 물속에서 보낸 카르타고군은 나흘째 낮에 겨우 마른 땅을 밟았다. 물에 젖지 않고 이곳을 건넌 사람은 한니발뿐이었다. 그는 한 마리 남은 코끼리를 타고 늪지대를 통과했다. 하지만 늪지대에서 그도 눈병에 걸려 한쪽 눈을 잃었다.

이 과정만 보면 영락없는 패잔병의 길이다. 하지만 전술적으로 보면 완벽한 승리였다. 로마군은 기다리는 입장에서 추격하는 입장으로 바뀌었고, 한니발은 적의 땅임에도 전투 지역을 선점하고 지형을 관측하며 로마군을 기다릴 수 있었다. 이 직후에 벌어진 트라시메노 전투는 한니발이 북부 이탈리아 전역에서 거둔 최대의 승리가 되었다.

한편 19세기의 나폴레옹은 병사들의 개인장비에서 가장 무거운 텐트를 제외시켰다. 나뭇잎을 덮고 노숙하든 민가를 징발해서 들어가든 알아서 수면을 해결하고 달리도록 했다. 그 덕분에 나폴레옹의 병사들은 당시 다른 나라 군대들은 예상도 못 한 속도와 기동력을 발휘했다. 앞서 살펴본 아우스터리츠 전투에서 다부가 이틀 만에 110킬로미터를 달려온 것은 이 때문에 가능했다.

남북전쟁에서 최고의 전술가로 명성을 얻은 잭슨도 병사들에게 총 한 자루와 100발의 탄약, 담요 한 장을 던져주고 달리라고 했다. 병사들이 이렇게 몰아붙이면 모두 죽는다고 항의했지만, 잭슨은 끄떡도 하지 않았다.

잭슨에게 최고의 명성을 안겨준 셰넌도어 전역에서 그는 강행군을 따라오지 못한 병사들 20퍼센트가 낙오해도 개의치 않고 몰아붙였다. 이런 기동력과 히트앤드런 전술로 그는 10배나 많은 5만의 북군을 이 일대에 묶어두어 북군이 야심 차게 전개한 반도 전역에 증원군을 파견하지 못하게 했다. 이후로 그의 부대는 '도보 기병대'라는 별명을 얻었다.

나폴레옹과 잭슨의 사례는 손자의 발언과 완전히 배치된다.

> '군쟁의 이익을 얻으려고 전투부대만 차출해서 갑옷을 걷어붙이고 밤낮을 가리지 않고 이동 거리를 2배로 해서 100리를 급히 달려가면 전위부터 후위까지 삼군의 장수가 모두 사로잡혀 버릴 것이다.'

실전에서 성공했으니, 손자가 틀렸을까?

내 생각은 조금 다르다. 삼류 지휘관은 손자가 지적한 대로 '무모하게' 행동하다가 실패한다. 이류는 손자의 말을 충실하게 따른다. 일류는 손자의 말에서 영감을 얻어서 100리를 달려도 싸울 수 있고, 병사들 절반이 낙오해도 승리할 수 있으며, 보급대와 군량 수레가 떨어져도 싸울 수 있는 방법을 모색한다. 기술도 중요하다. 전투식량, 항공 보급, 기타 군사 장비와 무기의 발달은 군쟁을 더욱 대담하게 전개할 수 있게 한다.

모든 병법과 성공담은 지침이나 명령이 아니라 사고와 판단의 기준점이다. 많은 사람들이 이를 혼동한다.

2

주변국 제후들의 의중을 알지 못하면

　미리 외교적 조치를 해둘 수가 없다. 산과 숲, 험난한 곳과 막힌 곳, 늪지 등의 지형을 알지 못하면 행군할 수 없다. 길을 인도하는 현지인이 없으면 지리를 이용할 수 없다. 그러므로 용병은 적을 속이는 것으로 성립한다. 이점을 보여주어 적의 움직임을 유도하고, 병력을 나누고 합쳐 변화한다. 그렇게 함으로써 군대가 바람처럼 빠르게 움직이고, 숲처럼 느려지기도 한다.

　적을 침략할 때는 불길 같아야 하고, 버틸 때는 산과 같아야 한다. 어둠 속을 움직이는 것처럼 적이 나를 알기 어렵게 하고, 드러내서 움직일 때는 천둥번개와 같아야 한다. 적의 고을을 약탈하고 주민을 분산시키며, 적국을 점령하면 이익을 나누고 적의 세력을 가늠해보고 움직인다. 먼저 우직지계를 아는 사람이 승리한다. 이것이 군쟁의 방법이다.

　크레시 전투를 치르기 전, 프랑스를 침공했던 에드워드 3세Edward III, 1312-1377는 곤경에 처했다. 프랑스 왕 필리프 6세Philippe VI, 1293-1350가 전국의 영주, 기사들을 모아 영국군을 토벌하러 출동했기 때문이다. 에드워드는 영국에 우호적인 플랑드르로 탈출을 시도했는데, 중간에 솜강에 가로막혔다. 프랑스군이 다리와 배 등 강을 건널 수 있는 수단을 모조리 제거한 상태였다.

진퇴양난의 순간에 에드워드는 이런 생각을 한다. '강에는 여울목이 반드시 있고, 모든 나라에는 항상 배신자가 있다.' 그는 여울목을 알려주는 사람에게 막대한 현상금을 걸었다. 즉시 누군가가 썰물 때 생기는 여울을 가르쳐주었다. 영국군은 강을 건너는 데 성공했고, 크레시에서 추격해오는 프랑스군을 맞이해 대승을 거두었다.

알렉산드로스 일생의 오점이 인도 원정의 실패다. 그가 인도에서 텐트에 있을 때 한 인도인 청년이 불쑥 찾아왔다. 청년은 자신에게 병력을 조금만 빌려주면 전 인도를 정복해 바치겠다고 제안했다. 알렉산드로스는 이 당돌한 청년을 믿지 않았다. 알렉산드로스가 돌아가고 나서 이 청년은 자신의 힘으로 전 인도를 석권했다. 그가 인도 최초의 통일왕조라는 마우리아 왕조의 창설자 찬드라 굽타Candragupta Maurya, ?-?다.

굽타와 알렉산드로스의 만남은 후대의 설화 같기도 하지만, 알렉산드로스가 굽타를 채용했더라면 인도 정복은 손쉽게 진행되었을 수도 있다. 그러나 찬드라 굽타가 과연 영원히 알렉산드로스의 수하에 있었을까? 알렉산드로스가 굽타를 내친 이유는 허무맹랑해서가 아니라 굽타에게서 자신의 젊은 시절 모습을 보았기 때문일 수도 있다.

현지인을 포섭한다

굽타 이야기는 현지인의 필요성과 딜레마를 동시에 보여준다.

우리 기업들도 세계적 기업으로 성장하면서 현지인 활용의 딜레마를 겪고 있다. 지난 몇 년간 나는 현지인 활용과 관련한 전술을 소개해달라는 요청을 여러 번 받았다. 그때마다 기업들로부터 이런 고민을 들었다. 유능한 인재는 야심이 넘쳐 기업에 충성심이 없다. 무능한 인재는 도움이 되지 않는다. 그

외에도 문화장벽, 가치관과 관습의 차이에 의한 소통의 곤란 등 여러 가지 애로사항이 있었다.

이런 문제들은 어느 한쪽만의 노력으로 해결할 수 있는 과제가 아니다. 그러나 '군쟁'의 관점에서 보면 현지인 고용의 필요성과 절박함, 현지인 활용의 목적, 방법에 관한 주관이 부족한 경우가 많다는 인상을 받았다. 칭기즈칸과 같은 제국의 창조자들은 현지 세력의 포섭에서 야심, 특히 기존의 제도권에서 부당하게 억압당하는 야심을 중시했다. 야심가는 위험하다. 그러나 아무리 강한 군대라도 낯선 땅에서 벌이는 정복 전쟁은 전멸을 감수해야 하는 모험이다. 들판에서는 황소를 다루는 것만으로 충분하지만, 사자와 코끼리를 다루지 않고서는 아프리카 초원의 지배자가 될 수 없다.

두 번째로 현지인의 고용은 고용이라기보다는 거래 관계다. 거래란 시한을 두고 서로 이용하며 이익을 나누는 것이다. 그것이 신용과 충성으로 지속되는 것은 그다음 문제다. 이것이 제국들의 현지인 고용법이었다.

다양한 집단이 한데 섞여 있으면 그중에는 전투적인 집단이 가장 적다. 힘에 굴복하거나 기회를 보는 집단이 훨씬 많다. 그들 간에 동맹 관계, 눈치 관계도 알게 모르게 성립되어 있다. 손자가 제후들의 의중을 먼저 알고 외교적 조치를 해야 한다고 말한 것은 이런 관계를 파악해서 최대한 효과적으로 이용하라는 뜻이다. 그중에 전투적인 집단이 있으면 약한 쪽을 먼저 정복해서 포위하거나 그와 적대관계에 있는 집단을 찾아 지원한다. 불만이 있는 집단은 이익을 줘서 포섭한다. 눈치를 보고 강한 쪽에 붙으려는 집단은 위협하거나 설득해서 포섭하고, 골목대장은 빨리 굴복시켜 그 집단 전체를 흡수한다. 두려워하고 있는 집단은 요충지를 점령하든지 아픈 곳을 건드려 항복하게 한다.

이런 외교망이 재구성되면 향도로 삼을 지역의 부족, 영역을 통과할 부족, 공격해서 정복할 지역의 부족, 공격을 도울 부족을 정할 수 있다. 카이사르가 갈리아를 정복할 때, 오다 노부나가織田信長, 1534-1582가 일본의 전국시대를 통일할 때, 코르테스Hernán Cortés, 1485-1547와 피사로Francisco Pizarro, 1475?-1541가

마야와 잉카문명을 정복할 때, 유럽인들이 아메리카 인디언과 아랍 부족, 아프리카를 정복할 때 모두 이런 방법을 사용했다.

적의 상황을 알면 속이기도 쉽다

용병은 적을 속이는 것이다. 속이는 방법은 수도 없이 많지만 손자는 군쟁이란 주제에 맞게 분산 기동을 통한 기만 전술을 제시한다. 군의 이동 과정은 적에게 나의 진격 방향과 목적을 알려준다. 방어 측에서는 적의 위치와 행로를 모아 그들의 목적지를 알아내고, 사전에 대비하기 위해 안간힘을 쓴다. 미드웨이 해전, 게티즈버그 전투는 수비 측의 탐지와 선제적 대응에 성공해서 승리한 사례다.

공격 측에서는 최대한 은밀하게 이동해야 하지만, 모습을 완전히 숨길 수는 없다. 감출 수 없다면 드러내서 적이 혼동하게 한다. 이리저리로 적을 유도하면 적의 약점을 찾아내고 실수를 유발할 수도 있다.

서로가 같은 행동을 하지만, 여기서도 주도권, 신속함과 과감함이 용병술과 기만 전술의 승패를 가른다. 앞서 지적한 대로 요새에 웅크려서 적의 행동을 관측만 하고 있으면 안 되는 이유다.

손자는 이길 수밖에 없는 조건을 만들어놓고 싸우라고 한다. 기만전의 승리도 원리는 같다. 적을 속이려면 적이 속아 넘어갈 수밖에 없는 포인트를 찾아야 한다.

＊ 적이 간절하게 원하는 것
＊ 적장의 스타일과 능력
＊ 적이 할 수 있는 것과 할 수 없는 것

이런 요소를 먼저 체크하고 기만 전술을 구상해야 한다. 적을 속이기 전에 적이 스스로 속게 만드는 것이 최고의 기술이다.

보불전쟁의 패배는 프랑스에 너무나 아픈 기억이었다. 나폴레옹이 패장으로 세인트헬레나섬에서 쓸쓸한 최후를 마쳤다고는 해도, 그가 거둔 빛나는 승리는 프랑스의 자존심으로 기억된다. 그의 조카(알고 보면 조카도 아니었다) 나폴레옹 3세Napoléon III, 1808-1873는 '프랑스의 영광이여 다시 한번'이란 국민의 여망을 업고 황제가 되었지만 보불전쟁에서 무참하게 패하고 알자스-로렌 지방까지 프로이센에 양도하고 말았다.

프랑스는 절치부심했다. 다시 전쟁이 벌어지면, 당장 진격해서 알자스와 로렌을 되찾을 것이다. 군부는 자신 있게 떠벌렸고, 국민은 믿었다. 한국전쟁 전에 "전쟁이 나면 점심은 평양에서 먹고, 저녁은 신의주에서 먹는다"는 기대와 똑같았다. 이런 말을 한 사람이 잘못이지만, 그런 흰소리가 먹혔던 이유는 국민에게 분단의 아픔과 통일에 대한 갈망이 있었기 때문이었다. 더 큰 이유는 전쟁에 대한 두려움이었을 것이다.

독일의 '대모험' 슐리펜 계획은 이런 프랑스의 노골적인 태도 덕분에 가능했다. 포성이 울리면 독불 국경의 프랑스군은 당장 알자스 지역을 향해 공세로 나올 것이다. 슐리펜 계획의 핵심은 독일과 프랑스의 국경에서 프랑스군의 진격을 받아주고 후퇴하면서 프랑스군을 알자스-로렌 지역으로 끌어들이는 것이었다.

진짜 주력은 벨기에를 거쳐 프랑스 북부로 침투해서 파리를 함락하는 계획이었다. 파리가 함락되면 알자스로 진군한 프랑스군 주력은 후방이 고립되어 그대로 포로 신세가 된다. 그런데 독일군이 100만의 병력을 벨기에와 프랑스로 투입하는데, 프랑스를 속이는 것이 가능할까?

프랑스군은 독일군이 벨기에 쪽으로 우회 침투 병력을 집결시키는 정황을 파악해도 기만적인 양동 또는 허약한 조공이라고 판단할 것이었다. 집결하는 독일군이 예비군이기도 하지만, 그들이 벨기에를 습격하고 프랑스 북부로 진군해 들어와도, 북부 침공은 양동이란 신념을 버리지 않을 것이다. 따라서 북부로 병력을 지원하거나 국경에 배치한 주력을 북부로 돌릴 가능성은 희박하다. 알자스-로렌에 대한 집착이 너무 강하기에 독일군의 속임수를 보고도 인정하지 않는 것이다.

오늘날에도 슐리펜 계획의 실체를 의심하는 역사가들이 있다. 너무 거대하고 어이없는 계획이기 때문이다. 어이없다는 점에는 동의한다. 프랑스의 실수, 오판이라는 장단 없이는 절대 불가능한 계획이었다. 그런데 애초에 상대의 오판 없이 나만의 지력으로 상대를 속이고 기만하는 행동이 가능할까? 진정한 계략은 상대의 오판을 상정하고 시도한다. 그래서 기만 전술이야말로 현명하고 대담한 지휘관만이 할 수 있다.

슐리펜 계획은 성공 직전까지 갔지만 실패했다. 프랑스군에도 지장들이 있어서 마지막 순간에 이 계획을 간파했다. 또 지나치게 대담한 계획이었기에 성공적인 진행을 보면서도 독일군 참모본부의 심장이 나약해진 탓이었다. 비록 실패했지만, 프랑스군의 확증편향은 나라를 멸망 일보 직전까지 몰고 갔다. 그리고 제2차 세계대전에서도 프랑스군은 영광에 집착한 확증편향을 버리지 못했고, 독일군은 강철의 심장을 장착한 덕분에 제2의 슐리펜 계획인 낫질 작전을 성공시키고, 6주 만에 프랑스를 함락했다.

땅을 점령하면 이익을 나눈다

근대까지도 전쟁에서 약탈은 필요악이었다. 보급 수송의 한계를 극복하기 위해서, 병사들의 전투의욕을 높이기 위해서, 생명을 건 봉사에 대한 보수로, 일상의 급료를 위해서 약탈이 필요했다. 병이 재발하는 것처럼 정복한 지역이 체력을 회복하고 다시 저항하지 못하게 하기 위해서, 아직 공격하지 않은 도시에 공포를 선전하고 굴복시키기 위해서도 필요했다. 손자도 그 필요성을 어쩔 수 없이 인정하고 있다.

서구와 중동에서는 점령 후 사흘간 약탈을 허용하는 관행이 있었다. 사흘이면 모든 악행을 저지르고, 남김없이 파괴하는 데 충분했다. 항상 약탈을 허용했던 것은 아니지만, 전쟁의 패배가 끔찍한 결과를 의미한다는 점은 변함없었다.

땅을 점령해서 이익을 나누는 것은 봉건시대에 흔히 사용하는 방법으로 점령지를 부하 제후에게 영지로 하사하는 방식으로 진행되었다. 약탈보다 고차원적이고 항구적이며, 보상심리와 동기 유발의 효과도 더 컸다. 봉건시대의 군대는 종족이나 부족별로 편성되었으므로 영지 수여는 집단에 대한 포상이 되었다.

춘추전국시대의 중국은 완전히 분열되어 있었다. 인종, 문화, 지역의 차이는 필연적으로 차별을 수반한다. 점령자는 이 차별적 구조를 재조정함으로써 자기 지지층을 만들어낼 수 있다. 약탈과 분할통치는 적의 세력을 분열시키는 효과만이 아니라 기존의 세력 질서를 뒤바꾸어서 지지 세력을 만들어내는 데도 사용할 수 있었다. 아예 주민을 분산하고, 행정구역을 조정하는 편이 더 효과적이었다. 행정구역을 조정해서 지역민의 이권을 재조정하거나 강한 부족을 숲으로 쫓아내고, 약한 부족에게 그 땅을 주는 것이다.

'이익을 나누는 것'은 승자들이 약탈물을 분배하는 행위만이 아니다. 정복지를 항구적으로 흡수하고, 장기적인 협력 집단을 양성하려면 점령국 내에서도 이익 분배에 참여하는 집단을 만들어야 한다. 도로를 닦고 새로운 상업망과 무역을 만들어 경제적으로 교류한다. 이 교류를 통해 문화와 복지 혜택을 늘린다. 이것은 굳이 손자가 지적하지 않아도 태초에 국가가 형성될 때부터 시행한 방법이었다. 춘추시대의 국가들은 초기의 도시와 읍들이 이런 방식으로 정복되고 융합되어 탄생한 국가들이었다. 손자는 이 방식을 춘추전국시대 국가와 국가의 통합에도 적용하고 있다.

적의 고을을 약탈하고 주민을 분산시킨다

조조는 《손자병법》의 애독자였다. 최초로 《손자병법》 주석을 남긴 사람이기도 하다. 좀 엉터리 같은 해석도 있지만, 그건 조조가 지능이 부족해서가 아니라 조조답게 중하급 장교의 수준에 맞춰 《손자병법》을 서술했기 때문이다. 조조 자신은 손자의 전술 개념에 대한 이해가 높았다. 어쩌면 《손자병법》을 읽지 않았어도 이미 그런 경지에 도달했을 수도 있다. 조조의 행적을 보면 '군쟁' 편에서 손자가 서술한 내용도 충분히 이해하고 실행하고 있다.

그중에서 주목하고 싶은 구절이 바로 이 구절이다. '적의 고을을 약탈하고 주민을 분산시킨다.' 보통은 '적의 고을을 약탈한다'에만 집중하고 다음 구절 '주민을 분산시킨다'의 의미를 놓친다. 그저 가혹한 약탈의 결과로 주민들이 이산하는 장면만 연상한다.

조조가 도겸陶謙, 132-194의 서주를 침공했을 때, 조조의 형편은 절박했다. 산둥의 황건적을 토벌하면서 청주병이란 훌륭한 군대를 확보하긴 했지만, 사방이 적이고 연주의 절반도 장악하지 못하고 있었다. 세력을 확대하기 위해서는 최대한 빨리 최소의 손실로 서주를 장악해야 했다.

조조는 도겸이 자리 잡은 서주로 직행하는 대신 자신과 조인曹仁, 168-223이 두 개의 경로로 나뉘어 기병으로 서주의 여러 고을을 휩쓸었다. 마을을 불태우고 학살극을 벌여 주민을 공포에 몰아넣었다. 덕분에 조조에게 '서주대학살'이란 치명적인 오명이 생겼다. 하지만 이 '학살극'은 맹목적 약탈극이 아니라 의도된 전략적 행동이었다.

조조의 목표는 약탈이 아니라 그 뒤의 문장, 즉 주민의 분산이다. 당시 모든 지역의 군대는 일단 소집령이 떨어지면 행정구역 단위로 편성한 뒤 집결지로 모이거나 방어지점으로 이동한다. 조조의 기병들은 도시를 파괴하고 공포를 선전하면서 서주의 행정망과 동원 체제를 신속하게 파괴했다.

그리고 조조와 조인은 서주 근교에서 합세했다. 다급해진 도겸은 휘하 군대만으로 대적해야 했고 결과는 대패였다.

　조조군이 서주에서 벌인 만행은 과장된 면도 있다. 조조의 군대가 워낙 빨리 움직였기 때문에 모든 고을을 초토화하고, 한 고을에 머물면서 약탈하고 무덤을 도굴하고 불태울 만한 시간이 없었다. 약탈과 파괴 행위를 하지 않았다는 말이 아니라, 조조군 스스로 성과를 크게 부풀렸을 것이다.

　이것은 훗날 칭기즈칸의 군대, 아니 대부분의 유목 군대가 쓰던 수법이었다. 칭기즈칸은 호라즘 정복 때 조조와 똑같은 전술로 호라즘 후방의 100만 예비군을 무력화하고 군을 수도로 집결시켜 수도를 함락했다.

　조조는 서주를 단기간에 정복하는 데는 성공했지만 끔찍한 악명과 서주민의 반발을 얻었고, 유비의 인기를 올려줘서 결과적으로는 더 큰 피해를 입었다. 하지만 이는 대국적 관점이고, 전술적 의미만 보면 조조가 손자의 우직지계가 가진 의미를 정확히 알았던 것은 분명하다.

3

《군정軍政》이란 책에서 이르기를 '목소리가 서로 들리지 않기 때문에

북과 징을 치고, 멀리서는 서로 잘 보이지 않으므로 깃발을 사용한다'고 했다. 징, 북, 깃발을 이용해 신호를 만든 이유는 눈과 귀를 통해 행동을 통일하기 위한 것이다. 군대가 하나처럼 움직이면 용감한 자도 홀로 튀어 나가지 못하며, 비겁한 자도 홀로 후퇴하지 못한다. 이것이 용병하는 법이다.

액션영화의 단골 소재 가운데 하나가 은퇴한 특수부대의 전사가 단신으로 마피아나 범죄 집단을 때려 부수는 것이다. 요즘에는 할리우드에 쿵후까지 가미되어 슈퍼맨 수준의 능력을 발휘한다. 그런 활약이 현실에서 가능할까? 그런 일도 있기는 하지만, 엘리트 특수부대 출신이라고 다 일당백의 전사는 아니다. 이들의 진정한 힘은 팀워크와 습격 능력이다.

고대 스파르타는 병영국가였다. 청소년이 되면 병영에 소환되어 늙을 때까지 훈련과 집단생활을 하면서 살았다. 그러면 실제 스파르타인은 사상 최강의 전사였을까?

스파르타가 인접한 숙적 아르고스와 서로 100명의 전사를 선발해 1 대 1

대결을 벌이는 영화 같은 결투를 한 적이 있다. 의외로 승자는 아르고스였다. 최후에 아르고스는 두 명이 남았고, 스파르타는 한 명이 남았는데 부상을 당한 상태였다. 끝까지 싸웠다면 스파르타인이 아르고스인 두 명을 해치웠을 가능성이 없지는 않지만, 솔직히 힘들었을 것이다. 아르고스의 승자 두 명이 주변에 널브러진 197명의 시신을 보면서 측은한 생각이 들었는지, 이미 승부가 났다고 생각하고 그를 살려둔 채 대결을 종료했다.

스파르타는 뻔뻔하게 아르고스 두 명이 도망쳤으므로 자신들의 승리라고 주장했다. 결국 100명 대결은 무효가 되고 전투를 피할 수는 없었다. 다음 날 스파르타와 아르고스군이 집단 전투로 대결했는데, 1 대 1 전투와 달리 아르고스군이 처참하게 패했다.

페르시아의 크세르크세스 1세Xerxes I, BC519?-BC465는 자신의 자랑인 페르시아 정예부대 불사인대Immortals 전사와 스파르타인을 대결시켜 보았다. 그 결과 불사인대가 승리했다. 황제가 흡족해하자 아테네 망명객 히피아스가 말했다. "폐하 스파르타의 힘은 개인이 아니라 집단에서 나옵니다."

히피아스의 충고는 사실로 증명되었다. 크세르크세스가 그리스를 침공했을 때, 스파르타 300 전사는 테르모필라이 전투에서 1만 명의 불사인대를 가볍게 격파했다.

스파르타의 집단생활은 개인의 역량을 키우기 위한 것이 아니라 집단 전술과 팀워크를 연마하기 위한 것이었다. 오랜 합숙생활로 스파르타 전사들은 눈짓만으로도 팀워크를 발휘했다. 적에게 밀려나는 것처럼 등을 보이고 후퇴하다가 일제히 돌아서서 적을 타격하는 것은 스파르타의 장기였다.

스파르타의 전투 대형인 팔랑크스는 마치 한 사람인 것처럼 움직였다. 이것은 일반적으로 가능한 방법은 아니다. 보통의 군대는 신호와 통제수단이 필요하다. 손자는 거대한 집단을 한 사람처럼 움직이는 것이 신호와 통제수단의 목적이라고 했다.

고대의 한 사람과 현대의 한 사람

손자에게 신호는 통제를 위한 것이고 통제는 집단이 한 사람처럼 움직이기 위한 것이었다. 그런데 과연 이것이 궁극적 가치이고 오늘날에도 유효할까? 손자 시대의 전투는 밀집대형을 이루고 싸우는 것이었다. 손자의 설명은 이 형태를 전제로 한다. 밀집대형 전투는 양파 껍질 벗기듯 전체가 차례로 전멸할 때까지 싸우는 것이 아니다. 쐐기처럼 작은 틈이 생기면 상대가 그 균열로 파고들어 마치 쐐기를 박아 넣듯이 틈을 넓혀간다. 그렇게 하면 쐐기로 인해 갈라진 수비 측 병사들은 측면이 노출되고 공포에 휩싸인다.

이런 전투 상황에서 진형의 내구력은 이탈자 방지에 달려 있었다. 군대가 하나처럼 움직이면 겁쟁이가 혼자 후퇴하지 못한다고 손자가 말했듯, 밀집대형은 겁먹은 병사가 대형을 이탈하지 못하게 하는 데도 큰 효과가 있었다. 남북전쟁 당시 포화가 작렬하고 연대 하나가 15분 만에 전멸하는 상황에서도 병사들은 꿋꿋이 서서 걸어갔다. 인간이 가진 용기의 한계를 보여주는 전쟁이었다. 영국의 몽고메리 원수Bernard Law Montgomery, 1887~1976는 이 장면에 크게 감탄해서 남북전쟁은 병사들의 군인정신 측면에서 최고의 전쟁이었다고 말했다.[22] 그러나 이 군인정신은 미국인의 용기가 아니라 밀집대형에서 나온 것이었다. 만약 그들을 현대전처럼 산개하고 포복으로 전진하게 했으면 대부분은 머리를 처박고 나가지 않았을 것이다. 실제로 보불전쟁에서 그런 사례도 있다.

이런 식의 전투는 손자 사후 약 2,400년, 즉 19세기까지 지속되었다. 그러나 기관총, 대포, 유산탄이 등장하면서 밀집대형은 산산조각이 났다. 20세기에 들어서서 무기는 점점 강력하고 다양해졌다. 전쟁이 하늘과 해저까지 확대되면서 한 사람처럼 움직인다는 전술은 의미를 상실했다. 물론 이로써 손자의 교훈을 폐기해야 한다는 것은 아니다. '한 사람처럼'의 의미는 몸의 사지와 장

---

22 버나드 로 몽고메리 지음, 승영조 옮김, 《전쟁의 역사II》 책세상, 1995, 677쪽.

기로 이해되기도 했다. 손과 발의 기능이 다르듯이 신체의 모든 부위는 다른 기능을 지녔지만, 신경은 하나로 연결되어 있다. 다양한 기관의 조화로운 관리라는 측면에서 통제에 대한 손자의 정의는 참고할 만하다.

현대적 의미도 재발견할 수 있다. 오늘날 첨단 장비로 무장한 병사는 남북전쟁 당시의 중대 수준이 넘는 화력을 발휘한다. 한 개 소대가 대대와 맞먹을 수도 있다. 위성과 연계해서 적진의 상황을 보여주고 레이저로 폭격을 유도하면 사단으로도 막기가 힘들다. 19세기 남북전쟁 때는 하나의 무기만 다룰 줄 알아도 평생 재교육을 받을 필요가 없었지만, 지금의 군인들은 앞으로 얼마나 많은 장비를 다루어야 할지 모른다. 특수병과를 비롯한 병종이 수없이 늘었다. 이런 시대에 일괄적 통제를 추구할 수는 없다. 어쩌면 지금에야 군대는 진정한 '한 사람'이 되었는지도 모른다.

이 내용을 경영에 적용해보자. 이른바 관리경영과 창조경영의 차이다. 최근까지도 대부분의 기업에서 경영은 관리가 가장 큰 비중을 차지했다. 관리경영이 최대 효율과 이윤을 보장해주었다. 특히 제조업이 큰 비중을 차지하는 기업일수록 관리의 효과가 컸다. 그러나 지금은 구글이나 애플 같은 IT기업을 중심으로 관리보다는 창조에 비중을 두는 경영이 주목받게 되었다. 시시각각 바뀌는 기술 트렌드를 관리 체제로는 쫓아갈 수 없다. 간혹 이것을 제조업과 IT산업 간의 업종 차이로 인식하는 경우도 있다. 그러나 지금은 제조업도 관리 일변도의 경영으로는 감당할 수 없는 시대다. 많은 기업들이 이 사실을 인식하고 있지만 차마 과거 체제를 깨트리지 못할 뿐이다. 변화로 인한 불편을 감수할 용기가 부족하기 때문이다. 물론 손자가 이런 부분까지 말하지는 않았다. 2,500년 전의 현자에게 이런 이야기까지 바라는 것은 무리다. 그의 메시지를 제대로 받아들이고 발전적으로 수용하는 것이 우리에게 주어진 과제다.

4

야간 전투에서는 불과 북을 많이 사용하고

주간 전투에서는 깃발을 많이 사용한다. 이것은 적군의 눈과 귀를 현혹하기 위한 것이다. 이런 방법으로 적군의 사기를 꺾을 수 있고 적장의 마음을 뺏을 수 있다. 이런 까닭에 아침에는 사기가 날카롭고 낮에는 해이해지고 저녁에는 돌아가 쉬고 싶어 한다. 그러므로 용병을 잘하는 사람은 적군의 사기가 날카로운 때를 피하고 사기가 해이해졌거나 돌아가고 싶어졌을 때 공격한다. 이것이 사기를 다스리는 것이다.

아군의 정돈됨으로 적군의 혼란함을 기다리며, 아군의 정숙함으로 적군의 소란함을 기다린다. 이것이 마음을 다스리는 것이다. 가까운 곳에서 멀리서 온 적군을 기다리며, 아군은 편안하게 하고 적군이 피로해지기를 기다린다. 아군은 배부르게 하고 적군이 굶주리게 되기를 기다린다. 이것은 체력을 다스리는 것이다. 정연하게 정렬된 기치를 들고 오는 적군은 요격하지 않으며, 당당하게 진용을 갖춘 적군은 공격하지 않는다. 이것이 변화를 다스리는 법이다.

손자는 불과 북, 소리와 깃발로 적의 귀와 눈을 현혹시키고 마음을 뺏으라고 했다. 아군의 실세를 과장하고 아군에 대한 두려움을 심어주라는 말이다.

대학 시절, 내 모교와 K대는 매년 라이벌전을 벌였다. 운동장에서는 선수들이 싸우고, 객석에서는 엄청난 응원전이 벌어졌다. 목이 쉬도록 소리를 치지만, 그 와중에 간간이 이런 자조적인 말이 들렸다. "솔직히 응원전은 우리가 쟤네보다 못해, 쟤들 소리가 우리보다 훨씬 우렁차."

당시 절친한 친구가 K대를 다녔는데, 졸업 후에 그 친구를 따라 K대 응원석에 앉은 적이 있었다. 그때 근처에서 똑같이 한탄하는 소리를 들었다. 그제야 깨달았다. 우리가 내는 소리는 앞으로 가고, 상대의 응원가는 우리를 향해 온다. 상대의 응원이 더 크게 들릴 수밖에 없다.

손자는 이런 원리를 알고 있었다. 아군이 병력이 적더라도 깃발을 힘껏 휘두르고 함성을 지르면 적의 병사에게는 아군의 기세가 훨씬 사납게 느껴진다. 이 원리를 아는 장수라면 과감하게 병사를 나눠서 산과 언덕에 따라 넓게 포진하고 깃발을 흔든다. 상대가 노련한 장수라면 속지 않고 즉시 분견대를 파견해 깃발부대를 제압해버릴 것이다. 반대로 적병이 놀라서 얼어붙거나 제자리에 서서 소리만 지른다면, 수만 많지 결점이 있는 부대다.

전투는 심리전이다

화승총이 전장에 등장한 것은 15-16세기였다. 처음에 화승총은 비가 오면 심지가 젖고, 바람이 불면 화약 가루가 날아가 버렸다. 17세기에야 부싯돌을 이용해 발화하는 정교한 점화장치가 발명됐다. 이 총을 머스캣이라고 하는데, 머스캣이 사용되면서 소총 전술은 진일보했다.

화승총에서 머스캣으로 넘어가던 시기에 소총 중대가 편성되기 시작했다. 유럽 각국은 소총병의 사격 방식을 두고 상당한 연구를 했다. 소총의 발사 속도가 1분에 두세 발에 불과했기에 연발 사격을 위해서 1열, 2열, 3열이 순서대로 사격하는 교차 사격 방식이 등장한다.

여기에 담긴 전술가들의 고민은 다음과 같다. 발사하는 총알의 양이 같아도 명중률이 높으면 위력이 늘어난다. 명중률이 같다면 사격하는 위세가 강한 쪽이 적에게 두려움을 줄 것이다.

각 나라의 군대는 더 효율적인 명중률을 노렸지만, 이와 함께 상대에게 그런 생각이 들게 하는 교차 사격의 퍼포먼스를 연구했다. 횡대로 길게 늘어서서 전 연대가 1-2-3열로 교차 사격을 하는 법, 중대 단위로 맨 좌측 중대가 발사하면 그다음 중대가 발사하는 식으로 좌에서 우로 쭉 진행했다가 다시 우에서 좌로 오는 연사 방식도 있었다.

가장 고난도 사격술은, 소총 중대가 1-7대까지 있다면 1대→7대→2대→6대 순서로 좌우에서 번갈아 사격하는 것이었다. 이런 고난도의 퍼포먼스를 선보이면 상대 병사들은 주눅이 들고 공포감이 그들의 전투 의지를 꺾을 것이다. 이렇게 생각했던 것 같다.

그런데 이런 방식들이 정말로 효과를 발휘했을까? 당시 평균적인 사격 명중률은 10-15퍼센트 정도였다. 고난도의 퍼포먼스는 상당한 시간이 필요했고 어느 정도 심리적 효과는 있었겠지만, 잘 훈련된 군대끼리 대전할 때는 결과에 차이가 없었다.

프리드리히 2세의 프로이센군은 상대의 기를 죽이는 더 강력하고 새로운 방법을 찾아냈다. 속도였다. 프로이센군은 조준 과정을 과감하게 생략하고, 발사까지의 총기 조작 과정을 줄였다. 그 덕분에 프로이센군은 적보다 1분에 한 발 정도는 더 많이 발사할 수 있었다. 어차피 형편없는 명중률로 인해 조준은 별 의미가 없었다. 더 빨리, 한발이라도 더 많이 쏘는 것이 상대의 피해를 늘리고 아군의 피해를 줄일 수 있었다. 기선 제압 효과도 훨씬 컸다. 프로이센 사격술이 전투에 미친 영향은 상당했다. 속사는 프로이센군의 전투력을 대표하는 아이콘이 되었다.

장군의 마음을 뺏는다

손자는 심리전의 목표를 다음과 같이 제시한다. 장군에게서는 마음을 뺏고, 병사들에게서는 사기를 뺏는다. 리더가 신념과 자신감을 상실하면 우왕좌왕하게 되고 결단의 속도가 느려지며 전쟁에서 필연적으로 발생하는 압박과 비난을 견디지 못하게 된다. 병사들이 자신감을 잃거나 전쟁의 당위성을 상실하면 전투력은 급감한다.

슐리펜 계획이 성공 일보 직전에 실패한 이유는 독일군의 총참모장이었던 몰트케Helmuth Johannes Ludwig von Moltke, 1848-1916의 우유부단하고 일관성 없는 명령, 더 본질적인 이유는 그의 깨진 심장이었다.

몰트케는 보불전쟁을 승리로 이끈 독일의 국민적 영웅 헬무트 폰 몰트케의 조카였다. 독일인들은 삼촌을 대大 몰트케, 조카를 소小 몰트케라고 불렀다. 이런 별명이 오히려 그의 부담감과 열등감을 자극했던 것 같다. 훌륭한 선조를 둔 사람이 흔히 그렇듯 소 몰트케는 삼촌에 대한 존경심과 압박감을 동시에 느끼고 살았다.

독일의 벨기에 침공을 코앞에 두고 있던 8월 1일, 침공 사흘 전까지도 독일군 수뇌부는 슐리펜 계획을 두고 우왕좌왕했다. 대담해도 너무 대담한 계획이었고, 성공 여부가 자신들이 아닌 프랑스군의 마음가짐에 달려 있었다.

빌헬름 2세Wilhelm II, 1859-1941는 갑자기 프랑스가 아니라 러시아를 선제공격하자고 제안했다. 이미 병력을 서부 전선에 집결시킨 상황에서 러시아를 공격하려면 100만 대군을 동부 전선으로 보내야 했다. 철도 운송 책임자는 가능하다고 했지만, 몰트케가 반대했다. 모든 동원 계획이 프랑스 침공에 맞춰져 있는 상황에서 공격 방향을 동쪽으로 돌리는 건 불가능하다고 반박했다.

몰트케의 주장은 충분히 일리가 있었다. 빌헬름 2세는 그 순간 가장 불필요한 말을 했다. "장군의 삼촌이었다면 다른 대답을 했을 거요."

황제는 러시아 공격 구상을 철회했지만 룩셈부르크를 침공해서 횡단해야 한다는 몰트케의 계획을 끝내 취소시켰다. 부관이 들고 온 작전 취소 명령서를 받은 몰트케는 울음을 터트렸고, 새로운 작전 계획에 서명하지 않겠다며 어린아이처럼 굴었다. 나중에 몰트케는 회고록에 이렇게 썼다. '나는 이 사건의 충격으로부터 다시는 회복하지 못했다. 내 안의 무엇인가가 부서졌고, 그 이후로 다시는 예전의 내가 아니었다.'[23]

황제가 잘못하긴 했지만, 몰트케의 심장도 1,000만 명의 희생자를 내는 전쟁을 치를 수준은 아니었다. 전쟁을 치르려면 두뇌와 심장 모두를 갖추어야 한다. 그런데 역사를 보면 리더는 두뇌와 심장을 겸비한 부하를 꺼린다. 둘 중 하나만, 그것도 기형적으로 갖춘 장군을 측근이나 최고 지휘관의 자리에 두는 경우가 많다. 기업에서도 그런 사례를 많이 본다. 나름대로 이유는 있다. 하지만 다시 한번 강조하고 싶다. 패전처럼 큰 손실은 없다. 내가 다루기 쉬운 부하는 적도 다루기 쉽다.

병사들의 사기를 좌우하는 것들

조직에서 사기는 매우 중요하다. 하지만 사기는 실체가 모호한 개념이기도 하다. 자신감? 의욕? 복종심? 지휘관에 대한 신뢰? 전우애? 애국심? 사명감? 구령의 크기? 사기는 늘 중시되지만 정확한 실체, 진작 방법, 활용법에 관해서 제대로 정리된 것이 없다. 때로는 전가의 보도가 되고, 병사들의 시각에서 때로는 불필요한 군기가 되기도 한다.

손자는 사기를 언급하면서 아침·점심·저녁의 시간, 군대의 정제와 혼란, 그리고 배고픔을 거론했다. 이것이 사기에 영향을 미치는 요소의 전부는 아니겠지만, 군의 사기를 관리하고 적의 사기를 교란하는 데 중요한 요소임을 암시

---

23 바바라 터크먼 지음, 이원근 옮김, 《8월의 포성》 평민사, 2008, 162쪽.

해준다.

아침·점심·저녁은 일과의 패턴과 잠자리를 의미한다. 인간의 기본적 욕구는 의식주의 충족이다. 야전 생활이 편할 수야 없겠지만 전장이 고단하고 힘들수록 인간은 기본적 욕구에 미련할 정도로 집착한다. 병사들은 대체로 국가의 재정적 어려움과 고통을 이해하려 한다. 그러나 보급품마저 엉성하면 지휘부에 대한 신뢰가 사라진다. 아군의 전투 능력, 사령부의 능력 자체에 회의가 드는 것이다.

군대가 정제하지 못하고, 병사들 스스로가 보기에도 조직의 실행력이 떨어지면 전투의 압박과 불안을 견뎌내지 못한다. 많은 병사들이 주변 동료를 믿을 수 없다는 이유를 대며 위치에서 이탈한다. 반대로 의식주가 부실하더라도 하나라도 더 좋은 것을 찾아 제공하려는 노력, 하다못해 간식거리 하나라도 챙겨주려는 노력을 보이면 조직에 대한 신뢰가 조금씩 싹튼다. 혹독한 훈련과 강행군을 버텨내면, 힘든 훈련에 불평하면서도 자신들의 성취에 고무되고 동료들에 대한 믿음까지 생긴다. 이렇게 가시적인 노력이 부족하면 사기는 급락한다.

오랜 전투, 배고픔과 추위, 익숙해진 죽음, 보이지 않는 승리의 가능성, 잃어버린 미래의 희망은 어떤 정예부대라도 사기를 떨어트린다. 이렇게 떨어진 사기는 여간해서 회복되지 않는다.

이런 병사들에게 청량제와 같은 것이 가족의 편지다. 제2차 세계대전 당시 독일군은 러시아에서 후퇴하는 대혼란의 상황에서도 우편열차의 운용을 준수했다. 우편열차는 철도 배정에서 어떤 열차보다 우선권을 받았고, 시간을 지켰다. 편지들은 사방에 흩어진 병사들을 신기하게 찾아갔다.

17세기부터 러시아 혁명이 터지기 전까지 러시아 귀족 장교들은 어리석은 데다 일선에 잘 나서지 않는 것으로 유명했다. 힘든 전투 지휘나 고생스러운 일은 평민 출신 장교를 선발해서 맡겼다. 제2차 세계대전 때 소련군 총사령관이 된 주코프Georgy Konstantinovich Zhukov, 1896-1974는 제1차 세계대전 당시 신학생이었는데, 글을 안다는 이유 하나만으로 소대장으로 차출되었다. 소대장이 된 그는 술에 절어 있는 중대장의 얼굴조차 본 적 없이 제식훈련도 받지 않은 채 전선에 투입되었다. 다행히 주코프는 전장에서 살아남았고, 스스로 공부해서 러시아 최고의 지휘관으로 성장했다. 하지만 일반적으로 주코프와 같은 상항에서 살아남기보다 죽어간 병사들은 더 많았다

그렇다고 리더가 병사들과 침식을 같이하고 함께 뒹굴면 병사들의 사기가 올라갈까? 꼭 그렇지도 않다. 병사들은 리더에게 신뢰감이 들 만한 능력을 요구한다. 조직의 상태나 현실 목표에 따라 리더는 다른 모습을 요구받는다. 냉정해 보이던 지휘관이 작은 친절을 베풀거나, 강철 같던 리더가 눈물을 보이면 그 효과가 극대화되기도 하고, 반대로 지휘관이 동요하고 있다는 불안감이 번져갈 수도 있다. 병사들의 심리 상태와 자신의 행동이 미칠 영향력을 적절히 파악해서 비중을 조절하고, 가시적인 노력을 보여줄 방법을 찾아내는 것이 사기 진작에서 중요한 과제다.

반대로 적은 무슨 수를 써서든 피로하게 하고, 배고프게 해야 한다. 병사들이 리더의 행동을 부정적으로 느끼도록 하고, 전의를 상실하게 해서 사기가 떨어졌을 때 공략해야 한다. 특히 적군과 아군의 처지가 극명하게 비교될 때 병사들은 리더의 능력을 의심하게 되고 사기는 급속히 떨어진다. 고약한 지형에서 아군과 적군이 함께 악전고투한다면 사기가 떨어져도 함께 떨어진다. 그러나 적군은 춥고 굶주리는데 아군은 잘 먹고 편히 잔다면 어떨까? 가끔은 이런 정보를 흘리거나 아군의 상태를 슬쩍 보여주는 것도 적군의 사기를 떨어트리는 좋은 방법이다.

5

그러므로 용병하는 법은,
높은 언덕에 있는 적은 공격하지 않으며

언덕을 등지고 있는 적은 지형을 거슬러 공격하지 않는다. 거짓으로 도망치는 적을 쫓지 않고, 정예부대는 공격하지 않는다. 유인하는 적은 물지 않고, 후퇴하는 부대는 가로막지 말고, 포위한 적은 퇴로를 열어준다. 궁지에 몰린 적은 지나치게 압박하지 않는다. 이것이 용병의 방법이다.

손빈이 제나라에 가서 위왕威王, ?-BC320을 만났다. 제나라의 실권자인 전기田忌가 그와 용병술에 관해 토론했다. 전기가 상벌, 권위, 형세, 계획, 속임수 등이 용병의 핵심이라고 말하자 손빈은 고개를 흔들며 말했다. "그것들은 승리를 주는 부분적인 요인이지만 그 이상은 아닙니다." 전기는 그 말을 듣고 화를 냈다. "이것보다 중요한 것이 무엇이 있는가?" 그러자 손빈이 단호하게 대답했다. "적정敵情과 지형을 파악하고 거기에 맞춰 전술을 생각하는 것, 그것이 장수의 길입니다."

한국전쟁에 참전했던 백선엽白善燁, 1920-2020 장군이 기자로부터 어떤 지휘관이 훌륭한 지휘관이냐는 질문을 받은 적이 있다. 백 장군은 지형을 보고 지키기 좋은 곳인지 공격에 유리한 곳인지를 빠르게 판단하는 능력을 지닌 사람이라고 대답했다.

지휘관은 지형을 보고 전술을 적용해보고 공격과 수비를 계획하는 훈련을 게을리해서는 안 된다. 기업에서도 마찬가지다. 현장의 환경에 이론과 목표를 적용하고 판단하는 훈련을 일상 업무처럼 해야 한다. 이런 능력은 천부적인 재능만으로 완성되지 않는다. 3편 '모공'에서 과거의 성공에 안주하거나 같은 방식을 되풀이하는 것의 위험성에 관해 지적했다. 그리고 사람들이 왜 그런 실수를 반복할까 질문을 던졌다. 지형에 대한 훈련이 그 해결책이 될 수 있다. 지형, 즉 환경은 매번 똑같은 조건이 반복되지 않는다. 전술을 지형에 맞추고 적용하는 훈련은 맹목적인 반복을 지양하고 궁극적으로 지피지기의 원리를 실천할 수 있는 안목을 키워준다.

지리감각으로 적의 군세와 의도를 파악한다

손자는 지형 파악 다음으로 적정의 파악을 강조한다. '거짓으로 도망치는 적을 쫓지 않고, 정예부대는 공격하지 않는다. 유인하는 적은 물지 않는다.'

손자는 여기에 중요한 요령을 알려준다. 적장의 마음속은 누구도 알 수 없다. 적 부대의 의도와 군대의 수준을 추측하는 데 최고의 단서는 지형이다.

군대의 모습, 행군 모습, 깃발의 정연함, 전투 광경을 보고 적정을 파악할 수도 있다. 그러나 적군 역시 연기를 곧잘 한다. 아군을 유인하기 위해 도망치는 적은 몽골군의 만구다이몽골 전사의 칭호처럼 연기력이 뛰어난 부대일 수도 있지만, 우리를 유인하기 위해 진짜로 허술한 부대를 내보냈을 수도 있다. 따라서 적 부대의 수준과 의도를 파악해야 하는데, 그 일차적인 단서가 적이 포진한 지형이다. 정예부대가 어디에 위치해 있는가? 정예부대와 그렇지 않은 부대의 포진은 어떤가?

적이 위장 전술을 사용하거나 허세를 부리는 경우도 있지만, 가짜로 포진했다가는 전군이 위험에 빠질 수 있기 때문에 함부로 시도하지는 못한다. 따라서 적이 포진한 지형을 보는 것이 적어도 부대의 겉모습을 보고 판단하는 것보다는 안정성이 높다.

적군과 여러 번 대결하며 경험을 축적해갈 때도 지형을 연관시켜서 이해해야 적의 전술과 습관에 대한 이해도를 높여갈 수 있다. 여기에는 적장의 용기, 섬세함, 공격 성향과 수비 성향, 모험심에 대한 이해도도 포함된다.

적이 이동하고 후퇴할 때도 그 지형을 이해하고 있으면 적의 상태를 유추할 수 있다. 심리적으로 동요해서 후퇴하는 군대가 선택하는 지형과 노련한 부대가 선택하는 방향은 다르다. 예를 들어 노련한 병사들이 추격하기 어려운 곳으로 이동한다면 어쩔 수 없지만, 그런 곳을 버리고 개활지로 후퇴한다면 말 그대로 공황에 휩싸인 것이다. 안전한 곳이 있는데 굳이 협곡으로 후퇴한다면 매복이 있다고 착각하게 하거나 실제로 매복이 있는 것이다. 이렇게 적을 관측하고, 수준을 가늠하다 보면 한 번은 속더라도 다음번에는 더 정확한 판단을 내릴 수 있다.

고지를 공격하지 않는다

고지에 있는 적을 공격하려면 5배, 10배의 전력이 필요하고 희생도 크다. 하지만 고지를 공격하지 않고는 전쟁을 할 수 없다. 바보가 아닌 이상 평지가 아니라 고지에 포진할 것이다. 한편 손자는 언덕을 등지고 있는 적을 상대로 지형을 거스르지 말라고도 말했다. 여기서 지형에 거스른다는 말의 의미가 모호하다. 정면으로 맞서지 않는다고 해석하는 경우도 있는데, 전술적으로는 타당하지 않다. 일반적으로 높은 곳에서 아래로 공격하는 것이 유리하니, 언덕을 등지고 있는 적의 뒤로 돌아 올라가서 내려다보는 것을 의미한 듯하다.

손자는 이것이 상당한 체력을 낭비하고 언덕을 오르다 적에게 역습을 당하는 경우가 있으니 주의를 주었다고 볼 수 있다.

그 밖에 궁지에 몰린 적을 압박하지 않는다고도 했는데, 압박하지 않으면 그들의 항복을 끌어낼 수 없다. 또 포위한 적은 도주로를 터주라고 한 부분에서는 달아난 적이 다시 돌아와 덤비지 않을까 하는 의구심도 든다. 기회가 있을 때 적을 섬멸해야 전쟁을 조기에 끝낼 수 있기 때문이다.

손자가 실전에서는 시행하거나 판단하기 어려운 말, 심지어는 무책임한 말을 하고 있는 건 아닐까 의심하는 독자들도 있을 듯하다.

이 편에서 손자가 주고자 하는 교훈이 너무 빤해 보이지만, 실제 전쟁에서 초보적인 실수는 너무 쉽게 벌어진다. 지휘관이 어리석어서가 아니라 긴박한 상황에서 한꺼번에 여러 가지 결정을 내려야 하다 보니 초보적인 실수가 나오는 것이다.

또 《손자병법》이 손자의 체계적인 저술이 아니고 강의를 모아놓은 책이다 보니 강의를 듣는 사람들의 수준이 제각각이었을 수도 있다. 하지만 초보적인 교훈이라고 무시해서는 안 된다. 전쟁에서는 무수한 이유로 기본을 무시하고 병사들에게 죽음을 강요하는 경우가 반복적으로 발생한다.

명나라의 명장 척계광은 명군이 왜구와 싸울 때 적군이 항상 고지에 올라 아군의 공격을 유도했다고 회고했다. 밝힌 적은 없지만, 그 자신도 당한 적이 있는 것 같다. 왜구가 전력이 약해서 고지로 도주했던 것도 아니다. 한 발이라도 위쪽에 있으면 공격해 오는 명군의 체력을 더 소비하게 할 수 있다. 왜구의 주특기가 일본도로 내려치는 일격이었다. 왜구의 소굴이었던 사쓰마 번은 '사쓰마 도법'이라는 독특한 검도를 개발했는데, 머리 위로 검을 치켜올렸다가 내려치는 것이다. 아주 단순하고 동작이 커서 허점이 많은 것 같지만, 사쓰마 도법은 이 약점을 스피드와 파괴력으로 커버했다. 비탈에서 아래로 뛰어내리면서 베면 위력과 사기가 몇 배로 상승한다.

그런데 명나라 지휘관들은 《손자병법》의 단순한 교훈도 떠올리지 못하고 왜구를 소탕해야 한다는 일념으로 서둘렀다. 때로는 상대가 겁을 먹어서 고지로 도망갔다고 생각했다가 왜구에게 크게 당하곤 했다. 결국 척계광도 손자와 똑같은 충고를 남겼다. "고지의 적을 공격하지 마라." 이 말 역시 고지의 적과는 싸우지 말라는 단순한 의미가 아니라, 긴장된 상황에서도 원칙을 망각하지 말라는 말이다. 적의 전력과 아군의 전력을 냉정하게 파악하고, 고지라는 지형에서 전투가 벌어질 때 적이 몇 배나 우세해지는지를 정확히 파악하라는 뜻이다.

궁지에 몰린 적을 압박하지 않는다

월드컵 대회가 끝나면 감독의 작전과 선수 기용을 두고 청문회 수준의 질타가 쏟아지는 것처럼, 과거에도 전투가 끝나면 마구잡이 심문이 행해졌다. 가장 자주 등장하는 논란이 패주하는 적을 왜 추격하지 않았냐는 비난이었다. 적이 등을 보이고 패주할 때가 적을 섬멸하거나 치명적인 타격을 입힐 수 있는 절호의 기회이기 때문이다.

전선에서도 매복이 있다고 걱정하는 중대장을 향해 무전기에 대고 진격하라고 고함치는 대대장, 연대장이 있다. 현장을 무시한 명령으로 유능한 중대장이 전사하는 경우가 적지 않다.

물론 그 반대의 경우도 많다. 장수가 뇌물을 받고 적의 퇴로를 열어주는 반역 수준의 사례도 있고, 겁이 많아서 추격을 주저하는 경우도 있다. 사후 검증을 통해 이런 배신행위를 방지하고, 무능한 지휘관을 걸러낼 필요가 있다.

그러나 추격전의 시행 여부는 전투 현장의 지휘관이 판단해야 한다. 사후에 추궁할 만큼 용기에 의심이 가는 지휘관을 임명했다면 임명한 사람들의 책임이 더 크다. 실전에서는 여러 이유가 추격을 망설이게 한다. 적의 매복이 있는가? 유인 작전은 아닌가? 아군 병사들이 지쳤을 수도 있고, 적의 역습을 경계하며 추격할 만큼 충분한 훈련을 받지 못했을 수도 있다. 복기도 좋지만, 현장을 무시한 비판, 이론에 치우친 비판은 다음 전투와 전투력에 치명적인 영향을 미친다.

갈리아 원정 때 카이사르는 수많은 승리를 거두었지만, 천하의 카이사르도 추격전으로 적을 섬멸할 기회는 번번이 놓쳤다. 로마군에게 쓸 만한 기병이 충분치 않았던 탓이다. 소수의 기병대는 보통 초전에 소모해버렸고, 추격전에 동원할 기병 예비대를 보유하지 못했다. 로마의 호사가들이나 정적들이 카이사르가 번번이 적의 철수를 묵인하는 것을 비난했을지도 모른다. 그러나 기록을 보면, 원로원이나 기타 공식적인 논의를 통해 카이사르의 이런 행동을 비난한 적은 없다. 이 시기의 로마는 군사 작전에 관해서는 지휘관의 재량을 충분히 인정했다.

하지만 우리나라나 중국에서는 출세욕 강한 관료들의 공격을 피하기 힘들었다. 그들은 개선장군을 몰아친다. "적이 등을 보이며 패주하는데, 왜 적을 추격하지 않았는가?" 이럴 때 "이미 밤이 깊어서 혼전이 되면 적군과 아군을 구분할 수 없다" "지형이 추격에 불리했다"라는 식으로 합리적인 이유를 대면 그들은 더욱 길길이 날뛰었다. 그래서 동양에서는 무장도 학문이 필요했는데, 이런 순간에 가장 좋은 대답이 《손자병법》을 인용하는 것이었다. "궁지에 몰린 적을 핍박하는 것이 아닙니다." 송나라 때 편찬된 《사마법司馬法》은 더 단호하게 선언한다. '도망치는 적은 추격하지 않는다.' 수많은 무장들이 이 구절에 감사했을 것이다.

제 8 편

구변
九變

'구변을 문자 그대로 해석하면 아홉 가지 변화다. 하지만 여기서 '9'가 꼭 아홉을 뜻하는 것이 아니다. 중국에서 9는 '최대' '무한한' '전부'라는 의미다. 그러므로 구변은 무궁무진한 변화라는 뜻이다.

변화란 임기응변인데, 이는 임시변통과는 다르다. 현실에서 시행되는 전술, 전투는 모두 현지의 지리, 상황, 목적에 최적화되어야 한다. 매 전투는 하나하나가 그 상황에 최적화된 것이어야 한다. 지휘관은 지형, 적장의 전술적 통찰력, 개성과 심리 상태 이 모든 것을 통찰해야 한다. 손자는 그런 요소 중에서 지형 등 중요한 요소를 선별해서 설명하고 있다.

하지만 이 편의 서술 목적이 단지 지형에 관한 이해를 높이자는 의도는 아니다. 중국은 넓다. 화북과 강남은 기병과 수군처럼 주력 병종이 달라질 정도로 지형과 기후가 크게 다르다. 그렇기에 화북에서 훈련받은 군대가 강남에 들어가면 절반이 전염병으로 죽었다. 정복 전쟁에 참여하는 군대는 다른 문화, 식생활, 기후에 적응할 수 있는 능력과 준비를 갖추어야 한다. 자기 땅에서 시행하던 습관과 타성을 버리지 못한 군대는 한순간에 종말을 맞기도 했다.

1

용병의 법은 장군이 군주로부터 명령을 받아

군을 소집해서 편성하고 적을 향해 진군한다. 이때 비지比地, 즉 움푹 팬 땅에서는 주둔하지 않는다. 구지衢地, 즉 접경 지역에서는 외교를 맺는다. 절지絕地, 즉 적의 국경 안으로 들어갔을 때 고국이나 후방 부대와 연결이나 후원이 어려운 지역에서는 머무르지 않는다. 위지圍地, 즉 사방이 막힌 지역에서는 계략을 써서 빠져나간다. 사지死地, 즉 어쩔 수 없는 위험 지역에서는 결전을 벌여 빠져나간다.

길에는 통과하지 말아야 할 곳이 있고, 군은 싸우지 말아야 할 곳이 있다. 성에는 공격하지 말아야 할 곳이 있고, 땅은 차지하려고 다투지 말아야 할 곳이 있다. 왕의 명령에도 받아들이지 말아야 할 것이 있다. 그러므로 장군이 상황에 따라 갖가지 변화로 이익을 얻는 원리에 통달해야 용병을 안다고 할 수 있다. 장수가 변화의 이익에 통달하지 못하면 비록 지형을 안다고 해도 지형의 이익을 능히 획득하지 못한다. 군대를 다스리는 데도 상황에 따라 변화를 주는 기술을 알지 못하면 비록 지형을 이용하는 다섯 가지 이익을 안다고 해도 인재를 얻는 방법을 알지 못하는 것이다.

비지는 움푹 팬 낮은 땅이다. 이런 땅은 습기가 많고 전염병이 쉽게 발생한다. 호수, 늪지, 낯선 계곡과 강은 군대에 예상치 못한 죽음을 선물하곤 했다.

1221년 제5차 십자군이 이집트에 상륙해 나일강 하류의 도시 다미에타로 향했다. 예루살렘을 빼앗고 3차 십자군을 좌절시켰던 살라딘의 왕국은 이미 망했고, 이집트의 술탄이 중동을 지배하고 있었다. 십자군이 예루살렘을 탈환하려면 이집트를 공략해야 했다. 십자군 전쟁사에서 별로 주목받지 못했지만 5차 십자군은 십자군 원정의 역사를 바꿀 수 있었던 중요한 전역이었다. 라틴 제국에 유럽의 주요 제후들과 기사단이 가담한 전투력은 3차 십자군에 못지않았다. 이들은 길고 힘든 포위전 끝에 다미에타를 함락했다. 1221년 신성 로마 제국 황제 프리드리히 2세의 병력이 다미에타에 합류했다.

놀란 술탄은 다미에타를 반납하면 예루살렘을 돌려주겠다고 십자군에게 제의했다. 전략적 목표를 정확하게 달성한 것이었지만, 자만심과 함께 욕망도 폭주해버린 십자군은 거절했다. 프리드리히 2세의 본대가 아직 도착하지 않았지만, 이조차도 무시했다. 7월 17일, 십자군은 다미에타를 나서 부채모양의 나일강 삼각주를 따라 카이로로 행군했다. 다미에타와 카이로 중간에 위치한 만수라를 함락하기 위해서였다.

그들은 나일강 본류와 지류 사이에 있는 좁은 지대에 진을 쳤다. 나중에 '성왕' 루이Louis IX, 1214-1270의 십자군도 같은 장소에 진을 쳤던 것으로 봐서 이곳이 전술적 측면에서 여러모로 매력적인 지역이었음에 틀림없다. 좌우로 막힌 강은 보호막이 되어주고, 나일강 수로는 다미에타로 가는 보급선을 지탱해주었다. 이곳은 와디마른강로 갑작스러운 홍수의 위험이 있다는 경고가 있었지만, 지휘관인 펠라지오 갈바니Pelagio Galvani, 1165-1230 추기경은 이를 무시했다. 주변은 온통 건조한 모래땅으로 물 한 방울 없고, 비 한 방울 내리지 않았다.

그러나 상류에서 우기가 시작되면서 나일강이 불어났다. 술탄이 수문을 열어 물을 방류하자 십자군은 나일강에 포위되어 옴짝달싹할 수 없게 되었다. 십자군은 죽기 살기로 결전을 벌이려 했지만 이집트군은 코웃음 치며 상대해주지 않았다. 그들이 피를 흘릴 이유가 없었다. 가만있어도 계속 불어나고 있는 나일강이 그들을 삼켜버릴 것이었다. 십자군은 항복했고, 생환시켜주는 조건으로 다미에타를 반납했다.[24] 예루살렘 왕국을 되찾을 수도 있었던 마지막 기회가 이렇게 날아갔다. 비지에 진영을 친 대가였다.

십자군은 왜 이곳에 진을 쳤을까? 와디는 1년 내내 거의 메말라 있고, 대상들의 이동로로 사용된다. 지형에 따라서는 게릴라식 공격을 방지하기도 유리하다. 이곳에 포진할 이유와 장점은 분명했다. 다만 보이지 않는 곳에서 위험이 시작되고 있다는 것이 문제였다. 나일강 상류가 불어나고 있었지만, 십자군이 있던 하류 지역에는 비가 오지 않았다. 사막의 와디에서는 이런 일이 곧잘 벌어진다. 자신의 상식 범주, 일상적 관찰 범위 밖의 상황을 이해하지 못했던 것이 십자군의 치명적인 실수였다.

상황을 종합해서 대응하는 능력을 기른다

손자는 '장군이 상황에 따라 갖가지 변화로 이익을 얻는 원리에 통달해야 용병을 안다고 할 수 있다'고 말했다. 손자가 주목하는 조건은 지리, 적정, 그리고 인사人事다.

장군만이 아니라 중대장, 소대장, 분대장, 전투 현장에 있는 모든 지휘관은 지리와 상황에 관해 융통성을 발휘하고, 주변 부대와 긴밀하게 소통할 수 있어야 한다. 소통에는 두 가지 종류가 있다. 접촉을 직접 유지하며 협력하는 경우와 연락이 되지 않지만 분명히 아군의 지휘관이라면 이런 식으로 행동하고 반응하고 있을 것이라는 판단이다.

독소전쟁에 참전한 독일군 장교들은 소련군이 새로운 환경에 적응하고 악조건을 극복하는 특별한 능력을 보유하고 있다고 칭찬했다. 이들이 10시간

24   토머스 F. 매든 지음, 권영주 옮김, 《십자군》 루비박스, 2005, 260-261쪽.

동안 눈 속에 숨어 매복하라는 지시를 이행해냈기 때문이다. 그러나 막상 전투가 시작되자 이상할 정도로 경직되고, 상황 변화에 대처하지 못했다. 나중에 독일군은 소련군 부대가 해야 할 임무를 시간까지 지정한 작전예규에 구속되어 있다는 사실을 알게 되었다. 독일군을 습격할 수 있는 고지가 비었어도 작전예규에 묶여 꼼짝하지 않는 경우가 자주 발생했다.

통신이 제대로 되지 않던 당시 전쟁에서 이런 작전예규는 보이지 않는 지역에 있는 아군의 행동, 위치를 짐작할 수 있게 해주었다. 하지만 실전에서는 그런 기능을 거의 못 한다. 독소전쟁에서도 독일군의 저항에 막히고, 수만 가지 변수가 발생했다.

독일군은 이런 결론을 내린다. 우수하고 진취적인 능력을 보유했음에도 소련군의 작전예규는 분명한 약점이다.

임기응변이란 주제에 직면했을 때, 사령관, 최고 지휘관은 작전의 기안과 수행에 더 큰 압박감을 느낀다. 수만의 병력, 수만의 장비는 하루에도 수천 가지 예측불허의 상황을 야기한다. 이런 상황에서 전진 대열을 약간 비틀고 공격 목표를 약간 조정하는 것만으로도 수십만 개의 나사와 부품이 비명을 지르며 재작동을 해야 한다. 사령관에게 작전 계획의 묵수와 현장 대응은 어느 쪽도 완전히 신뢰할 수 없는 거대한 딜레마다.

미드웨이 해전은 태평양전쟁 최대의 해전이었으며, 전쟁의 승부를 가른 결정적 터닝 포인트였다. 미드웨이 해전은 항모의 대결로 승부가 결정되었는데, 의외로 양측의 사령관은 모두 항모 경험이 없는 지휘관이었다. 일본군 사령관 나구모 주이치는 진주만 공습이 유일한 항모 선단 지휘 경험이었다.

그래도 나구모는 나은 편이었다. 미군 사령관 레이먼드 스프루언스Raymond A. Spruance, 1886-1969는 구축함과 순양함 함장 경력이 전부였고 전함조차 지휘해본 적이 없었다. 원래 미군 항모전대의 사령관은 항공모함 엔터프라이즈호의 함장이자, 별명이 황소였던 윌리엄 홀시William Halsey, 1882-1959 제독이었다. 능력, 배짱, 신망을 모두 갖춘 그는 태평양 함대 사령관인 니미츠부터 말단병

사까지 모두가 가장 신뢰하는 제독이었다. 그런데 미드웨이 해전을 앞두고 홀시 제독이 심한 피부염에 걸렸다. 홀시는 걱정이 태산인 니미츠 제독에게 자신의 함대에서 순양함대를 이끌던 스프루언스 소장을 임시 지휘관으로 추천했다.

이런 대회전에서 있을 수 없을 것 같은 초보 사령관들의 대결은 스프루언스의 승리로 끝났다. 나구모는 심각한 판단 착오를 저질렀다. 그는 미군 항모가 있는지 없는지, 미드웨이의 육상 기지를 먼저 공격할지 미군 항모를 공격할지를 두고 우왕좌왕했다. 처음에는 근처에 미군 항모가 없다고 확신했기 때문에 함재기에 육상 공격용 폭탄을 장착하게 했다. 1차 공격부대가 발진한 후에 미군 항모가 발견되었다. 나구모는 대기 중인 2차 공격부대의 무장을 함선 공격을 위한 어뢰로 바꾸었다. 그러다가 다시 미군 항모의 위협은 임박하지 않았다고 생각해서 육상 공격용 폭탄으로 바꿔 달았다. 함재기가 출동하려 할 때쯤 앞서 미드웨이섬 공격에 나섰던 일본군 함재기들이 돌아왔다. 그들은 연료 부족으로 당장 착함해야 했다. 나구모는 이륙 직전이던 함재기를 격납고로 내려보내고 공격 편대를 착륙하게 했다. 동시에 미군 항모의 접근이 임박한 것이 분명해졌으므로 격납고로 내려간 함재기는 다시 어뢰로 무장을 교체하게 했다.

미군 항모에서 발진한 급강하 폭격기 편대가 출현한 것이 바로 이때였다. 일본군 항모와 호위 전투기들은 필사적인 노력을 했지만 항모를 완전하게 보호할 수 없었다. 항모는 단 한 발의 명중탄으로는 침몰시킬 수 없다. 그런데 일본군 항모의 갑판에는 연료를 가득 채운 항공기와 조금 전에 교체한 폭탄, 아직 교체하지 못한 어뢰가 널려 있었다. 원래 무장은 안전한 격납고에서 하게되어 있었지만 지시를 여러 번 번복하는 바람에 일본군 정비사들이 규정을지킬 수 없었던 것이다. 단 한 발의 명중탄으로 지옥이 연출되었다. 일본군 항공모함 네 척 중 세 척이 순식간에 침몰했다.

나구모의 입장에서 보면 운이 없었다고도 할 수 있다. 그도 미군 항공모함의 존재와 공격 가능성을 염려하며 정찰기를 내보냈다. 정찰기 한 대가 고장 나서 30분 늦게 출발했는데, 하필이면 미군 함대가 있던 쪽으로 발진하려던 정찰기였다. 게다가 무전기 상태도 좋지 않았다. 미군 항모를 발견한 일본군 조종사가 너무 흥분해서 정확하게 보고하지 못하는 바람에 사령부에서는 미군 함대에 항모가 있는지 없는지 확인하지 못했다. 그 뒤에 미군기가 공격해오고 정찰기가 항모를 발견했다는 정정 보고가 들어오면서 뒤늦게 미군 항모의 존재를 확인했던 것이다.

여러 가지 우연과 필연이 교차했다. 정확한 정보는 하나도 없었고 나구모는 여러 가지 가능성 속에서 결정을 내려야 했다. 나구모에게 닥쳤던 상황을 종합해보면 대부분이 그렇게 할 수밖에 없었을 거라는 생각도 든다. 하지만이는 모든 지휘관의 숙명이다. 팽팽한 전투일수록 불확실하고 모순적인 상황에서 단 하나의 판단으로 승패가 갈릴 수 있다. 결정을 내릴 근거가 불확실한 상황에서 여러 가지 경우의 수를 두고 판단해야 한다. 명장과 평범한 지휘관의 차이가 여기서 갈라진다. 불확실한 상황에서 경우의 수를 대비하지 않는 극단적인 방법을 택하고, 또 긴급한 상황에서 우왕좌왕했던 나구모의 행동은 명백히 잘못된 행동이었다.

나구모의 패전 원인을 경험 부족에서 찾을 수도 있다. 나구모가 처한 상황은 논리만으로 해결할 수 있는 상황이 아니었다. 경험을 통한 직관적인 결단을 요구받았는데, 항모 근무 경력이 없는 나구모에게는 그런 직관이 축적될 여지가 없었다. 이렇듯 손자가 말한 '구변'의 능력은 경험의 다양성으로 해석할 수밖에 없다.

미군 스프루언스도 항모 초보자였다. 오히려 나구모보다 더 일천한 경력의 소유자였다. 그러나 일본군 함재기의 교대 시점에 시작된 공격은 우연이 아니라 계획된 작전이었다. 물론 이것은 항모 종사자라면 다 아는 전술이었고, 모든 항모 사령관이 노리는 호기였다. 스프루언스가 도박에 가까운 혼란스러운 상황에서 이것을 해냈다는 것이 중요하다.

니미츠는 스프루언스가 신중하고 침착한 성격으로, 어려운 상황에서 정확한 판단을 내릴 줄 아는 인물이라고 판단하고 있었다. 하지만 그래서 사령관보다는 참모장에 적합한 능력이라고 생각했다. 그것은 니미츠만의 생각은 아니었다. 이때의 미군 사령부는 홀시처럼 용맹스러운 서부 사나이 기질의 인물이 사령관에 적합하다고들 간주하는 경향이 있었다. 덕분에 스프루언스는 참모장을 이미 두 번이나 역임했고, 니미츠는 스프루언스를 사령부의 참모장으로 인사 명령까지 의뢰한 상태였다. 홀시가 쓰러지지 않았더라면 스프루언스는 사령부 상황실에서 미드웨이 해전을 관람해야 했을 것이다.

그러나 미드웨이 해전에서 스프루언스는 사령관으로서 탁월한 능력을 증명했다. 신중하고 정확한 판단력, 어떤 어려움에도 흔들리지 않는 냉정함. 미드웨이 해전 후에 스프루언스는 제5함대를 지휘하며 남태평양 전투에 참가한다. 당시만 해도 일본이 전함과 함재기의 성능에서 우위에 있었지만 스프루언스는 침착하게 승부를 이끌었고, 단 한 번도 일본의 기습이나 유인 작전에 말려들지 않다. 미군이 객관적인 전력에서 절대 불리하니 건곤일척의 승부를 벌여야만 했던 미드웨이 해전에서는 홀시보다 스프루언스가 더 적합했다. 나구모와 스프루언스는 상황 적응력과 승부사적 결단력에서 차이가 났다.

경험보다 더 중요한 것

많은 사람들이 어떤 일의 적임자를 선발할 때 경력을 중시한다. 그러나 실제로 중요한 것은 경험을 축적하고 적용하는 능력이다. 경력을 볼 때는 그가 경험한 시간과 결과만 보아서는 안 된다. 경험을 응용하고 발전시키는 능력과 자세도 보아야 한다. 미래를 보고 사는 사람과 과거에 얽매이는 사람이 있다. 인간의 능력에는 한계라는 것이 있어서 높은 곳을 향해 올라가던 사람도 어느 정도 가다 갑자기 안주하는 경우가 많다. 그러므로 정말 중요한 리더를 선임할 때는 그가 여전히 미래를 보고 도전할 자세를 유지하고 있는지, 이제부터는 과거를 회상하며 살기로 마음먹었는지를 잘 살펴야 한다.

경험이 없는 사람들에게 다양한 상황과 지형에 대처하는 법을 키우도록 하려면 어떻게 해야 할까? 이런 질문을 하면 보통 순환 근무를 떠올리는 경우가 많다. 순환 근무가 다양한 경험을 쌓기에 좋지만 단점도 분명하다. 자칫하면 개인과 조직 전체의 전문성을 약화시키고 매사에 적당히 하는 풍조를 조장한다. 더 큰 문제는 아무리 순환 근무를 활용해도 인생은 짧고 세계는 넓어서, 한 사람이 경험할 수 있는 일의 범위는 의외로 제한적이다. 현실에 안주하며 단순히 경험을 학습하는 습관이 든 사람은 아무리 순환 근무를 해도 전문성은 놓치고 죽은 지식만 축적할 뿐이다.

최근에는 기업에서, 소위 이종교배가 주목을 받고 있다. 위기를 극복하고 혁신을 이룬 리더 중에는 의외로 그 분야의 초보인 사람이 많다. 일본에서 경영의 신으로 추앙받는 이나모리 가즈오稲盛和夫1932-2022는 평범한 경력의 세라믹 기술자 출신이었지만, 일본 굴지의 기업인 교세라 그룹을 일구었다. 그런 그가 70대의 노령에 경험해본 적이 전혀 없는 일본항공JAL을 맡아 파산에서 구해냈다. 항공업이 전문성이 아주 중요한 업종이라는 것을 생각하면 그것은 기적이었다.

이런 사례를 보면서 외부에서 온 사람이 조직에 누적된 매너리즘을 극복하고, 변화와 창의를 주도할 수 있는 장점이 있다고들 한다. 다만 이런 방법은 성공보다 실패 사례가 더 많다. 이종교배의 적임자를 선택할 때, 이종 기업에서 성공을 이끌어낼 능력보다 현 기업에서 실적을 기준으로 삼는 경우가 많기 때문이다. 이는 아주 위험한데, 자신의 노하우를 맹목적으로 이식하는 것이 이종교배의 목적이라고 생각하는 사람이 많기 때문이다. 이종교배는 특정 노하우를 펼치는 게 아니라, 매너리즘에 빠져서 그 분야의 전문가들은 생각하지 못한 독특하고 유연한 발상을 현재의 장소에 맞게 응용하는 능력이 목적이다. 즉, 이종교배에 특화된 인재는 자신의 경험 리스트에서 성공한 방법이 아니라, 해당 현장에 필요한 방법을 찾아내고 이식한다.

2

그러므로 지혜로운 자가 계획을 수립할 때는

반드시 이로운 점과 해로운 점을 함께 고려해야 한다. 이로운 점을 참작해서 일에 자신감을 가질 수 있다. 해로움을 배려해야 환난을 해결할 수 있다. 이런 까닭으로 해로움을 가지고 타국의 제후를 굴복시키고 어떤 업적에 제후가 종사하게 하며, 이익을 가지고 제후들이 달려들게 할 수 있다. 그러므로 용병할 때 방비를 하지 않고 막연히 적이 오지 않을 거라는 믿음에 기대서는 안 된다. 내가 적을 대비해 취한 실제적인 조치에 기대야 한다. 적이 나를 공격하지 않을 거라는 믿음에 의지하지 말고, 적이 공격할 수 없도록 하는 나의 실제적인 조치에 의지해야 한다.

병사들은 의외로 긍정적이다. 승리하고 살아서 돌아가기 위해서 그들은 작은 가능성도 긍정적으로 보려고 한다. 이것이 인간의 기본 심리다. 그러므로 리더는 아무리 위험하고 무모하고 어려운 계획이라도, 아군이 지닌 장점과 이로움을 과장을 더해서라도 충분히 인지시켜야 한다. 우리의 검이 적의 검보다 정말 미세하게, 즉 별 의미 없게 더 단단하다고 해도 그 미세한 우위에 자신감이 더해지면 훨씬 더 강력한 검이 된다.

지휘관은 보통 예상되는 어려움을 감추려고 한다. 용병은 속임수다. 적도 속이고 아군도 속이고 때로는 자신도 속여야 한다. 그러나 속임수도 현명하게 사용해야 한다. 아군의 위험과 단점을 감추는 것만이 능사가 아니다. 병사들이 다 눈치채고 있는 약점은 감춘다고 감춰지는 것이 아니기에 지휘관에 대한 신뢰만 떨어트린다. "피할 수 없다면 즐겨라"라는 말이 있다. 난관을 알고 극복해야 군대와 병사는 더 단단해진다.

해로움으로 타국의 제후를 굴복시킨다

'해로움으로 타국의 제후를 굴복시킨다'는 구절은 전후 관계가 조금 이상하다. 중간에 생략된 부분이 있거나 해로움이란 단어를 보고 잘못 조합한 것 같다. 손자는 싸우지 않고 이기는 전쟁, 가능한 한 적을 약화시키고 아군을 증강하는 방법으로 외교를 중시한다. 외교란 겉으로는 신사들의 파티이고, 안은 조폭의 세계다. 즉, 협박과 유혹으로 봉건시대의 지도자들을 주무르라는 말이다. 이것도 전쟁의 규칙이다.

오스만튀르크에 대항해서 아랍의 반란을 주도한 메카의 파이살(훗날 이라크 국왕이 된다)은 시리아와 사우디아라비아 지역을 근거로 하는 베두인족 출신이다. 베두인족은 로마 제국 시절부터 사납고 강력하기로 명성이 자자한 부족이었지만, 부족 간에 단합이 되지 않았다. 파이살 일가가 봉기했을 때 봉착한 난관이 부족 이기주의와 부족 전쟁의 관습이었다. 부족 간에 사이가 좋지 않고 부족의 전통적인 영역을 벗어나 싸우는 전쟁을 꺼렸다. 그러나 이런 관행의 진정한 원인은 두려움이었다. 부족들이 자신의 땅에서만 싸우는 이유는 그곳을 최후의 거점으로 생각하는 이유도 있지만, 자신들이 익숙한 지형, 최후의 생존 의지가 오스만튀르크라는 대제국과 맞서 싸울 수 있는 유일한 장점이라고 생각했기 때문이었다.

　'아라비아의 로런스'로 알려진 영국 장교 로런스는 아랍인들이 사막의 게릴라전에 걸맞는 강인한 정신과 신체, 전통, 전투력을 지니고 있음을 발견했다. 사막과 바위산이 겹쳐 있는 척박한 아라비아 땅에서 이는 탁월한 장점이었지만, 자신들은 이런 장점을 인식하지 못하고 있었다.

　아랍 반란을 성공으로 이끄는 관건은 모든 부족이 이런 장점을 인지하고 이를 승리의 자신감으로 연결하느냐 못하느냐에 달려 있었다(이것이 로런스의 독창적 깨달음이었느냐는 부분은 논란이 되고 있는데, 로런스 자신은 그렇게 믿었다).

　파이살은 부족들을 설득하고 유도해서 게릴라전으로 조금씩 끌어들였다. 영국군 폭파 전문가에게서 철도를 파괴하는 기술을 배워 낙타를 타고 사막을 다니며 철도를 폭파했다. 이런 방식으로 게릴라전이 자신들에게 얼마나 유리한 전투 방식인지, 자신들이 부족의 영역을 넘어선 지역에서 단합해서 싸

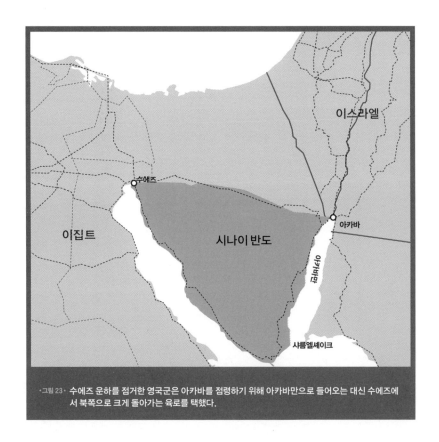

•그림 23• 수에즈 운하를 점거한 영국군은 아카바를 점령하기 위해 아카바만으로 들어오는 대신 수에즈에서 북쪽으로 크게 돌아가는 육로를 택했다.

우면 얼마나 강력해질 수 있는지를 보여주었다. 그 결정판이 아카바 항 공략 작전이었다.

아카바는 이등변삼각형을 엎어놓은 모양인 시나이반도의 동쪽 끝 지점이었다. 반대편 끝 지점에는 영국군이 점거한 수에즈 운하가 자리 잡고 있다. 아카바를 점령하면 삼각형의 양쪽 두 점을 장악함으로써 시나이반도가 완전히 통제권에 들어온다. 오스만튀르크군은 아카바를 점령하려면 좁은 아카바만을 통과해 들어오는 방법밖에 없다고 생각하고 있었다. 육로로 오는 길은 원주민도 꺼릴 정도로 너무 덥고 험하며 위험했다.

파이살군은 이 빈틈을 노렸다. 그들은 시나이반도의 서쪽 해안지대에서 북쪽으로 출발해서 거의 반원을 그리며 1,000킬로미터를 행군해서 아카바 항의 뒤쪽 육지에서 아카바를 습격했다. 아카바의 수비대는 속수무책으로 당했다. 오스만튀르크군 1,200명이 전멸했지만 파이살군의 사상자는 단 두 명이었다. 아카바 항 점령은 아라비아 반란의 꽃이며 분기점이었다.

아카바 항 공략전은 이 편에서 손자가 말한 모든 내용, 이로움과 해로움 의 효과, 적이 오지 않을 것이라는 믿음이 가진 위험의 집약판이다.

3

장수에게는 다섯 가지의 위험이 있다.

필사적인 성격을 가진 자는 살해될 위험이 있다. 살고 싶은 욕망이 강한 자는 항복해서 포로가 될 가능성이 있다. 화를 잘 내고 성급한 자는 남에게 모멸을 당할 가능성이 있다. 청렴결백한 자는 모욕을 당할 가능성이 있다. 백성을 지나치게 사랑하는 자는 번거로워질 가능성이 있다.

무릇 이 다섯 가지는 장수의 과오나 용병에서의 재난을 초래할 수 있는 위험 요소다. 군대를 패배하게 하고 장수를 죽게 만드는 것은 반드시 이 다섯 가지 위험 때문이니 신중하게 살피지 않으면 안 된다.

사람의 생명은 하나하나가 소중해 누구의 생명이 다른 사람의 생명보다 더 중요하다고 할 수 없다. 하지만 전장에서 많은 병사들을 이끄는 리더가 목숨을 잃으면 집단이 와해되어 더 많은 생명의 손실로 이어진다. 그렇기 때문에 전쟁에서 지휘관의 존재는 더욱 중요할 수밖에 없다.

손자는 굳이 죽음에 이르지는 않더라도, 군대를 위험에 빠트리는 지휘관들을 성격적 요소를 다섯 가지로 분류했다. 손자가 이 구절을 언급한 본래 의도는 상대의 성격적 특성을 이용하라는 것이다. 적장이 화를 잘 내고 참을

성이 없는 사람이라면, 그의 분노를 돋우거나 짜증나는 상황에 몰아넣음으로써 실수를 유도할 수 있다. 반대로 청렴결백한 사람은 자존심이 강하고 명예에 집착한다. 적은 그에게 모욕을 주어 심리적 동요를 일으키고, 판단력을 흐리게 할 것이다.

필사적 성격을 가진 지휘관

필사적인 성격은 지휘관에게서 보편적으로 볼 수 있는 성격이다. 선봉이 되어 적진에 뛰어드는 장수처럼 매사에 용감하고 성급하게 승부의 끝장을 보려는 성격을 말하는데, 이런 성품을 지닌 장교는 전쟁에서 없어서는 안 되기 때문이다. 필사적인 성격은 분명 장점이지만, 손실 위험이 크다. 그래서 리더가 유의하고 활용법을 관리하며 보호해주어야 한다.

영화로도 제작된 《위 워 솔저스We were soldiers》의 저자 헤럴드 무어Harold Gregory Moore Jr., 1922-2017는 한국전과 베트남전에 참전했다. 탁월한 리더십의 소유자이자 실전 경험이 풍부한 전쟁영웅이며 하버드대에서 학위를 받은, 문무를 겸비한 리더였다. 그가 베트남에서 부대원들에게 했던 연설은 지금도 리더십 분야의 명문으로 회자된다.

> "귀관들이 전원 무사히 생존해 돌아갈 거라는 약속은 해줄 수 없다. 그러나 귀관들과 전지전능한 하느님께 이것만은 맹세한다. 우리가 전투에 투입되면 내가 먼저 적진을 밟을 것이다. 그리고 맨 마지막에 적진을 나올 것이며, 단 한 명도 내 뒤에 남겨두지 않겠다. 우리는 살아서든 죽어서든 다 같이 고국에 간다."

이런 무어도 참전 준비 과정에서 큰 실수를 하나 했다. 무어 대대에 헨리 헤릭Henry Herrick이라는 빨간 머리 신참 중위기 부임해 왔다. 헤릭은 미식축구

선수 출신이며, 용감하고 저돌적이었다. 그의 아버지는 캘리포니아 대학교 로스앤젤레스 캠퍼스UCLA의 천문학과 교수였는데, 학벌에 대한 선입견 때문인지 무어는 헤릭을 문무를 겸비한 용사라고 보았다. 무어는 위험하면서도 용기와 냉철한 판단력이 필요한 정찰 소대장으로 헤릭을 임명하려고 했다.

101 공수사단 출신으로 제2차 세계대전 참전용사이며, 대대 선임 상사인 플럼리Basil Leonard Plumley, 1920-2012가 이를 반대했다. "헤릭이 정찰 소대장이 되면 소대를 전멸시킬 겁니다." 무어는 일단 선임 상사의 의견을 존중했지만, 나중에 기어코 그를 소대장으로 임명하고야 말았다.[25]

무어의 대대가 투입된 아이드랑은 프랑스 외인부대가 참패했던 디엔비엔푸 전투가 벌어진 지역이었다. 헬기에서 선두로 내린 헤릭 중위는 소총 소대를 이끌고 성급하게 전투에 돌입했다. 근처에서 아군에게 총을 쏘아대는 월맹군을 발견한 헤릭은 그들을 제거하기 위해 신경질적으로 전진하기 시작했다. 전투 투입 전에 무어가 측면을 지키라고 신신당부했는데도 헤릭은 그 명령을 잊고 달려나갔다.

월맹군의 유인 작전에 걸려든 신참 중위는 그 자리에서 전사했고 소대원 전원이 적진에 고립되었다. 헤릭이 전사한 직후 한국전 참전용사였던 노련한 소대 선임 부사관마저도 허무하게 전사해버리는 바람에 새비지Ernie Savage라는 상병이 소대를 지휘해야 했다. 생존자들은 간신히 탈출했지만 소대 병력 절반 이상을 잃었다.

살아야겠다는 집념이 강한 지휘관

적에게 사로잡힌다는 말은 투항한다는 말이다. 유럽에는 '명예로운 항

25 Harold G. Moore & Joseph L. Galloway, 《We were soldiers…and young》, Ballentine books, 1992, 73쪽

복'이라는 전통적 개념이 있었다. 반면 동양에서는 투항 자체가 국가에 대한 배신행위로 간주되었다. 물론 춘추전국시대에는 아직 국가관도 약했고, 봉건적인 주종관계가 일반적이었다. 그래서 내전이 있을 때는 적에게 사로잡히거나 투항했다가 적장이 되는 경우도 많았다. 그러므로 여기서 '포로가 되기 쉽다'는 말은 삶에 집착하는 사람은 겁에 질려 임무를 쉽게 포기하거나 배신하기 쉬우니 경계하라는 뜻이다.

필사적인 용기는 천성에 기인하는 경우가 많다. 그러나 이 구절에서 말하는 '살고자 하는 욕망'은 개인적인 상황에 많이 좌우된다. 삶에 미련이 없던 사람도 연인이 생기면 갑자기 삶에 대한 집착이 강해지기도 한다. 후방에 있는 가족이 정부로부터 부당한 대우를 받았다고 하면 국가에 대한 충성심이 약해진다. 전쟁은 생명을 건 승부이기 때문에 일생일대의 결단을 내려야 한다. 작은 감정적 동요가 망설임을 유발하고 그것이 엄청난 결과를 초래하는 경우가 많다. 선진화된 군대와 기업에서 주기적인 심리 검사와 상담을 실시하는 이유다.

청렴결백한 지휘관

청렴결백한 사람이 모욕을 당할 가능성이 크다는 손자의 말은 언뜻 와 닿지 않는다. 마음이 맑고 욕심 없는 사람이 무슨 일로 모욕을 당할까? 그런데 리더십의 관점에서 청렴결백은 조금 다르게 해석할 수도 있다. 청렴결백은 리더 자신이 어떤 사람인지 명백하게 보여주는 특징이다. 따라서 적에게 이용당하기도 쉽다. 반대로 적에게 다양한 모습을 보여주는 리더는 적의 오판을 유도하기도 쉽다.

특이한 경우지만, 오히려 자신의 특정한 이미지를 강조해서 적의 판단을 흐리게 하는 경우도 있다. 제2차 세계대전 때 미국의 영웅이 된 패튼은 기이한 행동과 언변으로 악명이 높았다. 반듯한 용모의 귀족 가문 출신임에도 불구하고 그는 저속한 욕설을 입에 달고 살았다. 병적으로 잘난 척하기 좋아하는 그의 행동은 대중적 반감을 샀다. 백만장자였던 그는 육군 중위 시절 콘센트 막사에 살 때도 식탁에 은촛대를 켜고, 자신은 턱시도를 입고 부인은 드레스를 입혀서 우아하게 식사했다. 부대 장교들은 패튼 부부를 남작 부부라고 불렀다. 그는 전선을 시찰할 때 노란 장갑차를 타고, 앞뒤로 수행하는 차에 깃발을 화려하게 꽂고 다녔다. 사람들은 그것을 보고 중세 영주의 행차 같다고 빈정거렸다.

이런 성격과 생활 태도는 꾸며낸 것이 아니었다. 패튼은 진심으로 안하무인의 성격이었고, 자기 만족적인 행동을 거리낌 없이 했다. 동시에 그런 모습이 주는 왜곡된 이미지를 적에게 십분 활용했다. 지휘관이 이런 사람이라면 전장에서 성급하고 준비성이 부족하며 멍청한 부류, 한마디로 돈키호테 같은 사람일 거라고 생각하기 십상이다.

패튼 전차 군단의 질주는 영락없이 돈키호테의 질주처럼 보였지만, 아주 정밀하고 주도면밀한 계산을 깔고 하는 행동이었다. 화를 잘 내고 참을성이 없는 탓에 패튼은 아군 지휘관들과 기자들에게 많은 모멸을 당했지만, 적에게만은 우롱당하지 않았다. 오히려 자신의 캐릭터를 활용해 적과 아군까지 우롱할 줄 아는 영악한 지휘관이었다.

백성을 지나치게 사랑하는 지휘관

번거롭다는 말은 작은 것에 얽매여 승부에 집중하지 못하게 된다는 의미다. 소탐대실이라고 할 수도 있고, 명분과 인정에 얽매여서 큰 실수를 저지른다는 말도 된다.

현대적 전시 인권 개념이 없는 고대인이라고 해서 인간의 생명과 권리를 무시했던 것은 아니다. 인간의 생명은 존귀한 것이고 모든 인간의 삶은 존중 받아야 한다는 기본적 가치관은 옛날부터 변함이 없다. 다만 물자도 부족하고, 제도적 뒷받침도 부족하다 보니 전쟁에서는 가혹한 행동을 요구받게 된다. 《초한지楚漢志》의 영웅 항우項羽, BC232-BC202, 진나라의 명장 백기白起, ?-BC257, 한나라의 명장 이광李廣, ?-BC119 모두 항복한 군대를 학살하는 만행을 저질렀다. 하지만 그들의 최후 증언을 보면 평생 죄책감으로 고통을 받기도 했던 것 같다.

옛날에도 양심적인 지휘관들은 가능한 한 피해를 줄이고 민간인을 위로해서 긴장된 상태를 완화하려 노력했다. 그렇게 하려면 남들보다 더 바쁘고 신경 쓸 것도 많을 것이다. 하지만 손자가 이 정도를 번거롭다고 한 것은 아니라고 생각된다. 문제는 그런 지휘관이 감정에 휘둘려 참호를 파거나 마을을 파괴할 수 없다며 일부러 다른 지역으로 이동하는 등의 행동으로 병사들의 체력을 비축할 의무를 소홀히 하는 경우다.

인정 때문에 다른 방어 거점을 찾는다고 시간을 허비하고, 잘못된 위치 선정으로 부대를 전멸시켜서 더 많은 사람이 비극을 겪도록 만든다면 어떤 말이 나올까? 손자는 이런 경우를 번거롭다고 한 것이다. 그렇다고 인간이 전쟁터에서는 악마가 되어야 한다는 말이 아니다. 현실을 기반으로 일의 우선순위를 정하고 목표에 집중할 수 있어야 한다. 차가움과 따뜻함의 균형을 찾는 경험도 강인하고 현명한 전사로 성장하기 위해 겪어야 할 필수적 과정이었다.

참모를 활용해 리더십의 개성을 보완하라

손자는 지휘관의 개성에 따른 위험 다섯 가지를 나열했다. 이 개성이 나쁘다는 것이 아니다. 장점 속에 단점이 있고 단점 속에 장점이 있다. 스스로, 또 주변 사람이 이 개성에 따른 단점을 인식하고 조심하라는 의미도 포함된다.

손자의 경고를 명심하고 조심한다면 더할 나위 없이 좋겠지만, 인간이 자기 성격을 완전히 통제하기란 불가능하다. 단점을 버리면 장점도 함께 사라진다. 개성이 주는 위험을 피하고, 장점을 살리는 유용한 방법이 참모제도다. 현대에는 참모 조직을 통해 이런 단점을 보완하는 시도를 많이 한다. 하지만 많은 리더들이 참모의 기능을 효율적 관리, 정보 수집 및 분석, 업무 분담이라는 관점에서 접근한다. 참모를 통해 자신의 단점을 보완하고자 하는 경우에도 자신이 인정하는 단점에만 치중한다. 결국 자신과 성향이 비슷한 사람이나, 자신이 참아낼 만한 성격의 사람으로만 채우게 되고, 그날로 참모의 가장 중요한 역할이 사라진다.

단점 중에서 가장 위험한 단점은 바로 자신의 장점과 연결된 단점이다. 혹은 장점 그 자체가 상황에 따라 단점이 되는 경우도 있다. 참모 입장에서는 이런 단점과 위험성을 지적하기가 가장 힘들다. 사람은 누구나 자부심을 식량으로 삼아 살아가기 때문에 자신의 장점을 비난한다고 생각하면 커다란 모욕감을 느낀다.

참모진이 이로 인한 재앙을 막는 것이다. 리더는 자신이 수긍하는 단점이 아니라, 자신이 보지 못하는 장단점을 찾아주고 지적하는 참모를 기용하고 아껴야 한다.

제9편

행군
行軍

행군이라고 하면 군의 행진을 연상한다. 이 편은 그런 의미가 아니다. 다양한 지형, 상황에서 용병하는 법이다. 아마 '앞에서 나온 내용인데…' 하는 생각이 드는 독자도 있을 것이다. 7편부터 손자는 같은 원리를 다양한 상황에 대입해서 적용하는 방법을 사용한다. 내용이 중복되는 감도 있지만, 응용문제를 푼다는 마음가짐으로 마주하면 될 듯하다.

1

무릇 아군을 배치하고 적군을 상대하는 법은

다음과 같다. 산을 넘어 골짜기에 의지해서 주둔할 경우 시야가 트인 높은 곳에 주둔한다. 적이 높은 곳에 있으면 아군은 올라가지 말아야 한다. 이것이 산악지대에서 용병하는 법이다.

강을 건널 땐 반드시 물가에서 멀리 떨어져서 진을 쳐야 한다. 적군이 강을 건너 공격해 오거든 물에 들어가 있을 때 공격하지 말고, 적을 반쯤 건너오게 한 뒤에 공격하는 것이 유리하다. 적군과 맞붙어 싸우고자 할 때는 물가에 붙어서 적과 상대하지 말고, 높은 곳에 자리 잡는다. 물줄기를 거슬러 싸워서는 안 된다. 이것이 하천에서 용병하는 방법이다.

저습지대를 통과할 때는 힘을 다해 행군하고, 머무르지 말아야 한다. 전투를 해야 한다면 반드시 수초에 의지하고 나무가 빽빽이 들어선 곳을 등지고 싸워야 한다. 이것이 저습지대에서 용병하는 방법이다.

평지에 주둔할 때는 평탄한 곳을 택하고, 오른편 배후가 높아야 하며 앞은 낮고 뒤는 높은 곳이라야 한다. 이것이 평지에서 용병하는 방법이다. 이 네 가지 이점을 활용하는 것이 옛날에 황제黃帝[26]가 사방의 군주들에게 승리했던 방법이다.

---

26 중국 고대의 전설적인 제왕인 삼황오제三皇五帝 중의 한 명. 본명은 헌원이다. 사마천의 《사기》에 의하면 그가 신농씨를 물리치고 황제가 되었다고 한다.

손자가 '행군' 편에서 이야기하고자 하는 주제는 군의 위치를 잡는 것으로, 군대가 주둔하거나 행군할 지역에 맞게 군을 배치하는 방법이다. 즉 산지·하천·늪지·평지라는 네 가지 경우를 상정하고 각각의 지형에 맞는 지침을 제시하고 있다. 손자가 예시한 사례는 다양하지만, 공통적인 특징이 하나 있다. 이 군의 시야는 넓히고 적군의 시야는 좁히라는 것이다. 시계 확보는 적을 관측하기 쉽게 하고 습격을 대비한다는 의미도 있지만 사계射界를 확보하는 데도 중요하다. 활은 명중률이 떨어지지만, 엄호물이 없으며 움직임이 느리고 적이 모여 있는 상황에서 집중 사격을 가하면 상당한 위력을 발휘한다.

늪지대에서 숲을 배후에 두고 수초 지역에 위치하라는 것도 이런 관점에서 보면 이해할 수 있다. 늪지의 경우 적이 호수나 물을 건너 공격하게 하라는 의미다. 늪지의 지형은 대체로 수풀이 우거진 지역과 호수 지역으로 나뉜다. 상상해보면 이해하기 쉽다. 적군은 사방이 트인 물속에 있고, 아군은 숲과 수풀에 배치하면 수목은 엄폐물이 되어준다.

하천을 건너는 적을 발견했을 때 성급한 지휘관은 적이 물속에 있어서 몸을 가누기도 힘들고, 동작도 느려지니 이때가 공격의 호기라고 판단하기 쉽다. 물가로 궁병을 보내 물속에서 느리게 움직이는 적을 공격하면 아군이 백병전을 벌이지 않아도 되니 여러모로 장점이 많아 보인다.

손자는 이 방법보다는 적이 절반쯤 물을 건너 일부가 육지에 올라왔을 때 공격하는 편이 더 효과적이라고 말한다. 적의 병력이 절반으로 분리되고, 물을 건너온 적은 배수진의 상황이 되어서 이동하거나 후퇴하기도 쉽지 않다. 백병전을 벌이는 부담이 있지만, 물속에 있는 적을 활로 공격하는 것보다 적에게 훨씬 더 강력하고 치명적인 피해를 줄 수 있다는 뜻이다.

한국 전쟁사에서 가장 위대한 승리가 바로 도하 작전의 원리를 이용한 승리였다. 고구려군이 수나라의 30만 대군을 전멸시킨 살수대첩은 댐을 쌓아 살수를 막았다가 터트려서 수공을 했다고 알려져 있지만 이는 사실과 다르다. 고구려군은 수나라군의 도하를 지켜보다가 그들이 차례로 건너던 중에 후위를 맡았던 제9군만이 강가에 남아 고립되자 공격해서 섬멸한다.

절반은 건너가고 절반이 남았을 때 공격하라는 《손자병법》의 내용과 맞지 않는 것 같지만, 수나라 군대는 워낙 대군이었다. 이미 손실이 커서 후위의 9군이 병력의 절반이었을 가능성도 크다. 9군이 순식간에 전멸하자 이미 건너갔던 수나라 병사들이 공황을 일으켰고, 대열을 무시하며 마구 달아나기 시작했다. 고구려군은 이들을 추격해 공격하거나 포로로 잡았다. 살아서 도망친 수나라군은 겨우 2,000명 정도였다.

도하하는 적을 대하는 손자의 사고방식

손자는 도하를 시도하는 적이 물속에 있을 때 공격하지 말고 절반쯤 도하한 뒤에 공격하라고 했다. 이들을 공격할 때도 물가에 붙어서 싸우지 말고 주변의 고지대를 이용하라고 충고한다.

이 말에 반대하는 지휘관도 있을 것이다. 도하 작전이나 상륙 작전의 성패는 교두보의 확보에 달려 있다. 교두보를 허용하지 않고, 적의 후속 부대가 계속 건너오지 못하게 하려면 아군을 물가에 붙여서 교두보를 설치할 여지를 근본적으로 차단하는 것이 효과적일 것이다. 그런데 물가에 붙어서 싸우면 결국 전투는 아군 맨 앞 열과 적군 맨 앞 열의 싸움이 된다.

한마디로 손자는 지형을 더 효과적으로 이용하라고 충고하는 것이다. 물가 주변에는 비탈이나 고지대가 있게 마련이다. 손자는 그 지형을 이용하라고 말한다. 교두보의 확보를 포기하라는 것이 아니라, 교두보에만 집착해서 스스로 전술을 제한하지 말라는 이야기다.

전략과 전술을 구상할 때 '교두보'와 같이 형식적인 것들에 집착해서 전체를 보지 못하는 경우가 많다. 기병 전성시대에는 적진을 향해 돌격을 감행할 수 있는 '강인한 심장' 또는 공포를 잊을 정도로 '술에 취한 심장'이 절대적

지표였다. 총과 대포가 전장을 지배하자 완전무장한 병사의 집중 투입이 절대적 과제가 되었다. 두 가지 성격이 혼재되었을 때는 강인한 심장을 가진 전사들이 집중 포격과 돌격을 감행하면서 대규모 학살이 발생하기도 했다.

경영학에도 생산성이나 경쟁 우위와 같이 한 시대를 풍미했던 개념들이 있다. 개별 업계를 들여다보면 그 세계에도 나름대로 절대적 법칙들이 있다. 탄탄해 보였던 대기업과 한 시대를 지배했던 인기 제품들이 그 절대적 기준에만 집착하다가 허무하게 몰락했다. 절대적인 기준이라는 것은 사실 존재하지 않는다. 절대적으로 보이는 기준이 있고, 그것이 반세기 이상 지속되었을 뿐, 그 배경에는 유한하고 상대적인 이유가 있다. 그것을 깨닫는 것이 전술을 수립하는 출발점이다. 적의 상륙을 막겠다고 물과 땅의 경계선으로 달려갈 것이 아니라, 고지대를 찾아 적을 제압하는 방법을 찾아내라는 손자의 시각과 사고방식을 습득해야 한다.

2

군대는 높은 곳을 좋아하고
낮은 곳을 싫어한다.

**양지를 소중히 여기고 음지를 기피한다. 위생을 증진하고 견실한 위치를 점거
하면 부대에 아무런 질병도 생기지 않을 것이니 이것이 필승의 방법이다. 구릉
과 제방에서는 반드시 양지에 주둔하고 오른쪽을 등져야 한다. 이렇게 해야 용
병에 유리하고 지형의 이득을 얻을 수 있다. 상류에 비가 와서 물살이 물거품을
내며 내려오면 도하하고 싶어도 물살이 안정될 때까지 기다려야 한다.**

1918년 제1차 세계대전이 종전을 향해가던 시기에 독감이 발생했다. 이
인플루엔자 바이러스는 세계 각국으로 번졌다. 전쟁으로 대군이 징집되어 집
단생활을 하는 데다 세계 각국의 젊은이가 뒤섞여 있는 상황이라 독감은 더
욱 빠르게 퍼졌다. 독감이 퍼지자 전투로 죽는 병사보다 병으로 죽는 병사가
더 많았다.

손자가 양지를 중시하는 이유는 군대의 위생을 유지하고 각종 질병과
추위로 인한 체력 저하를 방지하기 위함이다. 옛날부터 사람들은 습하고, 그
늘지고, 환기가 잘 안 되는 지역에서 질병의 발생률이 높다는 사실을 경험적

으로 알고 있었다. 그러나 병이 세균에 의해 발생한다는 사실은 루이 파스퇴르Louis Pasteur, 1822-1895에 의해 19세기나 되어서 과학적으로 증명됐기 때문에 고대인의 지혜로 병을 예방하기는 쉽지 않았다. 특히 전국에서 병사를 동원해서 군을 편성하면 각지에서 온 바이러스가 뒤섞인다. 면역력이 약한 사람은 반드시 질병에 걸릴 만한 환경이었다. 조조가 적벽대전에서 실패한 이유도 전투 이전에 전염병으로 많은 병사를 잃었기 때문이다.

　전쟁사를 살펴보면 손자가 위생 관리에 승리하는 것이 필승의 비결이라고 말한 것이 과장이 아님을 알 수 있다. 질병 관리에 성공하면 전투를 이기는 것보다 더 큰 승리를 거둘 수 있었다. 어쩌면 기발한 전술이 아니라 보이지 않는 세균에 의해 싸우기도 전에 승부가 갈렸을 전투가 더 많았을지도 모른다. 손자가 속전속결을 강력하게 주장한 데는 이런 이유도 있다고 생각된다. 지구전을 하면 포위한 측이나 포위당한 측이나 전염병에 패배할 수 있었다.

　펠로폰네소스 전쟁은 아테네와 스파르타가 그리스의 패권을 두고 벌였던 용호상박의 대결이었다. 이 전쟁에는 몇 차례의 극적인 전환점이 있었는데, 개전 초에는 아테네가 승리할 가능성이 분명히 컸다. 아테네의 지도자 페리클레스Perikles, BC495?-BC429는 군대를 보내 스파르타군을 격퇴하는 전술적 승리를 추구하기보다는 경제 봉쇄를 이용한 전략적 승부를 택하면 아테네가 반드시 승리한다고 확신했다.

　강력한 해군을 보유한 아테네는 스파르타의 해로를 봉쇄하고 동맹국을 지속적으로 늘려갔다. 스파르타의 재정은 점점 말라갔다. 페리클레스는 육상에서의 단기 승부를 피하기 위해 아테네 성벽을 보강하고 아티카반도의 주민들을 성벽 안으로 이주시켰다. 막강한 육군을 가진 스파르타는 추수철이 되면 아테네 일대로 출격해 농작물을 태우는 청야 전술로 아테네에 고통을 안기려 했다. 하지만 아테네는 무역으로 벌어들인 재정으로 곡물을 수입하고 피해를 보상하며 버텼다. 페리클레스의 통찰이 빛을 발했다.

　그런데 아테네 성안의 인구가 조밀해지자 전염병이 발생했다. 정확한 병

·그림 24· 페리클레스. 투키디데스는 그를 가
장 이상적인 정치가로 묘사했다.

명은 알 수 없지만 흑사병부터 장티푸스, 디프테리아, 이질, 독감 등이 병명으로 거론되고 그중 몇 개가 동시에 발병했다고 보기도 한다. 펄펄 끓는 열에 고통받던 어떤 이는 저수지로 뛰어들었다. 결국 식수원마저 오염되었고, 페리클레스도 전염병으로 쓰러져 사망했다. 이 참혹한 비극으로 전쟁 1라운드는 아테네의 패배로 끝났다.

우측을 등진다

구릉이나 언덕 같은 고지를 우측 등 뒤에 두어야 한다는 것은 조선시대까지도 준수되던 병법의 기본이다. 등 뒤에 고지를 두면 유리한 이유에 관해서는 명확한 해석이 없다. 경사면을 따라 보병과 궁수를 배치하면 적이 공격해올 때 보병은 경사면을 따라 비탈의 위쪽에서 전투를 벌일 수 있고, 궁수는 지속적으로 시계와 사계를 확보할 수 있기 때문이라고 짐작해본다. 그런데 확률상 오른손잡이가 많기 때문에 활을 쏠 때도 동남쪽 방향으로 사격하는 것이 가장 편하다. 칼이나 창을 사용할 때도 오른손잡이의 경우 우측에서 몸의 45도 방향, 즉 동남쪽으로 내려치는 것이 가장 위력적이다.

상류에 비가 와서 물이 거품을 일으키며 내려오면 도하를 중단하고 기다리라는 말은 갑자기 거대한 홍수가 닥칠 우려가 있었기 때문이다. 원래 계곡물은 급격하게 불어난다. 전장이 화북 평원이라면 우리가 예상치 못한 더 골치 아픈 문제가 있는데, 여기서 도하를 중지하라는 것은 그냥 물가에서 기다리라는 의미가 아니다. 화북 평원은 대표적인 천정천天井川 지역이다. 주변에 산은커녕 언덕도 없는 곳에 물이 범람하면 1미터 이하의 수심만 되어도 매우 넓은 지역이 물에 잠긴다. 며칠을 걸어가도 앉아서 쉴 곳도 잠잘 곳도 없다. 수인성 전염병이 번지기 좋은 환경이다. 도하 중단을 결심하는 즉시 홍수를 피할 수 있는 곳으로 신속히 행군해야 한다.

3

지형 중에 절벽에 둘러싸인
깊은 계곡인 절간絶澗,

높고 가파른 절벽에 둘러싸인 깊은 계곡인 천정天井, 우물처럼 주변에는 산이 둘러 있고 안은 움푹 들어간 분지인 천뢰天牢, 험난하고 높은 산 사이에 끼어 협로가 나 있는 감옥 같은 곳인 천라天羅, 울창한 숲과 풀이 엉켜 있어 들어가면 나오기 힘든 곳인 천함天陷, 낮은 진흙 수렁인 천극天隙 등 길이 좁고 위태로운 곳은 반드시 빨리 지나가고 가까이 가지 말아야 한다. 아군은 이런 곳을 멀리하고 적군이 이런 곳을 가까이 하게 하며, 아군은 이런 곳을 마주 보게 하고 적은 등지게 해야 한다. 행군하는 옆에 험한 지형이 있거나 수초가 우거진 택지, 갈대가 무성하게 자란 곳, 삼림이 빽빽한 곳, 수풀이 우거진 곳이 있으면 반드시 여러 번 수색해야 한다. 이런 곳은 적의 복병과 정찰병이 숨기 좋은 곳이기 때문이다.

절간·천정·천뢰·천라 등 손자가 열거하는 지형의 공통점은 수비와 관측에 불리한 지형이다. 손자는 이런 곳을 피하라고 말한다. 그러나 문제는 실전에서 이런 지형을 피할 수가 없다는 것이다. 전투에서 진지는 배산임수형을 취하는 것이 정석이다. 산을 등진 적의 뒤를 습격하려면 산지와 계곡을 통과해야만 한다.

평원에서 접전을 벌이는 동안 몰래 부대를 우회시켜 적을 습격하려면 좁은 산골짜기 길을 이용해야만 한다. 적의 경계가 소홀한 지역은 대개 지형 자체의 방어력을 믿는 곳이다. 손자가 6편에서 말한 대로 적의 허점을 찌르려면 이런 험하고 위험한 지형으로 들어가야 한다.

손자의 지형론은 보편적인 위험성을 지적할 뿐이다. 전쟁은 승부고, 승부는 도전이다. 적이 이런 곳에 위치하도록 몰아넣고, 아군은 이런 험지를 유리하게 이용하는 것이 도전이자 필승의 전술이다.

스코틀랜드 출신으로 코만도 부대최초의 현대식 영국 육군 특수부대 대원이었던 데이비드 스털링David Stirling, 1915-1990 대위는 크레타에서 참담한 패배를 맛보았다. 무적 같았던 그의 코만도 부대는 허무하게 붕괴되었다. 이후 북아프리카로 파견된 그는 사막 지형을 이용한 특수전을 구상했다. 이때까지 사막은 전쟁이 불가능한 땅으로 간주되었다. 사하라 사막 깊은 곳은 기갑부대도 발붙이기 어려운 곳이었다. 스털링은 처음에 낙하산을 이용한 코만도식 습격 작전을 구상했다. 그러나 이 시도는 대실패로 끝났다. 사막 낙하가 의외로 힘들었기 때문이다. 사막에는 늘 광풍이 불었고, 낙하한 낙하산병은 붙잡을 나무도 돌도 없는 모래 위에서 원치 않는 윈드서핑을 해야 했다.

처절한 실패 후 스털링은 특수한 집단을 알게 된다. 사하라의 진정한 무서움은 일단 깊이 들어가면 방향을 찾을 수 없다는 것이었다. 원주민조차도 방향을 찾지 못했다. 그런데 영국에는 전쟁 전부터 사막에서 길을 찾는 방법을 연구하는 팀이 있었다. 지리학자, 천문학자 등으로 구성된 팀과 스털링이 만났다. 스털링은 이들을 길잡이로 삼아 사막을 이용하기로 했다. 트럭과 지프차로 사막 깊숙이 들어가 위장 진지를 설치하고, 그곳을 베이스캠프 삼아 독일군 진지를 공격하고 빠졌다.

스털링의 구상은 대성공을 거두었다. 그들은 통신시설, 공항, 전투기, 급유시설을 공격해 파괴하고 사막으로 도주했다. 추격하던 독일군들은 차마 사

·그림 25· **지프차에 탄 SAS 대원과 대화하고 있는 스털링. 그는 독일군에게 포로가 되었다가 종전 후 생환했다.**

막으로 뛰어들 수가 없었다. 이들을 찾아내는 유일한 방법은 항공 수색인데, 사막의 위장술에 뛰어난 스털링의 부대는 탐색을 교묘하게 피했다. 사하라에서 출몰하는 영국군 특공대는 로멜의 아프리카 군단에 엄청난 피해를 입혔다. 이들이 바로 오늘날까지 특수부대의 대명사로 일컬어지는 SAS^{Special Air Service}의 시작이다.

사막의 SAS만이 아니라 제2차 세계대전은 바다, 정글, 산악, 빙원에서 활약하는 각종 특수부대를 탄생시켰다. 오늘날의 특수전 개념도 모두 제2차 세계대전 때 정립되었다. 특수전의 발달에는 여러 가지 요인이 있지만, 위험 지형에 대한 기존 개념과 자세를 바꾸었다는 것이 중요한 전기다. 과거엔 기피 지역이었던 지형을 고난도의 훈련과 첨단 장비로 극복해낸 것이다.

4

적군과 아군이 근접해도
적이 평정을 유지하는 것은

적이 험한 지형을 믿기 때문이다. 멀리 나와서 아군에게 도전하는 것은 아군의 진격을 유도하려는 의도다. 고지를 버리고 평탄한 곳에 자리 잡고 있는 것은 평지에 있는 것이 자신들에게 무언가 이로운 점이 있기 때문이다. 많은 나무가 움직이는 것은 적군이 오고 있는 증거다. 풀을 엮어 많은 장애물을 만들어놓은 것은 적이 아군을 의심하게 하려는 것이다.[27] 새 떼가 갑자기 날아 달아나는 것은 거기에 복병이 있다는 증거이며, 짐승들이 놀라 달아나는 것은 아군을 공격하려는 적병이 있다는 증거다. 먼지가 높고 날카롭게 오르는 것은 전차대가 오는 것이다. 먼지가 낮고 넓게 일어나는 것은 보병부대가 오는 것이다. 먼지가 흩어져 여기저기서 오르는 것은 적군이 땔감을 조달하는 것이다. 작은 먼지가 왔다 갔다 하며 움직이는 것은 적군이 숙영을 준비하는 것이다.

적이 말로는 저자세를 취하면서 뒤로는 장비를 집결하는 것은 진격하려는 의도다. 적의 언사가 완고하고 강하게 밀어붙이는 것은 퇴각하려는 의사가 있는 것

---

27 풀로 엮어 만드는 것은 큰 노력이나 자재 투입 없이 급조한 장애물이다. 이것은 적이 강력한 방어 진지를 구축하려는 의지나 능력이 없음을 의미한다. 단지 매복에 대해 경계심을 품게 함으로써 적군의 진격을 저지시키려는 시도라는 뜻이다.

이다. 경전차를 먼저 내보내 자신들의 측면에 위치시키는 것은 진을 치려는 것이다. 사전에 약속한 적이 없는데 갑자기 강화를 청하면 음모가 있는 것이다. 적이 분주하게 달리면서 전차를 진열하는 것은 공격 시간을 기다리는 것이다. 적이 절반쯤 전진하고 절반쯤 퇴각하는 것은 아군을 유인하려는 것이다. 병사들이 병장기에 몸을 기대고 서 있는 것은 적군이 굶주렸다는 증거다. 물을 길어서 서로 먼저 마시려 하는 것은 적병이 목말라 있다는 증거다. 아군이 적에게 유리한 것을 보여주어도 전진하지 않는 것은 적군이 피로한 것이다. 적의 막사 위에 새들이 모여드는 것은 막사가 비어 있다는 의미다.

밤에 부르짖는 것은 적군이 겁에 질려 있는 증거다. 군사들이 질서 없이 요란하게 구는 것은 적의 장수가 위엄을 갖추지 못했다는 것이다. 적의 군기가 질서 없이 움직이는 것은 적의 부대가 혼란하다는 의미다. 장교들이 화를 내는 것은 적군이 싸움에 지쳐 있다는 증거다. 말을 죽여 고기를 먹는 것은 군량이 떨어졌다는 의미다. 물동이를 뒤집어 걸고 막사를 떠나 다시 돌아오지 않겠다고 하는 것은, 막다른 궁지에 몰린 적이 최후의 결전을 하려는 것이다.

전략과 전술을 세우는 데 결정적인 요인이 적의 의도와 상태를 파악하는 것이다. 손자는 적정을 관찰해 적의 의도를 파악하는 사례를 열거했다. 여기서 기준이 되는 것은 지형, 적의 행동과 반응, 먼지, 동물들의 행동, 지휘관과 병사들의 동태 등이다.

이런 지표를 역으로 이용해서 적을 속일 수도 있다. 그러므로 적정을 정확히 파악하려면 숙련된 정찰병, 반복된 관찰, 지속적인 자극을 통해 적의 동태를 점검하고, 조작할 수 없는 현상을 탐지하는 것이 중요하다. 거꾸로 속이는 쪽에서도 적에게 이런 상황은 간파당하지 않도록 노력해야 한다. 속이기 힘든 징조 중 대표적인 것이 동물들의 반응이다. 마을의 개들이 일제히 짖기 시작했다거나, 풀벌레 울음소리가 뚝 그쳤다면 반드시 중요한 이유가 있다. 전쟁사를 보면 의외로 이런 반응을 소홀히 했다가 피해를 입는 경우가 많다. 족제비가 개들을 흥분시키는 경우도 있고, 개구리는 울다가 뚝 그치기를 반복한다. 그러므로 평소에 동물들의 생태를 깊이 관찰해서 다른 징후를 포착할 수 있도록 노력해야 한다.

병사들의 심리를 파악하고 상황에 따른 병사들의 보편적 행동과 이상 징후를 구별하는 능력은 아군을 관찰하는 훈련만으로도 개발할 수 있다. 하지만 의외로 이런 능력을 가진 장병은 드물다. 대부분의 군대가 관리에만 치중하다 보니 병사들을 통제하기 위해 지나친 군기를 강조하고 관리에 따른 행정 잡무에 시달리기 때문이다. 장병들은 처벌에 대한 압박 때문에 자신들의 삶을 관찰할 기회를 얻지 못한다. 군의 특성상 어쩔 수 없는 측면도 있지만, 스스로를 관찰함으로써 경험의 주인이 되게 하는 것이 전술 능력과 전투력을 신장시키는 데 대단히 중요한 요소라는 점을 명심해야 한다. 평소의 군대는 관리가 핵심인 것처럼 보이지만, 실제 전장에서는 적응력 싸움이 되는 경우가 많기 때문이다. 적정을 관측하고 파악하는 데 유효한 방법이 삶의 경험을 이용하는 것이다.

우리나라는 한 민족이 일원화된 교육 및 관리 체제 속에서 살아왔기 때문에 개인의 인종적·환경적 차이가 크지 않다. 반면 미군과 같이 다양한 인종으로 구성된 조직에서는 개인의 특성과 능력이 두드러진 차이를 보이는 경우가 많다. 전쟁사를 살펴보면 사냥꾼 출신들이 저격이나 수색·탐지 임무에 발군의 실력을 발휘하곤 한다. 《밴드 오브 브라더스》의 모델인 101공수사단 506연대 2대대 5중대, 이지Easy 중대의 전사록을 보면, 매복해 있는 적을 탐지하거나 적진에 숨어 들어가 적의 초병을 저격하는 데 탁월한 능력을 보여준 병사가 둘 있었는데, 모두 인디언 혼혈 병사였다. 그들은 시골 농장에서 태어나 사냥을 즐기는 가정 환경에서 자랐다. 인디언에게 어떤 인종적 특징이 있다기보다는 전통적 환경 속에서 자연히 추적·탐지·은폐·사격 기술을 숙련했다고 볼 수 있다.

5

지휘관이 병사들에게 영합해
느릿느릿 자신 없게 말하는 것은

사졸의 신망을 잃은 증거다. 상을 자주 주는 것은 지휘자가 사졸을 통솔하는 데 군색해졌기 때문이며, 벌을 자주 주는 것은 통솔하기가 곤란하기 때문이다. 지휘관이 처음에는 사졸들을 난폭하게 다루어놓고 나중에 그들을 두려워해서 달래는 것은 가장 잘못된 통솔 방법이다. 적이 아군에게 와서 사과하는 것은 휴식을 얻으려는 것이다. 군대가 분노하며 다가와 대치했으나 막상 결전은 벌이지 않고 버티며, 돌아가지도 않는 것은 반드시 계략이 있으니 세심하게 살펴야 한다. 군대는 병력이 적보다 많아야만 하는 것은 아니다. 오직 군사력만 믿고 무모하게 전진하지 말 것이며, 적정을 살펴서 적군을 제압하기에 족하면 그만이다.

아무런 근거도 없이 적을 가볍게 여기는 자는 반드시 적에게 사로잡히게 될 것이다. 병사들이 아직 지휘관을 친밀하게 따르기 전에 벌을 주면 사졸은 심복하지 않는다. 심복하지 않는 병사는 부리기 어렵다. 병사들과 친근하게 되었는데 잘못한 일을 처벌하지 않아도 그들도 부릴 수 없다. 그러므로 법과 행정으로 다스리고, 무위로써 일사불란하게 해야 한다. 이런 군대가 싸우면 반드시 이긴다. 평소에 법과 명령을 잘 시행해 백성을 가르쳐놓으면, 백성들은 복종한다. 평소에 잘 시행해서 신뢰를 얻어놓지 못하면 전시에 백성이 따르지 않는다. 평소에

명령을 공정하게 시행하면 장군과 병사 모두에게 득이 될 것이다.

손자는 이 장에서 최악의 지휘법으로 한 가지 중요한 사례를 제시한다. '병사를 난폭하게 다루고 나중에 달랜다.' 나는 리더십 강의를 할 때마다 이 사례를 인용하며 물어보곤 했는데, 놀랄 정도로 많은 사람들이 이런 방법이 좋은 방법이라고 생각하고 있었다. 학교, 군대, 직장에서 이런 방법을 경험해 보지 않은 사람이 아예 없었고, 당한 입장에서도 그 방법이 괜찮은 방법이라고 생각하는 사람이 너무나 많았다.

평소에는 이것이 효과적인 방법으로 여겨질 수도 있다. 부하들도 적당히 타협하며 살아가기 때문이다. 리더는 자신이 잘 통솔하고 있다고 확신한다. 하지만 부하들은 참는 것이지 이런 리더를 좋아하지도, 그의 능력을 신뢰하지도 않는다. 생명을 걸어야 하는 상황이 되면 부하들의 진심이 드러난다.

아주 잘못된 리더십

손자는 평상시의 리더십이 자기 권력의 확인이 아니라 신뢰 양성이 목적이 되어야 한다고 충고한다.

대부분의 지휘관은 통제를 강화하고 일벌백계를 통해 군에 질서를 불어넣으려 한다. 병사들이 지휘관을 무서워해야 적과 싸울 수 있고, 생명을 희생하는 명령에 복종할 수 있다고 생각한다. 평소에 기계적으로 통제가 되어야 실전에서도 쓸 수 있을 거라고 보는 것이다.

현실은 절대 그렇지 않다. 발걸음이 씩씩해지고 구령이 우렁차졌다고 해도 그것은 처벌받기 싫어서, 훈련을 빨리 끝내고 싶어서이지 가슴속에 용기와 투지가 솟아난 것은 아니다. 연병장에서는 장군의 분노와 처벌이 가장 무섭겠지만 전장에서는 적군의 화살과 창이 무섭다. 지휘관의 무능은 더욱 무섭다. 두려움과 불편함을 이용한 통제는 실전에서 죽음이라는 절대적인 두려움을 만나면 반드시 꺾인다.

제식 훈련, 군기 훈련이 필요 없다는 말이 아니다. 제식 훈련을 포함한 모든 훈련에서 리더는 전쟁터에서 병사들이 자신을 믿고 따를 수 있는 요소를 찾아내서 어필해야 한다. 규정을 무시하고 감시하는 장교의 눈을 피해서 병사들과 함께 논다면 인기는 올라가겠지만, 힘든 일을 싫어하고 이기적인 장교로 보이면 전쟁터에서 병사들의 신뢰는 떨어진다.

반대로 자신이 아니라 병사들을 위해 애쓰고, 능숙하게 핑계를 대고 어떤 질책도 교묘하게 피하는 모습을 보이면 전쟁터에서 신뢰가 올라갈 수도 있다.

강도 높은 훈련을 힘들다고 해서 병사들이 이런 훈련의 필요성을 부정하지는 않는다. 입으로는 불평해도 강훈련을 강요하는 장교를 병사들이 따를 수도 있다. 반대로 '융통성이라곤 하나도 없으니 전투가 벌어지면 고지를 향해 무조건 돌격을 시킬 사람이다'라는 인상을 받을 수도 있다.

리더는 병사들의 심리를 파악하고 자신의 행동 하나하나가 병사들에게 어떻게 보이는지를 인지하고, 진실한 연출이라면 연출도 할 줄 알아야 한다. 또 자신의 방법이 통하지 않았거나 잘못되었으면 솔직하게 시인해야 한다. 그런데 이렇게 시인만 하면 병사들은 좋은 사람이지만 무능하다는 평가를 내린다. 시인했을 때는 더 좋은 방법을 찾아 선보이는 노력도 게을리하지 않아야 한다. 병사들의 신뢰도 끊임없이 변하고 평시와 전시, 전쟁터의 상황에 따라 기준과 평가 방식이 바뀐다.

《밴드 오브 브라더스》로 유명해진 이지 중대에서 최고의 존경을 얻은 리더는 윈터스Richard Davis Winters, 1918-2011였다. 그의 후임이었던 스피어스Ronald C. Speirs, 1920-2007 대위는 손자가 말한 죽기 쉬운 필사적인 리더였다. 다행히 그는 죽지는 않았고, 전설적인 에피소드를 여러 개 남겼다. 포이 마을 전투에서 마을 반대편에서 협공하기로 한 중대의 흔적이 보이지 않자, 스피어스는 이를 확인하기 위해 독일군이 가득한 마을을 가로질러 뛰어갔다. 그러고는 다시 마을을 가로질러 뛰어왔다. 이때 독일군의 사격에 죽지 않은 건 기적이었다.

스피어스가 용감하고 뛰어난 중대장이란 사실은 아무도 부정하지 않았다. 한편으로 그는 공포와 혐오의 대상이기도 했다. 독일군 포로를 학살하고, 명령을 거부하는 부하를 즉결 처분하기도 했기 때문이다.

다만 전선에 있을 때는 그런 단점들도 긍정적 요소가 있는 것으로 보였다. 아무튼 그는 자신과 부하들의 생명을 최선을 다해 지켰고, 그 점에서는 감사할 일이었다. 또 만나고 싶지는 않을 사람이었지만 말이다.

신뢰가 없는 군은 무력하다

유럽에서는 16세기부터 용병이 크게 늘었다. 이탈리아 전쟁과 30년 전쟁은 용병들의 천국이었다. 용병 세계에는 철칙이 있었는데, 자신들이 선출했거나 신뢰하는 지휘관이 아니면 따르지 않는 것이다. 병사들 입장에서 보면 용병이란 목숨을 돈으로 바꿔 거래하는 직업이지만, 고용자 입장에서 보면 상당히 비싸고 신뢰하기는 어려운 집단이었다. 고용자와 용병대 간에는 넘을 수 없는 불신의 벽이 있었다. 의리로 뭉친 것처럼 보이는 용병대장과 용병대의 관계도 그랬다. 그들의 의리는 생의 가장자리로 밀려나온 사람들의 최후의 타협점 같은 것이었다. 돈이 떨어지고 이해관계가 바뀌면 배신을 밥 먹듯이 했다.

보통의 스위스 용병들은 돈 벌어 집을 사고 적당히 살 수 있는 기반을 마련하는 것이 목표였다. 전투력으로 명성이 높았던 스위스 용병들은 가족들에게 상당히 많은 돈을 보냈고, 그 액수는 한 가족이 중산층이나 부유층으로 도약할 정도였다. 그런데 스위스 경제 상황이 나아지자 그동안 국민을 먹여 살리던 퇴역 군인들이 귀찮은 존재가 되기 시작했다. 스위스 지배층들은 이런 비밀 명령도 내렸다.

'퇴역해서 고향으로 돌아오는 용병들은 비밀리에 살해할 것.'

이런 사례가 드러나고, 살아서 고향에 돌아간 노병들의 운명이 알려지면서 스위스 용병의 명성도 퇴락할 수밖에 없었다. 스위스 용병의 몰락이 화약무기와 징병제의 등장에 의한 결과였다고 하지만, 용병의 운명과 직업에 대한 신뢰의 상실도 원인의 하나가 되었다.

유럽에서 장교 자리는 귀족들의 전유물이었다. 17세기 이후로는 부르주아 계층 젊은이들이 장교로 충원되었지만 귀족들이 여전히 대부분의 자리를 선점하고 있었다. 1936년 내전이 벌어질 무렵, 스페인에서는 왕실과 귀족에 대한 분노가 극에 달해 있었다. 서유럽 선진국들에 비하면 스페인 귀족은 고루하고 무능하기 짝이 없었다. 귀족 장교들도 한심하긴 마찬가지였다. 스페인은 북아프리카 모로코 일대를 식민지로 장악하고 있었는데, 스페인 군대는 원시 부족 수준인 모로코 반군에게도 치명적인 패배를 당했다. 보다 못해 부르주아 출신 장교들이 지휘권을 탈취하고 나서야 승리를 거두었다. 그렇게 부르주아 장교들은 전쟁영웅이 되어 군부 엘리트의 자리를 차지했다. 스페인 내전에서 우파 파시스트를 구성하는 총통 프랑코Francisco Franco, 1892~1975와 그의 심복들이 바로 이 그룹이었다.

그러나 이 새로운 장교단도 유럽의 선진 군대에 비교하면 리더십이나 사명감이 여러모로 부족했다. 모로코에서는 승리를 거둔 프랑코군도 스페인으로 돌아오자 한계를 드러냈다. 전투력 관점에서만 보면 프랑코에게 대적했던 아나키스트 전사, 국제 의용군 등 용병들은 사실 오합지졸이었다. 제대로 된 정규군의 상대가 될 수 없는 군대였다. 그러나 명색이 정규군인 프랑코의 사단은 의용군을 이겨내지 못했다.

우파든 좌파든 병사들의 이념과 신념은 강했지만, 여기에 대한 의존도가 너무 높았다. 이들을 군대로 만들 리더십이 부족했다. 이 부족분을 모로코 용병, 의용군을 가장한 용병이 메웠는데, 이들도 한계가 있었다. 이념과 정의 의 잣대가 아니라 순수하게 군사적 관점에서 봤을 때 결국 제대로 된 군대인 독일군이 개입하면서 이 내전은 끝났다.

제10편

지형
地形

손자는 다양한 지세를 지형이라는 범주로 나누고, 그에 따른 용병법을 논한다. 지형은 육상 지형
이 중심이다. 다만 여기서도 편의 제목과 맞지 않는, 패주하는 군대의 여섯 가지 유형이라는 내용
이 절반을 차지하고 있다. 손자의 심술이라기보다는 경직된 사고를 우려하는 손자의 끝없는 염려
와 배려라고 이해하는 것이 좋을 듯하다.

1

지형地形에는 통형通形, 괘형挂形, 지형支形, 애형隘形, 험형險形, 원형遠形이 있다.

통형은 아군이 갈 수 있고 적군도 올 수 있는 지형이다. 통형에서는 높고 양지바른 곳을 선점하고, 식량 보급로를 확보한 뒤 싸우는 게 유리하다.

괘형은 가기는 쉬우나 돌아오기가 어려운 지형이다. 괘형에서는 적이 아직 방비가 없을 때 아군이 나아가서 싸우면 승리한다. 적이 대비하고 있을 때 나아가 싸우다가 승리하지 못하면 돌아오기 어려워서 불리하다.

지형은 아군이 가서 싸워도 불리하고 적이 와서 싸워도 불리한 지형이다. 지형에서는 적이 아군에게 유리한 듯 유인해도 가지 말아야 한다. 군대를 이끌고 물러나서 적이 반쯤 쫓아나오게 한 뒤에 공격하면 유리하다.

애형에서 싸울 때는 아군이 먼저 점거하고, 애로隘路: 좁고 험한 길의 방어를 충실히 해서 적의 공격을 대비한다. 만약 적이 먼저 점거했을 경우에는 적이 수비지점을 완전히 점거했으면 공격하지 말고, 수비지점에 병력을 완전히 투입하지 못했으면 공격한다.

험형에서 싸울 때는 아군이 먼저 점거한 후 반드시 높고 양지바른 곳에 주둔해서 대적한다. 만약 적이 먼저 점거했으면 공격하지 말고 군대를 인솔해서 떠나야 한다.

원형에서는 양군의 세력이 비슷하면 도전하기 어렵고, 싸워도 불리하다.

이 여섯 가지는 지리地利의 법칙이다. 장수 된 자라면 신중하게 고찰해야만 한다.

손자는 10편에서 지형을 다시 한번 강조하고 있다. 특히 지형별로 군대가 지나는 통로, 즉 길이 어떤 특징을 가지고 있고, 그 길이 전투에 어떤 영향을 미치는지를 설명하려 한 것으로 보인다. 여기서는 지형의 성격이나 형태에 따라 여섯 가지로 나눴는데, 그 중 통형, 괘형, 지형은 지형의 특징을 설명했지만, 애형, 험형, 원형에 관해서는 별도의 설명을 하지 않았다. 앞의 세 지형이 성격에 의한 구분이라면 뒤의 세 지형은 형태에 의한 구분이어서 추가 설명을 하지 않은 것 같다. 실제 지형을 볼 때 이 여섯 가지 기준이 정확히 적용되지 않으니 참고하길 바란다.

통형: 가기도 쉽고 오기도 쉽다

로마군은 도로를 건설하고, 다리를 놓는 공학적 능력에서 세계 최고의 군대였다. 여기서 '모든 길은 로마로 통한다'는 말이 생겨났다. 그런데 이 도로는 로마군이 사방으로 확장하기도 쉽게 했지만, 반대로 적이 로마로 진격해 오기도 쉽게 만들었다.

이건 로마만의 딜레마가 아니라 모든 국가의 딜레마였다. 그렇다고 도로를 파괴할 수도 없다. 손자는 도로를 파괴하는 대신 도로 이용에서 우위를 점하라고 한다. 도로 주변에 있는 언덕이나 골짜기 등 지형을 선점하고, 식량 수송로를 확보하라는 것이다. 선진 군대의 장점이 조직력과 행정력이다. 도로망이 잘 갖춰져 있다면 정찰대를 활용해 지도를 확보하고 군수물자 수송망에 우수한 행정관료를 투입한다.

　제2차 세계대전 중에 구데리안이든 패튼이든 전차 군단을 내세워 전격전을 감행할 때 꼭 필요한 것이 도로였다. 두 장군 모두 도로 위로 전차를 달리게 하면서 시간 싸움에 승부를 걸었다. 도로의 장점이 통행의 편리라면 승부의 추는 통행에 걸리는 시간과 도로를 통해 공급하는 병력 및 물자의 양이었다.

　이 개념은 이미 나폴레옹 전쟁 시절에 각국 지휘관들이 깨달은 진리지만, 이런 개념을 전차에 적용하는 방법이 관건이었다. 독일군은 보급 시간을 줄이기 위해 SUVsport utility vehicle, 스포츠유틸리티 차량의 시조 격인 지프에서 볼 수 있는 사각형의 철제 기름통을 고안해냈다. 패튼은 달리면서 급유하는 방식을 발굴하고, 보병을 전차에 태워 달리게 했다.

패형: 가기는 쉬우나 돌아오기는 어렵다

　병자호란 당시 남한산성에서 농성 중이던 조선군 진영에서는 수비만 할 것이 아니라 공격해야 한다는 주장이 나왔다. 전쟁을 전혀 모르고 스스로 나가 싸울 일도 없는 문신들의 주장이었다. 무신들은 반대했다. 후금군의 수준을 볼 때 쉽게 기습당할 군대가 아니라는 것이었다. 그러자 무신들에게 겁쟁이라는 비난이 빗발쳤다. 결국 여론에 밀려 성벽 너머로 나가서 적을 기습한다는 계획이 수립되었다. 물론 이 기습은 참담한 실패로 끝났다. 남한산성은 상당히 가파른 비탈 위에 세워져 있다. 성벽을 넘어 공격하기는 쉽지만 후퇴하려면 가파른 비탈을 기어올라야 한다. 기습에 실패한 조선군은 성으로 돌아오기 위해 안간힘을 썼지만 결국 전멸하고 말았다. 기습이 실패로 돌아가자 작전을 지시한 문관들은 장군들이 지휘를 잘못했기 때문이라며 다시 책임을 전가했다.

비탈뿐 아니라 좁은 도로도 괘형이 될 수 있다. 똑같은 도로라도 진격할 때는 주도권을 보유하고 있으므로 부대의 진행 순서와 시간을 조절해서 순조롭게 이동할 수 있다. 그러나 퇴각하게 되어 많은 병력이 한꺼번에 몰리면 돌아가기 힘든 험로로 변한다. 괘형에서는 퇴로에 있는 적을 공격할 때 큰 효과를 거둘 수 있다. 따라서 적을 유인해서 퇴로에 몰아넣는 것이 관건이다.

지형: 아군이 불리하면 적도 불리하다

전쟁사에서 아군도 불리하고 적도 불리한 지형에서 벌인 두 가지 전투가 있다. 연합군과 일본군이 격돌한 남태평양과 버마현재의 미얀마의 정글지대, 그리고 미 해병대와 중공군이 혈전을 벌인 개마고원이다. 지형에서 벌이는 전투는 최악의 난전이 되기 쉽고, 양측이 모두 처참한 손실을 입는다. 그러나 지형에 관해서는 새로운 관점에서 접근할 필요도 있다. '전투를 벌이기 곤란한 지형'이라고 할 때는 숨은 전제가 있다. 정상적인 편제를 갖춘 대규모 부대가 진입하기 어렵고, 보급선을 유지하기도 어렵다는 말이다. 이 전제를 수정하면 전혀 다른 의미가 될 수 있다. 태평양전쟁과 영국-버마 전쟁, 개마고원 전투에서 미군, 영국군, 일본군과 중공군은 각각 새로운 시각으로 지형에 접근했고, 획기적인 성과를 거두었다.

개마고원으로 통하는 도로는 일제 강점기에 닦은 1-2차선 규모의 산악 도로로 연결되었다. 구불구불하고 좁은 도로는 양쪽 모두 가파른 비탈이거나 최소한 한쪽은 비탈이었다. 도로가 좁고 시야는 막혀서 사방이 매복 공격에 적합한 곳이었다. 그런데 중공군은 이 지형에서 중요한 점을 포착한다. 이런 산악지대는 대규모 정규군이나 차량의 신속한 진입은 어렵지만, 도보로 산을 타면 골짜기와 능선을 이용해 어디든 갈 수 있다. 악한 지형일수록 관측과 경계도 어렵기 때문이다. 중공군 병사들은 은폐·엄폐술과 강인한 인내심,

믿기 힘든 복종심을 발휘해 영하의 산하로 들어가 미군에게 전혀 탐지되지 않고 산속에 포진했다. 도보 이동으로 인한 중장비와 보급의 부족은 기습적인 포위 공격과 인해 전술로 대체했다. 중공군은 20만 명이 넘는 병력과 보급 물자를 산길과 도보로 수송할 수도 있다는 역발상으로 지형 산지를 통형으로 바꾸었다.

정글전도 이동과 보급이 곤란하고 경계와 방어가 불가능하다는 특징을 갖고 있다. 과달카날·뉴기니 전투에서 일본군은 개인 화기와 식량은 물론 포탄까지 짊어지고 야포를 끌면서 정글로 들어섰다. 비가 오면 정글은 진흙탕이 되어 잠잘 곳은 물론이고 앉아서 쉴 곳도 없어진다. 그리고 정글은 거의 매일 비가 온다. 믿기지 않지만 정글에서 이동 속도는 정예병이라도 하루에 10킬로미터에 불과하다. 일본군은 도보 진격으로 이동과 보급의 곤란을 극복하고, 경계와 방어가 불가능한 이점을 역이용했다. 일본군은 초인적인 능력으로 정글은 극복했지만 전투까지 이기지는 못했다. 결과적으로 일본군은 지형을 극복했다기보다는 필사적으로 도전하다가 무너졌다고 표현할 수 있다. 다만 지형의 장점을 간파하고 이용하려 시도했다는 점만은 인정해줄 만하다.

미군과 영국군도 개마고원과 버마에서 동양 군대와는 다른 방식으로 지형ﾎ形의 한계를 극복했다. 미 해병대는 공중 지원이 없었다면 보급이 끊겨 개마고원에서 살아 나오지 못했을 것이다. 수송뿐만 아니라 전투기의 공중 공격도 지상의 지형에 구애받지 않았다. 손자의 시대에는 상상할 수 없었던 기술의 발달이 지형의 성격을 바꾸고 있다.

애형, 험형, 원형

앞서 말했듯이 애형, 험형, 원형의 구조에 관해 손자는 별도의 설명을 하지 않았다. 이 셋의 설명이 별도로 없는 탓도 있지만 실제 지형에는 손자가 말한 여섯 가지 기준을 적용하기가 모호한 곳이 많다. 예를 들어 개마고원 지대는 지형일 수도 있지만 애형이나 험형으로 볼 수도 있다. 범주에 따라 지형 안에 애형과 험형이 존재하기도 한다. 손자가 이렇게 지형을 분류했을 때는 현대의 개념보다는 좁은 범위로 파악했을 가능성이 크다. 고대의 전쟁은 전투가 벌어지는 영역이 상대적으로 좁았다. 주변에 10만 명 이상의 병력이 포진해 있다고 해도 기동력과 수송력이 약해서 몇 개의 주요 포인트에서만 전투가 벌어졌기 때문이다.

오늘날 손자가 구상했던 전투 범위까지 정확히 파악할 수는 없고, 거기에 큰 의미도 없다. 현대전의 전장 범주는 손자의 시대와는 비교도 할 수 없다. 예를 들어 원형의 경우 오늘날의 전쟁에서 손자가 말한 원형을 정확하게 '물리적 거리'로 생각하기는 힘들다. 양국 군대가 똑같이 50킬로미터를 떨어져 있다 해도 한쪽은 지상군 전력만 보유했고 다른 쪽은 공정부대^{공수 착륙이나 공중 투}^{하로 전투 지역이나 적 후방에 투입하는 특수부대}를 보유했다면 양군의 거리 개념 자체가 다른 것이 된다. 따라서 애형, 험형, 원형에 관해서는 별도의 구체적 고찰을 할 필요는 없다고 생각된다.

2

패배하는 군대에는

주병走兵, 이병弛兵, 함병陷兵, 붕병崩兵, 난병亂兵, 배병北兵[28]이 있다. 이 여섯 가지 군대는 하늘의 재앙에 의한 것이 아니라 장수의 잘못에서 생기는 것이다.

양측의 전투력이 서로 비슷한데 1의 병력으로 10을 공격하는 것을 주병이라고 한다.

사병들은 강한데 장교들이 약한 것을 이병이라고 한다.

장교들은 강한데 사병들이 약한 것이 함병이다. 고위 장교가 화를 내고 장군의 명령에 불복해서 적과 조우하면 상관의 명령을 무시하고 제멋대로 분노하며 싸우게 된다.

장수가 자신의 능력을 모르는 군대를 붕병이라고 한다.

장수가 나약해 위엄이 없고 지시가 명확하지 못하며, 장교와 병사 간에 질서가 없고 진의 병력 배치가 제멋대로인 군대를 난병이라고 한다.

장수가 적세를 정확히 가늠하지 못하고, 적은 병력으로 많은 병력과 싸우며, 약한 부대로 강한 부대를 치고, 정예부대를 선발하지 못하는 군대가 배병이다.

이 여섯 가지는 패배로 가는 길이다. 장수 된 자라면 신중하게 고찰해야만 한다.

---

28 다소 모호한 개념의 배병은 임무를 감당할 역량이 안 되는 군대를 말한다고 본다. 붕병이 지휘관의 역량 부족이라면 배병은 부대 전체의 역량 부족이다.

손자는 패배하는 군대의 유형을 여섯 가지로 나눠 소개함으로써 이를 피할 방법을 알려준다. 특히 이 여섯 가지 패배하는 유형이 장수의 잘못으로 인해 생기는 것이라고 말해 잘못된 리더십을 경고했다.

흔히 리더십에는 왕도가 없다고 한다. 리더십을 공부하려 들면 너무 다양한 성공·실패 사례 때문에 혼동을 겪기 쉽다. 머리로 배운 것을 실제 자신에게 적용하기도 만만치 않다. 사례의 겉모습만 보기 때문이다. 여섯 가지 실패유형을 보고 리더십의 반면교사로 삼아보기를 바란다.

주병 : 전투 포기자

주병은 전투를 포기하고 달아나는 군대다. 10분의 1의 전력으로 10배나 되는 적에게 무모한 공격을 하니 병사들이 달아난다. 이 말은 상대가 강하든 약하든 싸울 준비가 전혀 안 된 군대를 말한다.

급하게 농민을 끌어모아 훈련도 전혀 되지 않고, 지휘관에 대한 신뢰도 없는 군대가 잘 무장한 군대와 직면했을 때, 지휘관이 공격을 명령한다면 싸우지도 않고 달아날 것이다.

그러나 어젯밤에 급하게 마련한 민병대라도 잘 싸우거나 와해되지 않는 경우도 있다. 지휘관이 신뢰를 얻고, 주병이 되지 않도록 전술적으로 잘 관리하는 것이 방법이다.

임진왜란 발발하자 여러 지역에서 의병이 일어났다. 퇴역 관리나 유생들이 주도한 의병 중에는 격문을 돌리고, 응모하는 숫자에 연연하는 부대도 많았다. 이들은 거의 전공을 세우지 못했다.

반면 곽재우郭再祐, 1552-1617, 정기룡鄭起龍, 1562-1622, 승병장 영규靈圭, ?-1592의 의병부대는 소수라도 싸울 능력과 의지가 있는 병사를 모았다. 명분에 매이지 않고 싸우기 쉬운 상대를 신중하게 골라 공격하면서 전술을 익히고, 병력을 조금씩 늘려나갔다. 이들은 성공했고 공적을 남겼다. 여차하면 주병이 될 수 있는 부대를 주병이 되지 않도록 전술적으로 운용한 덕분이다.

이병 : 리더십이 사라진 군대

이병은 사병은 강한데, 장교가 약한 군대다. 대표적인 사례가 제정 러시아군이다. 당시 러시아 귀족 장교들은 편하고 좋은 보직을 차지하고 술과 파티로 세월을 보냈다. 귀족들을 예우하기 위해 장교로 임명하다 보니 고위 장교들이 너무 많아져서 장교단도 상부와 하부의 균형이 맞지 않았다.

놀고먹기만 하는 장교들을 보고 "저들이 하는 유일한 두뇌 활동은 카드놀이뿐"이라는 말도 돌았다. 러시아에도 뛰어나고 명석한 전술가들이 있었지만, 그들은 술꾼들에게 밀려났다. 어떤 장교들은 후방에 눌러앉아 전선에 나와보지도 않았다.

러시아 병사들은 강인하고 충성도가 높았다. 그들이 7년 전쟁, 제1차 세계대전, 제2차 세계대전에서 승패와 상관없이 무수히 살육당한 것은 장교들이 그들을 제대로 조직하고 운영하지 못했기 때문이다.

장교가 약하다는 것은 조직을 운영하고 상황에 대처하는 리더가 없고, 그 능력이 부족하다는 의미다. 구슬이 서 말이라도 꿰어야 보배다. 구슬을 꿰는 실이 장교다.

함병 : 이상은 높지만 실행력 없는 부대

장교들은 강한데 사병들이 약한 경우도 있다. 손자는 이를 함병이라고 했다. 장교라는 골격이 있고, 좋은 전술을 고안해도 병사들이 받쳐주지 못하면 굳지 않은 시멘트처럼 골조만 남기고 꺼져버린다.

오랫동안 체계적으로 준비된 군대이고 소속 장교들이 우수하다면 사병들이 우수하지 않을 수가 없다. 다만 패전 후 생존한 장교들이 급조해서 병력을 모았다거나 군주가 무능할 경우, 또는 국가 재정이 약해서 사전에 군대를 양성하지 않은 경우가 여기에 해당한다.

한국전쟁 직전의 미8군이 비슷한 경우였다. 기간장교와 부사관 중에는 제2차 세계대전 참전용사들이 상당수 포함돼 있었지만, 일본에서 편하게 거주하던 병사들은 훈련을 전혀 받지 않은 상태였다. 방아쇠만 당길 줄 알았지, 총도 제대로 다루지 못하는 병사가 태반이었다. 대대급 이상의 전술 기동 훈련도 전혀 하지 않았다.

군사고문단으로 해외에 파견된 군인들이 종종 이런 경험을 한다. 선진훈련을 받은 장교들이 있었지만 그들이 병사들을 훈련시킬 충분한 시간을 갖지 못했다. 선진국에서 교육을 받아도 껍데기만 배우고 무조건 모방만 해서 현지 적응에 실패하는 경우도 있었다.

장교에게는 현지 상황에서 최선의 전력을 끌어내기 위한 노력과 지혜가 부족하고, 병사들은 몸에 맞지 않는 옷을 입고 있는 경우가 바로 함병이다. 이런 군대는 헛된 노력만 하다가 누적된 불신 때문에 무너진다.

함병은 전쟁에서 자주 발생한다. 오랜 전투와 패전, 후퇴로 부대가 균형을 잃는 경우다. 장교와 부사관이 전사하고, 용감한 병사가 줄어들면 부대는 즉시 함병이 된다. 스탈린그라드에서 독일 제6군이 소련군에게 포위되었을 때, 오랜 전투 경험을 지닌 고참 사단보다 새로 편성한 부대가 먼저 함병이 되었다. 공황에 빠지고, 명령 체계가 듣지 않고, 제멋대로 평원을 방황하는 병사도 있었다.

이를 해결한 방법은 재편이었다. 노련한 장교와 부사관이 있는 조직을 근간으로 재편하자 이런 행동들이 즉시 멈췄다.

붕병 : 리더가 무능하면 모든 것을 망친다

붕병은 장수가 자신의 무능을 모르는 군대다. 감성이 앞서고 지성이 부족해서 눈앞의 현실만 보는 무능한 지휘관이 전황이나 적정도 파악하지 않은 채 제멋대로 싸우다가 병사를 전멸시키는 사례는 전쟁사에 비일비재하다.

이런 지휘관을 만난 군대는 겁이 많고 무능한 지휘관을 만난 경우보다 더 비참한 패배를 겪는다. 겁 많은 지휘관은 최소한 자신이 무능하다는 사실은 알고 있기 때문이다.

남북전쟁이 끝난 후 커스터George Armstrong Custer, 1839-1876 중령이 이끄는 제7기병대는 리틀 빅혼 전투에서 처참하게 전멸했다. 커스터의 두 동생과 처남도 함께 전사해서 이 전투로 커스터 일가가 몰살당했다. 커스터가 무능한 장교였느냐 하는 평가에 관해서는 그렇다는 사람도 있고, 아니라는 사람도 있다. 남북전쟁 당시에 커스터는 남군의 전설이었던 젭 스튜어트James Ewell Brown Stuart, 1833-1864의 기병대를 격파해서 영웅이 되었다. 많은 전투에서 무모한 공격으로 수많은 부하를 죽음으로 몰아넣었다고 하지만, 당시에는 그런 지휘관이 한둘이 아니었기 때문에 그의 무모한 작태가 드러나지 않았다. 그의 성공이 운이었다고 주장하는 사람도 있지만, 그의 전과가 운으로만 이룰 수 있는 건 절대로 아니다.

어쨌든 성공하고 승리한 군대에 속해 있으면서 커스터는 자신의 장점과 스타일에 맹목적인 확신을 가졌던 것 같다. 리틀 빅혼에서 수족과 샤이엔족 연합군과 대적할 때, 커스터는 상대를 완전히 얕보았고, 적에 관한 정보, 지형에 관한 이해는 절대 부족했다.

커스터는 인디언의 수가 많으니 조심하라는 충고도 거듭 무시하고 지원부대를 기다리지 않고 출정했다. 나중에 확인된 바로는 인디언의 병력은 커스터 부대보다 5배 이상 많았다. 무장도 훌륭하게 갖추었다.

전장의 지형은 협곡과 강으로 분리되어 협공이 어려웠다. 커스터는 공격

부대를 세 개 중대로 나누고 자신은 한 개 중대만을 이끌고 진격했다. 자신이 인디언 마을의 뒤로 돌아가 습격하면서 퇴로를 차단하면 나머지 두 개 중대가 정면으로 쳐들어가는 전형적인 '망치와 모루' 전술이었다. 그러나 지형 탓으로 중대 간에 협력이 될 수 없었고, 인디언 전사들은 동시에 양방향으로 싸워서 세 개 중대를 이겨낼 수 있을 정도로 강했다.

결과적으로 리틀 빅혼에서 제7기병대는 붕병이 되었다. 적진 깊이 들어간 커스터의 중대는 퇴로를 찾지 못하고 말에서 내려서 싸우다 전멸했다. 다른 두 개 중대는 큰 피해를 입고 후퇴했다.

난병 : 혼란한 군대

난병은 장수가 나약해 위엄이 없고 지시가 명확하지 못하며, 장교와 병사 간에 질서가 없고 진의 병력 배치가 제멋대로인 군대를 말한다. 한마디로 혼란한 군대다.

1940년 9월, 현재의 리비아 일대를 장악하고 있던 이탈리아군이 이집트를 침공했다. 이집트는 영국의 식민지로, 영국과 인도, 아프가니스탄, 파키스탄 등 여러 나라의 연합군이 이집트를 방어하고 있었다. 이탈리아군의 초반 기세는 좋았지만 영국군의 적수가 되지는 못했다. 12월에 영연방 군대가 대대적인 반격을 개시하자 이탈리아군은 순식간에 무너졌다. 이집트에서 리비아 서쪽 끝까지 광활한 영토를 단숨에 내주었다.

이 전쟁에서 이탈리아군은 웃지 못할 일화를 많이 남겼다. 한 영국군 대대가 이탈리아군 기지를 공격하라는 명령을 받았다. 기관총 사수가 딱 두 발을 발사하자 이탈리아군 진지에서 백기가 올라왔다. 한 장교가 백기를 발견하고 소리치자 대대장은 무슨 잠꼬대 같은 소리를 하느냐고 나무랐다.

영국군이 기지로 진입하자 이탈리아군 준장이 500명의 부하와 함께 차

렷 자세로 정렬하고 그들을 맞이했다. 이탈리아 장군이 영국군 중령에게 악수를 청하며 말했다. "우리는 최후의 총탄까지 다 소모해버렸습니다." 중령이 옆을 돌아보니 기지에는 탄약이 산더미처럼 쌓여 있었다.

이탈리아군 장교들은 의욕이 없을 뿐만 아니라 훈련되어 있지 않았다. 나중에 이탈리아군과 함께 전투를 치러본 로멜은 포병 장교가 그저 포를 쏠 줄만 알지, 보병에 대한 전투 지원 등 포병 전술에 관한 지식이 전혀 없었다고 회고했다.

물론 이탈리아군 모두가 그랬던 것은 아니다. 로마 군단의 후예답게 훈련을 제대로 받고 단결하면 금세 훌륭한 군대로 변했다. 그러나 상당수의 이탈리아군이 제1차 세계대전 당시의 무기를 그대로 쓰는 등 장비가 전반적으로 부족했다. 장교와 병사들은 무솔리니Benito Andrea Amilcare Mussolini, 1883~1945 정권에 대한 불만이 가득했으며, 전쟁의 명분에도 공감하지 못했다. 그들 스스로가 영국을 상대로 싸울 능력을 갖추지 못했다는 사실을 알고 있었다. 장교들이 무능해서 신뢰감이 없으니 병사들도 의욕이 없었다. 한 독일군 장교는 이탈리아군이 영국군에 포위되어 항복하려는 것을 보고 이탈리아군을 지원하기 위해 영국군을 향해 사격을 개시했다. 그러자 이탈리아군은 이 기회를 이용하기는커녕 그대로 영국군 진지를 향해 달려가기 시작했다. 전형적인 난병의 모습이다.

배병 : 준비되지 않은 조직

장수가 적세를 정확히 가늠하지 못한 상태에서 적은 병력으로 많은 병력과 싸우고 약한 부대로 강한 부대를 치며, 정예부대를 선발하지 못하는 군대를 배병이라고 한다.

1592년 임진왜란으로 한양이 왜군에게 함락되었다. 경상도 병력이 와해되자 조정에서는 아직 건재한 충청·전라도에 병력을 소집해서 한양을 수복하라는 명령을 내렸다. 5월에 삼도 근왕병이 한양 수복 작전을 개시했다. 대외적으로 10만 명이라고 소문이 났는데 실제 병력은 1만 명이 되지 않았다. 게다가 병력을 나누어 다른 길로 올라왔기 때문에 전투에 참가한 병력은 그보다 훨씬 적었다.

조선은 상비군 병력이 극히 적었다. 대부분이 예비군과 비슷한 방식으로 동원해서 편제하게 되어 있었고, 그 병력은 각 고을 수령이 통제했다. 군현에서 징발한 병력은 도 단위로 모였다. 도의 총사령관은 문관인 관찰사와 무관인 병마사가 함께 담당했다. 휘하 연대장·대대장·중대장에 해당하는 간부는 지방 수령들이 맡았다. 문제는 문관과 무관이 섞여 있다는 것이었다. 작은 전투일 때는 문관이 무관 수령에게 병력을 양도하거나 지원하는 것으로 문제를 해결할 수 있었다.

그러나 임진왜란은 조선 건국 후 첫 전면전이었다. 모든 수령이 각 고을의 병력을 동원해 참전해야 했다. 심지어 이렇게 대규모 병력을 소집해 기동 훈련을 해본 적도 없었고, 삼도의 병력을 모으니 총사령관이 없어서 세 명의 관찰사와 세 명의 병마사가 운영하는 체제였다. 충청도 관찰사였던 윤선각尹先覺, 1543-1611은 "우리는 백면서생이라 진을 치는 법, 도로를 선택하고 나아가는 법에 관해 아는 것이 하나도 없었다"고 회고했다. 비웃는 사람도 있겠지만, 이런 군대와 조직력으로 왕명에 복종해서 일본군을 상대하려 한 용기가 대단하다고 평가할 수도 있겠다.

전라도 선봉장에는 백광언白光彦, 1554-1592이 임명되었는데, 그저 그가 가장 뛰어난 장수라고 소문이 난 까닭이었다. 백광언은 광교산 부근에서 무장이 빈약한 200명가량의 일본군 사역부대를 격파했다. 경상도 정찰대는 작은 일본군 초소 하나를 공격해서 함락했다. 사기가 조금 올랐지만 조선군의 접근을 포착한 일본군이 반격에 나섰다.

일본군 정예 무사들의 공격에 백광언이 전사하고, 선발대가 무너지자 병사들이 겁을 먹고 도망치기 시작했다. 여기저기 분산되어 있던 조선군 진지는 이미 위치를 파악이 끝난 일본군에게 기습을 당했다. 당시에 권율權慄, 1537-1599과 황진黃進, 1550-1593같이 나중에 조선군의 간성干城이 되는 장수들이 수령으로 참전하고 있었지만, 아직 전면에 나서지는 않았다.

일본군 병력도 그리 많지는 않았지만, 조선군은 적의 군세를 전혀 가늠하지 못했다. 그야말로 약한 군대로 강한 군대를 치는 배병의 모습이었다. 잘 훈련된 군대와 싸울 때일수록 중심축이 되어 전황을 개척할 정예군이 필요한데, 삼도 근왕병은 그저 지역 연합군이어서 그런 사전 조치도 전혀 없었다. 정예군 선발을 하지 못했으니 숨어 있는 뛰어난 자원도 제대로 활용하지 못했다.

광교산 전투는 배병의 전형이다. 조선군은 전면전에 대응할 준비가 전혀 되어 있지 않았다. 그러나 이 전투에서 권율과 황진이 만났고, 의기투합한 그들은 병력을 합쳐 함께 훈련시켰다. 이 병력이 나중에 이치 전투를 벌여서 왜군이 호남으로 들어오는 것을 막았다. 나중에 권율은 행주대첩보다 이치 전투에서의 승리가 더 중요했다고 회고했다.

광교산 전투와 이치 전투는 배병이 왜 발생하는지, 배병을 어떻게 극복할 수 있는지를 보여주는 사례라고 할 수 있다.

패배하는 군대의 결론

손자가 패배하는 군대의 유형을 말한 것은 단지 이런 군대는 반드시 패한다고 지적하려 했던 것은 아니다. 군대는 항상 변하며, 상대적인 특징이 있다. 약한 군대와 싸울 때는 정예병이던 군대도 강한 군대와 만나거나 리더십, 전술, 무기 등이 열세하면 주병이나 난병이 될 수 있다. 반대로 패배하던 군대가 정예군으로 발전할 수도 있다. 손자가 제기한 기준 요소를 정확히 파악하고 적절한 전술을 택하면 꼭 이기지는 못해도 지지는 않으며, 병사들이 리더에 대한 신뢰를 잃고 무너지는 것을 막을 수 있다.

리더에 대한 근본적인 신뢰가 쌓이면 약하던 군대도 단련이 되어 강군으로 변한다. 미국 독립전쟁 때 조지 워싱턴George Washington, 1732-1799의 군대는 민병대 수준이었다. 워싱턴은 정면 대결을 피하며 계속 도망만 쳤다. 아메리카 대륙 북부의 추운 계곡까지 들어간 그는 겨울이라 전쟁이 잠시 중지된 틈을 타 병사들을 조련했다. 계곡을 나온 미군은 정예병이 되어 있었고 영국군과 대등하게 싸우기 시작했다.

마오쩌둥毛澤東, 1893-1976의 대장정도 이와 비슷한 사례다. 마오쩌둥 집권 이전에 공산군은 국민당과 정면 대결을 벌이다가 여러 차례 큰 패배를 맛보았다. 마오쩌둥이 정면 대결을 피하고 게릴라전으로 전환하면서 공산군은 싸울 수 있다는 자신감을 얻기 시작했고, 결국은 세력을 확보해 국민당을 패주시켰다.

3

지형은 용병을 지원하는 보조 수단이다.

적의 세력을 가늠해서 승리를 얻는데, 지형의 험한 것과 좁은 것, 원근을 계산하는 것은 명장의 도리다. 이 도리를 알고 싸우면 반드시 승리하고, 모르고 싸우면 반드시 패배한다. 그러므로 싸워서 반드시 승리하는 상황이면 군주가 싸우지 말라고 해도 반드시 싸운다. 싸워서 승리하지 못할 상황이면 군주가 싸우라고 해도 싸우지 않는다. 고로 진격할 때는 명성을 구하지 않고, 퇴각할 때는 죄를 두려워하지 않는다. 오로지 병사와 국민을 보호하고, 군주에게 이익이 되도록 하는 장수가 나라의 보배다.

손자는 장군이라면 군주의 명령에 불복할 줄도 알아야 한다고 말한다. 그리고 군주를 향해서는 이런 장군이 진짜 나라의 보배라고 역설한다. 그러나 이 말에 공포를 느끼지 않을 리더가 얼마나 될까.

손자의 이런 강경 발언은 시대 상황도 고려해서 생각해야 한다. 손자의 시대에는 일단 원정을 떠나면 전황을 일일이 보고받기도 쉽지 않았다. 모두 보고받고 지시하려다가는 패배할 것이 뻔했다. 따라서 원정군 사령관에게는 막대한 재량권을 위임할 수밖에 없었다. 적정에 대한 정보도 소문으로 듣는 수준이었기 때문에 현지에 가서 확인해야만 그나마 정확한 판단을 내릴 수 있었다. 처음에 조정에서는 싸우지 말자고 결정했어도 현장에 가서 보니 적군의 협상 제안이 거짓이어서 즉시 싸워서 격퇴해야 한다는 결정을 내릴 수도 있는 것이다. 만약 보고하고 승인을 받으려면 오가는 데만 며칠이 걸릴지 알 수 없다. 현지 지휘관이 결정을 내릴 수밖에 없는 이유다.

이런 사정을 알면서도 재량권 위임을 망설이는 군주도 많았을 것이다. 군사적 재량권은 정권 입장에서 가장 큰 위험 요소이기 때문이다. 그러나 우선 전쟁에서 승리하려면 재량권을 주어야만 한다. 전장은 돌발 상황의 연속이다. 그 속에서 기회를 포착하는 자가 승리한다.

세종과 세조의 정반대 리더십

통치자로서 세종과 세조를 비교하면, 세종은 치밀하게 모든 가능성과 제도를 검토하고 결정을 내리는 스타일이었다. 반대로 세조는 문제를 단순화시키는 특이한 능력이 있었다. 관료가 새로운 정책에 관한 여러 가지 복잡한 절차와 문제점을 나열하면 말을 딱 끊고 "그런 건 다 필요 없다. 네가 하기 싫어서 그러는 것 아니냐"라고 단정하는 스타일이었다. 물론 관료의 부정적 태도도 하나의 요인이었겠지만, 그것만이 사안의 전부가 아닌데도 세조는 자기 판단대로 밀어붙였다.

정책과 제도를 만드는 데는 세종의 성품이 장점이 된다. 세조는 한두 가지 원칙을 정하면 그것으로 끝이었다. 초기엔 추진력이 있어 보이지만 문제점이 발생하면 구멍은 점점 커졌고 결국 수렁에 빠져 엔진이 꺼졌다. 하지만 전쟁을 할 때는 두 사람의 성품이 반대로 작용했다. 세종은 답사를 통해 지리를 측정하고 현지인에게 물은 후에 완벽한 계획을 수립하려다 보니 중간에 정보가 새는 경우가 많았다. 아무리 열심히 준비하고 훌륭한 작전을 세워도 실행 과정에서는 반드시 착오가 생긴다. 세종의 리더십은 이런 착오를 해결하는 임기응변 능력이 떨어진다. 세종의 여진 정벌은 결과적으로 성공한 원정이었지만 항상 절반의 승리였다.

반면에 세조는 지휘관에게 전장을 맡겨야 한다는 원칙을 분명히 지켰다. 큰 줄기만 잡아주고, 최종적으로는 현지 상황에 맞춰 지휘관이 결정하라고 지시했다. 이유 없이 진군을 두려워하고 지구전으로 일관할 때만 호통을 치며 작전에 개입했다. 덕분에 세조는 여진 정벌에서 세종이 이루지 못한 성공을 거두었다. 이시애의 난을 진압한 직후 그들을 진압군으로 투입해 여진 국가 수립을 꿈꾸던 건주위建州衛[29]의 부락을 습격하고 추장 이만주李滿住, ?-1467를 죽였다. 세종 때도 이만주를 목표로 공격한 적이 있지만 그의 근처에도 가지 못했었다. 세조의 리더십이 거둔 성과라고 할 수 있다.

손자가 재량권 위임을 강조한 이유는 멀리 떨어져 있는 조정에서 권한을 쥐고 있으면 현장의 변화에 제대로 대응할 수 없기 때문이다. 그렇다면 이런 반문이 가능하다. 통신 수단이 발달해서 위성으로 전쟁 현장의 생중계까지 가능한 지금은 중앙 컨트롤 타워에서 정보를 수집해 결정을 내리는 것이 더 효과적이지 않을까?

앞으로 기술 발달로 어떤 세상이 올지는 아무도 알 수 없다. 그러나 통신 수단의 발달과 함께 적의 반응이나 승부의 속도도 빨라지고 있다. 수합하고 고려해야 할 사안도 더 많아졌다. 현장 재량권의 중요성이 아직 사라지지 않는 이유다.

우리는 재량권을 주느냐 마느냐, 권한을 확대할까 축소할까를 따지기 전에 기술, 상황, 전투의 종류에 따라 후방에서 판단할 수 있는 내용과 현장에서 판단할 수 있는 내용을 명확히 구분하고 이해해야 한다. 결국 전술과 작전이란 가장 효과적이고 적합한 방법을 찾아내는 것이다.

---

29 명나라 영락제 때, 남만주의 건주 지역에 사는 여진족을 다스리기 위해 설치한 군영. 이후 여진족의 부족장에게 지휘권을 넘겨주었으며, 건주 좌위와 건주 우위가 새로 생겨남에 따라 건주 삼위가 되었다.

4

장수가 병사를 자식처럼 보살피면

병사들이 장수와 함께 깊은 계곡까지 달려갈 수 있다. 장수는 병사를 사랑하는 자식처럼 보아야 한다. 그러면 병사들이 죽음을 함께한다. 병사를 후하게 대하기만 하면 부릴 수가 없다. 사랑하기만 하면 명령을 내릴 수가 없다. 문란하게 방치하면 다스릴 수가 없다. 이런 병사들은 제멋대로인 아이들 같으니 군사로 쓸 수가 없다.

"채찍과 당근을 몇 퍼센트 비율로 하는 게 좋을까요?"라는 질문은 우문 중의 우문이다. 리더는 부하를 사랑할 줄도 알고, 처벌하고 훈육할 줄도 알아야 한다. 솔선수범할 줄도 알고, 부하들을 사지로 돌격시킬 줄도 알아야 한다. 사랑할 때는 감동을 전해야 하고, 훈육할 때는 감사하도록 해야 한다. 이를 시의적절하게 잘 시행하고 존경과 헌신을 끌어내는 사람이 훌륭한 리더다.

기원전 401년 소크라테스의 제자였던 크세노폰은 페르시아 아케메네스 왕조의 키루스가 형 아르타크세르크세스 2세Artaxerxes II, BC445 또는 BC435-BC358에 대항해 일으킨 반란에 그리스 용병부대와 함께 참전했다. 키루스는 첫 전투에서 허무하게 전사했지만, 크세노폰은 그가 자신이 만난 사람 중에서 최고의 리더십을 지닌 인물이었다고 평가했다. 그 경험을 토대로 기록한 책이 세계 최초의 리더십 교본이라는 《키로파에디아》다.

크세노폰은 폭력적인 방법과 일방적인 훈육을 지지하는 사람이 아니었다. 소크라테스의 애제자 아닌가. 하지만 훈육에 상당한 관심을 보였다. 그는 아테네에서 추방되어 스파르타로 망명했는데, 아테네와 스파르타의 교육을 비교하면서 아테네에 결여된 것이 훈육이라고 지적했다. 아테네는 교육을 노예에게 맡긴다. 이건 교육이 아니라 양육이다. 전쟁이든 사회생활이든 이렇게 자라난 아이가 강인한 인재가 될 수 있겠는가?

스파르타는 교사가 교육을 담당한다. 교육의 본질은 훈육이다. 교사에게 훈육의 사명과 권리를 보장한다. 그래서 스파르타인은 절제를 익히고 훌륭한 전사가 된다. 다만 크세노폰도 스파르타의 미래를 좋게 보지는 않았다. 스파르타 역시 풍요한 삶에 빠지더니 교육이 물욕과 나태 앞에 타락했다고 한탄했다.

5

아군이 공격할 능력이 있다는 사실만 알고

공격해서는 안 될 상태에 있다는 것을 적이 알지 못하면 승리의 가능성이 반반이다. 아군이 공격할 수 있는 상태라는 것만 적이 알고 아군이 공격할 준비가 되어 있지 않다는 것을 알지 못하면 승리의 가능성이 반반이다. 적이 공격해도 되는 상태이고 아군도 공격할 준비가 되어 있다고 해도 지형이 싸울 수 있는 상태가 아니라면 승리의 가능성은 역시 절반이다.

그러므로 용병을 아는 자는 움직이면 망설이지 않고, 군대를 일으키면 실패하지 않는다. 고로 적을 알고 나를 알면 승리하고 위태롭지 않으며, 지리와 하늘의 뜻을 알고 싸우면 항상 승리한다고 하는 것이다.

《손자병법》의 이 단락은 번역도 어렵고 뜻도 잘 통하지 않는다. 어떤 전쟁이든 적의 상태와 아군의 상태를 완전히 알기는 어렵다. 이것은 피차간에 마찬가지이기에 반반이라고 한 것이다. 그러나 진정한 승리자가 되려면 이 한계를 넘어야 한다. 이해하기 쉽지 않은 이 단락의 메시지를 종합적으로 보여주는 사례가 독일의 소련 침공, 즉 바르바로사 작전이다.

1941년 6월 21일 독일군과 동맹군 병사들 400만 명이 소련 국경에 집결해 있었다. 3,350대의 전차, 7,000문의 대포, 2,000대의 항공기가 함께 대기 중이었다. 독일군은 제2차 세계대전에 참가한 모든 국가의 군대 중에서 훈련이 가장 잘된 군대였다. 반면 소련군의 전투력은 믿을 수 없을 정도로 열악했다. 군 내부에는 아직도 혁명의 후유증과 숙청의 두려움이 남아 있었다. 소련군의 유능한 장교들은 스탈린의 대숙청으로 대부분 시베리아 강제수용소에 있었다. 병사들이 철모나 군화조차도 없을 만큼 보급도 형편없었다. 독일은 소련군이 무너지기 직전이라고 보았으며, 볼셰비키들이 독일에 협력할 거라고 믿었다. 손자가 말한 전형적인 난병이었다. 히틀러는 말했다.

> **"어떤 경우든 소련은 패배해야만 한다. 소련 군대는 리더도 없고 준비도 되어 있지 않다. 지금이 공격의 적기다. 우리가 문을 걷어차기만 하면 이미 썩을 대로 썩은 소련 체제는 와르르 무너질 것이다."**

암호명 '바르바로사 작전'이 시작되자 소련군은 결국 무너졌다. 구데리안의 중부 집단군은 개전 닷새 만에 320킬로미터를 진군했다. 2,500대의 소련군 전차를 격파하고 30만 명을 포로로 잡았다. 말 그대로 파죽지세였다.

바르바로사 작전에서 독일군이 놓친 것

전쟁 후반기에 소련은 뛰어난 조종사도 배출하지만, 개전 초의 공군력은 엉망이었다. 소련 공군은 전투기를 띄우고 내릴 줄만 알았지, 공중전을 벌일 기술이 없었다. 소련 전투기가 대전차를 공격할 때 늘 같은 코스에 같은 각도로만 비행한다는 사실을 발견한 독일의 전차병들이 하강 코스에 조준했다가 전차포로 전투기를 잡은 적도 있다.

승리가 손쉬워 보였지만, 독일에도 불길한 요소가 있었다. 진격을 지원하기 위해 독일은 점령국에서 트럭을 긁어모았다. 가장 많은 트럭을 제공한 곳은 프랑스의 르노였다. 기갑전의 영웅 구데리안 장군은 프랑스군 트럭의 품질과 내구성에 의구심을 보였다. 이 사안은 지금까지도 논란이 되고 있다. 프랑스는 그 반대로 르노 트럭의 품질이 최고였다고 반박한다.

여러 가지 제품이 뒤섞이면 안정성 면에서 우려가 되는 것은 사실이다. 더 불안한 것은 탱크와 항공기가 동원되는 현대전임에도 불구하고 60만 마리의 말이 수송을 담당한다는 것이었다.

소련군의 규모에 두려움을 느끼는 사람도 있었다. 소련인들은 이렇게 말했다. "소련이 어떤 땅인 줄을 모르는구나. 소련의 대지가 너희들을 삼켜버릴 것이다." 독일이 더 불안했던 것은 공격 일정이었다. 히틀러는 나폴레옹의 실수를 반복하지 않겠다고 다짐했다. 나폴레옹이 소련 즉, 그 당시의 러시아 영토로 진입했던 날은 6월 24일이었다. 원래는 5월 예정이었지만 폴란드의 수렁과 열악한 도로, 질병, 훈련되지 않은 동맹군의 더딘 행군 때문에 한 달 이상 늦어졌다. 이 한 달이 나폴레옹에게 비극이 되었다. 10월에 겨울이 찾아오자 나폴레옹은 후퇴를 시작했지만 추위로 엄청난 병력을 잃었다. 그들이 일정대로 출발했더라면 사망자는 절반 이상으로 줄었거나 큰 손실 없이 철수했을 수도 있었다.

큰소리도 소용없이 히틀러 역시 마찬가지 이유로 거의 같은 날짜에 소련 공격을 시작하게 되었다. 그래도 독일군의 사기는 높았고, 그들은 승리를 자신했다. 많은 장교들이 4주 후에는 모스크바에 도착해 있을 거라고 확신했다.

그러나 독일의 계속된 승리에도 불구하고 소련인들은 강인하게 저항했고, 쉽게 무너지지 않았다. 독일의 에발트 폰 클라이스트Paul Ludwig Ewald von Kleist, 1881-1954 원수는 나중에 이렇게 회고했다. "소련군은 처음부터 투사였다. 전투를 거듭하며 그들은 전사로 변했다."

오랜 시간 소련군이 수모를 당한 것은 병사의 자질과 무기 때문이 아니라 무능한 장교들 탓이었다. 숙청된 귀족 장교의 공백은 사명감이 투철하고 능력으로 검증된 신세대 장교들이 재빨리 메웠다. 부족한 실전 기술은 전쟁을 치르며 익혀나갔다. 독일군이 유럽에서 성공을 거둔 전격전은 드넓은 소련 땅에서는 잘 먹혀들지 않았다. 수송 마차를 끌던 말들은 가슴까지 차는 소련의 진흙 수렁에 빠져 1년 만에 대부분 죽었다. 진격을 계속할수록 보급은 어려워졌고, 마침내 독일이 감당할 수 있는 선을 넘어섰다. 독일군의 전투력이 급락하기 시작했다.

혹독한 소련의 겨울이 찾아왔을 때 독일군은 나폴레옹의 러시아 공격을 그렇게 연구했으면서도 겨울 피복 준비를 제대로 하지 않았다는 사실을 깨달았다. 모직으로 만든 독일군 외투는 소련의 추위에는 아무런 소용이 없었다.

독일의 실패는 이 구절에서 손자가 언급한 내용에 모두 부합한다. 자신들이 공격할 능력이 있다는 것은 알았지만 적을 공격해서는 안 되는 상황이라는 것을 몰랐고, 소련의 지형과 기후의 무서움을 몰랐다. 자신들이 전투력은 있지만 보급 능력이 준비되지 않았다는 사실을 몰랐고, 소련군이 지금은 엉망이고 혼란스럽지만 전쟁을 치르다 보면 강해질 거라는 점을 몰랐다. 소련이 뛰어난 전술가와 장교, 조종사 등을 양성해낼 저력이 있다는 사실은 예측하지 못했던 것이다.

이것이 소련 땅에서 독일의 파멸을 낳았고 서부 전선에서도 연합군에게 패하는 원인이 되었다. 독소전쟁에서 독일군은 전사 및 실종이 310만 명, 포로가 330만 명이었다. 이것은 서부 전선에서 독일군이 입은 피해의 몇 배였다.

제11편

구지
九地

구지는 아홉 가지(즉 모든) 지리 또는 위치라는 의미다. 전략적 혹은 전술적 위치에 따른 용병법으로, 아군의 위치에 따라 아군이 처할 수 있는 상황과 그에 따른 용병법을 논한 것이다. 물론 이것을 역으로 적용하면 수비의 입장에서도 활용할 수 있다. 전략·전술적 판단을 내릴 때 항상 중요한 것이 지금 내 위치다. 내 가치는 내 위치에 따라 시시각각으로 변한다. 우주가 나를 중심으로 돌아가지는 않지만, 내가 위치한 곳에 따라서 전략·전술적 가치는 달라지는 것이다. 우주 속의 나, 격렬한 전투 속에서 내 위치와 내 가치를 늘 염두에 두고 정확하고 탁월한 판단을 내려야 한다.

1

용병하는 법에는 산지散地, 경지輕地, 쟁지爭地,

교지交地, 구지衢地, 중지重地, 비지圮地, 위지圍地, 사지死地가 있다.

제후가 자기 땅에서 싸우는 것이 산지다.

다른 나라에 들어왔지만 아직 깊이 들어가지 않은 땅을 경지라고 한다.

내가 장악하면 내게 유리하고 적이 장악하면 적이 유리한 요충지를 쟁지라고
한다.

아군이 이곳을 통해 적에게 쉽게 접근할 수 있고 적도 아군에게 쉽게 접근해
올 수 있는 교통 요충지를 교지라고 한다.

제후의 땅이 세 방향으로 만나 이곳을 차지하면 천하의 중망을 얻을 수 있는
요지를 구지라고 한다.

적의 땅에 깊이 들어가 많은 성읍을 배후에 두고 있는 지역을 중지라고 한다.

산림, 험지, 늪지가 섞여 통행에 여러 가지 방법을 사용해야 하는 곳을 비지라
고 한다.

들어가기에는 길이 좁고 돌아올 때는 우회해야 하며, 적이 소수의 병력으로
아군을 공격할 수 있는 곳을 위지라고 한다.

신속하게 결전하면 생존할 수 있으나, 신속하게 싸우지 않으면 멸망할 위험이
있는 곳을 사지라고 한다.

그러므로 산지에서는 전투하지 말아야 하며, 경지에서는 머무르지 말아야 한다. 쟁지에서는 공격하지 말아야 하고, 교지에서는 각 부대 사이의 연락을 유지해야 한다. 구지에서는 외교를 맺어야 하며, 중지에서는 식량·군수품 등을 약탈해야 한다. 비지는 신속히 통과해야 하며, 위지에서는 기계(奇計)를 써서 탈출해야 하며, 사지에서는 사력을 다해 싸우는 길밖에 없다.

이 편에는 산지, 경지 등 단어만으로는 이해하기 힘든 특이한 용어들이 나온다. 이를 간단히 정리하면 다음과 같다.

먼저 산지는 자국 국경 안에 있는 전투지다. 직역하면 '흩어지는 땅'이라는 뜻이다. 해석이 난해해서 여러 가지 견해가 있는데 다수설에 따르면, 국내에서 전투를 할 경우 병사들의 고향에서 가깝고 지리를 잘 알기 때문에 도망칠 생각만 하니 몸과 마음이 흩어진다고 해서 산지라고 한다.

두 번째, 경지는 국경을 넘어왔으나 아직 깊이 들어가지 않은 상태를 뜻한다. 경(輕)은 이(易), 즉 '쉽다'는 뜻이다. 아직은 국경이 가까워 도망쳐서 고향으로 돌아가기 쉬우므로 경지라고 했다.

세 번째, 쟁지는 전략 요충지다. 아군이나 적군이나 서로 점령하려고 다투는 곳이며, 교지는 도로가 교차해서 교통이 편한 지역을 말한다.

구지에서 구(衢)는 가(街)란 뜻으로, 시가지나 사람들이 많아 번잡한 지역이다.

중지는 적국의 깊숙한 지역으로, 병사들이 흩어지거나 돌아갈 마음이 없어지는 곳이다. 경지와 대비되는 의미라서 중지라고 했다.

비지의 비(圮)는 손상을 입었거나 허물어졌다는 뜻이다. 험산이나 늪지같이 기후와 지형이 좋지 않은 지역을 말한다. 이런 지역에서는 병사들의 건강을 해치기 쉬우므로 비지라고 한다.

위지는 험하고 막힌 지형, 험지가 주변을 둘러싸고 있는 위험한 지역을 말한다.

마지막으로 사지는 죽음의 지형으로, 전진이나 후퇴도 힘들고 전투하기에 불리한 지형이다.

구지의 분류에는 자국 영토와 적국 영토라는 입지적인 의미와 지형이라는 기준이 중첩되어 있다. 손자는 예리하고 분석적인 사고력을 지닌 인물이지만 이상하게 지형이나 기타 개념을 나누어 제시할 때는 중첩되는 기준을 사용하는 경우가 많다. 교훈적인 내용도 표면적 교훈과 내면적 교훈이 항상 중첩되어 있다.

이것은 동양적 사고의 특성이라고도 할 수 있다. 서양인들은 현상을 정밀하게 분류하는 것을 좋아한다. 비유법으로 치면 직유를 좋아하는 것이다. 동양 고전은 매뉴얼식 설명 방식을 낮게 보는 경향이 있다. 복합적이고 다의적이고 은유를 사용해서 심오해 보이는 표현을 좋아한다. 게다가 《손자병법》은 전술, 작전용 지침서가 아니라 병법의 원리와 통찰을 다룬 책이다. 당연히 후자의 표현 방식을 선호했던 것 같다.

침략 전쟁과 방어 전쟁의 차이

부대가 처음 보는 희한한 지형으로 접어들었다. 나무도 바위도 고향에서는 보지 못하던 형태다. 이 앞에 어떤 지형이 펼쳐져 있는지도 모르겠다. 자신들이 더 깊은 계곡이나 오지로 들어가는 중인지, 갑자기 앞이 트이면서 풍요한 마을이나 도시가 나타날지도 모르겠다.

국경을 넘어 적지로 들어온 지 열흘이 지났다. 이 나라는 오랫동안 우리를 괴롭혔던 강국이었다. 이번에도 적이 대규모로 침공해 왔는데, 결사적인 방어로 대승을 거두었다. 장군은 승리에 고무되어 적군을 추격하다가 아예 국경을 넘었다. 들리는 말로는 수도까지 간다고 한다.

그런 나라를 침공하다니, 드디어 복수한다는 속 시원한 마음도 있지만 불안하기도 하다. 썩어도 준치라는데, 고국에서 벌이는 방어전이라면 몰라도 적국에 들어와서 이 나라를 이길 수 있을까? 옆을 보니 병사들 모두 불안해한다. 고향에서 갑자기 소집되어 방어전을 펼 때는 결사적인 감정이 있었다. 그러나 지금은 모두 불안할 뿐이다. 과거에 장사한다고 이 나라를 들락거렸다는 병사가 하는 말이, 대로를 놔두고 이런 미로 같은 지형으로 행군하는 이유는 병사들이 고향으로 도망치지 못하게 하려는 의도라고 한다. 정말 그럴까? 적의 대군에 쫓겨 산속으로 숨어들고 있는 건 아닐까? 장군이 길은 알고 있는 걸까? 길은 점점 험난해져서 수레를 밀기도 쉽지 않아 보인다. 군량 수레는 제대로 따라오고 있을까? 후방과 끊어져 우리만 고립된 것은 아닐까?

습한 바람이 불어오고 죽은 고목 사이로 뿌연 안개가 스며들기 시작하자 불안감은 더욱 커진다. 열흘 전 승리의 환호가 가물가물하다. 장군은 적군을 몰아냈으면 됐지, 왜 여기까지 쫓아 들어왔을까?

이 상황은 손자가 이 장에서 고국에서의 전투와 원정 전투라는 또 하나의 분류를 사용한 이유를 설명해주기 위한 가상의 상황이다. 같은 공격·수비 전술이라도 고국을 침략한 적에 대항하는 전쟁의 절박함은 침략 전쟁과 차원이 다르다. 병사들의 전투 의지, 동기부여에 장점이 확실하다.

훈련되지 않은 군대도 도망치지 않고 싸우려는 의지를 보일 수 있다. 그러나 이런 군대로 적국을 침공하려고 하면 도망자가 속출할 수도 있다. 중국처럼 넓은 땅, 행정망이 허술했던 고대에 이런 탈영은 손쉽게 일어났고, 치명적이었다. 그러므로 침공 작전을 시행할 때 병사들의 사기는 절박함이 아니라 욕구로 견인해야 한다.

전쟁사를 보면 루거우차오 사건[30]처럼 적을 일부러 도발하고는 기다렸다는 듯 쳐들어가는 사례가 많다. 아예 없는 사건을 조작해서 적이 먼저 공격

---

30 1937년, 루거우차오 주변에서 일본군과 중국군이 대치하고 있을 때 밤중에 수십 발의 총성이 울리고 일본군 병사 한 명이 실종되었다. 이를 기점으로 일본과 중국이 무력 충돌했고 중일전쟁으로 확대되었다. 그런데 이 충돌의 원인 중 하나였던 일본군 병사는 점호 20분 후에 부대에 복귀했다고 한다.

했다고 우기는 경우도 허다하다. 이는 단지 도덕적 명분을 선점하기 위한 것이 아니다. 적이 일으킨 전쟁이고, 우리는 방어하려고 시작했으며, 이 전쟁을 끝내기 위해 적지로 쳐들어가는 것이라고 주장해야 아군의 동기부여에 효과가 있기 때문이다.

물론 그 효과 역시 일시적이다. 원정 전투에서는 여러 가지 새로운 어려움이 생긴다. 병사들의 의지와 절박감이 홈에서 하는 전쟁과 달리 개인에 따라 천차만별이라서 그런 난관들을 이겨내기 쉽지 않다. 국경 가까운 지역을 경지라고 했는데 국경 근처 지역에서 징발한 군대에는 경지이겠지만, 멀리 내지에서 출발한 군대는 경지가 중지처럼 느껴질 수도 있다. 리더는 이렇게 상황에 따른 변수를 파악하고 그것에 대처하는 방법을 찾아내야만 한다. 손자는 지형이라는 상황을 선정해서 원정 전투에서 발생하는 변수와 대처 방식을 시연하고 있다. 이것이 '구지' 편의 본질이다.

산지 : 자국 영토 안에서의 전쟁은 가능한 한 피한다

손자는 산지, 즉 자국 영토 안에서의 전쟁을 피하라고 했다. 그러면 적이 침공해 들어오면 어떻게 하나? 손자가 말하고자 하는 산지는 아군이 주도적으로 전장을 선택할 수 있을 때를 전제로 한다.

자국 영토에서 싸우면 세 가지 이점이 있다. 첫째, 지형과 지리에 익숙하다. 둘째, 보급과 수송이 편하며 경비가 크게 절감된다. 셋째, 원거리 이동으로 적은 지치고 아군은 편하다. 결국 인접국과 전쟁을 할 때는 자국 영토로 끌어들여서 싸우려는 욕구가 생길 수밖에 없다. 손자는 이 홈그라운드의 유혹을 경계한다. 자국 영토에서 싸우면 엄청난 추가 피해가 발생한다. 그 피해는 국경 밖으로 나가서 싸우는 비용을 상쇄하고도 남을 것이다. 전쟁 피해는 후유증도 오래간다. 승리하더라도 백성들이 전쟁에 넌덜머리를 내고, 승전의 기쁨을 백성과 공유하지 못하게 된다. 패배하면 산업중심지, 심지어 수도가 함락될 수도 있다.

반대로 적국에서 싸우면 크게 승리하지 못해도 적국에 피해를 줄 수 있다. 패전해도 아군의 영토에서 다시 한번 싸울 기회가 있다. 중립국에서 싸우면 전쟁을 빌미로 동맹국으로 끌어들일 수도 있다.

원정의 두려움에 눌려 홈그라운드의 장점에 안주하면 더 큰 피해를 입게 되고, 백성은 군주와 장수의 지도력을 의심하게 될 것이다. 이런 치명적 단점을 고려해 원정의 위험과 두려움을 극복하라는 것이 핵심이다.

이 원칙을 전쟁에 철저하게 적용하는 나라가 이스라엘이다. 이스라엘의 전쟁 원칙은 선제공격으로 적의 영토에서 싸운다는 것이다. 근본적인 이유는 이스라엘 영토가 너무 작아서 단 한 번의 패배로도 수도가 함락되고, 국가가 멸망할 수 있기 때문이다. 그래도 이런 방식 덕분에 군대는 더 진취적이고 적극적으로 변했다. 다른 국가들의 입장에서 보면 양심 없고 이기적이긴 하지만 능력치가 올라가는 건 사실이다.

적을 공격할 용기가 없는 국가는 방어에도 성공할 수 없다. 원정 전투는 홈에서 하는 방어전보다 훨씬 어렵고, 기동, 정찰, 군수 등 모든 분야에서 더 향상된 능력을 요구한다. 당연히 이런 군대가 국토 방어도 잘한다. 자국 영토에서 싸우지 말라는 손자의 충고는 승리해도 피해가 크다는 계산적 이유도 있지만, 방어만 하는 반쪽짜리 군대가 되려고 하지 말라는 뜻도 있다. 공세적 전투력과 진취적인 기상을 가진 군대만이 온전한 군대, 강군이 될 수 있다.

경지 : 국경에 머무르지 마라

용기를 내서 국경을 넘었다. 그러나 눈앞에는 적에게 유리한 낯선 땅이 펼쳐져 있다. 사람은 불안하면 관망세로 돌아서는 경향이 있다. 이때 초보 장수는 이렇게 결정한다. "미지의 땅이다. 성급하게 깊이 들어가지 말고 국경 근처에서 대기하며 탐색하자." 국경 근처에 주둔하면 군량이 끊길 우려도 적고 자국 영토로 후퇴하기도 쉽다.

맹목적인 관망과 망설임은 적에게 주도권을 양보하는 행위에 불과하다.

사전에 분석과 준비가 충분하지 않거나, 겁이 많은 리더들이 이런 행동을 한다. 그러나 사전에 아무리 충분히 숙고했더라도 완전한 준비는 없다. 전황은 항상 유동적이고 적의 행동은 예측 불가. 이 불안감을 감당하지 못하면 늘 관망세가 된다.

적의 홈그라운드에서 적은 익숙하고 효율적으로 움직인다. 그러니 주도권을 양보하면 더 불리해진다. 이는 패배를 재촉하는 행동이다. 침공 작전은 적의 영토 안에서 적보다 더 빠르고 확신에 차서 움직일 수 있을 정도로 충분히 준비해서 시작하고 몇 배는 더 대담하게 움직여야 한다.

앞서 6편에서 언급한 카이사르와 베르킨게토릭스의 전쟁에서 갈리아 추장 베르킨게토릭스는 갈리아 부족이 봉기하면 카이사르가 국경 근처인 프로빈키아에 웅거하며 전세를 관망할 거라고 예측했다. 그러나 카이사르는 경지에 머무르다가는 적에게 주도권이 넘어갈 거라는 사실을 간파하고 그 반대로 행동했다. 이것이 판세를 역전시켰다.

1944년 노르망디 상륙 작전에 노르망디 방어 사령관이었던 로멜은 미군이 상륙하면 즉시 기갑부대를 투입해 해안에서 연합군을 격멸해야 한다고 주장했다. 이것은 적을 경지에 머무르게 하자는 것이다.

상륙부대에게 해안은 경지인 동시에 배수진이다. 해상 지원과 보급도 어렵다. 반면 상륙 작전은 처음부터 경지에 머무르지 않는다는 원칙을 가지고 시작하는 전투다. 상륙부대가 해안 교두보를 확보하고, 병력과 보급 체제를 정비하면 전력을 다해 바로 치고 나가야 한다.

결국 상륙 작전은 경지에 머무르게 하느냐, 경지를 벗어나느냐의 싸움이다. 로멜의 해안전투론은 경지는 빨리 벗어나야 한다는 손자의 지적을 반대 입장에서 응용한 경우라고 하겠다.

쟁지 : 요충지도 기술과 상황에 따라 바뀐다

쟁지를 피하라는 손자의 경고는 리델 하트의 간접 접근론, 전격전, 기동전의 핵심 논리와 통한다. 지형적으로 공격군에게 불리한 지역을 무리하게 공격하면 큰 피해를 입는다. 아무리 그렇다고 해도 요충지를 공격하지 않는다는 것이 우리 개념으로는 이해가 어려울 수도 있다. 우리처럼 산지가 많고 도로가 좁은 나라는 전쟁이 벌어지는 요충지가 제한되어 있기에, 시대를 뛰어넘어 같은 곳에서 전투가 반복적으로 발생한다. 중국 대륙에도 역사적으로 변함없는 요충지가 없는 것은 아니지만, 대지가 넓다 보니 우회 전술이 우리보다는 많이 활용되었다.

로멜은 늘 쟁지를 피했다. 기동으로 피하고, 피할 수 없으면 기발한 계략으로 끝내 공략법을 찾아냈다. 쟁지를 피하거나 쟁지로서의 특징을 없애버렸다. 그의 전투 이력은 이런 점에서 경이롭고 화려하다.

하지만 로멜도 쟁지에 직접적으로 도전한 적이 있다. 북아프리카 리비아에 위치한 토부루크 요새는 아프리카에서 로멜의 이집트 공략을 두 번이나 좌절시킨 곳이다. 로멜은 기동전의 대가였지만 토부루크에 관해서는 정면 공격을 택했다. 그는 아프리카 군단의 최대 약점인 보급선 문제를 해결하기 위해서는 토부루크 항구가 꼭 필요하다고 판단했다. 희생이 있더라도 이집트와 중동의 유전지대를 석권하면 그 손실을 만회할 수 있다고 생각했지만, 결국 로멜도 실패했다.

의외로 많은 장군들이 이렇게 쟁지에 집착한다. 전략적 요충지는 점령에 희생이 많이 따르지만 점령하면 그 효과와 가치도 크다. 그래서 전투는 이런 곳에서 오히려 더 무모하게 벌어진다.

쟁지가 전쟁을 승부를 결정하는 중요한 지점이라고 해도, 얻을 수 없다면 무의미하다. 얻더라도 피를 너무 많이 흘리면 전쟁 전체를 망친다. 쟁지를 보는 시각을 바꾸자. 쟁지를 획득하면 좋지만, 획득하기 힘들다면 쟁지가 쟁지가 되지 않게 하면 그만이다.

패튼의 브르타뉴반도 전투를 비판하는 사람들은 패튼이 브르타뉴반도를 점령했다고는 하지만 정작 필요한 항구는 하나도 확보하지 못했다고 비난했다. 일례로 브르타뉴의 대표적 항구인 캉은 전쟁이 끝날 때까지 함락되지 않았다. 그러나 패튼의 입장에서 보면 캉은 1944년에는 요충이 아니다. 브르타뉴의 항구가 없어도 연합군이 북쪽 항구들을 확보했기 때문에 항구로서의 가치도 없다. 독일군이 캉 항구에서 버티고는 있지만, 봉쇄를 뚫고 나와 파리와 베를린을 향해 진격하는 연합군의 뒤를 공격할 능력은 없었다. 캉의 독일군은 전선 뒤쪽에 고립된 무용의 군대였다. 패튼이 무리하게 캉을 공격하지 않고, 대병력을 투입할 필요도 없었다. 봉쇄로 족했다. 전쟁이 끝날 때까지 캉이 버틴다고 해도 전황에 아무런 영향을 미칠 수 없었다.

교지·구지·중지

현대전에서는 교통수단의 발달로 역이나 항구 같은 교통 요지의 중요성이 상상할 수 없을 정도로 커졌다. 더구나 요즘은 항공 수송과 미사일, 폭격 등의 능력이 발달해서 전쟁이 벌어지면 남아날 철도가 있을지 모르겠다. 손자 시대에도 교통의 요지는 전쟁의 승부를 좌우하는 요충지였다. 손자는 교지에서의 승부는 부대 간 연락망을 유지하는 것이 핵심이라고 지적했다.

여기서 우리는 손자의 발상법을 되새겨볼 필요가 있다. 바다에서 싸운다면 가장 손쉽게 얻을 수 있는 자원은 무엇일까? 바닷물이다. 바닷물을 어디에 쓰느냐고 묻지 말고 최고의 자원을 활용할 방법을 찾아야 한다.

손자의 발상법이 이런 식이다. 교통 요지의 장점은 교통이다. 당연히 이런 장점을 이용한 전략을 구상하는 것이 가장 효과적이다. 부대 간 연락을 유지하라는 것은 신속한 로테이션이나 병력 집결을 이용한 전술이 효과적이라는 말이다. 교통 요지에서는 부대를 멀리, 넓게 운용할 수 있다.

구지와 중지의 경우도 교지와 같다. 구지에서는 외교를 맺어야 한다고 했다. 트라이앵글 지점은 중립지대 혹은 사각지대가 형성되기 쉽고, 전쟁이 벌어지기도 쉽다. 유럽의 십자로인 스위스 같은 지역에 사는 주민들은 강대국 사이에서 늘 고통받았다. 한반도 역시 비슷한 경우다. 손자는 구지의 이런 상황을 적극적으로 이용해서 외교 관계 수립에 노력하라고 했다. 그렇지 않으면 다자간 충돌로 전쟁이 확대되어 기존 전략을 폐기해야 할 수도 있고, 불만 세력이나 반군의 온상지가 될 수도 있기 때문이다.

중지란 적진 깊숙이 들어온 지역이다. 적의 배후에는 도심지가 많다. 당연히 아군은 보급이 어렵고, 적군은 보급에서 아주 우위에 있다. 식량을 약탈하는 것은 적의 장점을 약화시키고, 아군의 단점은 보완하는 일거양득의 효과가 있다. 이런 지역은 적군의 병력 보충도 쉽고, 아군을 좌우에서 공격하거나 포위하기도 쉽다. 그러므로 적진 깊이 뛰어들수록 주도권을 쥐고 움직여야지 적에게 휘둘리면 끝장이다. 중지에서 보급 문제를 방치하면 적에게 휘둘리게 되지만 손자의 말대로, 약탈하면 적을 원하는 위치로 끌어내서 싸우는 데 도움이 된다.

비지·위지·사지

지금까지 언급한 지형이 인문지리적 구분이라면 비지, 위지, 사지의 구분은 지형적 특성에 근거한다. 여기서 중요한 점은 손자의 경고와 대책을 맹종할 것이 아니라 나름대로 적절한 대처법을 생각해봐야 한다는 것이다.

손자는 비지는 빨리 통과하라고 했다. 그러면 빨리 통과할 방법은 무엇일까? 비지는 산림, 산지, 늪지가 섞인 지형을 말한다. 이런 곳이 악지형인 이유는 지역마다 적절한 장비와 무기가 다르기 때문이다. 늪지를 통과하려면 수레는 소용이 없다. 수레가 통과할 길을 닦으려면 엄청난 노력과 시간이 드는 탓이다. 당태종은 요하의 진창지대를 통과하기 위해 당나라 최고의 토목 기술자인 염입덕閻立德, 596?-656?을 투입했다. 몇 달에 걸친 공사 끝에 임시 도로를 가설했지만 당군은 여기서 주어진 시간의 절반을 소모해버렸다.

이런 늪지에 숲과 산지까지 있다면 또 다른 장비와 토목 공사가 필요하다. 러일전쟁 당시 러시아군은 당태종이 고구려와 싸웠던 전장에서 일본군과 싸웠다. 러시아군은 원래 평원 전투의 비중이 높아서 이곳 산악 지형에 필요한 개량이 이루어지지 않았다. 산지에서 포를 사용하려면 가볍고 바퀴를 작게 개량한 야포가 필요했는데, 제작과 공급이 제때 되지 않았다. 서류상의 야포 수와 현지에 투입해서 사용할 수 있는 수가 전혀 달랐다.

러시아는 엄청난 인구와 자원을 가지고 있었지만 국경선이 너무 넓고 지형도 천차만별이다. 국경 방어에 투입할 병력조차 부족했다. 방어를 효과적으로 하려면 철도를 이용해서 병사들을 전투 지역으로 이동시키는 수송 능력을 갖추어야만 했다. 더구나 철도로 병력을 수송할 수 있다고 해도 장비 개량이 쉽지 않았다. 다시 말해 러시아는 사방의 지형적 특성에 맞게 군수 산업 단지도 개편해서 각 지역에서 적절한 무기와 장비를 생산·개조하거나 어떤 지형에서도 쓸 수 있는 전천후 무기를 개발해야 했다. 러시아가 잇따라 벌어진 세계대전에서 큰 고통을 겪었던 이유다. 러시아 전체가 비지였다.

손자 시대에는 아무리 대병력이라도 좁은 지역에서 전쟁이 벌어졌고, 지역을 이동해 가며 지속적인 전투를 벌이는 경우는 드물었다. 따라서 비지, 위지, 사지의 구분이 명확했다. 오늘날에는 무기와 수송 능력의 발달로 전후방 구분이 없다고 할 정도다. 전장이 확대되면 모든 지역이 비지고 위지며, 사지가 된다.

한국전쟁에 투입된 미군은 한국의 산악 지형에 적응하지 못했다. 그들은 비탈을 오르기 싫어서 도로만 따라 움직이려 했다. 전투 경험이 풍부했던 한 장교는 어느 중대가 본부를 도로변에 설치한 것을 보고 인민군의 포격을 받을 수 있으니 산비탈에 설치하라고 충고했다. 그러나 그 중대장은 비탈을 흘깃 보더니 고개를 저었다고 한다. 다리가 긴 서구인의 체형이 한국의 산지와 맞지 않았기 때문이라는 분석도 있지만, 그보다는 훈련 부족에 따른 체력 저하가 환경에 적응하려는 도전적인 자세를 약화시킨 것이다.

엘리트 특수부대가 아닌 한 군대가 세계의 모든 지형에 맞춰 사전 훈련을 할 수는 없다. 훈련받지 않은 지형이라 해도 적극적인 자세와 기초 체력이 있으면 경험을 통해 적응 능력을 갖출 수 있다. 시시각각 변하는 전쟁의 양상뿐만 아니라 기업 경영의 스타일에서도 시사하는 점이 많은 부분이다.

2

소위 용병을 잘한다고 하는 사람은 능히

적을 혼란하게 만들고, 적의 부대가 서로 이어지지 않게 하며, 대부대와 소부대가 서로 의지하지 못하게 한다. 장교와 사병이 서로 구하지 못하게 하고, 윗사람과 아랫사람이 서로 받아들이지 못하게 한다. 병사들은 한번 흩어지면 모이지 않게 하고, 병사가 모여도 체계적이지 못하게 하며, 자기들의 이익이 맞으면 움직이고 이익에 맞지 않으면 움직이지 않게 만든다.

혼란과 단절은 적의 전력 효율을 떨어트리는 최상의 방법이다. 군이 둘로 분열되면 전력이 절반으로 떨어지는 것이 아니라 그 이하로 떨어진다. 전투력 자체를 상실하기도 한다. 전투기와 야포는 막강한 화력을 지닌 현대전의 중추다. 그러나 이들이 보병부대와 분리되면 당장 후퇴해야 한다. 전차는 단독 전투 수행 능력을 갖춘 것처럼 보이지만 보병과 분리된 전차는 대단히 취약하다.

더 구조적인 분열도 있다. 보급을 예로 들면, 패키지 보급 체계는 제2차 세계대전 때 독일군이 처음 고안했다. 하나의 장비를 구성하는 여러 부품을 묶어서 관리하고 보급하는 것이다. 그전까지 여러 부품을 따로 관리하고 수송하다 보니 황당한 사고가 많이 발생했다.

SAS의 창시자인 데이비드 스털링은 최초의 특공 작전에서 참담한 실패를 맛봤다. 병력과 함께 장비도 산산이 흩어졌다. 집결지로 모인 건 절반도 안 되는 병력이었고, 하나가 있으면 다른 하나가 없는 식으로 부품이 서로 맞지 않았다. 그 이전에 영국은 노르웨이로 기동력을 이용한 특수 타격부대를 파견한 적이 있다. 이들의 기동을 보장하는 무기는 스키였다. 노르웨이에 상륙한 특공대가 장비를 풀자 스키는 있는데 발을 스키에 고정해주는 끈이 오지 않았다. 끈 하나 때문에 특공대는 스키를 포기했고, 기동력을 상실한 특공대는 중화기의 지원을 받지 못하는 부실한 소총부대로 전락했다. 그들의 운명은 그것으로 끝이었다.

분열을 일으키는 곳을 먼저 타격한다

손자는 다양한 분열에 관해 논했다. 부대의 분열, 대부대와 소부대 등 병종의 분열, 장교와 사병의 분열, 위와 아래의 분열, 병사들의 분열, 목적의식의 분열 등이다.

손자가 열거한 분열을 형태론적으로 분류하면 내면적·심리적 분열과 부대 간의 단절 같은 물리적 분열로 나눌 수 있다. 어떤 유형의 분열이든 그것을 유도하기 위해서는 심리전, 선전술, 유언비어, 물리적 차단과 분리 등 모든 수단을 동원해야 한다. 전쟁터란 기본적으로 분열을 일으키기 쉬운 곳이다. 공포와 충격, 극단적 이기심이 지배하는 곳이기 때문이다. 이런 특징을 적극적으로 이용해야 한다.

공격지점을 정하기란 쉬운 일이 아니다. 힘은 적게 들고 효과는 큰 곳은 어디일까? 손자의 충고를 따르면 두 가지 기준으로 접근한다. 감제고지, 적의 보급선 같은 직접적 타격점과 적의 분열을 초래할 수 있는 지점이다.

춘추시대는 지역마다 영주에 해당하는 제후나 대부가 영지를 지니고 있고, 군대를 소집하면 각자 자기 군대를 이끌고 모였다. 이런 형태의 군대는 기본적으로 분열에 취약했다. 예를 들어 서로 사이가 나쁜 두 부대가 있는데, 아군이 기습적으로 도로를 끊어 이들을 포위했다. 만약 적의 지원 부대가 둘 중 한 부대만 구출할 수 있는 상황이라면 두 부대는 서로 협력해 저항기보다는 동시에 흩어져 달아날 것이다.

적이 B지역을 방어하고 있는데, 아군이 A라는 도시를 공격하려고 하면 A지역 출신의 군인들은 진에서 이탈해서 고향을 지키려 할 것이다. 아군이 A지역과 그쪽 출신 부대만 집요하게 괴롭히고 B는 방치하면 적은 서로 의심하고 분열할 것이다. 한니발은 이런 작전으로 로마인을 분열시켰다.

아군이 A의 곡창지대를 공격하려 하면 평소에 A와 반목하던 B는 구원병을 보내지 않을 것이다. 이처럼 적군의 사회 구조와 갈등 구조를 파악하면 물리적 요충만이 아니라 이런 내적 구조를 타격할 수 있다.

10편의 함병에서 언급한 조직의 분열도 있다. 장교와 부사관이 부족하면 병사들이 방황한다. 고참병이 많은 부대는 장교와 부사관이 전사해도 현지 임관 등으로 대체할 병사들이 많지만 신병이 많은 부대일수록 공황에 잘 빠진다. '약한 적을 먼저 친다'는 병법의 원칙은 승리를 거두고 사기를 올리기 쉽다는 이유도 있지만, 적의 부대 내의 분열, 부대 간의 분열을 유도하기도 쉽기 때문이다.

3

감히 묻건대 적의 대부대가 정돈해 곧 도달할 것 같으면

어떻게 대처해야 하겠는가? 그 답은 이렇다. 그들이 가장 소중히 여기는 곳을 먼저 탈취하면, 아군이 주도하는 대로 적이 따르게 된다. 용병의 정수는 속도다. 적이 아직 미치지 못한 틈을 타서 적이 미처 생각하지 못한 길을 경유해 적이 경계하지 않는 곳을 공격하는 것이다.

용병의 정수는 속도라는 이 통찰은 《손자병법》에 영원한 생명력을 불어넣었다. 서양에서도 나폴레옹 시대 이전에 이미 《손자병법》을 번역해서 베스트셀러가 되었고, 현대까지도 동서양 장군들의 필독서로 자리 잡았다. 고대의 병서임에도 현대전에서까지 존중받은 결정적 요인은 손자가 병서 곳곳에서 속도를 이용한 전술 원리를 전파했기 때문이다.

손자가 살았던 시대는 분열과 반목이 횡행했다. 한 나라의 군대는 여러 반목하는 집단과 거들먹거리는 귀족 집단의 군대 연합체였다. 손자는 그런 시대를 살았기에 분열의 위력에 일찍 주목했고, 이를 전술에 적용하게 되었을 것이다.

그러나 분열의 수단으로 속도와 기동을 제시한 것은 놀라운 통찰이다. 당시는 중원에 아직 기병이 등장하지도 않았고, 전차는 활용이 너무 제한적이었다. 기병은 유목민의 전유물이었다. 그런데도 손자는 기병전이 가능할 때나 상상할 수 있는 개념인 속도의 전술을 이론으로 전개시켰다. 이런 통찰력이 《손자병법》의 진정한 생명력이다. 전략·전술의 리더가 되고자 한다면 손자처럼 시대를 뛰어넘어야 한다. 작은 변화의 가능성에서 미래를 좌우할 거대한 힘의 징조를 찾아내는 것이다.

4

타국에서 전쟁하는 방법은
깊이 들어가는 것이다.

깊이 들어가 생존을 위해 하나가 되어 싸우면 적이 이기지 못한다. 깊이 들어 가게 되면 풍요로운 들판을 약탈할 수 있으므로 삼국의 식량이 풍족해진다. 병 사들을 휴식시키고 피로하지 않게 해서 기운을 모으고 힘을 축적한다.

병사를 이동시킬 때는 계략을 사용해 적이 예측하지 못하게 해야 한다. 군을 이동할 수 없는 곳에 투입하면 병사들은 죽을지언정 달아나지 않을 것이다. 죽 고 나면 아무것도 얻을 수 없으니 군사들은 죽을힘을 다해 싸우게 된다. 군사들 은 빠져나올 곳이 없는 곳에 들어가면 두려워하지 않는다. 벗어날 길이 없으므 로 단결해서 견고해진다. 적진 깊숙이 들어가면 다른 생각을 할 수 없으므로 싸 우지 않을 수 없다.

그러므로 적지에 깊숙이 들어간 군대는 훈련시키지 않아도 경계하게 되고 요 구하지 않아도 찾아서 얻어낸다. 포상을 약속하지 않아도 친해지고, 명령을 가 하지 않아도 신뢰하게 되며, 길조와 흉조에 얽매이지 않고 죽을 때까지 맡은 자 리를 떠나지 않을 것이다.

아군 병사들이 재물을 사랑하지 않는 것은 재물을 미워하기 때문이 아니며, 목숨을 아끼지 않는 것은 오래 사는 일을 싫어하기 때문이 아니다. 전투 명령을 내리는 날이면 사졸들 중 앉은 자는 눈물이 옷깃을 적시고, 드러누운 자는 두 줄의 눈물이 턱 밑에서 교차한다. 벗어날 수 없는 지역에 투입된 자는 전제專諸[31]와 조귀曹劌[32] 같은 용맹을 발휘한다.

전투에서 승리하려면 병사들이 최선을 다하고, 조직이 최선을 다할 수밖에 없는 환경을 조성해야 한다. 반복해서 말하지만, 적이 우리를 침공했을 때와 우리가 적국을 침공했을 때, 병사들의 동기와 의지는 다르다. 손자는 이런 점을 고려해서 정복 군대가 최선을 다하게 만드는 환경에 관해 거론한다.

적진에 깊이 들어가면 성취하고 얻을 것도 많지만, 퇴로는 멀고 적에게 포위되어 사지에 몰릴 가능성도 커진다. 손자는 이 모순된 조건에서 취할 것과 버릴 것을 나누지 않는다. 모든 조건, 장점과 단점이 최선의 결과에 기여하게 하라고 말한다.

진취적인 집단은 모험을 할 줄 아는 집단이다. 1등 기업, 세계적인 기업에서 일하고 싶어하는 사람들의 심리는 긍지와 좋은 보수만을 기대하기 때문이 아니다. 자신에게 더 많은 기회를 줄 수 있다는 기대가 있기 때문이다. 이들은 적진 깊이 들어가는 것을 기대하고 환영한다. 1등 기업 선호에는 그 반대의 이유도 있다. 직장생활을 안정적이고 편안하게 할 수 있을 것이라는 기대다. 전자는 회사를 살리고 후자는 회사를 망친다.

그렇다고 후자의 기대를 경멸하지 말고 그들을 분발시킬 수 있는 요소를

---

31 사마천의 《사기》 〈자객 열전〉에 수록된 용사다. 오나라 공자 광은 오나라 왕 요와 왕위를 다투고 있었다. 이때 오자서가 전제를 공자 광에게 소개해 부하로 삼게 했다. 공자 광은 술자리를 마련하고 요를 초청했다. 전제는 요리사가 되어 왕에게 생선 요리를 올렸는데 생선의 배에 비수를 감췄다가 왕을 찔러 죽였다. 전제는 경호원에게 바로 살해되었지만 공자 광은 왕이 될 수 있었다. 그가 오나라 왕 합려다. 손자는 합려가 왕이 된 후 그에게 등용되었고 오자서와 함께 초나라·월나라와 싸웠다. 손자가 전제를 예로 든 것은 당시 오나라 사람들에게 그가 생생하게 기억되는 인물이었기 때문이다.

32 전제와 마찬가지로 〈자객열전〉에 기록된 노나라 사람으로, 노장공에게 등용되었다. 강국인 제나라가 노나라를 압박해 땅을 떼어받으려 했을 때 조귀는 조약을 맺는 자리에 비수를 품고 들어가 제환공을 위협해서 땅을 돌려받았다. 손자는 제나라 출신이었으므로 조귀의 고사에도 역시 익숙했을 것이다.

찾아야 한다. 안정 지향형 사원, 적국에 깊이 진공하기를 무서워하는 병사의 공통된 심리는 최악의 상황에 대한 두려움이다. 손자는 사람을 개조하려고 노력하지 말고 이용하라고 조언한다. 최악의 상황에서 스스로 분발해서 싸우게 한다. 그런 전투를 벌이다 보면 변한다. 끝내 변하지 않는 병사도 있지만, 이들은 대부분 결과가 좋지 않다. 그리고 그것이 병사들에게 또 다른 자극과 교훈이 된다. 스스로 깨닫는 과정만큼 훌륭한 교육은 없다. 사지에서 사투를 경험하는 과정에서 병사들은 이렇게 변한다.

> '적지에 깊숙이 들어간 군대는 훈련시키지 않아도 경계하게 되고 요구하지 않아도 찾아서 얻어낸다. 포상을 약속하지 않아도 친해지고, 명령을 가하지 않아도 신뢰하게 되며, 길조와 흉조에 얽매이지 않고 죽을 때까지 맡은 자리를 떠나지 않을 것이다.'

손자의 이 말은 주의해서 들어야 한다. 사지에서 싸우면 이렇게 된다는 말이 아니라, 이렇게 되도록 만들어야 한다는 말이다. 위기에 몰렸을 때 병사들의 대응은 두 가지다. 적에게 항복하거나 손자의 말처럼 변한다. 아무리 신병들이라도 사전에 준비된 부대만이 위기를 통해 성장할 수 있다.

스스로 최선을 다하는 환경을 조성한다

한국전쟁 당시 이천-원주 라인에서 중공군과 대치하던 미군은 중공군의 위치를 파악하기 위해 두 개 소대를 정찰조로 내보냈다. 정찰대는 경기도 양평군 지평리 남방 쌍굴터널 근처에서 중공군의 습격을 받았다. 생존자들은 간신히 좁은 능선 위로 올라갔다. 포위한 적과 사투를 벌이며 가까스로 하루를 버텼다. 밤이 되자 몇몇은 도주했다. 어떤 병사가 항복하자고 말했다. 고참 중사가 단호하게 잘랐다. 두 명의 소대장 중 전투 경험이 풍부하고 노련한 중위는 부상으로 지휘를 할 수 없었지만, 신참 소대장 미첼James Mitchell 중위는 굳건한 항전 의지를 보였다. 이렇게 끝까지 버틴 덕에 소대 생존자들은 구출될 수 있었다.

과거부터 현대까지 이런 사례는 수도 없이 많다. 단호한 리더십을 보이는 지휘관, 일부 노련한 병사, 전투 경험은 없어도 군인의 자세와 부대에 대한 긍지가 심어진 병사가 있는 부대는 싸우면서 성장한다. 이런 자원을 배합하는 것도 조직의 중요한 원리다.

조직에 불만이 많고 개선을 요구하는 사람도 조직과 단체정신에 대한 기본적 공감이 있는 사람과 조직을 악으로 보거나 자신만 아는 이기주의로 무장한 사람으로 나뉜다. 전자에게는 손자가 말한 체험을 할 기회를 조성해주어야 한다. 모든 구성원이 해이하고, 변화와 발전의 모습을 보이지 않는다면 후자로 인해 조직이 더 깊은 곳으로 움직이지 않고 있는 게 아닌지 점검해보아야 한다.

5

용병을 잘하는 자를 비유하자면 솔연*率然*과 같다.

솔연은 상산*常山*에 있는 뱀이다. 그 머리를 치면 꼬리가 달려든다. 그 꼬리를 치면 머리가 달려든다. 그 허리를 치면 머리와 꼬리가 한꺼번에 달려든다. 군대를 솔연처럼 움직이게 할 수 있는가? 할 수 있다. 원래 오나라 사람과 월나라 사람은 서로 미워하는 사이다. 그러나 그들이 한배를 타고 강을 건너다가 풍랑을 만나면 서로 돕기를 왼손과 오른손처럼 하게 된다.

그런 까닭에 말을 묶어두고, 수레를 파묻어 결사의 각오를 하는 것은 믿을 것이 못 된다. 전군을 한 사람같이 용감하게 만드는 것은 다스리는 방법에 달려 있다. 강건한 자나 유약한 자나 모두 싸울 수 있게 하는 것은 지리에 달려 있다. 그런 까닭에 용병을 잘하는 자가 한 사람의 손을 이끌 듯 군대를 다스릴 수 있는 것은 병사들이 그런 행동을 할 수밖에 없는 상황을 조성하기 때문이다.

장수가 지휘하는 법은, 생각을 깊고 조용히 해서 드러내지 말아야 한다. 다스림은 공정해야 한다. 능히 사졸들의 눈과 귀를 어리석게 만들어 아는 것이 없게 한다. 수시로 일을 바꾸고 계획을 변혁해서 적이 알지 못하게 한다. 주둔지를 바꾸고 가던 길을 우회해서 적이 미리 예측하고 대비하지 못하게 한다.

장수가 병사들과 전투 날짜를 잡을 때는 마치 사람을 높은 데 오르게 하고 사다리를 떼어버리는 것처럼 한다. 장수가 사졸들과 더불어 적국의 땅에 깊숙이 들어가서 전투태세에 돌입할 때는 배를 불태우고 가마솥을 깨뜨린다.

마치 목동이 양 떼를 몰 듯 가고 오지만, 군사들은 그 가는 곳을 알지 못한다. 삼군의 군사를 모두 모아 험지로 투입한다. 이것이 장수의 일이다. 장수는 구지九地의 변화나 지형과 상황에 따라 응용해서 적용하는 법과 사람의 심리를 깊이 통찰하지 않으면 안 된다.

손자는 가상의 동물인 솔연을 뱀이라고 했는데, 묘사를 보면 강력한 이빨까지 갖춘 전갈 같다. 솔연의 정체가 무엇이든 손자가 생각하는 이상적인 군대는 여기서 언급한 그대로다. 장병들이 개인의 이해관계를 잊고 목표 달성을 위해 하나가 되어 싸우는 군대다. 솔연처럼 머리를 공격하면 꼬리가 달려들고, 꼬리를 치면 머리가 달려든다. 지휘관, 부대와 동료에 대한 신뢰, 군인정신, 직업정신이 한데 어우러져야 가능한 행동이다.

솔연 같은 조직은 모든 군대의 이상이다. 보통의 조직은 꼬리가 위험하면 머리는 물러서고, 머리가 위험하면 꼬리는 궤주한다. 솔연 같은 군대를 만들기 위해 고심하던 전술가들은 특별한 사명감으로 무장한 엘리트 부대를 창설했다. 머리와 꼬리, 또는 중앙에 특별한 엘리트 부대를 배치한다. 머리가 위험하든 꼬리가 위험하든 엘리트 부대가 구원한다. 그러면 머리와 꼬리도 엘리트 부대의 뒤를 따르거나 최소한 도주하지는 않는다.

기업에서도 큰 프로젝트가 있을 때마다 테스크포스task force, TF를 꾸린다. TF의 목적은 다양하지만, 전 조직을 솔연처럼 만들 수가 없어서 TF를 만드는 경우가 종종 있다. 이 방식은 효과적이지만 한계도 분명하다. 머리와 꼬리를 엘리트가 구원하는 것과 조직이 솔연이 되어 머리와 꼬리가 서로 구원하는 것은 엄연히 다르다. 엘리트 집단의 활약은 고맙기도 하지만 시기와 질투를 낳고, 타성을 키운다. 엘리트 집단은 광야에서 소리쳐서 조직에 바람직

한 변화를 이끌어내야 한다. 조직을 대신해주는 자가 되어서는 안 된다.

솔연처럼 싸우는 군대와 붕괴하는 군대

죽기살기로 최선을 다해 싸울 자세가 되어 있는 군대를 거느린 장수는 돌발 상황, 위기 상황을 즐기고 활용한다. 역경과 고난이 이들의 에너지 레벨을 높이고 더욱 성장시키기 때문이다.

독일이 소련 침공을 시작했던 초기인 1941년 9월, 독일군 490연대가 레닌그라드 교외에서 강력한 소련군의 방어진지에 봉착했다. 소련군은 지형을 정확히 파악하고 고지에 요새를, 중간중간에 강력한 벙커와 보조진지를 구축해놓았다. 병력도 연대 규모로 부족하지 않았다. 독일군은 적진의 상황을 알 수 없었고, 지도는 부정확했다. 490연대에게 이 고지는 어둠 속에 놓인 절지였다.

490연대의 대대장들은 한 가지 조건에 승부를 걸었다. 소련의 대지는 너무나 광활해서 독일군은 돌아갈 엄두를 내기 힘들었다. 병사들은 다른 생각을 하지 않고 싸울 자세가 되어 있었고, 솔연처럼 파트마다 훈련이 잘되어 있었다.

전위의 3대대에서 전투정찰 소대를 파견했다. 정찰소대의 임무는 지형을 파악하는 동시에 발견하는 소련군 벙커를 파괴하는 것이었다. 이를 위해 소대마다 화염방사기조와 성형장약을 소지한 폭파조를 투입했다.

소대는 지형지물을 이용해 은폐하며 벙커에 접근했다. 벙커를 발견하면 바로 포대에 좌표를 전송해 파괴했다. 포격을 피한 곳을 발견하면 망설임 없이 폭파조를 투입해 파괴했다. 독일군은 잘 훈련된 덕에 낯선 지형이라도 지형지물을 이용한 은폐, 엄폐에 능숙했다. 폭파조 역시 마찬가지여서 벙커 하나를 해치우는 데 30분이 채 걸리지 않았다. 무척이나 신속한 기동과 파괴에 소련군은 자신들의 벙커가 날아가고 순식간에 방어선이 붕괴되는 모습을 지켜볼 수밖에 없었다.

독일군은 정찰, 포격 지원, 폭파, 엄호, 인접 부대 지원을 모두 소련군보다 빠르고 능숙하게 했다. 소련군은 병력은 많았지만, 독일군의 속도와 기동에 완전히 밀렸다. 돌발 상황이 벌어지면 사기가 급격히 저하되고, 벙커 하나가 파괴되면 독일군에 맞서기는커녕 공황에 빠져 도주했다.

이것이 솔연처럼 싸우는 군대와 그렇지 않은 군대의 차이다. 다만 이런 차이는 오래가지 못했는데, 해가 바뀌자 소련군도 솔연 같은 부대로 변모하기 시작했다.

결사의 각오와 분주파부

손자는 수레를 파묻는 일 같은 괜한 의식을 벌이면서 결사전의 각오를 하는 행동은 믿을 것이 못 된다고 말한다. 요즘은 덜해졌지만 궐기대회를 좋아하던 우리의 과거를 부끄럽게 하는 말이다. 그러면서도 분주파부焚舟破釜는 칭찬한다. 분주파부는 강을 건너면 배를 불태우고 가마솥은 부숴 버리는 행동이다. 돌아갈 배는 없고, 식사를 해결할 가마솥도 없으니 적을 무찌르고 적성을 함락해서 끼니를 때워야만 살 수 있다는 의미다.

그런데 수레를 파묻는 것이나 가마솥을 부수는 것이나 크게 달라 보이지 않는다. 이 차이점을 손자는 병사의 관점에서 보라고 설명한다. 병사는 인간이고 인간은 생각하는 존재다. 결사전의 이벤트는 지휘관 입장에서는 비장해 보이지만 병사들 스스로를 절박하게 만들지 않는다. 약간의 감정적 흥분은 생기겠지만, 전투 현장에서 병사들에게 요구하는 행동으로 연결되지 않는다. 반면 분주파부는 병사들 개개인에게 돌아갈 방법이 없다는 사실을 인지시키고, 살아남기 위해서는 결사적으로 싸워야 한다는 결단과 공감을 요구한다.

진나라 말기 주변국의 군웅이 진나라에 반기를 들었다. 호랑이는 늙어도 호랑이다. 진나라는 만만치 않았다. 진나라 명장 장한^{章邯}, ?-BC204은 반란군 중에서도 가장 강력했던 초나라의 항량^{項梁} ?-BC208군을 격파하고, 거록에서 진여^{陳餘}, ?-BC205의 조나라 군대를 포위했다. 항량의 조카 항우는 항량이 전사했고 진여가 위기에 처했다는 소식을 듣고 출병을 결심한다.

초군을 거느리고 강을 건넌 항우는 밥을 지어 먹을 가마솥을 깨트리고 타고 온 배를 강에 가라앉혔다. 전군에게 사흘 치 식량만을 휴대하게 했다. 돌아갈 배도 없고, 밥을 해 먹을 식량도 솥도 없다. 그들이 살 수 있는 길은 사흘 안에 적진을 함락하는 것뿐이다. 절박해진 초나라 병사들은 사흘 동안 아홉 번의 전투를 강행하는 초인적인 전투력을 발휘해 진나라 군대를 격파했다. 이것이 유명한 파부침주의 고사다.

항우의 '파부침주'와 손자의 '분주파부'는 거의 같은 뜻이다. 한신^{韓信}, ?-BC196의 배수진에 관한 고사도 비슷한 의미지만 보통 배수진은 방어 상황을, 파부침주는 공격군의 상황을 말한다.

파부침주나 배수진이 항상 같은 효과를 주지는 않는다. 지휘관은 방법을 무조건 베껴서는 안 된다. 병사들의 상황에 대입해서 그 방법이 효과를 가져다줄지, 역효과를 불러올지 판단해야 한다.

강감찬의 고려군이 거란군을 격파한 귀주대첩에서 거란군은 배수진이란 형태에 집착하다가 오히려 전의를 상실했다. 거란군은 고려 땅에서 탈출 중이었고, 국경까지는 하루가 남았다. 극도로 지치고 굶주렸지만, 전투 경험은 풍부한 최정예부대여서 손자가 말한 결사전의 공감대는 이미 형성되어 있었다.

이런 상황에서 거란군은 방어에 유리한 언덕의 비탈을 포기하고 스스로 평지로 내려와 배수진을 쳤다. 하지만 병사들에게 결사항전의 의지가 생기기는커녕 불안감이 치솟았다. 이때 갑자기 하늘이 어두워지고, 강력한 비바람이 거란군을 향해 몰아쳤다. 고려군은 기세가 올라 함성을 울리며 돌진했다.

자신감이 넘쳤을 때의 거란군이라면 이 정도 기상 이변은 이겨냈을지도 모른다. 그러나 거듭된 작전 실패로 지휘관에 대한 신뢰는 이미 바닥을 쳤고, 스스로 생지를 버리고 사지로 들어왔다고 생각하고 있던 차에 날씨마저 불길해지자 전의를 완전히 상실하고 말았다. 배수진의 잘못된 사용법 중에 하나다.

손자가 병사들을 몰아갈 때 어디로 가는지 모르게 하고, 막상 전투가 벌어진 지역에 도달하면 스스로 분발하게 하라고 말한 이유가 행군 중에 우리가 사지로 가고 있다는 생각이 들고, 지휘관에 대한 불만이 싹트면 위기 상황에서 단합하고 분발하기는커녕 리더를 잘못 만난 불운을 탓하며 체념하게 되기 때문이다. 또 그런 생각을 떠들며 군중을 동요시키는 사람이 꼭 있다. 아무리 민주적인 군대라고 해도 건의하는 내용과 형식은 갖추고 지켜야 하고, 내어놓을 내용과 그렇지 않은 내용을 구분해야 한다.

6

적국에 들어간 군대는 적지 깊숙이 들어가면

마음이 하나로 통일되고, 얕게 들어가면 산만해진다. 나라를 떠나 국경을 넘
어 들어간 곳은 절지라고 한다. 사방에 도로가 트인 곳을 구지라고 한다. 적지
깊숙이 들어간 곳을 중지라고 하며, 얕게 들어간 곳을 경지라고 한다. 험한 곳을
등지고 좁은 통로를 앞에 둔 곳을 위지라고 한다. 탈출할 길 없는 곳을 사지라고
한다.

그런 까닭에 산지에서는 장수가 병사들의 의지를 하나로 모아야 한다. 경지에
서는 병사들이 장군의 뜻에 속하게 해야 한다. 쟁지에서는 빨리 기동해 적의 후
방을 공격한다. 교지에서는 수비를 신중하게 한다. 구지에서는 외교 관계를 굳
게 결속한다. 중지에서는 아군의 식량을 확보한다. 비지에서는 행진을 빨리해
신속히 통과한다. 위지에서는 병사들의 탈출을 막고 군사들로 하여금 결사 분
전하게 한다. 사지에서는 목숨을 버릴 각오로 싸울 것을 지시한다.

병사들의 심리는 포위를 당하면 방어하게 되고, 어쩔 수 없게 되면 싸우고, 위
험이 지나치면 복종하게 된다. 이런 까닭으로 제후들의 속셈을 모르면 외교 관
계를 맺을 수 없다. 산림·험지·늪지의 지형을 알지 못하는 자는 행군할 수 없다.
적지에서 선발한 향도를 쓰지 않는 자는 지리의 이득을 얻을 수 없다. 이 네댓 가
지 중 하나만 몰라도 천하의 패권을 다툴 군대가 될 수 없다.

지형에 관한 손자의 서술을 보면 A라는 지형은 좋고 B라는 지형은 나쁘고, 사지는 절대로 피해야만 한다라는 교훈으로 읽기 쉽다. 그런데 전쟁을 하면서 사지를 피할 수 있을까? 국경을 넘는 순간 모든 지형이 절지고, 사지다.

손자의 본의는 지형에 따른 병사의 심리를 파악해서 역으로 이용하고, 적절한 전술을 택해서 불리한 지형을 이기는 지형으로 바꾸라는 말이다. 사지를 피하는 대신, 사지를 이용한다는 발상의 궁극체가 공정부대다.

현대전에서 항공기와 낙하산이 등장하자, 이를 이용해서 적의 후방을 습격하고 사지에 떨어졌다는 각오로 맹렬하게 싸우도록 만든 부대가 공정부대. 독일이 창설한 공수부대인 팔슈름야거는 개전 초의 벨기에 침공과 1942년 크레타섬 공격 작전으로 세상을 놀라게 했다.

그러나 무엇이든 최초의 시도는 값비싼 대가를 치르기 마련이다. 팔슈름야거는 경장비만 휴대할 수 있었고, 목표지점으로 바로 강하하다가 엄청난 희생을 치렀다. 충격을 받은 히틀러는 크레타 전투 후 팔슈름야거는 존속시켰지만 공정 작전을 금지했다. 팔슈름야거는 낙하산을 버리고, 정예 지상군 부대로 활동하게 된다.

반면 영국과 미국은 팔슈름야거에 자극을 받아 자신들도 서둘러 공정부대를 창설하고 전술을 발전시켰다. 미국의 공정부대인 82, 101 사단은 아프리카에서는 실패했지만, 그 경험을 토대로 오버로드 작전에서 인상적인 활약을 펼쳤다. 벌지 전투에서는 두 공수사단이 공포에 질린 육군사단을 대신해서 포위망 안으로 걸어들어가 거점을 끝까지 사수했다. 사지에서 벌인 이들의 저항이 없었다면 독일군의 도박이 성공했을 수도 있었다.

백 번의 훈련보다 한 번의 실전

한국전쟁 중에 급파된 스미스 특수임무부대는 오산 지역에서 처음으로 북한군과 조우했다. 언덕과 도로를 차단하고 북한군을 기다리는 스미스 부대를 향해 북한군이 탱크를 앞세우고 진격해왔다. 도로변에 있던 참호에는 하필 신병이 두 명 있었다. 탱크가 다가오자 근처에 있던 고참병이 그들을 향해 빨리 나오라고 소리쳤다. 그러나 얼어붙은 신병들은 꼼짝하지 못했다. 탱크가 그들을 밟고 지나갈 때까지.

아무리 강하게 단련된 병사라 할지라도 진짜 군인이 되기 위해서는 실전을 겪어봐야 한다. 병사가 첫 전투에서 생존하는 비율은 변수가 워낙 많아서 일괄적으로 예측할 수 없다. 하지만 전사자의 대부분은 언제나 신병이다. 한 번이라도 실전을 제대로 겪어본 소대와 그렇지 않은 소대의 전투력은 10배 이상의 차이가 날 수도 있다. 아무리 용감한 병사라도 첫 전투에서는 공황 상태에 빠질 확률이 높고, 적어도 절반 이상이 공황에 빠져 팀워크가 마비된다. 처음부터 남다른 전사가 간혹 있긴 하지만, 최소한 소대원의 60-70퍼센트는 정신없는 상태이기 때문에 조직력이 제대로 발휘될 수 없다.

한 번이라도 실전을 겪어본 병사들의 사상률은 뚝 떨어진다. 과거에 어떤 영국군 소대장의 일기가 소개된 적이 있는데 '그날 이후 우리는 비로소 소년에서 군인이 되었다'라는 구절이 있었다. 아마도 전쟁에 참전해본 장병들의 일기를 뒤져보면 유사한 문장을 수없이 발견할 수 있을 것이다.

눈과 머리로 익히는 공부, 안전한 교육만으로는 결코 완성된 수준에 이를 수 없다. 어떤 강도 높은 훈련을 받는 군인이든 실패하고 상처를 입고, 때로는 목숨까지 위험할 수도 있는 실전을 겪어야 한 사람의 온전한 병사가 된다.

리더는 이런 과정을 최대한 슬기롭고 효과적으로 넘길 수 있는 조직 구성 원리를 찾고, 현장에서 병사들을 지도할 수 있는 시스템을 갖춰야 한다. 첫 전투에서 생존율을 높이는 방법 가운데 하나가 부사관과 고참병에게 적절한 재량권을 주고 그들의 경험을 신병들에게 전수할 기회를 제공하는 것이다.

제2차 세계대전이 끝난 후 일본의 군사 전문가는 부사관 제도의 효율성이 미군과 일본군의 전투력을 가르는 결정적 기준이었다고 지적했다. 미군은 부사관과 고참병의 실전 경험을 훈련과 전투에 최대한 반영하려고 했다.

그런 시스템 중 하나가 훈련소를 수료한 병사들을 전선에 투입하기 전에 전투 경험자에게 맡겨서 그들의 노하우를 마음껏 전수하게 하는 방법이었다. 독일군도 같은 방법을 사용했는데, 병력 소모가 극심하고 신병을 하루빨리 전선에 투입해야 하는 상황에서도 이런 과정을 가능한 한 준수했다. 장교들도 전투 경험자를 존중하고, 장교의 권위는 지키되 현장에서 적절한 업무 분담이 되도록 유도했다.

반면 일본군 장교들은 부사관을 잠재적인 라이벌로 간주했다고 한다. 그들을 견제하고 억압했으며, 명령 전달자 정도로만 활용했다.

부사관 같은 중간관리자를 잘 양성하고 활용한다는 것은 조직의 권한 위임이 잘되어 있고, 다양한 인재들이 자신의 경험과 능력을 활용할 시스템이 구성되어 있으며, 개개인의 노력에 대한 보상이 잘 이루어지고 있다는 것을 의미한다. 반대로 부사관이나 고참이 병사들의 군기나 잡는 심술궂은 존재로만 각인되고 있다면 조직은 경직되고 이기주의가 만연하며 공은 상사가 가로채고 인재는 억압하는 조직이라고 할 수 있다.

7

패자覇者의 군대[33]가
자기보다 큰 나라를 정벌할 때는

그 나라가 미처 군대를 집결시킬 여유가 없도록 신속하게 공격하고, 그 나라에 위압을 가해 주변국과 협력을 맺지 못하도록 한다. 그러므로 천하와 외교 관계로 분쟁을 일으키지 않고 주변국을 향해 권력을 키우려 하지 않고 자신의 힘만 믿어도 위세가 적에게 가해진다. 고로 그 나라의 성을 빼앗을 수 있고, 그 나라를 파멸시킬 수 있다.

손자가 활동했던 오나라는 춘추시대의 최대 강국인 초나라를 옆에 두고 있었다. 오나라가 패권을 차지하고 강대국이 되기 위해서는 초나라를 제압해야 했다. 이 부분의 내용은 손자가 초나라를 염두에 두고 한 말이거나 이런 전술로 초나라에 승리한 뒤에 서술한 내용이라고 생각된다.

크고 강한 나라를 공격할 때 군대가 집결할 여유를 주지 말고 주변국과

---

33 춘추시대의 강자였던 주나라가 실권을 상실함에 따라 제후 중의 강자가 제후국 회의를 주관하고 실질적인 통치자 역할을 했다. 이를 패자·패왕이라고 했다. 춘추시대에 패권을 차지했던 다섯 명의 제후를 춘추5패라고 한다.

의 협력을 차단한다. 크고 강한 나라는 인구와 병력이 많지만 그만큼 땅이 넓고 병력 집결에 시간이 걸린다. 강한 자는 평소에 따르는 자가 많다. 강자가 유리하다고 생각되면 강자에게 잘 보이기 위해 너도나도 도움을 주려고 할 것이다. 그러므로 강자를 공격할 때는 그들의 추종 세력도 끊어야 한다.

강대국은 장점이 많다. 이 말은 단점도 많다는 말이 된다. 영토가 넓고 병력이 많은 것이 장점이자 단점이다. 추종 세력이 많으면 이해관계도 복잡하고, 속으로는 불만인 나라도 많다. 강대국이 조금만 불리해지면 순식간에 등을 돌릴 것이니, 속국 간에 이간질도 쉽다.

제1차 세계대전 때 독일이 서쪽의 영국과 프랑스, 동쪽의 러시아와 양면 전쟁을 벌인다는 엄청난 전략을 세울 수 있었던 것도 러시아의 느린 동원력을 이용한 시간차 공격이었다.

독일의 전략은 성공 일보 직전까지 갔지만, 외교로 적을 고립시키지 못해서 결국 실패했다. 러시아 참전에 6주가 걸릴 거라는 예상을 깨고 프랑스의 간절한 요청으로 인해 러시아가 4주 만에 병력을 이동시켜 독일을 침공했다. 러시아군은 타넨베르크에서 대패했지만, 프랑스는 구원을 받았다.

강대국은 느리고 둔해도 매사에 중량이 있다. 한 가지 장점도 무시해서는 안 된다. 독일 참모부가 손자의 가르침을 제대로 실행했더라면 제1차 세계대전의 향방이 달라졌을 수도 있었다.

8

법에 없는 상을 내리고,
전례에 없던 명령을 내려

삼군을 다스리는 것을 한 사람을 다스리는 것같이 한다. 말로써 다스리지 않고 행동으로 보여주어 다스리며, 해로움을 주어 다스리지 않고 이익을 주어 다스린다.

병사들은 죽음의 땅에 들어가 본 뒤에야 생존하게 되며, 사지에 빠져본 뒤에야 생존력을 가지게 된다. 병사들이 피해를 입을 상황을 겪어본 뒤에야 능히 승패를 이룰 수 있다.

사회나 조직을 유지하려면 법을 지키고 자의적 행동을 경계해야 한다. 하지만 법에만 의존하면 융통성이 사라지고 경직된다. 모순되는 말 같지만 법을 잘 지키고, 부조리가 없는 조직이 법 규정에 기계적으로 얽매이지 않고 융통성을 더 발휘한다. 법과 규칙을 잘 지키는 행동은 법과 규칙을 묵수하기 위한 것이 아니라 융통성과 맞춤형으로 활용하기 위한 것이다.

전쟁은 기존의 세계가 다른 세계로 이행하고 있다는 증거다. 지각이 변동할 때 화산이 터지고, 지진이 일어나는 것과 같은 이치다. 이전 세계에서 만든 법과 규칙은 효용성이 떨어지고 어떤 때는 방해가 된다. 안정되고 틀이 잘 잡힌 조직일수록 원활하게 작동하는 모든 규정이 구시대의 유물이라는 긴장감을 잊어서는 안 된다.

신라가 조금씩 국가의 모습을 갖추고, 주변의 소국들을 정복해나가자 두 가지 상반된 주장이 등장했다. 기존 특권층이 더욱 공고하게 뭉쳐 늘어난 이익을 향유하자는 주장과 특권을 개방하고 확대해서 진취적인 집단과 인재를 포용해야 한다는 주장이었다. 진흥왕眞興王, 534-576 대에 신흥 종교집단에 빙의해서 화랑제도를 만든 이유는 특권층의 눈을 피해 인재 발굴 기구를 운영하려는 의도였다. 이 제도를 통해 지배층 중에서 혁신적 인재들이 인맥을 만들고, 눈에 띄는 인재를 전례를 뛰어넘어 등용함으로써 삼국항쟁에서 승리했다. 화랑제도가 성공했던 이유는 세속오계, 임전무퇴 같은 구호나 규율 덕분이 아니라, 바로 이런 이유다.

9

용병하는 법은 적의
의도를 따르며 살피는 데 있다.

적과 같은 방향으로 움직이며 1,000리를 달려 적장을 살해한다. 이것을 교묘함으로 일을 성사시키는 것이라고 한다. 이런 까닭에 군대의 동원을 선포하는 날이면 국경의 관문을 막고 증명을 꺾어버려 적 사자들의 통행을 막는다. 왕은 정청에 높이 올라 백성을 격려하고, 적의 죽을죄를 성토한다. 적이 관문을 열고 닫으며 전쟁을 치를 의지를 보이면 전력을 다해 뚫고 들어가 먼저 적이 중시하는 곳을 탈취한다. 그다음에 결전의 날짜를 감추고 은밀히 적의 태도에 따라주며 움직이다가 결전을 벌인다. 이것은 처음에는 마치 처녀처럼 수줍고 조용하게 움직이다가 적이 빈틈을 보였을 때, 도망치는 토끼처럼(빠르게) 달려 들어가면 적군은 아군에게 저항도 못 해보고 패배할 것이다.

《삼국지》의 제갈량처럼 앉은 자리에서 상대의 의도를 알아내는 건 소설에서나 가능하다. 그런 예측이 정확하더라도, 주관적인 판단으로 결행하는 일에는 위험이 따른다. 어떤 무술가가 한 말처럼, 상대의 실력을 알아보는 방법은 대련밖에 없다.

상대의 의도를 알아내려면 적당한 희생을 감내하고 적과 부딪쳐보거나, 적의 의도대로 움직여주면서 탐지하는 수밖에 없다. 그 대신 사전에 충분한 가설을 세우고 확신이 들 때 신속하게 결정적인 타격을 하기 위한 준비가 필요하다.

반대편 입장에서는 일이 너무 잘 풀리면 의심해야 한다. 상대가 내 뜻대로 순순히 움직여줄 때는 정말로 조심해야 한다. 국가 간의 전쟁에서 멍청한 상대를 만나는 건 보기 드문 행운이다. 항상 상대의 수준을 정상 이상으로 전제하고, 적을 존중하고 경외하는 자세를 지녀야 한다. 콤플렉스가 있고 자신감이 결여된 사람일수록 어떻게든 상대를 무시함으로써 자기 자존감을 높이려 한다. 그런 사람이 대부분 적에게 더 잘 속아 넘어간다.

예상치 못한 기습은 언제나 효과적이다

선전포고를 하는 날 관문을 막고 적의 사자를 구류해서 정보가 새어 나가지 못하게 한다. 그러나 이것이 전부가 아니다. 상대하는 적이 도시나 작은 성 정도라면 이런 방법이 효과가 있을 것이다. 그러나 진나라와 제나라 같은 대국끼리 전쟁할 때, 사자나 외교관을 구속하는 것은 기습에 아무런 도움이 안 된다. 전면전을 벌인다면 전국에 동원령을 내려야 한다. 병사를 모집하는 데만 몇 주는 걸린다. 노출되지 않을 수가 없다. 그리고 전국시대의 대국이라고 하면 첩보를 사신에게 의존하지 않고 이미 스파이를 심어놓았을 것이다.

그러면 손자는 왜 이런 극적인 선전포고 장면을 구상했을까? 이것은 이벤트의 성격이 짙다. 1편에서 전쟁은 국가와 국민의 생명이 걸린 중대사라고 했다. 전쟁을 시작하려면, 이 정도 이벤트는 있어야 국민도 실감하고 정부에 대한 신뢰를 갖는다. 전쟁 초기에 국민의 사기 진작에도 효과가 크다. 이런 이벤트와 사기 진작 사이에 논리적 연관성이 없다고 생각할 수도 있다. 한 쌍의 연인이 결혼하는데, 가난하든 부유하든 화려하든 검소하든 한쪽이 자신들만의 아름답고 인상적인 결혼식을 만들려는 의지를 전혀 보이지 않는다면, 결혼에 대한 의지나 사랑 고백의 진정성에 의심이 들 것이다. 전쟁도 마찬가지다. 아주 무미건조하고 담담하게 전쟁을 시작한다면 국민들은 국가의 의지나 전쟁 수행 능력, 승리에 대한 자신감에 의문이 생긴다. 형식과 의례가 겉치레에 불과하다고 해도 사람들이 겉치레를 찾는 데는 이유가 있다.

인간은 논리적이지 않다. 일상적으로 수용하기 어려운 큰 사건일수록 감성에 의지해 판단한다. 리더가 이벤트를 남용해서 진실을 속여서도 안 되지만, 필요할 때는 대중의 감정을 이해하고 충족시킬 줄도 알아야 한다.

처녀처럼, 토끼처럼

1780년 미국 독립전쟁이 절정에 이르고 있을 무렵, 영국군 사령관 콘월리스Charles Cornwallis, 1738-1805가 찰스턴 항구로 상륙해 사우스캐롤라이나를 장악했다. 미군은 이곳을 탈환하기 위해 허레이쇼 게이츠Horatio Gates, 1727-1806 장군의 부대를 내려보냈다. 영국군 장교 출신인 게이츠는 게릴라전을 혐오했다. 영국 신사답게 정면 대결을 벌인 그는 보기 좋게 패한다.

대륙회의는 게이츠를 해고하고 너대니얼 그린Nathanael Greene, 1742-1786으로 대체했다. 그린은 게릴라전으로 영국군을 물고 늘어졌다. 제대로 된 승리는 없었지만 계속해서 영국군을 괴롭혔다. 끈질긴 게릴라전이 지겨워진 콘월리스는 끝장을 보는 소탕전으로 승부를 내려 했다. 그는 그린의 주력군을 추격하기 시작했고, 그린은 도주했다. 사우스캐롤라이나에서 노스캐롤라이나까지 이어지는 기나긴 추격전이었다. 그린은 싸울 생각을 않고 악착같이 도주했다. 아직 대륙의 4분의 1도 개척되지 않은 광활한 미국 땅은 가도 가도 끝이 없었다.

콘월리스는 포기하지 않았지만, 도망치는 데는 무장이 형편없는 미국군이 유리했다. 기나긴 추격전 끝에 지친 콘월리스는 미군을 붙잡으려면 영국군도 몸을 가볍게 해야 한다는 사실을 깨달았다. 그는 병사들에게 최소한의 장비만 유지하라는 명령을 내렸다. 이 말은 영국군을 미군과 똑같은 상태로 만든다는 말이었다.

1,000킬로미터에 이르는 긴 추격전으로 영국군은 기진맥진했다. 텐트도 부족해 야지에서 자야 했고 보급마저 원활하지 않아 탈진 상태에 이르렀다. 그린이 노리던 상황이었다. 도망치면서도 비밀리에 병력을 계속 보충한 그린은 습격의 기회를 포착했다.

1781년 3월 15일, 노스캐롤라이나 길퍼드 코트 하우스에서 그린은 영국군을 포위하고 공격했다. 영국군은 미국군을 격퇴했지만, 사상자가 2배였다. 게다가 전투의 절정에서 양군이 백병전을 벌일 때 콘월리스는 패배가 두려워 영국군 포병에게 무차별 포격을 지시했다. 한데 뒤엉켜 싸우고 있는 병사들 사이로 포탄이 작렬했다. 이 명령은 콘월리스의 신망과 리더십에 커다란 상처를 주었다. 콘월리스는 자신이 이겼다고 선언했지만, 이 전투로 입은 손상이 너무 커서 두 개의 캐롤라이나를 포기할 수밖에 없었다.

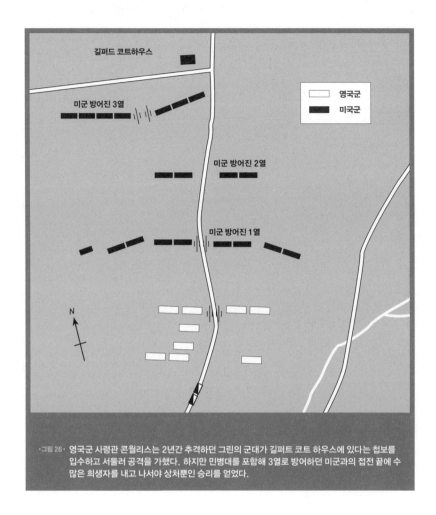

・그림 26・ 영국군 사령관 콘월리스는 2년간 추격하던 그린의 군대가 길퍼트 코트 하우스에 있다는 첩보를 입수하고 서둘러 공격을 가했다. 하지만 민병대를 포함해 3열로 방어하던 미군과의 접전 끝에 수많은 희생자를 내고 나서야 상처뿐인 승리를 얻었다.

제12편

화공
火攻

송나라의 문인이었던 소식蘇軾, 1036-1101은 화공편의 가치를 폄하해서 화공편이 짧은 이유에 관해 손자가 이를 하책으로 여겼기 때문이라고 말했다.[34] 추상을 존중하고 기능적인 설명은 하대하는 지식인의 전형적인 편견이다.

어떤 철학자들은 화공편의 마지막 구절, 불이 모든 것을 태우듯이 전쟁은 모든 것을 파괴할 수 있다는 말을 하고 싶어서 작성했을 거라며 마지막 문장에 주목하고 감동했다.

화약과 대포가 등장하기 전의 전쟁은 현대전에서 포격과 폭격이 제공하는 기능, 화력 집중과 대량 파괴, 적의 방어시설과 진형의 파괴 같은 대규모 작전을 구사할 수 없었다. 유일하게 그 역할을 해줄 수 있는 방법이 화공과 수공이었다.

이 화공 편이야말로 손자의 탁월한 전술적 사고력과 함께 전쟁과 병법에 관한 놀라운 이해력을 보여주는 단락이다. 무기사적 관점에서 보면 2,000년 후에나 사용 가능한 전술의 가치와 필요성을 통감하고 화공을 통해서라도 추구하고 있기 때문이다. 또한 화공 편의 내용을 화공이란 방법으로만 제한하지 말고 일을 준비하고 실행하는 프로세스의 사례로 이해하면 상당히 많은 통찰을 얻을 수 있다. 이것이 손자가 전체 병서의 기조와 어울리지 않는 듯한 화공 편을 굳이 진술한 이유다.

중국은 세계 최초로 화약을 발명했다. 대략 2-7세기경에 이미 화약을 발명했다고 한다. 송나라 때 화약 무기가 개발되지만 화약의 발명 시기와 비교하면 너무 늦었다. 게다가 화약을 이용한 대포와 총을 개발한 곳은 유럽이었다. 중국과 아시아는 그 대가를 톡톡히 치러야 했다. 과거에 소식과 같은 문인들이 화공 편을 무시할 것이 아니라 손자의 전술적 통찰을 깨달았더라면 화기 개발의 역사가 바뀔 수도 있지 않았을까?

---

34 손무 지음, 김광수 옮김, 《손자병법》 책세상, 2020, 399쪽.

1

화공에는 다섯 가지가 있다.

첫째, 사람을 화공한다. 둘째, 야적한 물자를 화공한다. 셋째, 수송용 수레를 화공한다. 넷째, 창고를 화공한다. 다섯째, 대오를 화공한다.

불을 놓는 데는 반드시 불이 잘 탈 수 있는 조건이 있어야 하고, 인화 물질을 미리 갖추고 있어야 한다. 불이 잘 붙는 때가 있고, 불이 잘 타오르는 날이 있다. 불이 잘 붙는 때라는 것은 날씨가 건조한 때이고, 불이 잘 타오르는 날이라는 것은 달이 기箕·벽壁·익翼·진軫의 성좌星座에 있는 날이다.[35] 대체로 달이 이 네 성좌에 있는 날은 바람이 일어나는 날이다.

무릇 화공을 하려면 반드시 다음 다섯 가지 상황 변화에 의거해 대응해야 한다.

첫째, 불이 적진 내부에서 일어나면 밖에서 즉시 이에 호응해 공격해야 한다.

둘째, 불이 일어났는데도 적병이 안정하고 있으면 공격하지 않고 대기한다. 그러다 불길이 극성해진 때 공격하는 것이 좋다고 판단되면 공격하고, 공격하는 것이 불리하다고 판단되면 공격을 중지한다.

셋째, 적진 밖에서 방화할 수 있는 경우에는 내부의 방화를 기다릴 것 없이 적당한 때에 곧 방화해야 한다.

---

35 중국에서는 달의 1년간 운행 경로를 28숙宿 : 성좌으로 구분하고 각기 명칭을 부여했다. 28숙 중에 이 4가지 성좌에 달이 머무르는 날을 말한다.

넷째, 바람이 불어오는 쪽에서 불이 일어난 때에는 바람을 맞받는 곳에서는 공격하지 말아야 한다.

다섯째, 낮 바람은 오래가므로 이용하고 밤바람은 변화가 심하니 이용하지 않는다.

무릇 군대는 반드시 화공 전술에 이 다섯 가지의 변화가 있음을 알고 상황을 헤아려 원칙을 지켜야 한다. 화공으로써 공격을 돕는 것은 현명하고, 수공水攻으로써 공격을 돕는 것은 강한 것이다. 수공은 적을 단절시킬 수 있고, 화공은 모든 것을 빼앗아버릴 수 있다.

손자는 화공의 대상으로 사람, 야적한 군수품, 수송 차량, 창고, 대열의 다섯 가지를 꼽았다. 손자가 꼽은 화공의 대상물은 현대로 치면 다 포격과 공습의 주된 목표들이다. 빠르고 신속하게 대량 파괴를 실현할 수 있는 방법이 손자의 시대에는 화공밖에 없었다.

1658년 6월 10일 간도의 송화강에서 청나라 군대와 신유申瀏, 1619-1680 장군이 이끄는 조선 연합군이 러시아군과 부딪쳤다. 1649년부터 러시아는 흑룡강으로 진출을 시작했고, 청나라는 여기에 촉각을 곤두세우고 있었다. 여러 차례 충돌이 있었는데, 이날 전투의 규모가 가장 컸다.

동서양의 전환기

17세기 후반은 동·서양 세력의 역전이 이루어지는 전환기였다. 세계 최대의 부국이자 기술·군사 강국이던 중국이 서양의 과학 기술과 무기에 밀리기 시작했다. 그 불길한 징조를 보여주듯 청군은 러시아군에 여러 번 패했다. 서유럽에 비해 낙후되었다고 알고 있던 러시아에 패한 것은 청나라에도 충격이었다. 청나라는 연해주에 병력을 보강하고 조선에 파병을 요청했다.

당시 조선에서는 북벌론이 대두되고 있었다. 청나라의 파병 요청을 거절하기도 어렵고 은근히 조선군의 전력도 시험해보고 싶어서 포수로 편성된 정예 조총병을 파견했다. 조선군의 병력은 260명, 청군은 약 2,500명이었다. 러시아군은 500명이었는데, 이 지역에서 모피 사냥을 하기 위해 파병한 부대였다. 병력은 적지만, 모피 사냥은 야생에서 버틸 수 있는 강인한 전사가 아니면 해낼 수 없는 일이었다. 더구나 그들은 최고의 명사수들이었다. 그들의 배와 총은 청나라나 조선보다 성능이 훨씬 우수했다. 게다가 연합군에는 조총병이 부족했다. 조선군이 198명, 청군은 109명뿐이었다. 조청 연합군의 화력은 러시아군의 절반밖에 되지 않았다.

연합군을 발견한 러시아군은 강가에 배를 대고 밀집 방어벽을 구축했다. 청군은 이들을 포위하고 공격했다. 양측의 포격전과 사격전이 치열하게 벌어졌다. 그러나 수에서 밀린 러시아군은 갑판을 버리고 배 안으로 들어가거나 배에서 내려 강가의 숲속으로 들어갔다. 러시아군이 질서를 잃고 양분된 것이다. 이 틈에 조선군 병사들이 갑판을 비운 러시아군 배로 뛰어들어 불을 지르려 했다. 그러나 총사령관인 청나라 장군이 긴급 명령을 내려 화공을 금지시켰다. 신유는 청군 장수가 배 안에 실린 재물을 탐내서 화공을 금지시켰다고 했다.

배를 불태우지 못하게 하는 바람에 배 안에 숨은 러시아군과 연합군 사이에 총격전이 다시 벌어졌다. 갑판에서 싸우는 연합군보다 배 안에서 사격하는 러시아군이 유리할 수밖에 없었다. 연합군에 상당한 사상자가 발생했다. 이때 강 근처 수풀로 숨은 러시아군도 반격을 개시했다. 총격전이 진행되면서 연합군 사상자가 계속 늘었다. 조선군 병사 7명이 즉사했고, 15명이 중상, 11명이 경상을 입었다. 사상자가 속출하자 그제야 다시 화공이 허용되었다. 러시아 배 11척 중에서 7척이 불타고 배 안에 있던 러시아군이 모두 사망했다. 그러자 강가에 있던 러시아군도 전투를 포기했다. 연합군은 세 척을 노획했고, 한 척이 탈출에 성공했다.

이 전투에서는 화공이 결정적인 역할을 했는데, 화공의 대상과 전투의 포인트가 정확히 맞아떨어졌기 때문이다. 러시아군은 병력은 적지만 소총의 수와 화력이 2배였다. 강력한 방어 진지로 변한 선박은 러시아군의 장점을 극대화해주었다. 이 강력한 엄폐물을 제거해야 러시아군의 전력을 약화시키고 연합군의 수적 우위를 살릴 수 있었다. 그래서 송화강 전투에서 화공이 전투의 결정타가 된 것이다.

무차별 공격일수록 목표를 명확히 해야 한다

화마는 대상을 구분하지 못한다. 따라서 화공은 모든 것을 빼앗아버린다. 강력하고 무차별적인 위력을 가진 무기일수록 파괴 대상과 목적을 분명히 해야 한다. 전쟁에서는 강력한 무기의 힘에 매료되어 무차별성 자체를 남다른 장점으로 간주하는 일이 종종 벌어진다. 소총으로 민간인을 사살하면 전쟁범죄이지만, 폭격으로 도시를 불태우면 어쩔 수 없는 행위가 된다.

무차별적인 힘에 의존하게 되면 힘든 전술적 고민을 포기하고 쉽고 편한 것을 선택하는 타성이 생긴다. 조직이 그런 관습에 물들면 결국 그 불은 불필요한 희생을 낳고, 적진만이 아니라 조직 전체, 승리의 성과까지 태워버릴 것이다.

소이탄을 이용한 도시 폭격은 화공의 현대적 변용이다. 항공기가 전쟁 무기로 등장한 것은 제1차 세계대전이었다. 당시만 해도 폭격기라는 기종은 없었다. 비행선을 이용한 도시 공습이 시도된 적은 있지만 대대적인 폭격이 전술 개념으로 정립되지는 않았다. 제1차 세계대전 후 항공 기술이 비약적으로 발전하면서 대량의 폭탄을 적진에 투하할 수 있는 대형 항공기, 즉 폭격기가 개발되었다.

그러자 적국 도시를 무차별 폭격해서 주민의 생명과 생활 터전을 위협하는 것이 전쟁을 적은 희생으로 빠르고 쉽게 끝낼 수 있는 방법이라는 믿음이 태어났다.

교전국 모두가 이 이론에 매료되면서 주요 도시와 주민들이 무차별 폭격의 희생양이 되었다. 폭격기 지휘관과 조종사들은 양심의 가책을 받았고, 명령을 거부하는 경우도 발생했지만, 결론은 언제나 같았다. 어쩔 수 없다. 전쟁 아닌가?

화마는 공장과 주택가, 여성과 어린이까지 가리지 않고 삼켰다. 기나긴 인류의 전쟁사에서 민간인 희생자는 항상 발생했지만, 폭격기에 의한 공습처럼 조직적이고 지속적이며, 파괴적인 경우는 인류 역사상 처음이었다.

진짜 문제는 그다음이었다. 도시 공습은 국민의 전의를 꺾기는커녕 전국

•그림 27• 도시 공습으로 고통받는 런던 시민들의 모습을 표현한 부조.

민적 항전 의지를 불태우게 만들었다. 독일은 영국 공습에 주력하다가 영국 상륙 기회를 놓치기도 했다. 스탈린그라드에서는 폭격으로 도시를 폐허로 만드는 바람에 지상군 전투와 도시 점령을 더 힘들어지기도 했다. 무너진 건물 잔해와 지하실이 바리케이트와 참호 역할을 한 탓이었다.

이렇듯 도시를 폭격해 불바다로 만드는 전략은 휴머니즘을 넘어서 전술적으로도 치명적인 오류를 갖고 있었다. 제2차 세계대전 중에 그 전력을 지상군의 지원과 전략물자 생산시설에 대한 타격으로 전환하는 것이 전쟁에 훨씬 유리했다. 그 사실을 깨닫고 도시 폭격 전술의 오류를 인정하는 데는 오랜 시간이 걸렸다. 제2차 세계대전 이후에도 큰 전쟁이 터질 때마다 이 현상은 곧잘 재발하곤 했다.

전략가들이 이런 치명적인 판단 착오를 저지르는 이유는 무엇일까? 쉽고 편안한 승리에 대한 유혹은 전쟁뿐 아니라 기업에서도 수많은 불행한 사례를 낳았다. 자본의 힘을 과신하는 기업이 물량 작전으로 시장에서 경쟁우위를 유지하려다가 더 큰 손해를 입는 경우가 그렇다.

손자가 폭격기의 등장까지 예상하지는 못했겠지만, 화공을 언급하면서 화공의 무차별성과 그 무차별성에 곧잘 매료되는 인간의 속성을 충분히 예감했기에 화공의 첫 구절에서 화공을 구상할 때는 먼저 화공으로 공격할 대상을 명확히 하라고 지적했던 것이다.

수공, 끊어서 전멸시킨다

손자는 수공은 적을 단절시키고, 화공은 모든 것을 없애버린다고 정의한다. 수공이 화공보다 더 무섭게, 쓰나미처럼 도시를 쓸어버릴 수도 있다. 그러나 이런 논쟁은 본질을 벗어난 것이다. 모든 전략·전술은 근본 개념을 명확히 해야 한다. 보통 사람들은 수공이나 화공이나 모든 것을 쓸어버린다고 생각한다. 그리고 단지 환경적·지리적 조건에 따라 수공이나 화공을 선택할 뿐이라고 짐작한다.

내가 주목하고 싶은 부분은 이 전술에서 단절絶과 박탈奪의 개념이다. 한니발의 가장 위대한 승리인 칸나에 섬멸전은 그 당시부터 지금까지 오랫동안 연구된 전투다. 칸나에의 승전 비결이 무엇이냐를 두고 수많은 논쟁이 있었고, '이중포위론' 같은 학술적 용어도 등장했다. 그런데 알고 보면 칸나에 섬멸전도 기본 개념은 '단절과 박탈'이다.

한니발은 단절과 박탈을 독특하게 운용했다. 칸나에 벌판을 전장으로 선택한 쪽은 로마군이었다. 물론 한니발은 그럴 줄 알고 대비하고 있었지만, 로마군이 이곳을 선택한 이유는 절단을 방지하기 위한 것이었다.

카르타고군은 기병 전력에서 로마군을 압도했다. 기병이 측면에서 공격하거나 우회 혹은 돌파해서 로마군의 후위로 들어가면 고전적인 전술 용어로 망치와 모루의 상황이 된다.

로마군은 한쪽에서나마 카르타고군의 우회 기동을 방지하기 위해 우측에 강을 끼고 포진했다.

한니발은 로마군의 우측에는 카르타고의 중장기병을, 좌측에는 누미디아 경기병대를 보냈다. 로마군은 이 공격을 예측하고 있었고, 좌우 측면의 로마 기병이 저항하는 동안 중앙의 중장보병대를 최대치로 동원해 카르타고군을 밀어붙이려고 했다. "양 측면의 카르타고 기병이 송곳이라면 우리의 중앙은 해머다." 로마군 지휘관은 이렇게 생각했던 것 같다.

한니발은 전술적 단절을 시도하면서 먼저 근본적인 질문을 던졌던 것 같다. 단절이란 무엇인가? 왜 단절시켜야 하는가? 같은 질문이다. 철학자의 사변 같지만, 손자와 명장은 이런 점에서 시공을 넘어 소통한다. 단절이란 적을 분리시켜 전투 기능을 상실하게 하는 것이다. 그런데 그 목적을 달성하기 위해서 꼭 끊어야만 할까? 로마군은 중앙부에 적정수보다 많은 병력을 투입해서 평소의 대형보다 간격을 더 좁혔다. 강력한 밀집으로 물리적으로 끊어지지 않

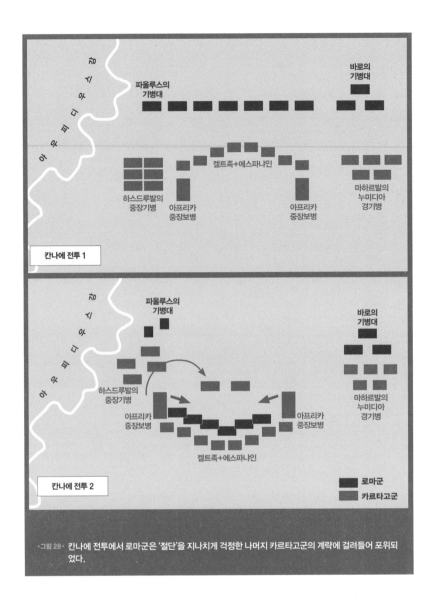

·그림 28· 칸나에 전투에서 로마군은 '절단'을 지나치게 걱정한 나머지 카르타고군의 계략에 걸려들어 포위되었다.

는 대형을 만들었다. 즉 물리적인 단절 방지에 집착한 것이다. 한니발은 '절'의 근본 목적을 물었고, 그 깨달음을 실천했다.

한니발은 중앙의 보병 대형을 처음에는 중앙이 튀어나온 삼각형 형태로 배치했다. 로마군과 충돌하자 보병을 천천히 뒤로 물리면서 아래가 좁은 모래 지옥 형태로 만들었다. 한니발의 계략에 말린 로마의 중장보병대는 앞으로 진격했지만 좁은 삼각형으로 들어오면서 중앙부가 점점 압착되었다. 병사들이 너무 가까이 붙는 바람에 칼을 뽑을 수조차 없게 되었다. 그때 한니발은 숨겨 두었던 정예 아프리카 보병까지 출동시켜 로마군의 양 측면을 조였다. 한니발은 로마군을 끊는 대신에 접착시켜서 기능을 상실하게 한 것이다. 이제 로마 군이 할 수 있는 것은 꼼짝 못 하고 서서 죽음을 기다리는 것이었다.

수공을 이야기하면서 수공이 아닌 육전의 사례를 든 것은 손자가 수공을 언급한 이유 자체가 절과 탈의 전술을 상기시키기 위한 것이기 때문이다. 현대전에서는 첨단 기술을 통해 더욱 많은 응용이 가능할 것이다.

2

전쟁에서 이겨 탈취하더라도

그 공을 닦아서 관리하지 않으면 흉한 결과를 초래한다. 그런 것을 비류費留[36]라고 한다. 그래서 말하기를, 현명한 군주는 사려 깊게 계획을 입안하고, 훌륭한 장수는 그것을 닦아 다스린다. 이익이 없으면 군대를 동원하지 말고, 이득이 없으면 군대를 사용하지 않아야 한다. 위급한 경우가 아니면 전쟁을 하지 말아야 한다. 군주는 분노 때문에 전쟁을 일으켜서는 안 되며, 장수는 성난다고 전투를 벌여서는 안 된다. 이익에 합치하면 움직이고, 이익에 합치하지 않으면 그쳐야 한다. 성났다가 다시 기뻐할 수도 있고 즐거워질 수도 있지만, 한번 멸망한 국가는 다시 존재할 수 없으며, 죽은 자는 다시 살아날 수 없다. 그런 까닭에 현명한 군주는 삼가고 좋은 장수는 경계한다. 그것이 나라를 안정되게 하고 군을 보전하는 도리다.

---

36 비류는 해석이 다양해서 정확히 어느 것이 맞다고 하기가 매우 어렵다. 남만성 선생의 주석에 따르면 조조는 물의 흐름이 다시 돌아오지 않는다는 뜻으로 해석해서 공을 다스리지 않으면 전승의 효과는 흘러 지나가 버려 다시 사용할 수 없다는 의미라고 했다. 유방기劉邦驥는 《손자천설》에서 재정을 소모하고 병사를 계속 주둔시키는 것이라고 했다. 진계천陳啓天은 《손자병법교석》에서 난병, 난살이라고 했다. 전승의 효과를 다스려 이용하지 못하면 전쟁의 수고는 병사를 동원해서 저지른 살상에 불과한 것이 된다는 의미다.

손자는 전쟁에서 승리하더라도 공을 닦아서 관리해야 한다고 말했다. 공을 닦고 관리한다는 말의 의미가 모호하다. 그다음에 언급한 '비류'라는 말이 유일한 단서인데, 이 뜻 또한 모호하기는 마찬가지다.

만약 비費를 불不의 뜻으로 사용한 것이라고 보면 '머무르지 말라'는 의미로 해석할 수 있다. 그렇다면 이 말의 의미는 전쟁에서 승리해서 통치 단계가 되면 전쟁의 논리와 방법에서 벗어나야 한다, 즉 전쟁의 논리를 통치에 적용해서는 안 된다는 의미라고 해석할 수 있다.

전쟁에서 이기고 정치에서 진다

손자는 전쟁은 반드시 국가에 이익이 될 때 해야 하며, 군주나 장군이 분노로 전쟁을 일으켜서는 안 된다고 했다. 이 말은 전쟁 그 자체가 목적이 되어서는 안 된다는 말이다. 전쟁을 일으킬 때는 승리의 가능성만을 따져서는 안 된다. 전쟁으로 얻고자 하는 것이나 그 이후의 국제 정세에 관해 예상하고 그것을 활용할 능력이 있어야 한다. 전쟁의 방법과 수행 전략도 전쟁 이후의 상황과 자신의 대처 능력을 고려해야 한다.

마키아벨리Niccolò Machiavelli, 1469-1527는 《군주론》에서 이런 이야기를 했다.

'막 통일을 이루었거나 다른 나라를 정복한 군주는 거센 저항에 직면할 가능성이 크다. 이렇게 한바탕 홍역을 치른 뒤에 집권하는 군주는 어부지리를 얻어서 안정된 정권을 유지하게 된다.

이 말에 가장 적합한 사례가 시황제의 진나라다. 진시황은 수백 년간 분열되어 있던 대륙을 통일하고, 최초의 통일 제국을 이루었다. 그러나 그의 제국은 잦은 반란에 시달리다가 3대 만에 망했고, 진시황은 역사상 최악의 폭군이라는 악명을 얻었다.

역사적으로 전쟁에 승리하고도 승리의 열매를 향유하지 못하는 데는 두 가지 이유가 있다. 첫째는 전쟁에서의 승리만을 갈구하고 승리 이후의 준비를 소홀히 했기 때문이다. 훌륭한 장군이면서 훌륭한 통치자가 되기는 쉽지 않다. 알렉산드로스 대왕이나 나폴레옹도 통치자로서는 실패했다. 두 사람이 자질이 부족했기 때문이라기보다는 정복 전쟁의 후유증이 크고, 제국을 다스릴 준비를 할 시간과 여유가 부족했기 때문이었다.

반면 통치자로서 훌륭한 자질을 갖추었고, 전후의 통치 대책도 잘 준비하고도 실패하는 경우가 있다. 그것이 진시황이다. 진시황은 통일 후 제국을 다스릴 방법과 제도를 세심하게 준비했다. 수도의 건설, 전국의 상권과 유통망 형성, 도로, 수레바퀴, 도량형의 통일, 군현제 등 진시황이 시행한 제도들은 대단히 훌륭한 것이었다. 오늘날의 중국이 분열되지 않고 하나의 국가로 남은 것은 근본적으로 진시황이 놓은 초석 덕분이라고 해도 과언이 아니다. 만약 중국이 통일되지 않고 유럽처럼 수십 개의 국가로 분열되었다면 세계사가 완전히 달라졌을 것이다. 공과를 평가하자면 진시황은 분명 공이 많은 황제였다. 개인적인 결함이 있었고 정복자로서 가혹한 정책을 시행했다고 하지만, 이런 행동은 후대의 정복 군주와 비교해도 결코 과도한 것은 아니었다. 오늘날 호화롭고 비밀스러운 환락궁의 대명사로 되어 있는 아방궁阿房宮은 실제로는 완성되지도 않았다. 계획대로 완성되었다고 해도 후대의 궁전에 비하면 작고 소박한 규모였다.

그런데도 진시황은 당대는 물론이고 후대의 학자들에 의해 무시무시한 비난을 받았다. 가장 큰 이유는, 아이러니하게도 오랫동안 분열되어 있던 세계를 최초로 통일한 죄였다. 진시황은 통일 후의 통치 방식에 관해 면밀하고 합당한 준비를 했지만, 피정복자의 반감을 고려하지 못했다. 설득의 과정을 간과한 것이다. 이것은 진시황뿐 아니라 진나라에서 활약한 상앙商鞅, ?-BC338, 이사李斯, ?-BC208, 한비자韓非子, BC280?-BC233 등 법가들의 공통된 단점이었는데,

이들은 한마디로 성격이 너무 빡빡했다. 통치를 위해서는 비합리적인 것들에 대한 용서와 관용, 위로와 설득 등 우회 전략도 필요하기 마련이지만, 이를 중시하지 않았다.

다시 강조하지만, 전쟁은 그 자체가 최종 목적이 아니다. 기업도 마찬가지다. 제품 개발, 인수합병은 최종 목적이 아닌 방법일 뿐이다. 항상 근본적인 목적을 생각하고, 합당한 방법과 전술을 새롭게 구상해야 한다. 손자가 화공 편에서 이런 말을 하는 것은, 화공이 원래의 의도를 넘어서 번져 모든 것을 잿더미로 만들면 돌이킬 수 없는 결과를 초래하기 때문이다. 그런 불의 속성이 너무 강하면 모든 것을 태우고 얻은 것도 잃게 만든다는 비유를 하기에 적절했으리라 생각된다.

명군은 신중하고, 명장은 경계한다

손자는 분노로 전쟁을 벌이지 말라고 했다. 현명한 군주는 신중해야 하고 좋은 장수는 늘 경계해야 한다. 적의 동태를 경계하라는 것이 아니라 자신을 두려워하고 경계하라는 뜻이다. 군주는 일상적인 업무나 책임에서 장수보다 더 다양하고 많은 일을 하니 신중해야 한다. 장수들은 군주보다는 상대적으로 단순 업무를 수행하며, 일선에서 적과 접하고 있으니 경계하라고 한 것이다.

훌륭한 말이긴 하지만 인간이 가장 다스리기 힘든 것이 자신이다. 손자가 말한 분노는 화난 상태만을 가리키는 것이 아니라, 개인의 이기심 등 감정 전반을 이르는 것이다. 감정은 워낙 다스리기 어렵기에, 손자는 이익이라는 합리적 제어수단을 제시한다. 여기서 말한 이익은 개인의 이익이 아니라 집단의 이익이다.

명예·정의 같은 아름다운 가치는 존중해야 한다. 하지만 이런 추상적인 가치들은 언제나 실체가 모호하기 때문에 사람을 감정적으로 만들기 쉽다. 거룩한 분노, 명예를 지키기 위한 분노, 자존심이 걸린 감정은 더 무섭다. 영국의 총리 이든Robert Anthony Eden, 1897-1977은 모든 독재자 중에서 가장 위험한 독재자는 과대망상에 빠진 독재자라고 했다. 독재라는 것 자체가 과도한 자기 확신, 자기 자신을 속이는 사명감 없이는 되기 어렵다. 수많은 리더가 자존심과 자부심을 구별하지 못하고 억지를 부리다가 패망했다.

전쟁처럼 다수의 이해와 생명이 걸린 사안을 다룰 때는 먼저 계량이 분명한 가치로 이익을 따지고, 숫자로 정리할 수 있는 손익으로 냉정하게 현실을 파악한 후 그 차가움으로 형이상학적 가치를 논해야 한다. 리더가 냉정하지 못하고 구름 위의 가치와 계산대 위의 가치를 제멋대로 넘나들면 거룩한 분노나 자아도취, 고상한 명분으로 포장한 이기심에 넘어가기 쉽다. 그것은 파멸로 인도하는 고속도로다.

제13편

용간
用間

용간은 좁게 보면 간첩을 운용한다는 뜻이다. 넓게 보면 첩보전, 정보전을 의미한다. 춘추전국시대의 전쟁은 실전보다 첩보전, 외교전을 통해 승부가 나는 경우가 더 많았다(어쩌면 지금도 그럴지 모른다). 이런 경향은 전국시대로 가면 더욱 중요해져서 CIA Central Intelligence Agency, 미국의 중앙정보국나 KGB State Security Committee, 소련의 국가보안위원회에 비견할 규모까지는 아니라고 해도 국가적인 첩보 조직이 구성되어 운영되었다. 손자는 이런 시대의 흐름을 예측하고 이 편을 저술한 것으로 보인다.

1

10만 군사를 동원해 1,000리를 원정한다면

백성들이 내는 비용과 국가가 내는 지출이 하루에 1,000금이다. 나라의 안팎으로 소동이 벌어지고, 지쳐서 길가에 주저앉아 생업에 종사하지 못하는 사람이 70만 가구다. 하루의 승리를 쟁취하기 위해 적과 수년을 대치한다. 그러면서도 작록爵祿, 관작과 봉록으로 주는 비용 100금을 아껴서 정보 활동을 하지 않아서 적정을 알지 못한다. 이것은 지극히 올바르지 못한 것이다. 이런 자는 장수가 될 자격이 없고, 군주를 보좌할 자격이 없으며, 승리의 주인이 될 자격이 없다.

뛰어나고 현명한 장군이 군대를 움직일 때마다 승리하고, 다른 사람보다 뛰어나게 성공하는 이유는 적정을 먼저 알기 때문이다. 적정을 먼저 아는 방법은 귀신에게서도 얻어낼 수 없고, 전에 있었던 사례에서 추론해서 얻을 수도 없다. 법칙에 의거해서 얻을 수도 없다. 반드시 사람에게서 얻어내야 적의 정세를 알 수 있다.

첩보전의 중요성을 모르는 사람은 없을 것이다. 《손자병법》의 '지피지기'를 정보전으로 이해하기도 한다. 그런데도 《손자병법》에 '간첩을 사용하는 방법'이라는 편이 존재하는 것이 당혹스러운 독자도 있을지 모른다. 《손자병법》의 무게감이나 스케일에 어울리지 않는다는 느낌이 들기 때문이다.

춘추전국시대에는 각국이 치열한 경쟁을 하다 보니, 타국의 인재를 가리지 않고 채용했다. 제자백가의 유명 인물들은 대부분 자국이 아닌 타국에서 활약했다. 이처럼 국적 불문하고 인재가 뒤섞이면서 모략, 음모, 배신이 판쳤다. 전국시대의 전쟁은 전투로 승부가 나는 전쟁보다 모략으로 결정 나는 전쟁이 더 많았다. 사령관의 모친이나 아내가 적국 출신이라거나 재상이 적국 출신이라 뒤에서 적을 돕는다는 등 중상모략으로 사령관을 흔들고, 그의 전략을 방해하거나 심지어는 해임해버리는 경우도 흔했다. 음모를 품고 일부러 타국의 재상이나 신하가 되어 교란 전술을 사용하기도 했다.

이런 양상은 전국시대로 가면 더 심해진다. 제자백가 중에 전국시대 말기, 진나라에 대항해서 반 진나라 동맹을 이끌었던 소진蘇秦, ?-?과, 반대로 합종책을 주장해 진나라 통일에 기여한 장의가 있다. 이들을 보통 종횡가라고 하는데, 두 사람은 외교무대에서만 활약하지 않았다. 오늘날로 치면 CIA나 KGB 국장 같은 인물이었다. 적국의 주요 인물을 매수해서 여론과 전략을 조작하고, 정보를 빼내고, 방해되는 인물을 제거하는 암살단도 운영했다. 손자는 춘추시대 말기에 첩보전이라는 새로운 형태의 전쟁을 목격하고, 이것이 차후에 국가의 운명을 바꾸고, 전쟁의 승부를 결정지을 거대한 전쟁이 될 것이라는 사실을 간파했던 것이다.

암호가 가른 전쟁의 승패

프리드리히 대제는 "만약 내가 잠든 사이에 모자가 내 머릿속의 생각을 알아낸다면 나는 모자를 태워버리겠다"고 말했다. 황제가 얼마나 좋아했던 모자인지는 모르겠지만, 이 말은 자신과 가장 친근한 사람이라도 기밀을 누설하면 처형하겠다는 비유였다. 동시에 누구도 가족 같은 가까운 사람에게 완벽한 보안을 유지하기는 어렵다는 암시이기도 하다.

기밀 누설로 승패가 바뀐 전투는 대단히 많다. 1914년 동부 프로이센 지역에서 벌어진 타넨베르크 전투는 현대사를 바꾼 전투였다. 이 전투에서 독일군 희생자는 약 2만 명이었지만, 러시아군은 3만 명이 전사하고 9만 5,000명이 포로가 되었다. 러시아군 지휘관 삼소노프Aleksandr Samsonov, 1859-1914는 자살하고 렌넨캄프Paul von Rennenkampf, 1854-1918는 사병으로 강등되었다. 궁극적으로는 러시아 혁명이 발발하는 배경이 되었다.

타넨베르크 전투에서 독일군이 시도한 철도를 이용한 기동전은 세계 전쟁사상 가장 대담한 작전이었다. 독일군의 병력은 러시아군의 절반도 되지 않았고, 여기서 패배하면 러시아군이 베를린까지 무혈입성할 판이었다.

이때 독일군은 렌넨캄프와 삼소노프군이 진격 속도에 차이가 있어서 삼소노프가 20일이나 늦게 도착한다는 사실을 발견했다. 게다가 양군 사이에는 마주리안 호수지대가 있어서 서로 완전히 분리되었다. 독일군은 이 약점을 노렸다. 먼저 렌넨캄프와 위장 대결을 벌여 렌넨캄프를 정지시키고, 그 앞에 독일군 주력이 있는 것처럼 위장했다. 그러고는 철도를 이용해 전 군단을 삼소노프 쪽으로 이동시킨 뒤 강행군으로 지쳐 있는 삼소노프를 포위, 섬멸하는 계획을 세웠다. 러시아군이 서로 긴밀하게 교류하지 않고 계속 반목할 거라는 예상 및 렌넨캄프가 자기 앞은 무인지경이라는 사실을 끝까지 몰라야 한다는 가정하에서 벌이는 모험이었다.

독일군 총사령관 힌덴부르크Paul von Hindenburg, 1847-1934와 실제 작전을 지휘한 루덴도르프Erich Ludendorff, 1865-1937, 이 작전의 아이디어를 냈다고 하는 참모장 호프만Max Hoffmann, 1869-1927 중령 모두 대담하고 탁월한 전술가였지만 망설일 수밖에 없었다. 국가의 운명이 걸린 위험한 작전이었기 때문이다. 결국 독일이 이 작전을 감행할 수 있었던 것은 암호 해독 덕분이었다.

높은 문맹률 때문에 러시아군에는 암호를 사용할 줄 아는 통신병이 극히 적었다. 할 수 없이 일반 언어로 무전을 쳤다. 독일군이 감청할 것이 뻔한데도 어쩔 수가 없었다. 간혹 암호를 사용하는 무전병이 있기는 했지만 그 암호도 너무 간단했다. 독일군 암호 해독 전문가가 소련군 무선을 감청하면서 바로 동시통역을 했을 정도라고 한다. 통신 감청 덕분에 독일군은 적의 동향을 훤히 알 수 있었고, 역사에 남은 대담한 작전을 성공시켰다.

정보의 덕을 엄청나게 얻은 독일이었지만, 그다음 세계대전에서는 암호 전쟁에서 패배한 탓에 타넨베르크의 승리를 그대로 연합군에게 헌납했다. 전쟁 전에 독일은 에니그마라는 암호발생기계를 발명했다. 에니그마의 혁신적인 성능에 고무된 독일은 절대 해독되지 않는다고 자신했다. 그러나 영국의 수학 천재였던 앨런 튜링Alan Turing, 1912-1954은 에니그마를 뛰어넘는 더욱 혁신적인 기계를 발명해서 암호를 해독했다. 이것이 오늘날 컴퓨터의 기원이 되었다.

에니그마 해독이 전쟁에 미친 영향은 엄청났다. 일례로 1943년 대서양에 있던 독일의 보급함 여섯 척의 위치가 전부 노출되어 모조리 격침되었다. 보급함이 없으니 독일 해군은 대서양에서 작전 자체가 불가능해졌다. 그뿐만 아니라, 독일 잠수함 유보트에서 사용하는 암호 통신기가 미군에게 노획되어 유

·그림 29· 암호발생기계 에니그마와 이를 해독하는 기계를 발명한 앨런 튜링.

보트의 위치 역시 완전히 노출되었다. 연합군은 유보트 함대의 위치는 물론이고 그들이 상선단을 공격하기 위해 어디로 항진하고 있으며, 어디에서 집결하고 보급을 받는지도 모조리 알아냈다. 일망타진이 늦었던 것은 연합군이 암호 해독 사실을 감추느라 늘 우연을 가장하는 노력 탓이었다. 일부 함장들은 뭔가 이상하다는 느낌을 가졌던 것 같지만 독일의 사령부는 전쟁이 끝날 때까지 자신들의 암호가 해독되고 있다는 사실을 전혀 몰랐다. 이 외에도 영국 첩보부의 암호 해독으로 연합군은 수많은 특수 작전을 성공시킬 수 있었고, 반대로 독일군이 시도한 수많은 작전은 실패로 돌아갔다.

태평양전쟁의 운명을 바꾼 미드웨이 해전의 승리도 미군이 일본군의 암호를 해독하고 있었기에 가능했다. 일부러 지려고 해도 지기 힘든 전투에서 패배하게 만드는 것, 그것이 정보의 힘이다. 그래서 손자는 정보전의 중요성을 간과하고 비용을 아끼는 사람은 지휘관이 될 자격도, 승리를 획득할 자격도 없다고 강조한 것이다.

100금 아끼다가 100만 금 잃는다

전쟁터에서는 전투가 없어도 매일같이 돈이 들어간다. 하루에 들어가는 돈이 1,000금인데, 공성전에는 시간이 얼마나 걸릴지조차 알 수 없다. 그런데 정보전, 스파이 고용, 적군 매수 등에 들어갈 돈 100금을 아끼다가 낭패를 본다. 믿기지 않지만, 현실에서도 이런 일이 허다하게 일어난다. 강대국들은 정보부 예산을 공개하기를 꺼린다. 일부라도 공개되면 온 국민이 놀라고 비판의 목소리를 높인다. 손자도 안타까운 마음에서 귀중한 페이지를 할애해서 이런 호소를 했던 것이다.

예나 지금이나 정보의 중요성은 누구나 알고 있다. 그런데 왜 100금을 아끼다가 큰 손해를 보는 일이 수없이 벌어질까? 그 답은 비용과 절약의 문제가 아니라, 투자 경험과 판단의 문제다. 재정이 아무리 튼튼하고 수익이 많은 조직이라고 해도 돈을 쓸 곳은 엄청나게 많다. 큰 조직일수록 지출에 대한 긴장을 조금이라도 풀고 방만하게 사용하기 시작하면 손해가 걷잡을 수 없이 커질 수 있다. 작은 물통에 난 구멍은 누수 정도에 그치지만, 거대한 탱크에 난 구멍은 재난을 초래할 수도 있는 것이다.

이런 이유로 인해 조직은 생리적으로 성과가 확실한 곳에 우선적으로 비용을 지출하려고 한다. 그런데 정보 계통은 투자 효과가 미심쩍은 영역이다. 정보의 중요성을 안다고 해도, 돈을 주고 정보를 사면 온갖 정보가 다 들어온다. 획득한 정보가 얼마나 가치 있을지는 이차적인 분석을 요한다. 즉 상품이 완제품이 아니라 원료 상태, 미조립 상태로 혹은 불량품이 잔뜩 섞여서 들어오는 것이다. 그뿐인가, 적의 정보부에서 흘리는 거짓 정보도 많다. 아무리 일급 정보원이라고 해도 정보원은 신뢰할 수가 없다. 테러가 발생하면 난리가 나지만, 사전에 방지한 테러는 감동을 주지 못한다. 정보전의 특성상 일일이 공개할 수도 없다. 관료화된 조직이 가장 싫어하는 것이 이런 공개할 수도 없고 칭찬도 없는 업적과 불투명한 상황이다. 오늘날 기업에 적용하면 연구개발 투자가 정보 투자와 비슷하다.

이런 문제점을 극복하려면 모든 조직에 같은 기준을 적용할 것이 아니라, 정보와 연구 분야의 특성을 인지하고 그 특성에 맞는 운영 원리를 수립하는 수밖에 없다. 비용 투자의 99퍼센트가 불량품이라는 성과를 일반 매장과 정보, 연구부서에 동일하게 적용할 수는 없는 것이다. 그래서 어떤 나라, 어떤 군대나 정보부서가 예외적인 취급을 받는다. 물론 이렇게 기준을 다원화하면 각 조직이 맞춤형 기준에 매몰되어 매너리즘에 빠질 우려도 있다. 정보부서는 유독 이런 측면이 또 심하다. 결국 정보 조직의 유능함은 이 특수성은 최대한 인정해주면서 매너리즘을 방지할 수 있는가에 달려 있다.

인간의 신체가 가장 건강한 상태는 각 장기가 기능에 맞는 메커니즘을 충실하게 유지하고 있을 때다. 정보 부문은 소외되기 쉬운 특수한 메커니즘을 갖고 있다. 정보전의 무서운 위력을 알면서도 100금을 아끼다가 100만 금을 잃는 어리석음을 반복하는 이유다.

세계 핸드폰 시장을 장악하고 있는 안드로이드 운영 체제를 개발하던 앤디 루빈Andy Rubin은 2005년 자금난에 봉착하자 삼성전자에 인수를 제안했다. 삼성은 겨우 여섯 명으로 이루어진 팀이 이런 엄청난 기술을 개발해낼 것이라고 믿지 않았고, 인수를 거절했다. 결국 구글이 500억 원을 지출해서 이 팀을 인수했다.[37] 이런 흑역사는 삼성뿐 아니라 인텔, HP, 소니 등 모든 전자, IT기업들이 하나 이상씩은 다 갖고 있다. 아니, 혁신적인 IT와 아이디어치고 문전박대를 당하지 않은 경우가 없다는 표현이 더 정확할 듯하다.

이런 사례가 제조업 분야에서도 흔하지만, IT 쪽에 유달리 많은 이유는 IT 기술의 혁신성이라는 것이 제조업의 시대를 살던 사람들의 상식과 속도를 뛰어넘기 때문이다. 기업에서 보면 너무나 많은 아이디어가 기업의 문을 두드리는 것도 이유가 된다.

기업들이 굴러 들어온 보물을 놓치는 이유는 100금을 아껴서가 아니다. 그 기술의 가능성을 판단하기 어렵기 때문이다. 이럴 때 기업들이 흔히 하는 실수가 가능성만 가지고 오지 말고 좀 더 명확한 증거, 완제품을 들고 오라고 요구하는 것이다. 기업으로서는 손실과 책임을 면하는 좋은 방법일지도 모른다.

그런데 이런 태도가 패전의 지름길이다. 이런 태도는 IT 시대에 등장한 것이 아니라, 이미 수천 년 동안 전쟁, 문화, 예술 모든 분야에서 벌어졌다. 동시대의 모든 사람이 동의하고, 동시대의 모든 사람이 이해할 수 있다면 천재적인 아이디어가 아니다. 그래서 진정한 보석은 진열장이 아니라 진흙 속에 묻혀 있을 수밖에 없다.

1,000금의 정보, 1,000금의 가치를 지닌 아이디어, 1,000금을 주고도 얻

---

37 이 내용은 다음 블로그의 기사를 참조했다. '삼성의 안드로이드 인수 실패가 들려주는 교훈' SenseChefe의 블로그, http://sensechef.com/885.

을 수 없는 승리를 얻고 싶다면, 천재의 정보를 알아보는 능력을 키워야 한다. 기업을 예로 들자면, 한 명의 천재를 키우는 것보다 천재를 알아보는 인재를 키우는 것이 더 큰 이익을 가져다줄 것이다.

적정은 경험이나 법칙으로는 알 수 없다

손자는 적의 상황이나 생각에 관한 정보는 이전의 사례로도 알 수 없고, 법칙으로도 알 수 없다고 했다. 따라서 상대의 변화 가능성을 언제나 염두에 둘 것, 항상 최신의 정보를 추구할 것, 선입견을 버리고 사실에 근거한 판단을 내릴 것을 교훈으로 제공한다. 자신에게 속지 말라는 의미도 있다. 일반적으로 과거의 경험과 법칙에 의거해 판단을 내리는 경우 십중팔구는 자신의 잠재의식이 그런 결론을 요구하고 있는 경우가 많다.

전쟁 준비가 불충분할 때 곧잘 "이런 혹한에 습격하는 것은 바보짓이다" "적은 밤에 공격한 전례가 없다"라는 주장에 힘이 실린다. 정보란 수합하는 것보다 분석하는 작업이 더 힘들다. 그런데 분석할 때 곧잘 저지르는 실수가 과거의 패턴과 인간 사회에 대한 온갖 법칙을 동원해 필터링하는 것이다. 반대로 여기서 과거의 방식에 의존하지 않는 진취적이고, 도전적인 사람이 승리할 수 있는 여건이 또 하나 추가된다.

물론 아무리 이렇게 강조해도 인간은 패턴을 벗어날 수 없다. 정보와 예측은 패턴을 만드는 사람과 패턴을 극복한 사람의 싸움이 아니다. 예측 가능한, 또는 이미 드러난 패턴을 따르는 사람과 상대의 지력을 앞서는 패턴을 따르는 사람의 대결일 수 있다. 오늘날 유행하고 있는 빅데이터도 거대 데이터의 수집을 통해 이전에는 인간 지능의 궤도 밖에 있던 패턴을 찾아내는 것이다. 아무튼 빅데이터가 주는 교훈은 패턴을 버리라는 게 아니라, 더 많고 더 정확한 정보 수집을 통해 새로운 패턴을 발굴하고 과거의 패턴에서 벗어나라는 의미다. 이것은 손자의 교훈과 일치한다.

첩보전에 위성, 도청, 드론은 이미 사용되고 있다. 스파이용 파리 로봇까지 데뷔를 앞두고 있는 시대다. 그러나 최첨단 과학 기술의 시대에도 '적정은 반드시 사람을 통해서만 알 수 있다'는 손자의 명언이 여전히 유효하다. 정보 활동이란 도면, 설계도, 작전 계획서나 일정표를 빼내오는 작업만이 아니다. 조직과 구성원의 심리, 습관, 행동 방식, 어휘, 즉 일상의 모든 행태에 관한 정보도 필요하다. 외교 석상에서 상대가 어떤 제안을 했을 때, 그 제안의 진위를 알아내려면 상대의 지식, 경력, 태도, 심리 등 모든 면의 정보가 필요하다. 어떤 탁월한 스파이가 적국 리더의 비망록을 제공했다. 그 비망록이 진짜인지, 아니면 적의 교묘한 역정보인지를 판별하려면 필적 감정 정도로는 불가능하다. 상대도 그 정도는 대비했을 테니 말이다. 그 사람의 성격, 감성, 심리, 습관, 이런 것이 모두 동원되어야 진위 여부를 감정할 수 있다.

진위 감정을 위해서만 정보가 필요한 것이 아니다. 전쟁에서 정보의 진짜 효용은 예측이다. 적의 상황, 장수의 스타일, 적의 목표 등을 종합해서 적의 의도와 전술을 예측해야 한다. 상대의 판단을 교란하고, 아군이 원하는 방향으로 유도하기 위해서도 이런 정보가 필요하다. 이것이 정보 활동의 가장 궁극적인 목적이다.

사람을 알려면 사람과 사람이 부대끼며 반응을 보아야 한다. 언젠가는 이런 것까지도 첨단 스파이 장비와 인공지능으로 분석하게 되는 날이 올지도 모르겠다. 다만 인간을 이해하는 데 아직까지는 인간이 최고의 소재다. 이런 노력 없이 서류와 통계자료로만 상대 조직을 이해하려고 하면 정보 전쟁에서 반드시 패하고 말 것이다.

2

그러므로 간첩을 사용하는 법에는

향간鄕間, 내간內間, 반간反間, 사간死間, 생간生間 등 다섯 가지가 있다. 이 다섯 가지 방법을 다 사용해도 적은 그 방법을 알지 못한다. 이것이 신기이며 나라의 보배다.

향간은 그 지역 사람을 간첩으로 이용하는 것이다.

내간은 적의 관리를 첩자로 이용하는 것이다.

반간은 적의 간첩을 역이용하는 것이다.

사간은 거짓 정보를 밖으로 흘려 적의 간첩이 알게 해서 적군을 속이는 것이다.

생간은 적국 내에 잠입해 정보 활동을 하고 살아 돌아와 보고하게 하는 것이다.

모든 전쟁은 가혹하다. 하지만 스파이 전쟁만큼 냉혹하고 가혹한 전선도 없다. 배신과 의심이 교차하고 속이고 또 속이는 것이 스파이의 세계. 세기의 간첩으로 불리는 마타하리Mata Hari, 1876-1917는 영국의 군사 정보를 독일에 넘긴 죄로 사형을 당했다. 그녀의 스파이 활동으로 인해 수십만 명이 죽었다고 한다. 그러나 최근에 밝혀진 바에 따르면 마타하리는 피라미였고, 영국과 독일 모두 그녀의 정체를 파악하고 있었다. 서로 적당히 이용하다가 제1차 세계대전에서 영국이 너무 큰 피해를 입자 그녀를 희생양으로 삼았다는 것이다. 이 이야기의 진상도 완전히 신뢰할 수는 없다. 역설적으로 스파이의 세계에서 진실을 추구하는 것 자체가 순진한 행동일지도 모른다. 그만큼 첩보전의 세계는 치열하다.

현지인 스파이의 중요성

손자는 스파이의 종류를 다섯 가지로 나누고 이를 오간五間이라고 했다.

첫 번째인 '향간'은 현지 출신 스파이이다. 스파이 조직에서 현지인이 없으면 손발이 마비된다. 지역에 거점을 마련하고, 정부에서 파견한 진짜 스파이가 무사히 정착하고 활동하기 위해서도 현지인의 도움이 필요하다. 즉 가장 기본적인 것이 현지인의 인맥이다. 정보를 얻으려면 사람을 만나야 한다. 노골적으로 매수하는 경우도 있지만, 스파이의 정체를 속이고 접근해서 정보를 빼내는 경우가 다반사다. 이런 만남을 위해서는 중개인, 즉 현지인의 인맥이 필요하다. 인간사회란 결국 사람과 사람이 만나고 얽히는 관계다. 우리 사회는 인맥이라고 하면 부정적인 인식이 강하지만, 인맥은 인간사회 그 자체다. 인맥이 나쁜 것이 아니라 인맥의 사용법이 나쁜 것이다.

향간의 단점은 관리가 힘들고, 비용 대비 효율이 떨어진다는 것이다. 과거 냉전시대에 KGB는 유럽 각국에 고정간첩망을 구축했다. 이들의 수가 만 명 단위가 넘었다고 한다. 결정적일 때 사용하기 위해 평소에는 임무도 잘 부여하지 않았고, 지역의 정보책임자도 이들의 명단이나 정체를 모를 정도로 철저하게 사회 속에 적응해서 시민으로 살아가도록 했다. 그들 중에는 스스로 관리망을 떠나 잠적해버리거나 완전히 동화되는 사람도 많았던 것 같다. 반면에 결정적인 순간에 한두 번 사용한다는 특수성 때문에 그들을 얼마나 값지게 활용할 수 있었는지는 아직도 평가를 내리지 못하고 있다.

'내간'은 적의 관리를 첩자로 이용하는 것이다. 이들도 향간의 범주에 들어갈 수 있지만, 향간은 일반인이고, 관청이나 군의 조직에 속한 사람은 별도로 내간이라고 분류한 것 같다. 향간이 안내자, 중개인의 역할이라면 내간은 조직 안에 지위를 갖춘 인물이어서 가치가 다르다.

고급 정보는 영화처럼 일류 스파이가 숨어 들어가 금고에서 빼내 오기가 쉽지 않다. 정보에 접근할 수 있는 사람이 정보를 빼낸다. 세기의 폭로 사건, 정보 유출 사건은 빠짐없이 내간의 소행이다. 날이 갈수록 심각해지고 있는 산업 스파이도 내간이라고 할 수 있다. 내간의 단점은 정체가 반드시 드러난다는 것이다. 내간은 정보 접근 가능자라는 범주 안에 있다. 정보는 사용하려고 빼내는 것이니 그가 빼낸 정보는 언젠가는 사용하게 되고, 사용하면 정보 유출이 감지된다. 그러면 반드시 내간은 수사기관의 용의선상에 오른다.

몰라본 인재는 언제든 스파이가 될 수 있다

'반간'은 이중 스파이다. 손자는 다섯 종류의 스파이 중에서도 반간이 가장 중요하다고 강조하며, 후하게 대접하라고 한다. 세기의 스파이는 거의 모두 이중 스파이라고 해도 과언이 아니다. 모든 스파이는 이중 스파이라는 말도 있다. 동시에 가장 다루기 힘든 스파이기도 하다. 노련한 이중 스파이들은 진심으로 양쪽과 관계를 맺고, 언제든지 어느 쪽으로든 탈출할 수 있도록 일종의 보험을 걸어두는 경우도 흔하다.

그런데 이어지는 뒤의 문장에서 손자가 반간이라고 지칭한 인물이 무척 의외다. 당사자가 《손자병법》을 보았다면 손자에게 명예훼손 소송을 걸었을지도 모른다. 그만큼 사회적 명성을 얻은 인물들로, 제갈량과 같은 수준으로 춘추시대의 명재상으로 존경받는 이윤伊尹?-? 과 강태공姜太公, ?-?이 그 주인공이다. 이런 인물들을 스파이라고 하니 믿기지 않는다.

이 오해를 먼저 풀어보자. 손자가 말하는 반간은 제임스 본드 같은 스파이만을 의미하지 않는다. 적의 실정을 알고, 전해주는 사람이 반간이다. 적에 대한 이해는 적을 이기기 위해서만 필요한 것이 아니다. 적국을 점령하고 다스리는 데도 필요하다. 그래서 손자는 이윤과 강태공을 반간의 사례로 언급한 것이다. 그들의 직업이 스파이라는 의미가 아니라, 적을 알고 나를 알고, 시대의 변화를 아는 최고의 인물들이었기 때문이다.

따라서 반간이 최고의 스파이라고 한 말의 진정한 의미는 적의 인재를 소중히 하라는 교훈이다. 동시에 평소 휘하의 인재를 존중하고 잘 보호해야 한다는 의미도 된다. 언제라도 빼앗길 수 있는 것이 인재다. 특히 리더는 조직 내부에 있는 시대를 앞서가는 건방진 인재를 발굴하고 잘 보호해야 한다. 로멜은 그와 함께 있는 사람을 초라하게 만드는 비범한 능력 때문에 주변 사람 상당수가 싫어했다. 로멜의 능력을 존중하고 키워준 사람은 의외로 군부 인맥과 거리가 멀었던 히틀러였다.

패튼의 창의력은 전쟁이 나기 전에는 아무도 몰랐다. 그의 튀는 행동을 보고 사람들은 귀족적인 교만한 성품과 막대한 재산, 그리고 집안의 권력 때문이라고 수군거렸다. 맥아더의 혁신적 노력도 제대로 평가받지 못한 부분이 많다. 그나마 맥아더와 패튼은 나름대로 자기 입지가 확고했던 사람들이다. 그렇지 못한 천재들이나 조직에서 인정받지 못한 불운한 인재들은 언제든 적진에 스카우트되어서 적을 알고 나를 아는 특별한 인재로 성장할 요인을 갖추고 있다.

리 아이아코카Lido Anthony Iacocca, 1924-2019는 포드자동차에서 성장했지만, 크라이슬러 사장이 되어 한때 포드사를 위협했다. 아이아코카의 전성기에 나온 만평 중에 헨리 포드 2세Henry Ford II, 1917-1987가 아이아코카에게 전화를 걸어 "내가 잘못했네. 이제 돌아와 주게"라고 말하는 장면이 있다. 손자는 적에게 하나를 빼앗으면 적은 하나를 잃고 나는 하나를 얻으니 실제로는 2배의 이익이라고 했다. 그러나 인재를 빼앗아 오면 적을 알고 나를 아는 셈이니 2배가 아니라 200배, 2만 배가 될 수도 있다. 현명한 리더라면 휘하 인재를 적의 반간으로 만드는 오류를 범해서는 안 된다.

3

삼군 중에서 첩보원처럼
친밀하게 지내야 할 사람이 없고

은상을 크게 베풀어야 할 사람이 없으며, 첩보원처럼 비밀스러워야 할 것이 없다. 특별한 지혜를 지닌 사람이 아니면 첩보원을 능히 이용할 수 없고, 인의를 겸비한 자가 아니면 첩보원을 부릴 수 없으며, 미묘한 데까지 살필 줄 아는 사람이 아니면 첩보의 진실을 분간할 수 없다.

손자는 인의仁義를 겸비한 자가 아니면 스파이를 부릴 수 없다고 말했다. 이 삭막한 분야에서 '인의'라니 철부지 같은 이상론으로 들린다. 손자의 말은 어떤 속뜻을 담고 있을까?

냉정한 배신을 밥 먹듯 하는 스파이들도, 교활한 천성에서 나오는 배신과 업무와 책임에 충실하기 위한 음모를 구분할 줄 안다. 전장에 있는 병사들은 전장의 논리를 인정한다. 인덕, 책임감, 정의감을 갖고 부하를 사랑하는 마음이 충분한 사람도 전황에 따라서는 냉정한 결단을 내리고 수단과 방법 가리지 않아야 한다는 것을 병사들도 알고 있다. 그렇기에 그들은 더더욱 믿을 수 있는 지휘관을 원한다. 언제 배신당하고 이용당하고 버려질지 모르는 환경에서 성품마저 교활하다면 무슨 짓을 할지 알 수 없다. 인의를 겸비해야만 스파이를 부릴 수 있다고 손자가 말한 이유다.

이것은 비단 정보의 세계만이 아니라 모든 분야가 다 그렇다. 성정이 냉혹한 사람만이 냉정한 결단을 내릴 수 있는 것이 아니다. 어두운 곳일수록 촛불이 더 밝게 느껴지고, 차가운 곳에서는 성냥 한 개비도 난로가 된다. 냉정한 세계일수록 인의와 원칙을 존중하면서 결단할 수 있는 믿을 수 있는 사람이 필요하다. 삭막한 세계에 사는 사람이 오히려 우정과 의리를 갈구한다. 사막에서는 물 한 컵이 최고의 대접이다. 첩보원에게 목숨을 건 임무, 자신의 양심과 도덕까지 버려야 하는 비정함을 요구하려면 한 잔의 따뜻함과 진실함이 더 큰 힘을 발휘하지 않을까?

첩보의 진실을 분간한다

현대사회에서는 정보전이라는 말을 자주 사용한다. 정보전의 중요성은 이미 손자 시대부터 강조된 것이다. 그러면 요즘 말하는 정보전이란 말은 무슨 뜻일까? 21세기 들어 첨단기기가 정보를 훔쳐내는 기술을 빠르게 발전시키고 있다. 초소형 도청기와 카메라는 〈007〉 영화에서도 골동품 취급을 받을 정도가 되었다. 모기만 한 스파이 로봇이 이미 실험 단계에 들어섰다.

사회의 변화 속도가 빠르고 전 세계가 하나로 얽히는 덕분에 정보량이 폭주하고 있고 정보의 수명은 짧아졌다. 정보의 지속적인 수집과 다양한 정보의 획득은 시간 단위로 중요해지고 있다. 그러나 정보전은 결코 정보의 획득이 전부가 아니다. 정보전의 성패는 정보 자체가 아닌 분석력에 의해 갈린다.

미국, 러시아, 영국같이 거대한 첩보 조직을 가지고 있는 나라가 정보를 입수하지 못해서 사건을 예방하지 못하는 경우는 드물다. 정보가 너무 많이 들어와서 이를 분류하고 판독하는 시스템에 과부하가 걸리거나, 거대 조직

특유의 비밀주의, 권력의 비대화 등 기타 요인에 의해서 중요한 첩보가 묵살되는 경우가 더 많다. 정보전에서 대부분의 참사는 정보 획득의 실패가 아니라 분석의 실패다.

2011년 7월, 노르웨이에서 아네르스 베링 브레이비크Anders Behring Breivik라는 청년이 완전무장을 하고 집권 사회당에서 주최한 청소년을 위한 정치 캠프가 열리는 우퇴위아섬으로 들어갔다. 캠프에 경비 인력이라고는 비무장 경비원 한 명밖에 없었다. 브레이비크는 먼저 이 경비원을 사살했다. 수백 명의 청소년이 자동소총을 든 학살자에게 무방비 상태로 노출되었다. 브레이비크는 몇 시간 동안 섬을 돌아다니며 100여 명에 가까운 캠프 참가자를 학살했다.

그런데 그가 테러를 준비하는 과정에서 의심스러운 행동이 국제 첩보망에 포착되었다. 그 정보는 즉시 노르웨이에 통보되었다. 통보가 여러 번 갔지만 그동안 노르웨이가 워낙 테러 없는 평화로운 상태였기 때문에 경찰과 첩보 조직이 나태에 빠져 있었다. 처음에는 담당 직원이 휴가를 간다고 첩보를 무시했다. 같은 첩보가 두 번 이상 반복되면 요주의 정보로 다룬다는 규정이 있었지만, 다음 첩보가 다시 도달했을 때는 담당자가 바뀌었다. 새 담당자는 반복된 첩보를 첫 번째 첩보로 알고 무시했다.

2008년 인도 뭄바이 테러, 미국을 경악시킨 9/11테러, 일본의 진주만 기습과 연합군의 노르망디 상륙 작전, 모두 정확한 첩보가 관계기관의 테이블까지 올라갔었지만, 첩보당국의 인증을 통과하지 못했다.

4

미묘하고 미묘한 것이 정보 활동이다.

정보 활동이 소용되지 않는 곳은 없다. 간첩을 아직 파견하지 않았는데 그에 관한 정보가 미리 새어 나가면 간첩과 말한 자를 모두 죽인다. 공격하고자 하는 군대, 함락하려는 성, 죽이고자 하는 사람이 있으면 반드시 먼저 수비대장을 알아야 한다. 좌우의 측근, 비서, 문을 지키는 사람 등의 성명을 아군 간첩이 찾게 해서 알아야 한다. 적의 간첩이 아군으로 와서 정보 수집을 하고 있으면 반드시 색출해서 이익으로 유혹해 우리 편으로 만든 뒤 놓아 보낸다. 그래야 반간을 얻어서 이용할 수 있고, 적의 사정을 알 수 있다. 이를 통해 향간과 내간도 얻어서 이용할 수 있다. 이들을 이용해서 적의 사정을 알아내고, 사간을 이용해서 허위 정보를 보낼 수 있다. 이를 통해 적의 사정을 알아내서 생간이 기한 내에 살아 돌아와 보고하게 할 수 있다.

손자가 다섯 종류의 스파이와 사용법을 나열하는 배경에는 인재의 활용이 승부의 관건이라는 의미가 있다. 첩보전뿐 아니라 모든 분야에서 승리의 비결은 인재 활용이다. 그러나 인재를 알아보기란 쉽지 않고 적재적소에 배치하기는 더 어렵다. 다섯 종류의 스파이는 인재 등용에 대한 역발상의 경로를 제시한다. 나의 전술적 목표와 방법을 정리하고 그 경로에 있는 인물을 채용하는 것이다.

이 방법은 기업에서 흔하게 사용되고 있다. 바로 경력자 채용이 이런 방식이다. 상대 기업의 인재를 빼오는 방법도 여기에 해당한다. 뻔한 내용 같지만, 이런 싸움은 깨달음이 아니라 숙련도의 승부다. 오늘날로 치면 헤드헌팅 싸움이기도 하다. 손자의 시대는 제자백가의 시대였다. 이 싸움에서 유가들은 철저히 외면을 받았고, 법가와 병가, 종횡가를 채택한 국가가 승리를 거두었다.

정통 유학에서는 공자孔子, BC551-BC479와 맹자孟子, BC372-BC289가 외면받은 사실에 지극히 유감을 표하지만, 통일 제국이 성립한 후에는 유가의 가치가 압도적으로 올라갔다. 헤드헌팅도 하나의 포인트에 필요한 인재가 아니라 흐름을 알아야 한다. 인재가 능력을 발휘하려면 시간과 경험이 필요한 자리도 있다. 수비대장에게는 전투 경험과 경계근무 경력이 필요하듯이 헤드헌팅에도 헤드헌팅의 경험과 시대를 읽는 눈이 필요하다.

5

오간의 일은 군주가 반드시 알아야 한다.

오간의 사용법은 반간에게 달려 있으므로 반간은 후하게 대접하지 않을 수 없다. 옛날에 은나라가 흥한 것은 이윤이 하나라에 있었기 때문이고 주나라가 일어난 것은 강태공이 은나라에 있었기 때문이다. 그러므로 오직 명군과 현명한 장수만이 뛰어난 지혜로 첩보전을 운용할 줄 알아서 대업을 이루는 것이다. 첩보전은 용병에서 중요한 것이니, 삼군이 이것에 의지해서 움직인다.

손자는 총명한 군주와 현명한 장수가 뛰어난 지혜를 발휘해야만 스파이를 부려 첩보전에서 승리할 수 있다고 말했다.

뛰어난 지혜란 우리가 앞서 여러 번 언급한 정보 분석력이며, 지금까지 《손자병법》에서 다룬 모든 능력을 포괄하는 개념이다. 온갖 넘쳐나는 정보들 가운데 가짜 정보를 거르고 진짜 정보를 찾아야 한다. 또 그중에서도 우리에게 필요한 정보를 골라내야 한다. 이것이 잘못되거나 타이밍을 놓치면 테러, 패전 등 큰 손실로 이어진다.

그래서 손자가 첩보전에는 뛰어난 지혜가 필요하다고 한 것이다. 첩보전은 내 정보는 지키고 적의 정보는 빼내는 단순한 게임이 아니다. 내 정보는 뿌려서 적의 혼란과 잘못된 결정을 유도하고, 적의 정보는 분석해서 진실을 찾아내야 한다. 이 과정에서 내 모습을 감추고, 내가 적의 동태를 알아냈다는 사실까지 감춰야 하니 적절하게 속아도 주고 필요하다면 적의 목을 얻기 위해 팔다리를 내주기도 해야 한다.

집단의 지혜가 개인의 지혜를 이긴다

오버로드 작전의 시작인 노르망디 상륙 작전이 시작되기 직전에 영국 방송국 BBC의 전파를 타고 시 한 수가 방송되었다. 이 시는 프랑스의 저항운동 조직에 발송된 암호로, 48시간 안에 침공 작전이 시작된다는 신호였다. 어떻게 새어나갔는지 모르지만, 독일 정보부가 이 암호를 이미 알고 있었다. 그러나 침공 장소는 알지 못했다. 또 정보부의 충고를 믿지 않는 장성들도 있었다. 결과적으로 독일 정보부의 활약은 무용지물이 되었다.

6월 6일 노르망디의 오마하 해변으로 미군이 상륙한다는 아주 정확한 정보도 있었다. 모로코에 있던 어떤 정보원이 알아낸 첩보였다. 그런데 이 정보를 영국 정보부가 일부러 흘렸다는 설도 있다. 그 정보원은 이미 연합국에 독일 스파이라는 정체가 노출된 상태였다. 독일도 정보원이 들통났다는 사실을 알고 있었지만 모르는 척했다. 연합군은 독일이 일부러 모르는 척한다는 사실까지 알았다. 영국은 그를 통해 가짜 정보를 흘렸고, 독일은 그 정보원이 주는 정보를 위장 정보를 파악하는 방법으로 사용했다.

그가 대침공 작전 지점에 대한 정확한 정보를 제공하자 독일 정보부는 이 정보를 노르망디는 확실히 아니라는 근거로 이해했다. 이처럼 정보의 세계는 복잡하고 역정보가 난무한다.

흔히 첩보전을 최고의 하이테크 전쟁이라고 한다. 이 첨단 하이테크가 제임스 본드의 무기를 만드는 기술만을 말하는 것이 아니다. 조직과 시스템 운용에서도 첩보 조직은 시대를 앞서가야 한다.

전쟁을 대비하는 리더는 자기 조직의 상황을 늘 체크하고, 평화로우면 평화로울 때의 문제를, 전쟁이 지속되면 전시에 발생할 문제를 예상하고 점검해야 한다. '장수의 뛰어난 지혜'가 필요하다는 손자의 경고를 결코 리더 개인의 문제로만 국한시켜서도 안 된다. 집단의 지혜가 개인의 지혜를 이긴다. 시스템으로 가동할 수 있는 지혜를 구축해야 하는 이유다.

시간이 흐르면 20세기를 첩보전 역사의 큰 획으로 기록할 것이다. CIA, KGB, MI6Military Intelligence 6[38]와 같은 대형 첩보기구가 이 세기에 탄생했다. 세계가 하나로 엮이고, 교역과 전쟁이 비교할 수 없는 규모로 늘어나면서 첩보 조직의 규모도 이전에는 상상할 수 없는 수준으로 커지고 중요해졌다. 이제 첩보와 분석은 천재의 싸움이 아니라 시스템과 자본의 싸움이 되었다.

기업이나 여타 조직이라고 이 흐름에서 떨어져 있지 않다. 정보력, 분석력은 이제 조직력의 전쟁이다. 이런 전쟁은 손자의 말처럼 그 가치를 아는 자가 승리한다. 어쩌면 이것이 《손자병법》의 총괄적 결론일 것이다.

---

38 영국의 비밀정보국으로 Secret Intelligence Service가 정식명칭이며 MI6는 별칭이다.

손자병법: 세상의 모든 전략과 전술

초판 1쇄 발행 2025년 1월 28일
초판 3쇄 발행 2025년 2월 25일

원저자 손무
편저자 임용한
펴낸이 안병현 김상훈
본부장 이승은 **총괄** 박동옥 **편집장** 임세미
책임편집 김혜영 **디자인** 김지연
마케팅 신대섭 배태욱 김수연 김하은 이영조 **제작** 조화연

펴낸곳 주식회사 교보문고
등록 제406-2008-000090호(2008년 12월 5일)
주소 경기도 파주시 문발로 249
전화 대표전화 1544-1900 **주문** 02)3156-3665 **팩스** 0502)987-5725

ISBN 979-11-7061-216-2 (03900)